Der Abgeordnete im Zugriff
privater Interessen

Europäische Hochschulschriften

European University Studies

Publications Universitaires Européennes

Reihe II **Rechtswissenschaft**

Series II Law

Série II Droit

Band/ Volume **6030**

Florian Feinen

Der Abgeordnete im Zugriff privater Interessen

Eine verfassungsrechtliche Analyse

PETER LANG

Bibliografische Information der Deutschen Nationalbibliothek
Die Deutsche Nationalbibliothek verzeichnet diese Publikation in der Deutschen Nationalbibliografie; detaillierte bibliografische Daten sind im Internet über http://dnb.d-nb.de abrufbar.

Zugl.: Potsdam, Univ., Diss., 2018

517
ISSN 0531-7312
ISBN 978-3-631-76337-7 (Print)
E-ISBN 978-3-631-76567-8 (E-PDF)
E-ISBN 978-3-631-76568-5 (EPUB)
E-ISBN 978-3-631-76569-2 (MOBI)
DOI 10.3726/b14624

Peter Lang – Berlin · Bern · Bruxelles · New York · Oxford · Warszawa · Wien

Diese Publikation wurde begutachtet.

www.peterlang.com

Meinen Eltern zugeeignet

Vorwort

Die vorliegende Arbeit wurde im Oktober 2018 von der Juristischen Fakultät der Universität Potsdam als Dissertation angenommen. Literatur sowie Rechtsprechung konnten bis September 2018 berücksichtigt werden.

Parlamentarische Entscheidungen prägen unseren Alltag. Das Demokratiegebot des GG gebietet, dass die Beschlussfassungen des Parlaments auf den Volkswillen zurückführbar sein müssen. Die Reichweite parlamentarischer Entscheidungen für die Bevölkerung war für mich Anlass, zu untersuchen, wie sich die parlamentarische Willensbildung in der Praxis gestaltet und ob/wie die Praxis mit dem GG in Einklang zu bringen ist.

In dem Beschluss zur Erstellung dieser Arbeit hat mich mein Doktorvater Herr apl. Prof. Dr. Norbert Janz bestärkt. Nicht zuletzt hierfür gilt ihm mein besonderer Dank. Durch seine vielfältigen Anregungen und Hinweise hat er entscheidend zum Gelingen der Arbeit beigetragen.

Ebenfalls bedanken möchte ich mich bei Herrn Prof. Dr. Thorsten Ingo Schmidt für die ausgesprochen zügige Erstellung des Zweitgutachtens.

Die Anfertigung der Arbeit war in vielerlei Hinsicht eine bereichernde Erfahrung sowie eine persönliche Herausforderung zugleich. In zahllosen gemeinsamen Stunden in (und vor) der Bibliothek Babelsberg haben mich meine Freunde Christopher Sell, Jean-Baptiste Lhuillier und Fabian Roth auf diesem Weg begleitet, die sich ebenfalls dem Wagnis einer Dissertation unterworfen haben.

Herzlich danken möchte ich auch den Herren Anton Wirmer und Jin-Man Jun für die konstruktiven Anmerkungen und Ratschläge während der verschiedenen Etappen dieser Arbeit sowie meinem Onkel „Paulchen“ für den Druckkostenzuschuss.

Mein größter und herzlichster Dank gilt schließlich meinen lieben Eltern, die mich trotz eigener Rückschläge immer vorbehaltslos und mit ganzer Kraft unterstützt haben. Durch ihren Rückhalt haben sie im Wesentlichen zu meinem persönlichen und beruflichen Werdegang beigetragen.

Inhaltsverzeichnis

Abkürzungsverzeichnis

A.A.	andere Auffassung
a. a. O.	am angegeben Ort
a.F.	alte Fassung
AbgG	Abgeordnetengesetz
ADAC	Allgemeiner Deutscher Automobilclub e. V.
AEUV	Vertrag über die Arbeitsweisen der Europäischen Union
AfD	Alternative für Deutschland
AöR	Archiv des öffentlichen Rechts
APuZ	Aus Politik und Zeitgeschichte
Art.	Artikel
BAG	Bundesarbeitsgericht
BayVBl.	Bayerische Verwaltungsblätter
BayVerf.	Verfassung des Freistaates Bayern
BBG	Bundesbeamtengesetz
BFH	Bundesfinanzhof
BGBl.	Bundesgesetzblatt
BGHZ	Entscheidungen des Bundesgerichtshofes
BHO	Bundeshaushaltsordnung
BImSchG	Bundes-Immissionsschutzgesetz
BK	Bonner Kommentar zum Grundgesetz
BM	Bundesminister
BMinG	Gesetz über die Rechtsverhältnisse der Mitglieder der Bundesregierung
BMWi	Bundesministerium für Wirtschaft und Energie
BNotO	Bundesnotarordnung
BremVerf.	Bremische Verfassung
BRH	Bundesrechnungshof
BStBl.	Bundessteuerblatt
BT-Drs.	Bundestagsdrucksache
BUND	Bund für Umwelt und Naturschutz Deutschland e. V.
BVerfG	Bundesverfassungsgericht
BVerfGE	Entscheidungen des Bundesverfassungsgerichts
BVerfGG	Bundesverfassungsgerichtsgesetz
BVerfGK	Kammerentscheidungen des Bundesverfassungsgerichts
BVerwGE	Entscheidungen des Bundesverwaltungsgerichts

CDU/CSU	Christlich Demokratische Union Deutschlands / Christlich-Soziale Union in Bayern
CIC	Codex Iuris Canonici
ders. / dies.	derselbe / dieselbe
DGB	Deutscher Gewerkschaftsbund
DÖV	Die öffentliche Verwaltung
DRK	Deutsches Rotes Kreuz e. V.
Dtsch. Ärztebl.	Deutsches Ärzteblatt
DVBl.	Deutsches Verwaltungsblatt
e. V.	eingetragener Verein
EKD	Evangelische Kirche Deutschland
ElektroG	Gesetz über das Inverkehrbringen, die Rücknahme und die umweltverträgliche Entsorgung von Elektro- und Elektronikgeräten
EuGH	Europäischer Gerichtshof
EUV	Vertrag über die Europäische Union
EuZW	Europäische Zeitschrift für Wirtschaftsrecht
EVG	Eisenbahn- & Verkehrsgewerkschaft
EZB	Europäische Zentralbank
f. / ff.	folgende / fortfolgende
FAZ	Frankfurter Allgemeine Zeitung
FDP	Freie Demokratische Partei
FMStG	Gesetz zur Errichtung eines Finanzmarktstabilisierungsfonds
Fn.	Fußnummer
FS	Festschrift
GG	Grundgesetz der Bundesrepublik Deutschlands
ggf.	gegebenenfalls
GGO	Gemeinsame Geschäftsordnung der Bundesministerien
GMG	GKV-Modernisierungsgesetz
GO-BR	Geschäftsordnung des Bundesrates
GO-BT	Geschäftsordnung des Deutschen Bundestages
GVBl.	Gesetz- und Verordnungsblatt Berlin
HmbVerf.	Verfassung der Freien und Hansestadt Hamburg
Hrsg.	Herausgeber
HSKR	Handbuch des Staatskirchenrechts der Bundesrepublik Deutschland
HStR	Handbuch des Staatsrechts
i. d. R.	in der Regel

i.E.	im Ergebnis
i.S.d.	im Sinne des/der
i.V.m.	in Verbindung mit
IHKG	Gesetz zur vorläufigen Regelung des Rechts der Industrie- und Handelskammern
IWP	Information, Wissenschaft und Praxis
JuS	Juristische Schulung
JZ	Juristenzeitung
Kap.	Kapitel
LKV	Landes- und Kommunalverwaltung
LobbyG	Lobbying- und Interessenvertretungs-Transparenz-Gesetz
LT-Drs.	Landtag Drucksachen
LV Brb	Verfassung des Landes Brandenburg
m.w.N.	mit weiterem Nachweis
MüKo	Münchener Kommentar
NJW	Neue Juristische Wochenschrift
NS	Nationalsozialismus
NVWBl.	Nordrhein-Westfälische Verwaltungsblätter
NVwZ	Neue Zeitschrift für Verwaltungsrecht
NZA	Neue Zeitschrift für Arbeitsrecht
PartG	Gesetz über die politischen Parteien
PKGrG	Kontrollgremiumgesetz
PUAG	Untersuchungsausschussgesetz
PVS	Politische Vierteljahresschrift
Rn.	Randnummer
RStV	Rundfunkstaatsvertrag
RV	Reichsverfassung
S.	Seite
sog.	sogenannte
StGB	Strafgesetzbuch
StVZO	Straßenverkehrs-Zulassungs-Ordnung
TVG	Tarifvertragsgesetz
u. a.	unter anderem
v.	von
VDA	Verband der Automobilhersteller
VerhR	Verhaltensregeln für Mitglieder des Deutschen Bundestages
VerwArch	Verwaltungsarchiv
vgl.	vergleiche

Vorb.	Vorbemerkung
VVDStRL	Veröffentlichung der Vereinigung der Deutschen Staatsrechtslehrer
WRV	Weimarer Reichsverfassung
z. B.	zum Beispiel
ZdK	Zentralkomitee der deutschen Katholiken
ZevKR	Zeitschrift für evangelisches Kirchenrecht
ZG	Zeitschrift für Gesetzgebung
Ziff.	Ziffer
ZParl	Zeitschrift für Parlamentsfragen
ZPO	Zivilprozessordnung
ZRP	Zeitschrift für Rechtspolitik
ZUR	Zeitschrift für Umweltrecht

Weitere gängige Abkürzungen sind Kirchner, Abkürzungsverzeichnis der Rechtssprache, 8. Auflage, bearbeitet von Heike Böttcher, 2015, zu entnehmen.

A. Einleitung

Dem Ausverkauf aller Grundprinzipien menschlichen Zusammenlebens im NS-Staat und der darauf folgenden unausweichlichen, bedingungslosen Kapitulation der deutschen Streitkräfte am 8. Mai 1945 folgte die Übernahme der Regierungsgewalt hinsichtlich Deutschlands durch die Alliierten. Am 1. Juli 1948 übergaben die drei westlichen Militärgouverneure den Ministerpräsidenten der elf Länder in den Westzonen mit den sog. Frankfurter Dokumenten die Bedingungen für die Gründung eines deutschen Teilstaates. Das Frankfurter Dokument I autorisierte dabei zur Ausarbeitung einer *demokratischen* Verfassung. Aus diesem Anlass trat vor annähernd 70 Jahren, am 1. September 1948, der Parlamentarische Rat zusammen und verkündete am 23. Mai 1949 das Grundgesetz für die Bundesrepublik Deutschland, mit dem eine neue Rechtsgrundlage der staatlichen Ordnung geschaffen wurde.[1]

Das Bekenntnis zum demokratischen Bundesstaat gehört mithin zu den zentralen und gem. Art. 79 III GG i.V.m Art. 20 GG folgerichtig unveränderlichen Prinzipien des Grundgesetztes. Zu den Wesensmerkmalen eines demokratischen Staatswesens und den Errungenschaften einer modernen Gesellschaft gehört wiederum die Möglichkeit, sich auf verschiedene Arten am politischen Willensbildungsprozess zu beteiligen[2] und in legitimer Weise auf das Parlament einzuwirken.

I. Ausgangspunkt

Diese Beteiligungsmöglichkeiten werden nicht nur dem einzelnen Bürger, sondern auch „Interessentengruppen" zugestanden.[3] Die Organisation und Wahrnehmung organisierter Interessen ist in der Vereinigungs- und Meinungsfreiheit der Art. 9 und 5 GG angelegt.[4] Die letztendliche Entscheidung soll auf Bundesebene jedoch bei den durch allgemeine, unmittelbare, freie, gleiche und geheime Wahl beauftragten Volksvertretern im Bundestag getroffen werden. Sie sind gem. Art. 38 I 2 GG „Vertreter des ganzen Volkes, an Aufträge und Weisungen nicht gebunden und nur ihrem Gewissen unterworfen." Es wird danach klar zwischen

1 Grundlegend zur Entstehung des Grundgesetzes und der Gründung der Bundesrepublik Deutschland: Badura, Kap. A, Rn. 18 ff. sowie Morsey, DÖV 1989, 471 ff.

2 BT-Drs. 17/6442, S. 1.

3 BVerfGE 5, 85 (232).

4 Piechaczek, S. 22; Dederer, § 2, S. 84 f.

Entscheidungsträgern und -adressaten unterschieden. Danach ist im GG trotz aller Mitwirkungsmöglichkeiten eine gewisse Distanz zwischen Sonderinteressen der Adressaten und staatlicher Entscheidung vorgesehen.

Wie halten es die Abgeordneten mit den Verpflichtungen aus Art. 38 I 2 GG? Kommen sie ihnen im Sinne des Allgemeinwohls nach oder opfern sie sie allzu leichtfertig eigenen Interessen oder denen mächtiger Lobbyisten?

Die Grenze ist auch angesichts veränderter gesellschaftspolitischer Rahmenbedingungen und immer neuen Erscheinungsformen politischer Einflussnahme nicht immer leicht zu ziehen. So sind seit den achtziger Jahren des 20. Jahrhunderts gezielte Zusammenarbeiten zwischen Staat und Wirtschaft zu beobachten, die den Begriff des „kooperativen Staates" hervorgebracht haben.[5] Einer breiten Öffentlichkeit wurden derartige Kooperationen während der Regierung Schröder unter den Stichworten „Atomkonsens" und „Hartz IV" bewusst. Bei dieser Art kooperativer Gesetzgebung werden Kommissionen oder Expertenrunden einberufen, in denen der parlamentarische Willensbildungsprozess deutlich vorgeprägt oder die eigentliche Sachentscheidung gar aus dem parlamentarischen Verfahren herausgelagert wird.

Lassen sich solche Verfahrensweisen mit den Anforderungen des GG wie z. B. dem Demokratieprinzips vereinbaren, das u. a. auch das Gebot der gleichen demokratischen Teilhabe beinhaltet?

Alt-Präsident Roman Herzog sah sich angesichts der Vielzahl von Interessengruppen zu der Frage veranlasst: „Wer bestimmt überhaupt noch den Gang der Gesellschaft: diejenigen, die die demokratische Legitimation dazu haben, oder jene, denen es gelingt, die Öffentlichkeit für ihr Thema am besten zu mobilisieren?"[6]

Erschwert wird die Beantwortung der Fragen sowie die Grenzziehung zwischen Befolgung und Außerachtlassung parlamentarischer Pflichten auch durch die immer wieder vorkommende Verquickung von Mandat und Lobbyismus bzw. Politik und Wirtschaft. Zu nennen ist hier beispielhaft das sog. Programm „Seitenwechsel", mit dem seitens der Bundesregierung die Möglichkeit geschaffen wurde, Interessenvertreter in Bundesministerien und Kanzleramt zu platzieren, wobei diese zwischen sechs Wochen und bis zu fünf Jahren beschäftigt worden sind.

Die älteste und am besten erforschte Erscheinungsart ist sicherlich die Einflussnahme über sog. Interessenverbände, die quasi mit dem Ende des Feudalismus und der Entwicklung der Ständegesellschaft hin zu einer bürgerlichen

5 Becker, § 2, S. 55 ff.

6 http://www.spiegel.de/politik/deutschland/roman-herzog-die-ruck-rede-im-wortlaut-a-1129316.html (abgerufen am 24. März 2017).

Gesellschaft entstanden.[7] Verbände gehören zu den einflussreichsten Akteuren in freiheitlichen Demokratien.[8] Infolge des Diesel-Abgasskandals sind derzeit beispielsweise vermehrte Aktivitäten des Verbandes der Automobilhersteller (VDA) zu beobachten.[9]

Gleichwohl sieht das GG kein ausdrückliches Recht der Verbände auf Mitwirkung an der politischen Willensbildung vor. Dies ist nicht zuletzt ein Grund dafür, dass das Tätigwerden von Verbänden, das sich dem Wesen nach als partikulare Interessenvertretung darstellt, von der Allgemeinheit skeptisch betrachtet wird. Die mangelnde Nachvollziehbarkeit etwaiger Einflussnahmen durch Interessenverbände ist ein weiterer Grund für das gesellschaftliche Misstrauen und führt dazu, dass von Interessenverbänden vertretene Partikularinteressen verbreitet als unauflösbarer Widerspruch zum Gemeinwohl wahrgenommen werden.[10] Fehlende Transparenz und Nachvollziehbarkeit folgt auch aus dem Umgang der Abgeordneten mit Lobbyismus. Auf eine Anfrage des Bayerischen Rundfunks an alle Bundestagsabgeordneten der 18. Legislaturperiode erteilte z. B. nur etwa jeder Fünfte Auskunft, wobei sich die Oppositionsparteien transparenter zeigten.[11]

Besonders kritisch wird auch die Form des sog. eingebauten Lobbyismus betrachtet, bei der Bundestagsabgeordnete zugleich potenziell interessengeleitete Tätigkeiten wie z. B. die Funktion eines Aufsichtsrates oder Vorstandsmitgliedes in Unternehmen wahrnehmen.[12] Zwar ist die Ausübung beruflicher Tätigkeiten neben dem Mandat grundsätzlich zulässig, was auch der Verwurzelung der Abgeordneten in der Gesellschaft und der finanziellen Unabhängigkeit von der Abgeordnetenentschädigung dienen kann. Gleichwohl löst insbesondere die Verquickung von Mandat und potenziell interessengeleiteter Tätigkeiten beim Wähler fast zwangsläufig den „bösen Schein“[13] aus, die Gemeinwohlverpflichtung des Abgeordneten werde von dessen eigenen Interessen oder von Vorteilsgewährungen durch Interessen-

7 Lösche, S. 22 ff.

8 Horn, in: HStR III, § 41 Rn. 1.

9 Vgl. hierzu beispielsweise: http://www.tagesschau.de/inland/automobil-lobby-101.html (abgerufen am 28. April 2017)

10 Horn, in: HStR III, § 41 Rn. 2; Lösche, S. 9.

11 http://www.br.de/nachrichten/umfrage-bundestagsabgeordnete-lobby-100.html (abgerufen am 28. April 2017)

12 Piechaczek, S. 3 ff. mit Verweis auf zahlreiche Veröffentlichungen von Arnim zu diesem Thema.

13 Der Begriff wurde geprägt von Isensee, vgl. ders. in: Schuppert/Neidhardt (Hrsg.), S. 241 (259) und geht zurück auf den ersten Brief des Apostel Paulus an die Thessalonicher 5, 22, wo es nach lutherischer Übersetzung heißt: „Vermeidet allen bösen Schein.“

verbände respektive Unternehmen beeinträchtigt. Dadurch wird ein Ansehensverlust der parlamentarischen Demokratie befördert. Die Auswirkungen des „bösen Scheins" lassen sich unter anderem an der sinkenden Wahlbeteiligung sowie dem teils beachtlichen Mitgliederrückgang der im Bundestag vertretenen Parteien beobachten. So ist die Wahlbeteiligung bei Bundestagswahlen von ihrem Höchstwert im Jahr 1972 von 91,1 % auf 71,5 % im Jahr 2013 gesunken.[14] Die Mitgliederzahl der SPD hat sich von 1990 zu 2014 von 943.000 auf 460.000 quasi halbiert.[15] Auch der Erfolg reiner Protestparteien wie der AfD bei den zurückliegenden Landtagswahlen wie in Baden-Württemberg, Rheinland-Pfalz und Sachsen-Anhalt legen einen Vertrauensverlust weiter Teile der Bevölkerung in die etablierten Parteien und deren Handeln nahe. So gaben in Baden-Württemberg 81 % der AfD-Wähler an, unzufrieden mit dem Funktionieren der Demokratie zu sein; rund die Hälfte der Wähler gaben an, den anderen Parteien mit ihrer Wahlentscheidung einen „Denkzettel" verpassen zu wollen.[16] Dies zeigt, dass das Vertrauen der Bevölkerung in seine Repräsentanten elementare Voraussetzung für das Funktionieren einer parlamentarischen Demokratie ist.[17]

Unabhängig von der Frage, ob das Misstrauen der Bevölkerung berechtigt ist oder nicht, muss es zum Anlass genommen werden, über Auswege aus dem Ansehens- und Vertrauensverlust des Parlaments im Allgemeinen und der Abgeordneten im Besonderen nachzudenken. Indem die vorliegende Arbeit sich mit den politischen und parlamentarischen/rechtlichen Handlungsvoraussetzungen auseinandersetzt und abschließend einige Regelungsvorschläge zur effektiven und transparenten Ankoppelung der verschiedenen Kooperationsformen an das bestehende parlamentarische Verfahren erarbeitet, soll hierzu ein Beitrag geleistet werden.

II. Gang der Untersuchung

Mit der vorliegenden Arbeit sollen die vielfältigen Wege der politischen Willensbildung im Bundestag sowie der Einflussnahme auf diese bzw. den einzelnen Bundestagsabgeordneten aufgezeigt und insbesondere am GG gemessen werden.

---

14 http://de.statista.com/statistik/daten/studie/2274/umfrage/entwicklung-der-wahlbeteiligung-bei-bundestagswahlen-seit-1949/ (abgerufen am 10. Mai 2017).

15 http://www.bpb.de/politik/grundfragen/parteien-in-deutschland/138672/mitgliederentwicklung-cdu-und-spd (abgerufen am 10. Mai 2017).

16 http://www.faz.net/aktuell/politik/afd-waehler-jung-maennlich-und-enttaeuscht-14123702.html (abgerufen am 22. Juni 2016) mit Verweis auf Umfragen der Forschungsgruppe Wahlen.

17 So zutreffend Badura, in: Hufen (Hrsg.), S. 153 (158).

Um etwaige Beeinträchtigungen der Abgeordnetenrechte und -pflichten herausarbeiten zu können, wird zunächst ein grundlegender Überblick über die Aufgaben der Parlamentarier und deren Rechtsstellung nach dem GG gegeben. Von entscheidender Bedeutung dabei ist der Grundsatz des freien Mandates aus Art. 38 I 2 GG. Das daraus folgende Prinzip der „auftragsfreien Repräsentation“[18] soll den Prozess der parlamentarischen Willensbildung von „organisierten Interessen aller Art“ freihalten[19] und dem Abgeordneten sowohl eine freie Entscheidung als gleichermaßen eine freie Entscheidungsfindung ermöglichen.

Die Rechtsstellung des Abgeordneten darf jedoch nicht isoliert betrachtet werden. Vielmehr muss seine Rechtsposition vor dem Hintergrund der Funktionsfähigkeit des Parlaments gesehen werden, die zumindest in Teilbereichen ein Zusammenwirken der Abgeordneten untereinander voraussetzt, vgl. § 76 I GO-BT. Um die Reichweite der Abgeordnetenrechte und etwaige Beeinträchtigungen zutreffend beurteilen zu können, sind daher auch die gleichen Rechte anderer Abgeordneter sowie die Pflichten der Abgeordneten zu berücksichtigen. Dies gilt auch vor dem Hintergrund, dass das Volk nur durch das Parlament als Ganzes angemessen repräsentiert wird und in der Folge die Mitwirkung aller Abgeordneten sichergestellt sein muss.[20] In der nachfolgenden Untersuchung werden daher die Rahmenbedingungen der Mandatsfreiheit in rechtlicher wie auch in tatsächlicher Hinsicht beleuchtet. Hier wird deutlich werden, dass aufgrund der Fülle der im Parlament behandelten Thematiken, nicht jeder Abgeordnete auf jedem Gebiet über ausreichende Sachkenntnisse verfügen kann. Dies zieht nicht nur nach sich, dass die Abgeordneten in Fraktionen und Ausschüssen untereinander zusammenarbeiten, sondern auch, dass Kontakte zu außerparlamentarischen Dritten gepflegt werden. Beides dient nicht zuletzt dazu, sich fremden Sachverstand zu Eigen zu machen und fremde Wissensressourcen zu erschließen. Wenngleich dies nicht die einzigen Ursachen für eine Zusammenarbeit mit außerparlamentarischen Akteuren ist, zeigt sich hieran jedoch, dass Praktiken der Zusammenarbeit nicht grundsätzlich unlauter sein können.

Neben den Ursachen und Vorteilen kooperativen Handelns sind jedoch auch Risiken gegeben, die sich schlagwortartig unter dem Begriff der „Entparlamentarisierung“ zusammenfassen lassen. Speziell organisierte Interessenvertreter geben eigenen Sachverstand regelmäßig nur dann preis, wenn dies auch für sie Vorteile bietet.

18 Zippelius/Würtenberger, § 38 Rn. 76.
19 BK - Badura, Art. 38 Rn. 49.
20 BVerfGE 118, 277 (324).

Nachdem daher neben den Vorteilen auch die Risiken kooperativen Handels dargestellt werden, wird die Vereinbarkeit der verschiedenen Ausprägungen kooperativer Vorgänge an den grundlegenden Verfassungsprinzipien gemessen. Neben dem Demokratie- und Rechtsstaatsgebot werden dabei insbesondere der ungeschriebene Grundsatz der Verfassungsorgantreue sowie das Gemeinwohlprinzip und die Gesetzgebungspflicht der Abgeordneten untersucht. Auch die Grundrechte unbeteiligter Dritter können bei dieser Betrachtung nicht gänzlich außer Betracht bleiben.

Bevor auf dieser Basis die Voraussetzungen für kooperatives Regierungshandeln zusammengefasst werden und Regelungsvorschläge für die Umsetzung und Einfügung in das formale parlamentarische Verfahren erarbeitet werden, wird ein vergleichender Blick auf religiöse Interessenvermittlung gelenkt. Dabei werden grundsätzliche Unterschiede und Gemeinsamkeiten weltlicher und religiöser Interessenvermittlung herausgearbeitet und deren Grundlagen und Einflusschancen verglichen und hinsichtlich der jeweiligen Vor- und Nachteile für die Interessenvertretung einerseits und die Bevölkerung andererseits bewertet.

B. Der Bundestagsabgeordnete zwischen Verpflichtung für die Allgemeinheit einerseits und Interessenpolitik andererseits

I. Aufgaben der Parlamentarier

Die Bundesrepublik Deutschland ist eine repräsentative, parlamentarische Republik.[21] Der Bundestag – das Parlament – ist die durch periodische Wahlen gem. Art. 38 I GG berufene und legitimierte parlamentarische Volksvertretung der Bundesrepublik und damit Repräsentant des gesamten Volkes. Hierin liegt sogleich die Grundfunktion des Bundestages.[22] Die Repräsentation bzw. Vertretung des Volkes im Parlament vollzieht sich dabei durch die Abgeordneten,[23] die damit „die Elementareinheiten des Bundestages"[24] bilden.

Als Inhaber eines öffentlichen Amtes (Art. 48 II 1 GG) und Mitglied bzw. Teil des Kollegialorgans Deutscher Bundestag haben die Bundestagsabgeordneten aus eigenem Recht Anteil an den Aufgaben des Bundestages.[25] Daraus und aus der Definition des Amtes als „bestimmter Aufgabenkreis im Dienst anderer"[26] ergibt sich auch die Verpflichtung des Abgeordneten zum Handeln nicht im eigenen, sondern im ausschließlichen Interesse des Gemeinwohls.[27] Das Amt des Abgeordneten verpflichtet mithin zum „uneigennützigen Dienst für die Sache der Allgemeinheit."[28]

Dem entspricht auch die Formulierung in Art. 38 I 2 GG, nach dem die Abgeordneten „Vertreter des ganzen Volkes, an Aufträge und Weisungen nicht gebunden" sind.[29]

---

21 Zippelius/Würtenberger, § 38 Rn. 1.

22 So Morlok, in Dreier, Art. 38 Rn. 32.

23 BVerfGE 44, 308 (315).

24 So Morlock in: Dreier, Art. 38 Rn. 135.

25 So Klein, in: HStR III, § 51 Rn. 1; Pohl, ZParl 1995, 385.

26 So definiert in Meyers Großem Taschenlexikon, Band 1, S. 206.

27 So auch Piechaczek, S. 99 unter Hinweis darauf, dass eine aus dem Amtsgedanken abgeleitete Gemeinwohlbindung im Schrifttum verschiedentlich abgelehnt wird.

28 Isensee, in: Schuppert/Neidhardt (Hrsg.), S. 241 (249).

29 von Arnim, ZRP 2002, 223 (223); Abmeier sieht hierin die Grundlage der Gemeinwohlverpflichtung, womit es einer „amtsrechtlichen Konstruktion" nicht bedürfe, vgl. ders., S. 59; Die Gemeinwohlverpflichtung wird in den meisten Bundesländern deutlicher hervorgehoben als dies auf Bundesebene der Fall ist. So sieht Art. 61 LV Brb vor, dass

Der Abgeordnete nimmt demnach seine Zuständigkeiten nicht im eigenen Namen, sondern treuhänderisch für diejenigen wahr, auf die seine Amtsstellung zurückzuführen ist.[30] Dies ist, wie sich wiederum aus Art. 38 I 2 GG ergibt, nicht etwa sein Wahlkreis oder seine Wählerklientel, denn diese ergeben auch in ihrer Summe nicht das „ganze Volk",[31] sondern lediglich eine Bevölkerungsgruppe.

An denen im „ganzen Volk" vorhandenen Interessen hat sich das Gemeinwohl auszurichten, so dass es sich als Ergebnis der grundsätzlich offenen und öffentlichen Auseinandersetzung um die in der Gesellschaft vorhandenen Interessen darstellt[32] und sich einer abschließenden Definition entzieht.

Für Bundeskanzler und Bundesminister, die regelmäßig, aber nicht notwendiger Weise auch Inhaber eines Abgeordnetenmandats sind, ergibt sich die Gemeinwohlverpflichtung auch aus dem nach Art. 64 II i.V.m. Art. 56 GG zu leistenden Eid:

> „Ich schwöre, dass ich meine Kraft dem Wohle des deutschen Volkes widmen, seinen Nutzen mehren, Schaden von ihm wenden, das Grundgesetz und die Gesetze des Bundes wahren und verteidigen, meine Pflichten gewissenhaft erfüllen und Gerechtigkeit gegen jedermann üben werde. So wahr mir Gott helfe."[33]

Die Aufgabe der Vertretung des Volkes ist demnach nicht im zivilrechtlichen Sinne zu verstehen, sondern vielmehr im Sinne einer weisungsunabhängigen, zukunftsorientierten Verpflichtung für eine Politik im Interesse des Gemeinwohls.[34]

---

bei Missbrauch des Amtes in gewinnsüchtiger, also eigennütziger Weise, die Anklage vor dem Verfassungsgericht mit der Folge des Mandatsverlustes möglich ist. „Aus der Untersagung eigennütziger Zielsetzung folgt aber zwingend die Verpflichtung auf die Zwecke des Gemeinwohls.", vgl. Demmler, § 1, S. 52. Gem. Art. 3 S. 2 BayVerf dient der Rechts- Kultur- und Sozialstaat Bayern dem Gemeinwohl.

30 Maunz/Dürig – Klein Art. 48 Rn. 31.

31 Magiera, S. 145, m.w.N.; Abmeier, S. 59; von Arnim, Gemeinwohl, S. 388 ff; so im Ergebnis auch Maunz/Dürig – Klein, Art. 48 Rn. 32.

32 Maunz/Dürig – Klein Art. 48 Rn. 33; Isensee in: Festschrift für Oberreuter, S. 254 (262). Auch die Unantastbarkeit der Menschenwürde nach Art. 1 I GG ist vor dem Hintergrund des Gemeinwohls zu sehen, da in ihr nicht nur die Selbstbestimmung des Einzelnen, sondern auch die Solidarität mit anderen proklamiert wird, vgl. Leven, S. 98 f.; BVerfGE 4, 7 (15 f.); 5, 85 (204 f.).

33 Vor diesem Hintergrund ist auch die Widmungsinschrift auf dem Westportal des Reichstagsgebäudes „Dem Deutschen Volke" zu deuten. Der Eid kann gem. Art. 56 GG auch ohne religiöse Beteuerungsformel geleistet werden.

34 Dreier – Morlok, Art. 38 Rn. 33, 149. Der Begriff der Repräsentation beschreibt demnach nicht eine tatsächlich bestehende Willensübereinstimmung von Repräsentant (Abgeordneten) und Repräsentierten (Bürger), vgl. Badura, Kap. E, Rn. 11.

Dazu verfügt das Parlament als einziges Verfassungsorgan auf Bundesebene über eine unmittelbare Legitimation durch das Staatsvolk. Es ist in seiner Funktion nach Art. 20 II 1 GG Ausgangspunkt und entscheidendes Bindeglied der demokratischen Legitimationskette, wodurch ihm die Rolle eines „demokratischen Zentralorgans“ zukommt, in dessen Hände alle wesentlichen Entscheidungen gelegt sind.[35] Als solchem kommen ihm wesentliche Aufgaben zu, aus denen auch die Aufgaben der Abgeordneten folgen. Zu diesen gehören im Einzelnen:

1. Gesetzgebung

Nach dem Grundsatz des Vorbehaltes des Gesetzes – kein Handeln ohne Gesetz – sind alle wesentlichen Regelungen durch Parlamentsgesetz zu treffen. Bezog sich der Gesetzesvorbehalt ursprünglich nur auf Eingriffe in Freiheit und Eigentum, erfasst er nach heutigem Verfassungsverständnis tendenziell alle Bereiche staatlichen Handelns und der staatlichen Verantwortung für privates Handeln.[36] Die Wesentlichkeitstheorie führt so faktisch zu einer erheblichen Steigerung des Normierungsbedürfnisses. So bringt auch die Ausweitung staatlicher Vorsorge und Lenkung aufgrund des aus Art. 20 I GG folgenden Sozialstaatsprinzips der Bundesrepublik Deutschland bzw. der Ausdehnung des Sozialstaatsverständnisses eine Flut von Gesetzgebung mit sich.[37] Insoweit wird von einer Globalverantwortung des Staates für Wohlfahrt, Gerechtigkeit und Zukunftssicherung gesprochen,[38] was Alt-Präsident Roman Herzog bereits 1997 als „Mythos der Unerschöpflichkeit [staatlicher] Ressourcen“ ausmachte und den damit verbundenen „rituellen Ruf“ nach dem Staat nicht zu Unrecht als gesamtgesellschaftliches Problem kritisierte.[39]

---

35 Dreier – Morlock, Art. 38 Rn. 35.

36 BVerfGE 47, 46 (78 f.); 40, 237 (249); Isensee, ZRP 1985, 139 (140); Burghart, S. 27.

37 Scheuner, in: Festschrift für Müller, S. 379 (398); Burghardt, S. 28 f.; Burckhardt sieht als Ursache auch die Ausweitung der Erwartungshaltung der Bürger, die immer mehr gesellschaftliche Erwartungen auf den Staat projizieren, vgl. ders., in: Marx, Weltgeschichtliche Betrachtungen, 1978, S. 135.
Die Aufgabe des Gesetzes wird darin gesehen, den äußeren Rahmen des gesellschaftlichen Zusammenlebens zu errichten. Die Aufgabenerweiterung des planenden und umverteilenden
Sozialstaates prägt nunmehr das Bild vom instrumentalen Charakter des Parlamentsgesetzes, vgl. Becker, § 2, S. 92.

38 Becker, § 1, S. 2, m.w.N.

39 http://www.spiegel.de/politik/deutschland/roman-herzog-die-ruck-rede-im-wortlaut-a-1129316.html (abgerufen am 24. März 2017).

Ein Großteil verabschiedeter Gesetze sind daneben sog. Änderungsgesetze, die nicht auf den Gesetzesvorbehalt zurückzuführen sind und wiederum ihrerseits Folgeänderungen in anderen Gesetzen erforderlich machen.[40] So hat das Gesetz zur Modernisierung der Gesetzlichen Krankenversicherung (GMG) von 2003 die Änderung von 25 Gesetzen und acht Verordnungen nach sich gezogen.[41] Grund für die steigende Zahl von Gesetzen und Änderungsgesetzen ist auch die zunehmende Komplexität und Verflechtung des Sozial-/ und Wirtschaftslebens einschließlich der Auswirkungen auf die Umwelt. Der anhaltende technische Fortschritt ist eine weitere Ursache; so wurde beispielsweise im Jahr 2016 durch eine Gesetzesänderung die Anwendung des Buchpreisbindungsgesetzes auf sog. E-Books erweitert. Zusammenfassend ist festzustellen, dass der schnelle Wandel der Gegebenheiten zu beschleunigtem Änderungsbedarf führt und damit eine Potenzierung des Normierungsbedarfs bedingt.[42] Hinzu kommt zum einen, dass die Wesentlichkeitstheorie keine Grenze gegen die Vergesetzlichung „unwesentlicher" Materien darstellt; das Wesentlichkeitskriterium stellt mithin eine Unter- jedoch keine Obergrenze der Vergesetzlichung dar.[43] Zum anderen begrenzen sich Gesetze nicht mehr auf abstrakt-generelle Regelungen, sondern beinhalten immer mehr Detailregelungen, wodurch eine immer stärkere Einzelfallbezogenheit festzustellen ist.[44] Der 16. Deutsche Bundestag hat mit 616 verabschiedeten Gesetzen eine neue Höchstmarke aufgestellt.[45] In der 17. Legislaturperiode ging die Zahl

---

40 Kloepfer, VVDStRL 40 (1982), 63 (73 ff.); Hill, DÖV 1981, 487 (489).

41 Hofmann, Dtsch. Ärztebl. 2005 (102), 1500.

42 Burghart, S. 30; Eichenberger, VVDStRL 40 (1982), 7 (22); Ritter, in: Grimm (Hrsg.), S. 69 (71), spricht von einer „Dynamisierung des Rechts".

43 Isensee, ZRP 1985, 139 (140); Kloepfer, VVDStRL 40 (1982), 63 (79); Burghart, S. 37 m.w.N.

44 Burghart, S. 24, 27; Kloepfer, VVDStRL 40 (1982), 63 (74); ursprünglich sollte dem Gesetz durch „Abstraktion des Typischen" ein breiter Anwendungsbereich geschaffen werden, wobei durch eine gewisse Offenheit des Tatbestandes Dauerhaftigkeit gesichert werden sollte, vgl. Hill, Gesetzgebungslehre, S. 18 f.

Die Gründe für diesen Wandel werden im politisch-praktischen Bereich sowie einer gesteigerten Anspruchs- und Erwartungshaltung und geänderten verfassungsrechtlichen Anforderungen an das Gesetz gesehen, vgl. Burghart, S. 25 f.

45 Stoltenberg, Das Parlament 44/2009; danach gehen von den 616 verabschiedeten Gesetzen 487 auf Regierungsvorlagen zurück. Auch die Gesamtzahl der beim Bundestag beziehungsweise Bundesrat in der abgelaufenen Legislaturperiode eingebrachten Gesetzesvorhaben war mit 972 ungewöhnlich hoch; hierbei handelte es sich um 540 Regierungsvorlagen, 264 Bundestags-Initiativen und 168 Gesetzesanträge von Länden,

der verabschiedeten Gesetze zwar leicht auf 553 zurück,[46] befindet sich jedoch gleichwohl auf hohem Niveau. Die Beanspruchung des Abgeordneten geht in der Folge in erster Linie auf die Gesetzgebung zurück.[47]

Insgesamt verdeutlichen diese Zahlen zum einen die herausragende politische Steuerungsfunktion der Rechtsetzung für gesellschaftliche Abläufe und die soziale Ordnung, zum anderen aber auch die Relevanz des geltenden Rechts für einen Rechtsstaat. Damit korrespondiert die Feststellung des BVerfG, dass der Staat im Rahmen seiner gesetzgebenden Gewalt die Aufgabe zu erfüllen hat, „Hüter des Gemeinwohls gegenüber Gruppeninteressen zu sein".[48] Durch den Vorrang und Vorbehalt des Gesetzes hat der Bundestag auch erheblichen Einfluss auf die Rechtsprechung sowie die administrative Aufgabenerfüllung durch die Exekutive.[49]

Die Rechtssetzung ist folglich eine wesentliche Form der Staatsgewalt und bedarf damit in besonderem Maße der demokratischen Legitimation. Daher fungiert das unmittelbar vom Volk gewählte Parlament als Hauptorgan des gem. Art. 76 ff. GG mehrstufigen Gesetzgebungsverfahrens.[50]

In einem ersten Schritt werden Gesetzesvorlagen in den Bundestag eingebracht. Diese sog. Gesetzesinitiativen können gem. Art. 76 I GG aus der Mitte des Bundestages, aber auch von Bundesregierung und Bundesrat beim Parlament

---

von denen 13 dem Bundesrat bereits vor Beginn dieser Legislaturperiode zugeleitet worden waren, vgl. Stoltenberg, a. a. O.

46 https://www.bundestag.de/dokumente/textarchiv/2013/46598866_kw37_statistik/213446 (abgerufen am 22. Sept. 2015).

47 Scheuner, in: Festschrift für Müller, S. 379 (398), unter Hinweis auf Maier, in: Hübner/Oberreuter/Rausch (Hrsg.) nach der sich diese Beobachtung auch mit der Einschätzung der Abgeordneten deckt; bereits 1967 berichtete der damalige Abgeordnete Mischnick (FDP), dass im Sozialpolitischen Ausschuss innerhalb von 16 Stunden über mehr als 100 Änderungsanträge beraten und entschieden werden musste, worunter die Arbeitsfähigkeit des gesamten Parlaments erheblich leide, vgl. Schneider, in: Festschrift für Müller, S. 421 (425).

48 BVerfGE 33, 125 (159). Zur Steuerungsfunktion von Gesetzen vgl. auch Schuppert, Das Gesetz als zentrales Steuerungsinstrument des Rechtsstaates.

49 Dreier - Morlok, Art. 38 Rn. 40. Nach dem Vorrang des Gesetzes haben parlamentarische Gesetze gegenüber allen anderen, nicht in der Form eines Parlamentsgesetzes erlassenen staatlichen Rechtsnormen, Vorrang, vgl. Schmidt-Aßmann, HStR II, § 26 Rn. 62. Vom Vorrang des Gesetzes ist der Gesetzesvorbehalt abzugrenzen. Dieser Grundsatz besagt, dass die Verwaltung in bestimmten Konstellationen nur auf Grund einer parlamentsgesetzlichen Grundlage handeln darf; ein Handeln im entsprechenden Bereich ist also der Entscheidung durch ein parlamentarisches Gesetz vorbehalten. Vgl. BVerfGE 98, 218 (251).

50 Vgl. nur Sachs - Magiera, Art. 38 Rn. 27; Dreier - Morlok, Art. 38 Rn. 39.

eingebracht werden. Die weit überwiegende Zahl geht hierbei auf Regierungsvorlagen zurück. In der 17. Legislaturperiode wurden 484 von 844 Gesetzesvorlagen von der Regierung eingebracht.[51] Gem. § 78 GO-BT werden eingebrachte Gesetzentwürfe in drei Lesungen beraten.

In einem zweiten Schritt beschließt der Bundestag unter Beachtung der Beteiligungsrechte von Bundesregierung und Bundesrat am Ende der dritten Lesung gem. Art. 77 I GG die Bundesgesetze.[52] Voraussetzung für einen Gesetzesbeschluss ist gem. Art. 42 II 1 GG im Regelfall die Mehrheit der abgegebenen Stimmen. Ein vom Bundestag beschlossenes Gesetz kommt gem. Art. 78 GG zustande, wenn der Bundesrat keinen Einspruch einlegt oder ihn zurücknimmt oder wenn der Einspruch vom Bundestag überstimmt wird.

Zur Verabschiedung eines Gesetzes ist eine parlamentarische Mehrheitsfindung notwendig. Dadurch ist das Gesetz bzw. das demokratische Gesetzgebungsverfahren dem Grunde nach das geeignete Mittel zur Schaffung von Distanz zwischen Entscheidungsträgern und Adressaten sowie zwischen Sonderinteressen und Gemeinwohl[53] und damit zur Erfüllung der vom BVerfG vorgegebenen Aufgabe, das Gemeinwohl zu sichern.

2. Budgetfunktion

Art. 110 GG schreibt die Budgetfunktion des Bundestages fest. Durch die Bereitstellung oder Versagung finanzieller Mittel ist sie entscheidend für die politische Gestaltung und Praxis.[54] Das Budgetrecht des Parlaments gehört damit zu den Grundlagen der demokratischen Selbstgestaltungsfähigkeit im Verfassungsstaat und stellt ein zentrales Element der demokratischen Willensbildung dar.[55]

Das Gesetzgebungsverfahren im Bereich der Haushaltsgesetzgebung ist gesondert im X. Abschnitt des GG geregelt. Es unterscheidet sich von Gesetzgebungsverfahren des VII. Abschnitts des GG dadurch, dass das Initiativrecht für den

51 https://www.bundestag.de/blob/196202/3aa6ee34b546e9ee58d0759a0cd71338/kapitel_10_00_statistik_zur_gesetzgebung-data.pdf (abgerufen am 28. Oktober 2016).

52 Das GG trifft keine Aussage darüber, wie über die im Bundestag eingebrachten Gesetzesinitiativen zu verhandeln ist. Regelungen hierzu finden sich in §§ 78 ff GO-BT. Gem. § 78 I GO-BT sind Gesetzesentwurfe grundsätzlich in drei Beratungen zu behandeln. Am Ende der ersten Beratung wird der Gesetzesentwurf in der Regel an einen Ausschuss zu überweisen, § 80 GO-BT.

53 So auch Kloepfer, VVDStRL 40 (1982), 63 (66).

54 So auch Soppe, S. 45. Der Haushaltsplan wird daher zu Recht auch als „Regierungsprogramm in Zahlen" bezeichnet, vgl. Sachs – Siekmann, Art. 110 Rn. 30 m.w.N.

55 BVerfGE 130, 318 (343).

Bundeshaushalt abweichend von Art. 76 I GG ausschließlich bei der Bundesregierung liegt.[56] Dies ergibt sich aus Art. 76 II 1 GG, der ergänzend zu Art. 110 III GG heranzuziehen ist.[57] Das Initiativmonopol gilt auch für Nachtragsvorlagen, wegen der unbeschränkten Änderungskompetenz des Bundestages jedoch nicht für sog. Ergänzungsvorlagen.[58] Der Grund für das alleinige Initiativrecht der Bundesregierung liegt darin, dass sie allein über den administrativen Apparat zur Aufstellung des Haushaltsplans verfügt; aus dem Initiativmonopol folgt aus diesem Grund auch eine Initiativpflicht.[59] Die Initiativpflicht ist auch auf den Zeitpunkt der Einbringung des Haushaltsentwurfes gerichtet, der so gewählt sein muss, dass vor Beginn der neuen Haushaltsperiode eine angemessene parlamentarische Beratung möglich ist.[60]

Jeder Abgeordnete hat nach Art. 38 I i.V.m. Art. 77 I 1 und Art. 110 II 1 GG ein eigenes Recht auf Beurteilung des Haushaltsentwurfes und Erteilung der dazu erforderlichen Informationen; die mit dem Budgetrecht einhergehende haushaltpolitische Gesamtverantwortung des Bundestages wird grundsätzlich durch Verhandlung und Beschlussfassung im Parlament wahrgenommen.[61] Der Bundestag verfügt dabei trotz Initiativmonopols der Bundesregierung über ein unbeschränktes Änderungsrecht,[62] was Ausdruck der Kontroll- und Legitimationsfunktion des Bundestages ist. Zur Beschleunigung des Verfahrens[63] bestimmt

---

56 BVerfGE 45, 1 (29, 46); 70, 324 (357).

57 Dreier – Heun, Art. 110, Rn. 34. Art. 110 III GG ist lex specialis zu Art. 76 GG. Soweit Art. 110 GG keine Sonderregelungen enthält, sind die Vorschriften der Art. 76 ff. GG ergänzend für das Haushaltsgesetzgebungsverfahren heranzuziehen, vgl. Dreier – Heun, Art. 110 Rn. 42.

58 Dreier – Heun, Art. 110, Rn. 34. Nachtragsvorlagen dienen der Änderung eines bereits verabschiedeten Haushaltsgesetzes, Ergänzungsvorlagen hingegen betreffen ein eingebrachtes, jedoch noch nicht verabschiedetes Haushaltsgesetz, vgl. Jarass/Pieroth – Jarass, Art. 110, Rn. 11.

59 Dreier – Heun, Art. 110 Rn. 34. Das Initiativmonopol erstreckt sich auch auf Nachtragshaushalte und beinhaltet zugleich eine Initiativpflicht, vgl. Dreier – Heun, a. a. O., m.w.N.

60 BVerfGE 45, 1 (32 f.); 66, 26 (38).

61 BVerfGE 130, 318 (347); Sachs – Siekmann, Art. 110 Rn. 79.

62 Dreier –Heun, Art. 110 Rn. 36 mit Verweis auf BVerfGE 70, 324 (355). Dies führte 1972 dazu, dass der Bundestag die Haushaltsvorlage der Regierung insgesamt ablehnte, vgl. v. Mangoldt/Klein/Starck, Art. 110 Rn. 99. Folge ist das Notrecht der Regierung zur vorläufigen etatlosen Haushaltswirtschaft gem. Art. 111 GG.

63 Jarass/Pieroth – Jarass, Art. 110 Rn. 11. Eine Verabschiedung des Haushalts soll nach angemessener parlamentarischer Beratung vor Beginn der neuen Haushaltsperiode erfolgen. Kann eine Verabschiedung ausnahmsweise nicht rechtzeitig geschehen, ist die Bundesregierung gem. Art. 111 GG zur Nothaushaltsführung berechtigt.

Art. 110 III 1 GG in Abweichung von Art. 76 II GG, dass die Haushaltsvorlagen gleichzeitig dem Bundestag und dem Bundesrat zuzuleiten sind. Der Bundesrat ist gem. Art. 110 III GG berechtigt, zu den Vorlagen innerhalb von sechs Wochen, bei Ergänzungsvorlagen innerhalb von drei Wochen Stellung zu nehmen. Einer Zustimmung durch den Bundesrat bedarf das Haushaltsgesetz nicht; es ist ein bloßes Einspruchsgesetz.[64] Nach Art. 110 II 1 GG stellt das Parlament durch das Haushaltsgesetz den Haushaltsplan anschließend fest, wodurch dieser für die Exekutive verbindlich wird.[65] Durch die Feststellung des Haushaltsplans wird er integraler Bestandteil des Haushaltsgesetzes, welches als Gesetz im formellen Sinn gilt.[66]

3. Legitimationsfunktion

Als Ausgangspunkt der Legitimationskette kommt dem Parlament eine Kreationsfunktion zu, kraft derer es ermächtigt ist, andere Funktionsträger zu wählen und an diese bestimmte staatliche Befugnisse zu delegieren. Die gewählten Funktionsträger können dann im Rahmen ihrer Kompetenzen weitere Amtsinhaber ernennen.[67] Die Legitimation der auf diesem Weg eingesetzten staatlichen Stellen und von ihnen ausgeübten Staatsgewalt geht damit immer auf das Parlament und danach auf das Volk zurück, so wie es in Art. 20 II GG normiert ist. Damit ist die Legitimationsfunktion Ausdruck des demokratischen und parlamentarischen Prinzips des Grundgesetzes.

Wichtigstes Beispiel hierfür ist die Bildung der Bundesregierung, die auch als das „Herzstück" des parlamentarischen Regierungssystems bezeichnet wird.[68] Der Bundeskanzler wird im Normalfall nach Art. 63 I, II GG auf Vorschlag des Bundespräsidenten mit der Mehrheit der Stimmen der Mitglieder des Bundestages, also gem. Art. 121 GG mit der absoluten Mehrheit aller Parlamentsmitglieder, gewählt. Der Gewählte ist sodann gem. Art. 63 II 2 GG vom Bundespräsidenten zu ernennen. Wird der Vorgeschlagene nicht gewählt, wählt der Bundestag nach Art. 63 III oder IV GG einen Bundeskanzler ohne Vorschlag des Bundespräsidenten. Wahlvorschläge kommen nunmehr aus der Mitte des Bundestages und

64 Dreier – Heun, Art. 110 Rn. 38; Sachs – Siekmann, Art. 110 Rn. 84.

65 BK-Gröpl, Art. 110 Rn. 240.

66 Dreier – Heun, Art. 110 Rn. 8; BVerfGE 129, 356 (367). Das Haushaltsgesetz wird gem. Art. 82 I GG im Bundesgesetzblatt verkündet.

67 Dreier – Morlok, Art. 38 Rn. 42; BVerfGE 93, 37 (67).

68 So Stern, in: Staatsrecht I, § 22, S. 979. Hier liegt eine entscheidende Abweichung zur Weimarer Zeit, in der gem. Art. 53 WRV der Reichspräsident den Reichskanzler ernannte, vgl. hierzu: Stern, a. a. O.

sind gem. § 4 S. 2 GO-BT von einem Viertel der Mitglieder des Bundestages oder einer Fraktion, die mindestens ein Viertel der Mitglieder des Bundestages umfasst, zu unterzeichnen. Im Unterschied zur ersten und zweiten Wahlphase ist in der dritten Wahlphase nach Abs. IV die einfache Abstimmungsmehrheit ausreichend. Vereint der vorgeschlagene Kandidat nunmehr gleichwohl die Stimmen der Mehrheit der Mitglieder des Bundestages auf sich, ist der Bundespräsident verpflichtet, den Gewählten innerhalb von sieben Tagen zum Bundeskanzler zu ernennen, Art. 63 IV 2 GG. Wird lediglich die einfache Mehrheit erreicht, hat der Bundespräsident zudem die Möglichkeit, den Bundestag ebenfalls innerhalb von sieben Tagen aufzulösen, Art. 63 IV 3 GG.[69]

Der so gewählte Bundeskanzler schlägt dann wiederum gem. Art. 64 I GG dem Bundespräsidenten die Bundesminister zur Ernennung vor.[70] Die Bundesminister werden mithin nicht direkt vom Parlament gewählt, was eine gewisse Einschränkung der parlamentarischen Kreationsfunktion darstellt. Diese Schmälerung verliert jedoch dadurch an Gewicht, dass die Koalitionsvereinbarungen zur Regierungsbildung regelmäßig auch die Zusammensetzung des Kabinetts umfassen.[71] Wird bereits bei der Regierungsbildung, speziell bei der Benennung der Minister gegen die Koalitionsvereinbarung verstoßen, könnte dies für den Bundeskanzler zum Vertrauensverlust des Parlaments mit der möglichen Folge eines Misstrauensvotums und Amtsverlustes nach Art. 67 GG führen. Das Parlament alleine gibt dem Regierungschef danach seine Legitimationsgrundlage; damit ist ein fester Zusammenhang zwischen Regierung und Parlament gegeben.[72]

Die Aufgabe der Legitimierung betrifft jedoch nicht nur den Bereich der Exekutive. Neben der Wahl der eigenen Organe und Hilfsorgane wie dem Bundestagspräsidenten und dessen Stellvertreter (Art. 40 I GG, §§ 1 IV, 2 GO-BT) umfasst die Kreationsfunktion auch weitere Organe. Mit der Wahl der Hälfte der Verfassungsrichter gem. Art. 94 I 2 GG und des Gemeinsamen Ausschusses nach Art. 53a I GG erstreckt sich die Befugnis auch auf die anderen Staatsgewalten. Ebenso ist das Parlament als Teil der Bundesversammlung gem. Art. 54 GG an der Wahl des Bundespräsidenten beteiligt.

---

69 Dies ist neben der in Art. 68 I GG geregelten Befugnis das einzige Auflösungsrecht des Bundespräsidenten. Macht er von dieser Befugnis keinen Gebrauch, hat er den Gewählten zum Kanzler zu ernennen.

70 Die Bundesminister ihrerseits sind dann bemächtigt, innerhalb ihres Ressorts über die weitere Besetzung zu bestimmen.

71 Stern, Staatsrecht I, § 22, S. 980. Hintergrund des Arguments ist, dass die Verhandlungen zu Koalitionsvereinbarungen unter anderem auch von Abgeordneten begleitet werden.

72 So auch Stern, Staatsrecht I, § 22, S. 980.

Zudem geht die Legitimationsfunktion über die nationalen Grenzen hinaus. Die Bundesrepublik Deutschland ist mittlerweile fester Bestandteil internationaler Organisationen. Von diesen verfügt beispielsweise der Europarat über ein parlamentarisches Organ, genannt „beratende Versammlung". Diese wird nicht direkt gewählt, sondern setzt sich aus Delegationen der nationalen Parlamente zusammen, Art. 25 Satzung des Europarates. Diese Vertreter werden von den jeweiligen Parlamenten aus seiner Mitte gewählt oder nach einem vom Parlament bestimmten Verfahren aus seiner Mitte ernannt. Deutschland hat gem. Art. 26 der Satzung des Europarates 18 Vertreter zu benennen.

4. Kontrollfunktion

Die Mitglieder der Bundesregierung tragen gem. Art. 65 S. 2 GG innerhalb der vom Bundeskanzler aufgestellten Richtlinien die Verantwortung für ihren Zuständigkeitsbereich. Gegenüber dem Volk wird sowohl die Verantwortung der Bundesregierung als auch aller anderen Verfassungsorgane – sofern sie nicht vom Volk selbst eingesetzt werden – vom Parlament geltend gemacht.[73] Das heißt, die Bundesregierung hat sich gegenüber dem Parlament zu verantworten bzw. zu rechtfertigen. Der Bundestag hat sich wiederum gegenüber dem Volk zu verantworten, was insbesondere in der Bundestagswahl zum Ausdruck kommt.

Für den Bundestag folgt aus der Verantwortlichkeit als „Kehrseite" die Aufgabe der parlamentarischen Kontrolle[74] über die von ihm legitimierten Funktionsträger, zuvörderst die Bundesregierung.[75] Obgleich der Begriff der parlamentarischen Kontrolle lediglich in Art. 13 VI GG und Art. 45b GG verwendet wird, gehört die Kontrolle durch das Parlament zu den Kernaufgaben des Bundestagsabgeordneten. Maßstab ist dabei der im Rahmen des Verfassungsrechts souverän gebildete politische Wille des Parlaments[76] und damit schlussendlich das geltende Recht.

---

73 Scheuner, in: Festschrift für Müller, S. 379 (395); die Verantwortung des Parlaments gegenüber dem Volk wird wiederum insbesondere durch Wahlen ausgeübt.

74 BVerfGE 67, 100 (130); Maunz/Dürig – Klein, Art. 45d Rn. 27; so auch Stern, in: Staatsrecht I, § 22, S. 988.

75 Zwar unterliegt zunächst nur die Regierung der Kontrolle des Parlaments, doch erstreckt sich die Kontrolle auch auf sämtliche nachgeordnete Behörden und damit auch auf die Tätigkeit der Nachrichtendienste, vgl. Wolff, JZ 2010, 173 (175) m.w.N. Es gibt danach keine Bereiche, die dem parlamentarischem Kontrollzugriff entzogen sind; etwas anderes gilt nur hinsichtlich der verfassungsrechtlich statuierten Unabhängigkeit der EZB, vgl. Dreier – Morlok, Art. 38 Rn. 45. Hiervon abzugrenzen ist die Frage der Reichweite der Antwortpflicht der Bundesregierung. Hierzu Voßkuhle, BayVBl, 2016, 289 (292).

76 Klein in: HStR III, § 50 Rn. 33.

Die Kontrollfunktion des Parlaments hat zwei nicht vollständig zu trennende Formen: die nachträgliche Kontrolle durch Überprüfung der durch die selbstständig entscheidenden Bundesregierung vorgenommenen Handlungen sowie die mitwirkende, das Handeln beeinflussende Kontrolle.[77]

a) Mitwirkende Kontrolle

Die Kontrollfunktion des Bundestages findet nicht lediglich als nachgängige Reaktion auf das Verhalten der Bundesregierung statt. Vielmehr soll die Regierung durch parlamentarische Willensäußerungen bereits in ihrer Entscheidung beeinflusst werden. Die mitwirkende Kontrolle wird danach in jedem parlamentarischem Entscheidungsprozess ausgeübt; sie ist ein wesentlicher Bestandteil des parlamentarischen Entscheidungsprozesses und ist daher aufgrund ihrer Permanenz von besonderer Wichtigkeit.[78] Der Zusammenhang zwischen parlamentarischer Entscheidung und Kontrolle ergibt sich bereits daraus, dass Bundestag und Bundesregierung die politische Leitungsgewalt „zur gesamten Hand"[79] anvertraut ist, die Bundesregierung also vielfach auf das Vertrauen der Mehrheit des Parlaments angewiesen ist.[80] Wenn danach das gesamte Parlament zur Entscheidung beauftragt ist, ist damit notwendig auch das gesamte Parlament zur Kontrolle befugt.[81] Zwar findet auch zwischen der Regierung und den sie tragenden Fraktionen/Parteien ein Austausch von Standpunkten und Informationen statt. Oft treten die Regierung und die sie tragende Mehrheit jedoch als politische Einheit auf, so dass der Opposition bei der Kontrolle eine entscheidende Rolle zukommt.[82] Dieser Frontenstellung wird dadurch Rechnung getragen, dass die überwiegende Zahl der Kontrollbefugnisse als Minderheitsbefugnisse ausgestaltet sind.[83] Die

77 Dreier – Morlok, Art. 38 Rn. 46 m.w.N.; Schulze-Fielitz, S. 29; Teuber, S. 50.

78 Krebs, S. 122 ff.; Klein in: HStR III, § 50 Rn. 33; so im Ergebnis auch Achterberg, Grundzüge, S. 57; demnach auch im Wege der Gesetzgebung, die sich damit als vorauswirkende parlamentarische Kontrolle darstellt, vgl. Achterberg, Parlamentsrecht, § 18, S. 411 ff. Kirchhof spricht insoweit von „Kontrolle durch Mitentscheidung", vgl. ders. in: HStR III, § 59 Rn. 158.

79 Die Formulierung stammt von Friesenhahn, VVDStRL 16 (1958), S. 9 (37 f.).

80 Maunz/Dürig – Klein, Art. 38 Rn. 52; Teuber, S. 49; so auch Krebs, S. 121.

81 So auch Krebs, S. 133.

82 So auch Voßkuhle, BayVBl. 2016, 289 (291).

83 Maunz/Dürig – Klein, Art. 38 Rn. 53; Stern, Staatsrecht I, § 22, S. 989. Das Ergebnis der Bundestagswahl 2013, in dessen Folge sich eine Regierungskoalition aus CDU/CSU und SPD mit mehr als ¾ der Sitze gebildet hat, führte zu der Forderung, die Minderheitsbefugnisse zu stärken.

Kontrollaufgabe der Parlamentsmehrheit kommt im parlamentarischen Regierungssystem, in dem die Regierung an die Parlamentsmehrheit gebunden ist, nur selten zum Tragen.

b) Kontrollinstrumentarien

Eine wirksame Ausübung der Kontrollfunktion setzt rechtzeitige Information und Beteiligung des Kontrolleurs voraus. Die Kontrollinstrumentarien beruhen daher in erster Linie auf Informationsrechten der Abgeordneten sowie Mitwirkungsrechten.[84] Sie sind im GG und in der GO-BT geregelt, jedoch aufgrund ihrer Vielfalt einer Systematik nur schwer zugänglich.[85]

aa) Mitwirkungsrechte

Parlamentarische Kontrolle folgt auch aus dem Erfordernis der Mitwirkung der Abgeordneten an der Beschlussfassung des Bundestages.[86] Ausdrückliche Mitwirkungsrechte des Bundestages nennt das GG in verschiedenen Varianten, insbesondere in dem es wie in Art. 59 II GG oder Art. 110 II GG ein Parlamentsgesetz oder wie in Art. 115a I/115l II GG (Feststellung/Beendigung des Verteidigungsfalles) einen einfachen Parlamentsbeschluss voraussetzt.

bb) Informationsrechte

Im Bereich der verfassungsmäßigen Zuständigkeit des Bundestages stehen den Bundestagsabgeordneten Informationsansprüche zu.[87] Eine erste Gruppe von Informationsrechten betrifft die Fremdinformation des Bundestages über die Bundesregierung.[88] So schließt z. B. das Budgetrecht des Parlaments einen „Anspruch des Parlaments wie der einzelnen Abgeordneten darauf ein, dass ihnen die für die sachverständige Beurteilung des Haushaltsplans erforderlichen Informationen nicht vorenthalten werden".[89] Gegenüber der Bundesregierung ergibt sich ein Informationsanspruch des Weiteren aus Art. 43 I GG, wonach der Bundestag und seine Ausschüsse die Anwesenheit jedes Mitglieds der Bundesregierung ver-

---

84 Sachs – Magiera, Art. 38 Rn. 39 f.; Achterberg, Grundzüge, S. 58 ff.; Übersicht in: Stern, Staatsrecht I, S. 974/975. Zu den parlamentarischen Informationsrechten siehe unter B.II.1b.

85 Sachs – Magiera, Art. 38 Rn. 39.

86 So auch Sachs – Magiera, Art. 38 Rn. 39 f. Zu den Mitwirkungsrechten vgl. auch B.II. 1a).

87 Stefani in: Schneider/Zeh (Hrsg.), S. 1325 (1331).

88 Sachs – Magiera, Art. 38 Rn. 39.

89 BVerfGE 70, 324 (355); 110, 119 (225).

langen können; aus diesem sog. Zitierrecht folgt zwangsläufig eine Auskunftspflicht der Regierung.[90] Aus dem Zitierrecht leitet sich daher das sog. Frage- oder Interpellationsrecht her, deren nähere Ausgestaltung in den §§ 100 ff. GO-BT niedergelegt ist.[91] Das BVerfG leitet ein Frage- und Informationsrecht des Bundestages inzwischen aus Art. 38 I 2 und Art. 20 II 2 GG ab, an dem die einzelnen Abgeordneten nach Maßgabe der GO-BT teilhaben und mit dem grundsätzlich eine Antwortpflicht der Bundesregierung korrespondiert.[92]

Im Rahmen der zitierten Entscheidung hatte sich das BVerfG[93] mit der Frage zu befassen, ob die Bundesregierung die Beantwortung einer kleinen Anfrage zur Sammlung, Speicherung und Weitergabe von Informationen über Abgeordnete durch Geheimdienste des Bundes zu Recht verweigert hatte. Dabei bestätigte es, dass die Auskunftspflicht der Bundesregierung Grenzen unterliegt und dort nicht besteht, wo kein Bezug zum verfassungsrechtlichen Verantwortungsbereich der Regierung besteht oder in den aufgrund der Gewaltenteilung bestehenden Kernbereich exekutiver Eigenverantwortung eingegriffen wird.[94] Neben diesen kompetenziellen Einschränkungen werden dem parlamentarischen Informationsrecht auch durch Grundrechte und dem Staatswohl Grenzen gesetzt.[95] Hinsichtlich der Begrenzung durch das Staatswohl ist jedoch zu beachten, dass dieses Bundestag

---

90 Stefani in: Schneider/Zeh (Hrsg.), S. 1325 (1332); Stern, Staatsrecht II, § 26, S. 52, m.w.N. In der neueren Literatur wird die Herleitung eines Fragerechts aus Art. 43 GG teilweise abgelehnt, vgl. Kirschniok-Schmidt, S. 19 ff., m.w.N.

91 Stern, Staatsrecht II, § 26, S. 55; Brenner, in: HStR III, § 44 Rn. 54.

92 BVerfGE 124, 161 (188); Voßkuhle, BayVBl, 2016, 289 (291 f.); zustimmend auch Kirschniok-Schmidt, S. 27 ff. Die GO-BT sieht zur Umsetzung des Fragerechts die Möglichkeit der Akteneinsicht (§ 16), der Anfrage des einzelnen Abgeordneten (§ 105), der aktuellen Fragestunde (§ 106), sowie der kleinen und großen Anfrage (§ 75) vor.

93 BVerfGE 124, 161.

94 BVerfGE 124, 161 (188 f.) mit Verweis darauf, dass die nähere Grenzziehung damit der Würdigung im Einzelfall bedarf. An anderer Stelle spricht das BVerfG in diesem Zusammenhang von einen „von parlamentarischen Untersuchungsausschüssen grundsätzlich nicht ausforschbaren Initiativ-, Beratungs- und Handlungsbereich“ zur Verhinderung des „Mitregieren[s] Dritter bei Entscheidungen, die in der alleinigen Kompetenz der Regierung liegen und nennt insoweit die Willensbildung der Regierung, vgl. BVerfGE 124, 78 (120 f.). Zur Grenzziehung hinsichtlich des Verantwortungsbereiches der Bundesregierung vgl. auch BVerfG, Urteil vom 02.06.2015–2 BvE7/11, Leitsatz abgedruckt: DÖV 2015, 670.
Für das Parlamentarische Kontrollgremium sind diese Grenzen in § 6 PKGrG normiert.

95 Holzner, DÖV 2016, 668 (671) m.w.N. und dem Hinweis auf eine fehlende Definition der Begrifflichkeit.

und Bundesregierung gemeinsam anvertraut ist, so dass insoweit eine Begrenzung des Informationsanspruches nur in engen Ausnahmen zulässig ist.[96]

Informationsgewinnung muss aber auch ohne Zutun der Bundesregierung, d. h. als Selbstinformation möglich sein. Dies garantiert unter anderem das parlamentarische Untersuchungsrecht aus Art. 44 GG, das durch Parlamentsausschüsse wahrgenommen wird.[97] Die Einsetzung eines Untersuchungsausschusses ist gem. Art. 44 I GG ein Recht der parlamentarischen Minderheit. Auf Verlangen eines Viertels der Mitglieder des Bundestages muss im verfassungsmäßigen Zuständigkeitsbereich des Bundestages ein Untersuchungsausschuss eingesetzt werden. Einfachgesetzlich wird das Untersuchungsrecht durch das Untersuchungsausschussgesetz (PUAG) ausgestaltet.

Der parlamentarische Untersuchungsausschuss dient – anders als das Fragerecht – auch zur Kontrolle der jeweiligen parlamentarischen Mehrheit und wird in der Folge als das „schärfste Schwert der Kontrolle der Regierung durch das Parlament" bezeichnet.[98] Mit dieser Feststellung korrespondiert der Umstand, dass zu bedeutenden Themenkomplexen wie BND, NSA und NSU stets Untersuchungsausschüsse eingesetzt worden sind, die zur Aufklärung beigetragen haben. Der Untersuchungsausschuss gilt dabei als Hilfsorgan des Bundestages und wird als solches lediglich unterstützend und vorbereitend tätig, so dass der Bundestag Träger des Untersuchungsrechts bleibt.[99]

Selbstinformation des Bundestages kann auch durch den Wehrbeauftragten (Art. 45b GG), den Petitionsausschuss (Art. 45c GG), hinsichtlich nachrichtendienstlicher Tätigkeiten das Parlamentarische Kontrollgremium (Art. 45d GG), das Enqêterecht (§ 56 GO-BT) sowie durch öffentliche Anhörung nach § 70 GO-BT verwirklicht werden. In Art. 114 GG ist zudem die Rechnungslegung des Bundesfinanzministers gegenüber dem Parlament geregelt. Bezüglich An-

---

96 BVerfGE 124, 78 (124). Vor dem Hintergrund des § 14 PUAG erscheint die Grenze im Bereich parlamentarischer Untersuchungsausschüsse fraglich. In diesem Sinne auch Holzner, DÖV 2016, 668 (672). Eine Auseinandersetzung mit der Frage, ob diese Grenze überhaupt haltbar ist, kann an dieser Stelle nicht erfolgen.

97 Stefani in: Schneider/Zeh (Hrsg.), S. 1325 (1334); § 62 GO-BT normiert die Aufgaben der Ausschüsse, wobei die Ausschüsse auf Überweisung, aber auch aufgrund eines Selbstbefassungsrechts tätig werden können.

98 Voßkuhle, BayVBl, 2016, 289 (292) mit Verweis auf die auf die Paulskirchenverfassung vom 28. März 1849 zurückreichende Tradition des Untersuchungsausschusses. A.A. Maunz/Dürig – Klein, Art. 44, Rn. 252 ff., der den Untersuchungsausschuss als „Ort parlamentarischer Parteilichkeit" die Eignung zur Erforschung der Wahrheit abspricht.

99 BVerfGE 67, 100 (124); 124, 78 (114); Holzner, DÖV 2016, 668 (669).

gelegenheiten der Europäischen Union hat die Bundesregierung das Parlament gem. Art. 23 II 2 GG zu unterrichten.

cc) Sanktionsinstrumente

Die parlamentarischen Kontrollrechte können allgemein im Wege des Organstreitverfahrens nach Art. 93 I Nr. 1 GG durchgesetzt werden. Es kann zum einen von der Parlamentsmehrheit, zum anderen von der Parlamentsminderheit in Form einer Fraktion oder eines einzelnen Abgeordneten eingeleitet werden.[100] Das BVerfG spricht den Fraktionen insoweit das Recht zu, Befugnisse des gesamten Parlaments quasi „treuhänderisch" in eigenem Namen geltend zu machen, selbst wenn das Parlament die streitgegenständliche Maßnahme der Bundesregierung mehrheitlich billigt.[101]

Eine gestiegene Bedeutung für die Kontrolle der Regierung erlangte neben dem Organstreitverfahren insbesondere die abstrakte Normenkontrolle vor dem BVerfG, wenngleich so nur die Verfassungskonformität, nicht auch die politische Opportunität der entsprechenden Entscheidung überprüft werden kann.[102]

Nur soweit dem Parlament ein Wahlrecht zusteht – namentlich bei der Wahl von Bundeskanzler, Bundespräsident und Bundesrichter –, nennt das Grundgesetz besondere Sanktionsinstrumente zur Durchsetzung der parlamentarischen Kontrolle: das Misstrauensvotum gem. Art. 67 GG als Recht der Parlamentsmehrheit, die Präsidentenanklage gem. Art. 61 GG sowie die Richteranklage nach Art. 98 II GG.[103] Mit der möglichen Folge des Amtsverlustes stellen diese das jeweils schwerste und letzte Kontrollinstrument dar.[104]

dd) Haushaltsrecht

Im Bereich des Haushaltsrechts haben sich neben der Mitwirkung am Haushaltsgesetz gem. Art. 110 III 1 GG zudem sog. Sperrvermerke und Zustimmungsvorbehalte nach § 22 S. 3, 36 BHO als Kontrollmechanismus herausgebildet, mit denen der Vollzug des Haushaltsplans zumindest vorübergehend durch den

100 Sachs – Magiera, Art. 38 Rn. 44.

101 Voßkuhle, BayVBl. 2016, 289 (293 f.), m.w.N.

102 Klein, in: HStR III, § 50 Rn. 41. So stellt auch das Haushaltsgesetz ein Recht i.S.v. Art. 93 I Nr. 2, § 76 BVerfGG dar und kann daher im Rahmen der abstrakten Normenkontrolle überprüft werden, vgl. Sachs – Siekmann, Art. 110 Rn. 27.

103 Dreier – Morlok, Art. 38 Rn. 45.

104 Scheuner, in: Festschrift für Müller, S, 379 (392).

Bundestag außer Kraft gesetzt werden kann.[105] Da der Haushaltsvollzug in die alleinige Verantwortung der Exekutive fällt, werden Sperrvermerke zugunsten des Parlaments mitunter als zu weitgehend betrachtet.[106] Der Vorbehalt deckt sich jedoch mit der Einschätzung, dass dem Bundestag ein unbeschränktes Änderungsrecht zusteht, und entspricht damit der Vorstellung einer wirksamen Kontrolle durch Mitwirkung.[107]

Um die Kontroll- und Legitimationsfunktion der Haushaltsberatung und -verabschiedung gerecht zu werden, muss der Haushaltsplan der Bundesregierung dem Informationsanspruch der Abgeordneten erfüllen und daher „hinreichend konkrete Angaben über Einnahmen und Ausgaben" enthalten.[108]

5. Öffentlichkeitsfunktion

Gewissermaßen als Folge der beschriebenen Aufgaben und deren Bedeutung für die parlamentarische Demokratie ergibt sich eine Öffentlichkeitsfunktion des Parlaments.[109] Vor allem für die Kontrollrechte des Wahlvolkes ist die Parlamentsöffentlichkeit unabdingbare Voraussetzung.[110]

Der Öffentlichkeitsfunktion wird durch Art. 42 I 1 GG Rechnung getragen, wonach der Bundestag öffentlich verhandelt. Daraus folgt, dass grundsätzlich jedermann – einschließlich Medienvertretern – der Zugang zu den Verhandlungen zu gewähren ist.[111] Erfasst ist die gesamte Plenarsitzung einschließlich etwaiger Anträge, Beantwortung von Anfragen und persönlichen Erklärungen.[112] Unter Berücksichtigung verschiedener Urteile des BVerfG, wonach die ständige geistige Auseinandersetzung und der Kampf der Meinungen und Interessen konstituierende Lebenselemente der freiheitlichen-demokratischen Staatsform darstellen,[113] soll das Parlament der Ort sein, an dem die grundlegenden Fragen

---

105 Klein, in: HStR III, § 50 Rn. 40. Zur Mitwirkung im Gesetzgebungsverfahren nach Art. 110 GG vgl. B.I.2.

106 Klein, in: HStR III, § 50 Rn. 40 mit Verweis auf Maunz/Dürig – Maunz, Art. 110 Rn. 70 (a.F.).

107 Dreier –Heun, Art. 110 Rn. 36 mit Verweis auf BVerfGE 70, 324 (355); Klein, in: HStR III, § 50 Rn. 40.

108 Sachs – Siekmann, Art. 110 Rn. 77.

109 Brenner, in: HStR III, § 44 Rn. 39; Dreier – Morlok, Art. 38 Rn. 34.

110 Dreier – Morlok, Art. 42 Rn. 20.

111 Dreier – Morlok, Art. 42 Rn. 26 f. Art. 42 I 2 GG sieht vor, dass die Öffentlichkeit unter besonderen Voraussetzungen ausgeschlossen werden kann.

112 Dreier – Morlok, Art. 42 Rn. 23.

113 BVerfGE 5, 85 (205); 7, 198 (208); 12, 113 (125).

des Gemeinwesens kontrovers diskutiert und einer für das Gemeinwesen verbindlichen Lösung, dem sog. Parlamentswillen zugeführt werden.[114]

Das Öffentlichkeitsprinzip gilt im Grundsatz auch im Bereich der Beratungen zur Haushaltsgesetzgebung. Die Budgetöffentlichkeit darf jedoch aus zwingenden Gründen des Allgemein- / bzw. Staatswohls durchbrochen werden, etwa bei der Beratung von Wirtschaftsplänen besonders sicherheitsrelevanter Stellen.[115]

Obgleich weite Teile der parlamentarischen Arbeit in den Fraktionen und Ausschüssen erfolgt, wird erst durch die öffentliche Parlamentsdiskussion der Dialog mit und in der Bevölkerung eröffnet. Hiervon geht eine erhebliche integrierende Wirkung auf das Volk aus, die die Notwendigkeit der Plenarsitzungen neben der Ausschuss- und Fraktionsarbeit veranschaulicht.[116] Mithin ist die Öffentlichkeit der parlamentarischen Diskussion wesentliches Element der staatlichen Demokratie und des Parlamentarismus.[117] Neben der formellen Öffentlichkeit gewährt Art. 42 I GG auch die materielle Öffentlichkeit, wonach die öffentliche Parlamentsdiskussion auch transparent, nachvollziehbar und einsichtig sein sollen.[118]

II. Rechtsstellung der Bundestagsabgeordneten

Als mit eigenen Rechten ausgestattete Teile des Bundestages sind die Abgeordneten Amtswalter, die die Rechte aus dem Abgeordnetenamt wahrnehmen.[119] Die Rechtsstellung der Abgeordneten bzw. die mit seinem Amt verbundenen Rechte und Pflichten ergeben sich aus dem Grundgesetz und einigen wenigen einfachgesetzlichen Vorschriften, insbesondere aus dem Bundeswahl- und Abgeordnetengesetz.

---

114 Brenner, in: HStR III, § 44 Rn. 39 f.

115 BVerfGE 70, 324 (358 f.); Dreier - Heun, Art. 110 Rn. 37.

116 Brenner, in: HStR III, § 44 Rn. 40; Friesenhahn, in: VVDStRL 16 (1958), S. 9 (32). Die Tätigkeit in den Ausschüssen des Bundestages ist nach h.L. nicht von Art. 42 I GG umfasst, vgl. BVerfGE 1, 144 (152); Dreier - Morlok, Art. 38 Rn. 22, m.w.N. Morlok selbst vertritt jedoch eine abweichende Auffassung. Auch § 69 I 1 GO-BT geht von der grundsätzlichen Nichtöffentlichkeit der Beratungen in den Ausschüssen aus.

117 Dreier - Morlok, Art. 42 Rn. 20, m.w.N.

118 v. Mangoldt/Klein/Starck - Achterberg/Schulte, Art. 42 I Rn. 2.

119 Abmeier, S. 37; Stern, Staatsrecht II (1980), S. 46. Die Stellung des Abgeordneten in ihrer heutigen Form findet ihren Ursprung in der französischen Religionsverfassung von 1791, die dort im bewussten Gegensatz zu den Aufgaben des ständischen Vertreters des späten Mittelalters und der Frühneuzeit ausgestaltet worden ist, vgl. Kremer, S. 11.

Der Abgeordnete erwirbt das Mandat durch Annahme der Wahl; es wird nicht von Fraktion oder Partei abgeleitet.[120] Die Rechte des Abgeordneten sind folglich nicht von der Zugehörigkeit zu einer Fraktion oder Partei abhängig. Den Abgeordneten kommt damit „ein eigener verfassungsrechtlicher Status" zu.[121] Die Verletzung dieses Status und der ihm daraus zukommender Rechte kann er im Wege des Organstreits vor dem BVerfG geltend machen; insoweit ist er als mit eigenen Rechten ausgestatteter Teil des Organs Bundestag parteifähig und antragsbefugt i.S.d. §§ 63/64 BVerfGG.[122]

1. Amtswalterrechte

Aus dem Amtscharakter des Mandats ergeben sich unmittelbar bestimmte Rechtspositionen bzw. Kompetenzen, die als Amtswalterrechte bezeichnet werden.[123] Sie stehen in unmittelbarem Zusammenhang mit der „Funktion des Organs Parlament"[124] und sind demnach keine subjektiven Rechte des einzelnen Abgeordneten. Die Kompetenzen des Mandatsträgers sind vor dem Hintergrund zu sehen, dass nicht der einzelne Abgeordnete, sondern das Parlament als Ganzes die Staatsgewalt ausübt.[125] Zu ihnen zählen die Befugnisse, die nach der Verfassung, der GO-BT oder parlamentarischem Brauch der Herausbildung des parlamentarischen Willens dienen.[126] Diese lassen sich wie folgt einteilen:

a) Mitwirkungsrechte

Die Mitwirkungsbefugnisse der Abgeordneten realisieren sich durch deren Möglichkeit, vor dem Plenum, in den Ausschüssen und sonstigen Gremien des Bundestages das Wort zu ergreifen und abzustimmen.[127] Diese auch als Rede- und Stimmrecht bezeichnete Befugnis folgt aus Art. 42 I, II GG, nach dem die Aufgaben des Bundestages durch „verhandeln" und „beschließen" wahrgenommen werden.[128] Zur Ausübung des Rederechts erteilt der Bundestagspräsident gem.

120 BK – Badura, Art. 38 Rn. 58.
121 BVerfGE 2, 143 (164); 4, (149).
122 Klein, in: HStR III, § 51 Rn. 41.
123 Sowohl bei den Begrifflichkeiten als teilweise auch bei der Zuordnung einzelner Rechte bestehen zwischen den verschiedenen Autoren Differenzen, vgl. nur Stern, Staatsrecht I, § 24, S. 1057.
124 So Stern in: Staatsrecht I, § 24, S. 1057.
125 Klein, in: HStR III, § 51 Rn. 31; BVerfGE 44, 308 (316).
126 Stern, Staatsrecht I, § 24, S. 1058.
127 Klein, in: HStR III, § 51 Rn. 32.
128 BVerfGE 125, 104 (123).

§§ 27 ff. GO-BT das Wort und bestimmt die Reihenfolge der Redner. Dabei soll ihn gem. § 28 I 2 GO-BT die Sorge für sachgemäße Erledigung und zweckmäßige Gestaltung der Beratung, die Rücksicht auf die verschiedenen Parteirichtungen, auf Rede und Gegenrede und auf die Stärke der Fraktionen leiten. Insbesondere soll nach der Rede eines Mitgliedes oder Beauftragten der Bundesregierung eine abweichende Meinung zu Wort kommen.[129] Um die Funktionsfähigkeit des Bundestages nicht zu gefährden, ist die Redezeit im Grundsatz gem. § 35 I 2 GO-BT auf 15 Minuten beschränkt.

Als notwendiger Bestandteil des verfassungsrechtlichen Abgeordnetenstatus unterfällt das Rederecht nicht dem Schutzbereich des Art. 5 I 1 GG.

b) Informationsrechte

Nicht nur die Kontrollfunktion des Bundestages verlangt eine umfassende Information seiner Abgeordneten. Auch für sachgerechte Beratungen und Abstimmungen über den jeweiligen Regelungsgegenstand ist eine hinreichende Informiertheit unerlässliche Grundvoraussetzung.[130] Zu diesem Zweck stehen den Abgeordneten verschiedene Informationsquellen zur Verfügung. So dient auch die Gesellschaft selbst – dort speziell die Vertreter organisierter Interessen – als Informationsquelle des Parlaments.[131] Gesetzesvorlagen der Bundesregierung sind gem. § 76 II GO-BT mit einer Begründung zu versehen. Umfassende und neutrale Information lässt sich jedoch nur zu einem geringen Teil durch die Befragung gesellschaftlicher Gruppen oder Rückgriff auf Begründungen der Bundesregierung zu Gesetzesvorlagen oder Berichte der Bundesregierung erreichen. Diese Quellen sind mitunter in dem Sinne voreingenommen, dass sie primär eigene Standpunkte wiederspiegeln.

Als weitere, objektivere Mittel zur Informationsgewinnung stehen den Bundestagsabgeordneten daher neben den wissenschaftlichen Diensten des Bundestages die Einsetzung einer Enquête-Kommission gem. § 56 GO-BT oder die Einsetzung eines Untersuchungsausschusses gem. Art. 44 GG zu. Ebenso wie die nach Maßgabe der §§ 100 ff. GO-BT wahrzunehmenden Informationsrechte (Große, Kleine und Mündliche Anfrage) und das aus Art. 43 GG folgende Zitierrecht sind diese Rechte jedoch mitgliedschaftliche Rechte, deren Geltendmachung der

129 Roll, § 28 GO-BT, Rn. 1.

130 BVerfGE 70, 324 (355); 125, 104 (123). Mitunter wird das Informationsrecht der parlamentarischen Kontrolle gleichgesetzt, vgl. Hübner, in: Röhring/Sontheimer, S. 204.

131 Fassbender, in: HStR IV, § 76 Rn. 118; hierzu unter B.IV.2.

Zusammenwirkung mehrerer Abgeordneter bedarf.[132] Dabei handelt es sich nur in Teilbereichen – so z. B. bei dem genannten Zitierrecht – um ein Recht der parlamentarischen Mehrheit. Dass ein Mehrheitserfordernis nicht die Regel sein kann, folgt aus der Rolle der Opposition für die parlamentarische Kontrolle.[133] Demzufolge kann beispielsweise gem. §§ 75 I Buchstabe f, 76 I GO-BT eine große Anfrage bereits von einer Fraktion oder von fünf vom Hundert der Mitglieder des Bundestages gestellt werden.

Zwar ist im GG kein dem einzelnen Abgeordneten zustehendes Informationsrecht normiert. Aus Art. 38 Abs. 1 Satz 2 und Art. 20 Abs. 2 Satz 2 GG folgt nach der Rechtsprechung des BVerfG aber ein Frage- und Informationsrecht des Deutschen Bundestages gegenüber der Bundesregierung, an dem sowohl die einzelnen Abgeordneten als auch die Fraktionen als Zusammenschlüsse von Abgeordneten nach Maßgabe der Ausgestaltung in der Geschäftsordnung des Deutschen Bundestages teilhaben; dieser Rechtsposition steht grundsätzlich eine Antwortpflicht der Bundesregierung gegenüber.[134] Dieses Fragerecht steht demnach bereits dem einzelnen Abgeordneten zu.[135]

Die Grenzen des Informationsanspruches ergeben sich aus dem Verfassungsrecht, insbesondere aus dem Gewaltenteilungsprinzip folgenden Kernbereich exekutiver Eigenverantwortung, dem Staatswohl und Grundrechten Dritter.[136]

c) *Antragsrechte*

Durch das Stellen von Anträgen kann der Abgeordnete Einfluss auf die Beratungen des Parlaments nehmen und die von ihm vertretenen Auffassungen im parlamentarischen Entscheidungsverfahren vorbringen[137]. Hierzu werden die Anträge als sog. Vorlagen in den Bundestag eingebracht. Dies geschieht, indem die Anträge als selbstständige Verhandlungsgegenstände auf die Tagesordnung des

---

132 Maunz/Dürig – Klein, Art. 38 Rn. 232.

133 Klein, in: HStR III, § 51 Rn. 33; zur Kontrollfunktion vgl. B.I.4.

134 BVerfGE 137,185 (185). Auch dem genannten Zitierrecht folgt die Pflicht, der Anfrage nachzukommen, vgl. Maunz/Dürig – Klein, Art. 43 Rn. 83; zu den Grenzen der Antwortpflicht, vgl. a. a. O. Rn 96. Lange Zeit wurde sowohl das Fragerecht als auch die Antwortpflicht aus dem Zitierrecht nach Art. 43 GG hergeleitet, vgl. Kirschniok-Schmidt, S. 19 ff., m.w.N., der diese Auffassung widerlegt.

135 Maunz/Dürig – Klein, Art. 43 Rn. 76, 87; Kirschniok-Schmidt, S. 30 f., m.w.N. Über das Fragerecht hinaus stehen dem einzelnen Abgeordneten keine weiteren allgemeinen Informationsrechte zu, vgl. Kirschniok-Schmidt, a. a. O.

136 BVerfGE 137, 185. Dazu im Einzelnen: Maunz/Dürig – Klein, Art. 43 Rn. 96 ff.

137 Vonderbeck, ZParl 1983, 311 (315).

Bundestages gesetzt werden (§ 75 I GO-BT) oder anderen Verhandlungsgegenständen zugeordnet werden (unselbstständige Anträge, § 75 II GO-BT). Durch die Einbringung in den Bundestag sollen Auseinandersetzungen mit der jeweiligen Materie veranlasst werden. Dazu folgt der Einbringung gem. § 78 GO-BT eine Beratung im Parlament.

Bei dem Antragsrecht handelt es sich weitestgehend um ein Recht der Minderheit, jedoch bedarf es in der Regel der Unterstützung durch eine unterschiedlich große Zahl von Abgeordneten.[138] Die wichtigsten materiellen Anträge sind aufgrund der hohen Steuerungsfunktion von Gesetzen die Gesetzesanträge. Das Gesetzesinitiativrecht steht nach Art. 76 I GG neben Bundesrat und –regierung der „Mitte des Bundestages" zu. Das wird in § 76 I GO-BT dahingehend ausgelegt, dass es für einen Antrag mindestens 5 % der Mitglieder des Bundestages oder der Fraktionsstärke bedarf. Sofern die GO-BT nichts anderes vorschreibt, gelten diese Vorgaben auch für anderweitige Vorlagen von Abgeordneten.

2. Statusrechte

Hierunter werden die Rechte verstanden, die dem Abgeordneten persönlich zustehen. Statusrechten kommt die Aufgabe zu, die Unabhängigkeit der Abgeordneten sowie die Freiheit ihrer Mandate zu sichern. Vor diesem Hintergrund sind die einzelnen Vorschriften des GG zu interpretieren.[139]

a) Das freie Mandat

Nach Art. 38 I 2 GG sind die nach demokratischen Wahlrechtsgrundsätzen gewählten Abgeordneten des Bundestages Vertreter des ganzen Volkes, an Aufträge und Weisungen nicht gebunden und nur ihrem Gewissen unterworfen. Dies ist das Prinzip der „auftragsfreien Repräsentation" bzw. des „freien Mandats",[140] das den Prozess der parlamentarischen Willensbildung von „organisierten Interessen aller Art"[141] frei halten soll und zugleich Grundlage der Rechtsstellung des Abgeordneten ist.[142]

---

138 Klein, in: HStR III, § 51 Rn. 34; Zeh, in: HStR III, § 53 Rn. 39. Hierzu im Einzelnen: Vonderbeck, ZParl 1983, 311 (338 ff.).

139 Klein, in: HStR III, § 51 Rn. 35; Stern, Staatsrecht I, § 24, S. 1059.

140 Zippelius/Würtenberger, § 38 Rn. 76.

141 So BK - Badura, Art. 38 Rn. 49.

142 Badura, Kap. E, Rn. 29.

Als solche ist die Freiheit des Mandats von der grundrechtlichen Freiheit zu unterscheiden, die jedermann zukommt.[143] Die Freiheit des Mandats schützt den Abgeordneten vor einer politischen Abhängigkeit von seinen Wählern, aber auch von seiner Partei und Fraktion oder anderen politischen oder gesellschaftlichen Gruppen. Sie ist somit Gegenstück zum imperativen bzw. gebundenen Mandat. Trotz ihrer regelmäßigen Einbindungen in Parteien und ihren Verpflichtungen gegenüber Partialinteressen soll das freie Mandat den Abgeordneten eine freie Interpretation des Gemeinwohls nach ihren Vorstellungen und ein dementsprechendes Handeln ermöglichen.[144] Dadurch sollen demokratische Grundsätze auch innerhalb der Parteien sichergestellt und zugleich die Kompromissfähigkeit der Abgeordneten garantiert werden. Von der Fähigkeit zum Kompromiss hängt die Funktionsfähigkeit des Parlamentes maßgebend ab. Der Abgeordnete kann das Volk nur gemeinsam mit den übrigen Parlamentariern angemessen und in seinem Pluralismus repräsentieren.[145] Beschlüsse des Bundestages sind folglich nach Art. 42 II GG Mehrheitsentscheidungen, die einen gefundenen Gemeinwillen wiederzugeben haben und daher in aller Regel der Kompromissfindung bedürfen. Diese kann aber erst am Ende eines offenen politischen Prozesses stehen.

Daher dürfen allein wegen des Abweichens eines Abgeordneten von seiner ursprünglich vertretenen Überzeugung keine voreiligen Schlüsse auf eine unsachgemäße Beeinflussung bzw. allzu leichte Beeinflussbarkeit und mangelndes Eintreten für seine Überzeugungen geschlossen werden.[146] Selbst das Auseinanderfallen von Überzeugung und letztendlichem Abstimmungsverhalten kann völlig legitim sein, denn oftmals steht eine Entscheidung in Verbindung mit weiteren, bedeutungsvolleren Entscheidungen und Konsequenzen. Das können andere Sachfragen auf nationaler, aber auch auf europäischer Ebene sein, parteipolitische Loyalitäten oder beispielsweise auch das Anliegen, eine Regierungskoalition nicht über Gebühr zu schwächen oder als zerrüttet erscheinen zu lassen. Derartigen Fällen liegt i. d. R. eine freie Güterabwägung zugrunde, bei der der Abgeordnete „die Bedeutung der freiwilligen Loyalität zu seiner Fraktion und für seine eigenen

---

143 Isensee, in: Festschrift für Oberreuter, S. 254 (260).

144 Dreier – Morlok, Art. 38 Rn. 144.

145 BVerfGE 44, 308 (316); Achtenberg prägte den Begriff der Kollektivrepräsentation in: ders., Das rahmengebundene Mandat, S. 26; dahingehend auch BK – Badura, Art. 38 Rn. 50. Lange Zeit wurde die Auffassung vertreten, dass jeder einzelne Abgeordnete selbst das ganze Volk repräsentiere (Individualrepräsentation). Zur Frage, ob in der Kollektivrepräsentation ein Widerspruch zur Unabhängigkeit des einzelnen Abgeordneten bzw. dessen Gemeinwohlverpflichtung besteht, siehe Magiera, S. 145.

146 So z. B. auch Arndt, in: Schneider/Zeh (Hrsg.), S. 657, Rn. 26.

zukünftigen Einflussmöglichkeiten [...] mit dem Stellenwert der anstehenden Einzelentscheidung für seine sachliche Grundeinstellung [...] abgewogen hat."[147]

Solange die Entscheidung auf Basis eines freien Willens gebildet wird, ist jeder Abgeordnete berechtigt, auch taktische oder politische Faktoren bei seiner Entscheidungsfindung zu berücksichtigen.[148] Dies gilt insbesondere vor dem Hintergrund des Art. 21 I 1 GG. „Das freie Mandat hat keinen Anti-Parteien-Affekt"[149] und kann nicht von der Mitwirkung der Parteien an der politischen Willensbildung isoliert gesehen werden.[150]

Als Grundlage der Rechtsstellung des Abgeordneten hat das freie Mandat weitergehende Auswirkungen:

b) Erwerb und Verlust des Status

Gem. § 1 AbgG richten sich Erwerb und Verlust des Mandats nach dem Bundeswahlgesetz (§§ 45–48 BWahlG).

Der Erwerb der Rechte aus dem Abgeordnetenstatus beginnt nicht bereits durch die Feststellung des Wahlergebnisses. Er setzt gem. § 45 I BWahlG neben dem Zusammentritt des neu gewählten Bundestages die Annahme der Wahl voraus.

Das freie Mandat schließt andere Verlustgründe als die in §§ 46, 47 BWahlG Genannten aus. Damit schützt es den Abgeordneten auch im Bestand seines Mandates[151] und verhindert eine Verknüpfung von Mandat und Parteizugehörigkeit. Insbesondere ist strikt zwischen Partei- und Parlamentsebene zu unterscheiden.[152] Eine Abberufung aus parteipolitischen Gründen ist so beispielsweise nicht möglich. Selbst der Ausschluss aus einer Partei führt nicht zum Mandatsverlust.[153] Nichts anderes gilt danach für den Parteiaustritt oder Parteiwechsel. Auch rechtsgeschäftliche Erklärungen über den Mandatsverzicht, wie beispielsweise die sog.

---

147 Arndt, in: Schneider/Zeh (Hrsg.), S. 657, Rn. 26.

148 So schon Kremer, S. 91; Abmeier, S. 51.

149 Dreier - Morlok, Art. 38 Rn. 151.

150 Badura in: Schneider/Zeh (Hrsg.), S. 495/496 Rn. 18. Vgl. hierzu B. III. 2.

151 So auch BK - Badura, Art. 38 Rn. 72.

152 v. Mangoldt/Klein/Starck - Achterberg/Schulte, Art. 38, Rn. 53; so im Ergebnis auch Trautmann, JZ 1970, 405 (407).

153 Dreier - Morlok, Art. 38 Rn. 145. Für den Fall des Parteiverbotes ordnet § 46 IV BWG den Mandatsverlust jedoch an. Hierbei handelt es sich nicht um eine unzulässige parteiliche Sanktion, sondern um eine eigenständige verfassungsrechtliche Entscheidung; so auch Achterberg/Schulte, in: v. Mangoldt/Klein/Stark, Art. 38 Rn. 55. Vgl. hierzu auch BVerfGE 2, 1 (73 ff.).

Rotationsbeschlüsse der GRÜNEN zur Auswechslung der Mandatsträger zur Halbzeit der Wahlperiode, sind rechtlich wirkungslos.[154]

c) Inkompatibilität

Aus dem GG sowie dem Grundsatz des freien Mandats folgen bestimmte Inkompatibilitäten zur Vermeidung von Pflichten- und Interessenkollisionen. Inkompatibilitäten schränken das passive Wahlrecht aus Art. 38 II GG dergestalt ein, dass die Annahme der Wahl zum Abgeordneten von der zumindest vorübergehenden Beendigung des bisherigen Dienstverhältnisses abhängig gemacht werden kann.[155] Damit sollen Machthäufungen, Funktionsverschränkungen und die Schwächung der parlamentarischen Kontrollmechanismen vermieden und so vor allem der Gewaltenteilung Rechnung getragen werden.[156]

Eine solche staatliche Inkompatibilität ergibt sich beispielsweise unmittelbar aus Art. 55 GG für das Amt des Bundespräsidenten sowie aus Art. 66 GG für Bundeskanzler und Bundesminister. Weiter ermächtigt Art. 137 I GG den Gesetzgeber, durch einfachgesetzliche Vorschriften die Wählbarkeit zum genannten Zwecke zu beschränken.[157] Auf dessen Grundlage regeln die §§ 5 ff. AbgG die Rechtsstellung der in den Bundestag gewählten Angehörigen des öffentlichen Dienstes. Gem. § 5 I AbgG ruhen die Pflichten aus dem bisherigen (exekutiven) Dienstverhältnis für die Dauer der Mitgliedschaft im Bundestag. Geregelt sind somit die Unvereinbarkeiten innerhalb des öffentlichen Dienstes. Auch im Geschäftsordnungsrecht sind entsprechende Regelungen zu finden. So ist nach § 2 GOBRat die Mitgliedschaft im Bundesrat unvereinbar mit der Mitgliedschaft im Bundestag.

Die Übernahme eines Regierungsamtes steht der Parlamentsmitgliedschaft nach überwiegender Auffassung nicht entgegen.[158] Sie ist vielmehr gängige Praxis,

---

154 Dreier – Morlok, Art. 38, Rn. 152; Maunz/Dürig, Art. 38, Rn. 205 ff.; in diesem Sinne bereits BVerfGE 2, 1 (74), der von „Blankoverzichtserklärungen“ spricht. Die Rotationsbeschlüsse haben nicht nur gegen das freie Mandat verstoßen, sondern auch gegen den Grundsatz der Unmittelbarkeit der Wahl (Art. 38 I 1 GG) und das Verbot der Behinderung der Mandatsausübung (Art. 48 II 1 GG), vgl. Schreiber (1998), § 46 Rn. 11.

155 Stern, Staatsrecht I, S. 317; Dreier – Hermes, Art. 66 Rn. 16.

156 Stern, Staatsrecht I, S. 1054; BVerfGE 18, 172 (183).

157 Zu einem Ausschluss der Wählbarkeit (Ineligibilität) berechtigt Art. 137 I GG hingegen nicht, vgl. Stern, Staatsrecht I, S. 317.

158 Vgl. nur Dreier – Hermes, Art. 66 Rn. 8.

denn das Regierungsamt wird als Teil des mit dem Mandat verbundenen öffentlichen Amtes eines Abgeordneten angesehen[159].

In der seit 2013 bestehenden 18. Bundesregierung waren zunächst 12 und seit Juni 2017 13 der 15 Minister zugleich Bundestagsabgeordnete. Auch Bundeskanzlerin Angela Merkel ist Mitglied des Bundestages. Lediglich Johanna Wanka (CDU), BM für Bildung und Forschung, Heiko Maas (SPD), BM der Justiz und für Verbraucherschutz sowie die am 2. Juni 2017 aus der Regierung ausgeschiedene Manuela Schwesing (SPD), BM für Familie, Senioren, Frauen und Jugend haben kein Bundestagsmandat.[160]

Ebenso verbreitet und kompatibel mit dem parlamentarischen Mandat ist die Wahrnehmung parteipolitischer Aufgaben, wie z. B. des Parteivorsitzes. Dies ergibt sich aus dem Umstand, dass es in aller Regel von den Parteien aufgestellte Kandidaten sind, die durch die Wahlen zu Parlamentsmitgliedern werden.[161]

Es sind jedoch weniger diese staatsinternen Ämterhäufungen als solche im staatlich-gesellschaftlichen bzw. staatlich-wirtschaftlichen Bereich, die immer wieder unliebsame Verflechtungen hervorbringen[162] und daher auch immer wieder Gegenstand aktueller Erörterungen sind.

Zwar darf die Ausübung des parlamentarischen Mandats nicht zum Gegenstand rechtsgeschäftlicher oder sonstiger Vereinbarungen gemacht werden,[163] ausdrückliche Inkompatibilitätsregelungen sieht das GG hierfür jedoch genauso wenig vor wie eine dem Art. 137 GG entsprechende Ermächtigungsnorm. Damit ist das Mandat grundsätzlich auch mit anderen, außerparlamentarischen Tätigkeiten vereinbar. Einzige „Bedingung" ist bisher die Einhaltung der dem Schutz der Unabhängigkeit dienenden Verhaltensregeln, § 44 b AbgG.[164]

d) Diäten

Weiter soll der Status der Freiheit den Abgeordneten auch vor wirtschaftlichen Abhängigkeiten schützen.[165] Nach Art. 48 III 1 GG haben die Abgeordneten einen Anspruch auf eine angemessene, ihre Unabhängigkeit sichernde Entschä-

159 BVerfGE 118, 277 (290); BT-Drs. 15/5671, S. 4.
160 Datenhandbuch des BT, Kapitel 6.8.
161 BT-Drs. 15/5671, S. 4.
162 Stern, Staatsrecht I, S. 1054.
163 Solche sind nach § 134 BGB nichtig, vgl. Maunz/Dürig - Klein, Art. 38 Rn. 194.
164 Badura in: Schneider/Zeh (Hrsg.), S. 518 Rn. 89.
165 Badura, Kap. E, Rn. 28.

digung.[166] Durch § 11 AbgG wird diese Entschädigung vor dem Hintergrund des sog. Diäten-Urteils des BVerfG[167] näher bestimmt. In Anbetracht der dort vom BVerfG konstatierten gestiegenen Arbeitsbelastung des Abgeordneten und der Professionalisierung des Mandats sei dieses zur Hauptbeschäftigung geworden und verlange „den ganzen Menschen"; neben der Abgeordnetentätigkeit einem Beruf nachzugehen, sei „allenfalls unter günstigen Umständen" vorstellbar.[168]

Der Anspruch auf eine die Unabhängigkeit sichernde Abgeordnetenentschädigung habe sich entsprechend zum Anspruch auf „Vollalimentation aus der Staatskasse" entwickelt[169].

Neben dieser „Entschädigung mit Alimentationscharakter" wird eine Aufwandsentschädigung zur Abdeckung des besonderen Aufwandes, der mit Ausübung des Mandats entsteht, gewährt. Obgleich Art. 48 III GG seinem Wortlaut nach seit seiner Einführung unverändert geblieben ist, hat sich durch die gerichtliche Auslegung eine inhaltliche Wandlung ergeben.[170]

Die geänderte Interpretation soll dem Abgeordneten ermöglichen, seine dem Einkommen dienende Arbeitskraft seinem Mandat dergestalt zu widmen, dass obgleich der gestiegenen Anforderungen eine vollständige Aufgabenerfüllung garantiert werden kann. Dies setzt voraus, dass durch die Entschädigung eine für den Abgeordneten und seine Familie ausreichende, dem Amt angemessene Existenzgrundlage geschaffen wird.[171] So erst wird ermöglicht, dass auch finanziell schlechter gestellte Personen die Möglichkeit erlangen, dem Abgeordnetenamt im heutigen Umfang und unabhängig von anderweitigen Einkommen oder Zuwendungen nachzugehen. Die Abgeordnetenentschädigung nimmt so Einfluss auf die Zusammensetzung des Parlaments, da sie die Amtsübernahme auch ohne finanziellen Hintergrund zulässt. Sie ist damit einerseits Voraussetzung für die dauerhafte Abkehr vom sog. Honoratiorenparlament gewesen und andererseits für die Unabhängigkeit der Abgeordneten von externen Geldgebern.

---

166 Damit hält das GG an dem Begriff der Entschädigung fest, wie er bereits in der RV/WRV in Abgrenzung zur Besoldung verwendet wurde.

167 BVerfGE 40, 296.

168 BVerfGE 40, 296 (312 ff); zur zeitlichen Belastung der Abgeordneten vgl. Lückhoff, APuZ 5/1989, 17 (23) mit Verweis auf Kevenhörster/Schönbohm, ZParl 1973, 18 ff.

169 Maunz/Dürig – Klein, Art. 48 Rn. 127; BK – Badura, Art. 38 Rn. 80; BVerfGE 40, 296 (311 ff.).

170 von Arnim, NVwZ 2006, 249 (250).

171 BVerfGE 40, 296 (311; 315); über die Ausgestaltung der Entschädigung, insbesondere über ihre Höhe, entscheidet das Parlament notwendiger Weise „in eigener Sache", vgl. BVerfGE 40, 296 (327).

Art. 38 I 2 GG verhindert, dass die Aufgabenwahrnehmung des Abgeordneten durch die Alimentation zu einer synallagmatischen Dienstleistung degradiert wird, wie dies im Beamtenverhältnis der Fall ist.[172]

Anderweitige Zuwendungen, die sich auf die Art und Weise der Mandatsausübung beziehen, verstoßen gegen das freie Mandat,[173] und sind folgerichtig gem. § 44 a II AbgG unzulässig.

Exkurs: Entwicklung der Abgeordnetenentschädigung

Im frühen deutschen Parlamentarismus, dessen Beginn spätestens mit der Frankfurter Nationalversammlung 1848 zu sehen ist, war das Abgeordnetenmandat ein reines Ehrenamt, welches unentgeltlich ausgeübt wurde; lediglich der Mehraufwand, der dem Abgeordneten durch sein Mandat erwuchs, wurde durch Tagegelder, den sog. Diäten, abgegolten.[174] Ihren Lebensunterhalt hatten die Abgeordneten i. d. R. durch einen Erwerbsberuf zu finanzieren, soweit sie nicht über private Geldquellen verfügten.[175] Reichskanzler Bismarck sah in der Diätenlosigkeit das geeignete Mittel gegen ein „Berufsparlamentariertum", der Bundesrat, der lange Zeit alle Anträge auf Einführung von Diäten ablehnte, erblickte ein „Korrektiv gegen das allgemeine [passive] Wahlrecht".[176]

Mit der Ausdehnung der parlamentarischen Aufgaben und der damit einhergehenden Arbeitsbelastung der Abgeordneten drängte die Abgeordnetentätigkeit den privaten Beruf mehr und mehr in den Hintergrund. Zugleich wurde mit Einführung von Art. 32 RV 1871 jedwede Entschädigung oder Besoldung verfassungsrechtlich verboten,[177] so dass sich endgültig ein sog. Honoratiorenparlament entwickelte, das ausschließlich aus finanziell abgesicherten Persönlichkeiten wie staatlich alimentierten Beamten bestand[178]. Das Diätenverbot wurde mit den „Gefahren des Berufsparlamentarismus" begründet;[179] auch sollten so

172 Maunz/Dürig – Klein, Art. 48 Rn. 31.

173 Badura, Kap. E, Rn. 28.

174 BK – von Arnim/Drysch, Art. 48 Rn. 55; Tatarin-Tarnheyden, in: Anschütz/Thoma, Handbuch des Staatsrechts, S. 413 (415).

175 von Arnim, NVwZ 2006, 249 (249); BK – von Arnim/Drysch, Art. 48 Rn. 57; Käßner, S. 27.

176 Hatschek, § 59, S. 609; Huber, Verfassungsgeschichte III, S. 893.

177 Art. 32 RV 1871: „Die Mitglieder des Reichstages dürfen als solche keine Besoldung oder Entschädigung erhalten.", abgedruckt in BK – von Arnim/Drysch, Art. 48 Rn. 59.

178 Käßner, S. 27 f.

179 BK – von Arnim/Drysch, Art. 48 Rn. 59.

„proletarisch-umstürzlerische Elemente" dem Reichstag ferngehalten werden.[180] Nach Bismarck sollte ein besonderer Stand von Berufsparlamentariern verhindert werden, damit die Wähler der Abgeordneten, die ebenfalls in einem zivilen Beruf stünden, repräsentiert seien.[181]

Der erhöhten Aufgabenstellung des Parlaments sowie der gesellschaftlichen Entwicklung, die zu einem erheblichen Stimmenzuwachs der SPD führte,[182] wurde erst mit der Änderung des Art. 32 RV von 1906 Rechnung getragen. Diese Veränderungen führten zu der heute selbstverständlich klingenden Erkenntnis, dass das „moderne Parlament Vertretung des ganzen Volkes ist und daß dem Unbemittelten der Zugang zu demselben ermöglicht werden muß".[183]

Die Neuregelung verbot zwar eine Besoldung der Abgeordneten weiterhin ausdrücklich, billigte den Abgeordneten jedoch einen Anspruch auf Entschädigung zu, wodurch dem „Unbemittelten" die Übernahme des Abgeordnetenamtes finanziell ermöglicht wurde. Art. 32 RV lautete nunmehr: „Die Mitglieder des Reichstages dürfen als solche keine Besoldung beziehen. Sie erhalten eine Entschädigung nach Maßgabe des Gesetzes." Hintergrund dieser Differenzierung war, dass die Entschädigung des Reichstagsabgeordneten im Gegensatz zur Besoldung des Reichsbeamten ursprünglich zum Teil an die Bedingung der Anwesenheit geknüpft war und keinen Anspruch auf Lebensrente enthielt.[184] Mit der Verknüpfung an die Anwesenheit sollte der immer häufiger eintretenden Beschlussunfähigkeit des Reichstages entgegen gewirkt werden.[185]

Sowohl Art. 40 WRV als auch Art. 48 III GG hielten/halten an der Begrifflichkeit der Entschädigung fest, was lange Zeit als Besoldungsverbot interpretiert worden ist.[186]

Mit der tatsächlichen Entwicklung des Abgeordnetenmandats und der Entschädigung war diese Interpretation immer weniger in Einklang zu bringen. Be-

---

180 Tatarin-Tarnheyden, in: Anschütz/Thoma, Handbuch des Staatsrechts, S. 413 (434).

181 Huber, Verfassungsgeschichte III, S. 893.

182 Erlangten die Sozialdemokraten bei den Reichstagswahlen 1871 nur 3,2 % erlangten sie 1903 31,7 %, vgl. https://www.bundestag.de/blob/190454/782a532c7e19aa9cd5119e62ca77a260/wahlen_kaisekaiser-data.pdf (abgerufen am 01. November 2016).

183 Tatarin-Tarnheyden, in: Anschütz/Thoma, Handbuch des Staatsrechts, S. 413 (434).

184 Hatschek, § 55, S. 572; der Abgeordnete erhielt nach dem Reichsgesetz eine jährliche Aufwandsentschädigung von 3.000 Mark, welche für jeden versäumten Sitzungstag um 20 Mark gekürzt wurde, vgl. BK – von Arnim/Drysch, Art. 48 Rn. 61, m.w.N.

185 BK – von Arnim/Drysch, Art. 48 Rn. 60.

186 von Arnim, in: Schneider/Zeh (Hrsg.), § 16 Rn. 8; BK – von Arnim/Drysch, Art. 48 Rn. 63 ff.

reits in der Weimarer Zeit hatten sich die Aufgaben des Reichstages und somit die zeitliche und arbeitsmäßige Belastung der Abgeordneten sprunghaft ausgeweitet. Zudem wurde die Entschädigungshöhe ab 1923 an das Amtsgehalt eines Reichsministers gekoppelt, was dem Charakter einer Aufwandsentschädigung ebenfalls widersprach. Seit 1958 bestand eine solche Koppelung auch (wieder) in der Bundesrepublik Deutschland. Zugleich wurden neben der sog. Grundentschädigung zusätzliche Pauschalen zur Abgeltung der mandatsbedingten Mehraufwendungen eingeführt. Spätestens hierdurch verlor die sog. Grundentschädigung ihren ursprünglichen Charakter.[187]

Dieser Entwicklung zollte das BVerfG 1975 mit seinem Diäten-Urteil Tribut, indem es Art. 48 III GG dahingehend ausgelegte, dass dem Abgeordneten ein Anspruch auf „Vollalimentation aus der Staatskasse" zusteht.[188] In der Folge entfiel für die Grundentschädigung auch das Steuerprivileg durch Einführung der Besteuerung.[189]

Die Ausgestaltung dieser Alimentation wird gem. Art. 48 III 3 GG durch ein Bundesgesetz geregelt. Namentlich über Zusammensetzung, Höhe und Struktur der Entschädigung entscheidet das Parlament somit notwendiger Weise „in eigener Sache".[190] Aufgrund des persönlichen Interesses aller Parlamentsmitglieder erscheint dadurch die ansonsten im parlamentarischen Entscheidungsprozess liegende Kontrollfunktion entscheidend geschwächt.[191]

Dies führt dazu, dass die Kontrolle lediglich nachträglich in den Händen der Öffentlichkeit sowie des BVerfG liegt.[192] So entschied dieses in seinem „Diäten-Urteil" auch, dass die mittelbare oder unmittelbare Kopplung der Entschädigung an die Beamtenbesoldung unzulässig sei, da dieser Mechanismus „der Intention nach dazu bestimmt [ist], das Parlament der Notwendigkeit zu entheben, jede Veränderung [...] der Entschädigung im Plenum zu diskutieren und vor den Augen der Öffentlichkeit [....] zu entscheiden".[193] Damit misst das BVerfG der

---

187 BK – von Arnim/Drysch, Art. 48 Rn. 108 f.

188 Vor diesem Hintergrund ist auch die sog. Mittelpunktregelung des § 44a I 1 AbgG zu sehen. Hierzu unter B.III.1.

189 BK – von Arnim/Drysch, Art. 48 Rn. 78 ff.

190 BVerfGE 40, 296 (327); hierin wird von einigen Staatsrechtlern ein zentrales verfassungsrechtliches Problem gesehen, vgl. nur BK- von Arnim/Drysch, Art. 48 Rn. 119.

191 Vgl. nur BVerfGE 85, 264 (291 f.).

192 So auch BK – von Arnim/Drysch, Art. 48 Rn. 126. Eine effektivere mitwirkende Kontrolle findet quasi nicht statt. Zur Wirksamkeit der verbleibenden/genannten Kontrollinstrumente und möglichen Alternativen vgl. auch Lang, S. 120 ff.

193 BVerfGE 40, 296 (316 f.).

Öffentlichkeitskontrolle besondere Bedeutung zu. Demokratie- und Rechtsstaatsgebot des Art. 20 GG verlangen, „dass der gesamte Willensbildungsprozess für den Bürger durchschaubar ist und das Ergebnis vor den Augen der Öffentlichkeit beschlossen wird. [...] Die parlamentarische Demokratie basiert auf dem Vertrauen des Volkes; Vertrauen ohne Transparenz, die erlaubt zu verfolgen, was politisch geschieht, ist nicht möglich."[194]

Durch diese Grundsätze wird eine öffentliche „Angemessenheitsdiskussion" ermöglicht, aus der wiederum ein „Zwang zur Begründung" der jeweiligen Diätenanpassung folgt.[195]

e) *Indemnität und Immunität*

In Ergänzung zu Art. 38 I 2 GG wird die Mandatsfreiheit auch durch Art. 46 GG geschützt.

Durch Art. 46 I GG wird die sog. Indemnität gewährleistet, was „die außerparlamentarische Verantwortungsfreiheit des Bundestagsabgeordneten für seine innerparlamentarische Tätigkeit"[196] meint. Ein Abgeordneter darf danach zu keiner Zeit wegen seiner Abstimmung oder wegen einer Äußerung, die er im Bundestage oder in einem seiner Ausschüsse getan hat, gerichtlich oder dienstlich verfolgt oder sonst außerhalb des Bundestages zur Verantwortung gezogen werden. Auch Abstimmungen und Äußerungen eines Abgeordneten, die dieser in der Fraktion zur Vorbereitung der Ausübung des Mandats tätigt, fallen unter die Indemnität. Vom Schutzbereich nicht mehr umfasst sind Erklärungen des Abgeordneten in Sitzungen von Parteigliederungen und im Wahlkampf.[197] Aus Art. 46 I GG folgt mithin ein umfassendes außerparlamentarisches Sanktionsverbot hinsichtlich solcher Äußerungen und Abstimmungen, die der Abgeordnete in dieser Eigenschaft im Bundestag und seinen Ausschüssen getätigt hat. Dies gilt nach Art. 46 I 2 GG nicht für den Tatbestand der verleumderischen Beleidigung.

Damit besteht ein spezielles Verfahrenshindernis bzw. aus strafrechtlicher Sicht ein persönlicher Strafausschließungsgrund, der auch nach dem Ende des Mandats fortwirkt.[198]

„Aufgabe dieses Schutzes ist es, vor dem Forum des Parlaments eine Diskussion frei von Rücksichten auf Dritte zu ermöglichen, die durch die Äußerungen

---

194 BVerfGE 40, 296 (327); so auch von Arnim, in: Schneider/Zeh, (Hrsg.), § 16 Rn. 3.

195 So BK – von Arnim/Drysch, Art. 48 Rn. 126 f.

196 So Schulze-Fielitz, in: Dreier, Art. 46 Rn. 9.

197 Badura, Kap. E, Rn. 31.

198 Jarass/Pieroth – Pieroth, Art. 46 Rn. 3–4.

eines Abgeordneten betroffen sein könnten."[199] So wird eine freie, unbefangene Auseinandersetzung zwischen den Abgeordneten ermöglicht, ohne die das Erkennen der Anliegen und Probleme des Volkes in ihrer Pluralität sowie das Finden geeigneter Lösungen wesentlich erschwert wäre. Dies dient der Kompromissfähigkeit zum Wohle der Allgemeinheit sowie der Funktionstüchtigkeit des Bundestages an sich.

Der in Art. 46 II bis IV GG festgeschriebene Grundsatz der Immunität beschreibt die Freiheit des Abgeordneten von allen staatlichen Verfolgungsmaßnahmen. Wegen einer mit Strafe bedrohten Handlung darf ein Abgeordneter danach nur mit Genehmigung des Bundestages zur Verantwortung gezogen oder verhaftet werden, es sei denn, dass er bei Begehung der Tat oder im Laufe des folgenden Tages festgenommen wird. Der Immunitätsschutz wirkt als spezielles Verfahrenshindernis,[200] das zeitlich jedoch auf die Dauer des Mandates beschränkt ist und zudem mit der Genehmigung der Verfolgung durch den Bundestag entfällt.

Hintergrund ist der Schutz der Zusammensetzung des Parlaments gegen willkürlichen Zugriff der Exekutive[201] und damit unmittelbar die Funktionstüchtigkeit des Parlaments.[202] Daher erstreckt sich das Verfahrenshindernis des Art. 46 II GG auch auf sog. mitgebrachte, d. h. bei Amtsantritt bereits anhängige Verfahren.[203]

Anders als die Indemnität ist die Immunität damit in erster Linie ein Recht der Volksvertretung selbst, nicht des einzelnen Abgeordneten. Sie führt erst durch den allgemeinen Schutz des freien Mandates nach Art. 38 I 2 GG zu dem subjektiven Anspruch des Abgeordneten, dass sich das Parlament bei der Entscheidung über die Aufhebung der Immunität nicht von sachfremden willkürlichen Motiven leiten lassen darf.[204]

f) Verhaltensregeln

Als Ausführungsregelung zu Art. 38 III GG dient § 44b AbgG (§ 44a AbgG a. F.) dem Bundestag als Ermächtigungsgrundlage zum Erlass von Verhaltensregeln außerhalb des Gesetzgebungsverfahrens, insbesondere ohne Mitwirkung des

199 BGHZ 75, 384 (387).

200 BVerfGE 104, 310 (323 ff.).

201 Badura, Kap. E, Rn 30.

202 Dreier - Schulze-Fielitz, Art. 46 Rn. 22 m.w.N.

203 Klein, in: HStR III, § 51 Rn. 39.

204 Badura, Kap. E, Rn. 30, m.w.N.; BVerfGE 104, 310. Ein Abgeordneter kann die von ihm behauptete Verletzung seiner Immunität grundsätzlich im Verfahren der Verfassungsbeschwerde geltend machen, vgl. Badura, a. a. O.

Bundesrates.[205] Diese, in erster Linie als Offenlegungspflichten ausgestalteten Verhaltensregeln sind als Anlage 1 der GO-BT beigefügt und gem. § 18 GO-BT Bestandteil der Geschäftsordnung. Diese eigenwillige Konstruktion zeigt die Unsicherheit hinsichtlich der ordnungsgemäßen Festlegung der Verhaltensregeln, die zum einen eine gewisse Nähe zum Geschäftsordnungsrecht aufweisen, andererseits jedoch die Statusrechte der Abgeordneten (s. o.) betreffen und damit die Geschäftsordnungsautonomie nach Art. 40 I GG überschreiten.[206]

Die Verhaltensregeln sind Konkretisierungen des Art. 38 I GG und dienen der Freiheit und Unabhängigkeit des Abgeordneten sowie der Offenheit und Durchschaubarkeit des politischen Prozesses.[207] Sie sollen dem Wähler die Möglichkeit eröffnen, sich über den Abgeordneten und dessen Wahrnehmung seines Mandats, auch in Hinblick auf dessen Unabhängigkeit, ein Bild machen zu können.[208] Indem sie gem. § 44a IV 1 AbgG Interessenverknüpfungen zu Tage fördern sollen, die Auswirkungen auf die freie Ausübung des Mandats haben *können*, sind sie Schutz und Ausgestaltung, nicht Einschränkung des freien Mandats.[209] Ob eine Konfliktlage dann tatsächlich besteht, ist nicht relevant; die abstrakte Gefahr der Beeinträchtigung der Unabhängigkeit genügt. „Eine Anknüpfung an tatsächlich bestehende Interessenverknüpfungen bedürfte tatbestandlicher Festlegungen, die angesichts bestehender Abgrenzungsschwierigkeiten nicht treffsicher sein könnten, und die Betroffenen – nicht zuletzt wegen des Risikos der Fehleinschätzungen – deutlich mehr belasten […].“[210]

aa) Entwicklung der Verhaltensregeln

Zur möglichst effektiven Verwirklichung des verfolgten Zweckes wurden die Verhaltensregeln seit ihrer Einführung 1980[211] stetig verändert und ausgeweitet. Besonders umfangreich geschah dies durch das 26. Gesetz zur Änderung des AbgG vom 22. August 2005[212] und den darauf basierenden Neuregelungen. Seitdem bezieht sich die Offenlegungs-/ Anzeigepflicht des Abgeordneten im Grundsatz ebenso auf jede einzelne Tätigkeit, der neben dem Mandat nachgegangen wird, wie auch auf jede einzelne vertragliche Beziehung, die neben dem Mandat be-

---

205 Roll, in: Schneider/Zeh (Hrsg.), S. 615 Rn. 21; Maunz/Dürig – Klein, Art. 38 Rn. 165.
206 Braun/Jantsch/Klante, § 44a a. F. Rn. 7.
207 Roll, in: Schneider/Zeh (Hrsg.), S. 615 Rn. 23.
208 BVerfGE 118, 277 (352).
209 In diesem Sinne auch BVerfGE im Urteil vom 4. Juli 2005, BVerfGE 118, 277 (362).
210 BVerfGE 118, 277 (362).
211 BGBl. I. 1980 S. 1237 ff.
212 BGBl. I. 2005 S. 2482 ff.

steht.[213] Die Anzeigepflicht erstreckt sich auch auf die vor Mandatsübernahme ausgeübten Tätigkeiten. Gem. § 1 VerhR haben die Abgeordneten die Art der Tätigkeit sowie Namen und Sitz des Vertragspartners und, wenn die jeweiligen Bruttoeinkünfte 1.000 € pro Monat bzw. bei fortlaufender Tätigkeit 10.000 € pro Jahr übersteigen, auch die Höhe der Einkünfte anzuzeigen. Als Bruttoeinkünfte gelten gem. Nr. 3 der Ausführungsbestimmungen neben Zuflüssen an Geld auch Sachleistungen.

Dagegen wandten sich neun Bundestagsabgeordnete im Wege der Organklage unter Berufung auf ihre Rechte aus Art. 38 I sowie Art. 48 II GG. Diese halten die Regelungen für zu weitgehend. Auch verpflichte die Regelung zur Veröffentlichung von Daten aus dem Privatbereich, was ebenfalls gegen die Verfassung verstoße.[214]

Nach langwierigen Verhandlungen wies das BVerfG die Organklage mit vier gegen vier Stimmen im Urteil vom 4. Juli 2007 als unbegründet ab. Wegen der Stimmgleichheit konnte gem. § 15 IV 3 BVerfGG ein Verstoß gegen das Grundgesetz nicht festgestellt werden.

Die die Entscheidung tragenden Richter sehen in der so zu erzeugenden Transparenz die Grundlage für das Vertrauen der Wähler, auf der die parlamentarische Demokratie basiert.[215] Die Verpflichtung zur Veröffentlichung betreffe zwar den Abgeordneten als Privatperson, dies „jedoch nicht in einer der Öffentlichkeit grundsätzlich verschlossenen Sphäre privater Lebensführung".[216] Genauso wenig schüfen die Anzeigepflichten einen „gläsernen Abgeordneten", da diese nur bei grundsätzlicher Eignung zur Interessenkollision nachzukommen sei.[217] Die Grundlage der Transparenzregeln sei im Vorrang der Repräsentations- und Funktionsfähigkeit des Bundestages gegenüber dem Privatinteresse des Abgeordneten an informationeller Abschirmung seiner Tätigkeiten neben dem Mandat zu sehen.[218]

Die dissentierenden vier Richter betonen hingegen die Bedeutung des privaten Berufes für die politische Unabhängigkeit des Abgeordneten und billigen ihnen in der Folge den Schutz der Berufsfreiheit (Art. 12 I GG) und der informationellen

213 von Arnim, DÖV 2007, 897 (898).

214 BVerfGE 118, 277 (352).

215 BVerfGE 118, 277 (353).

216 BVerfGE 118, 277 (355).

217 BVerfGE 118, 277 (360/361).

218 BVerfGE 118, 277 (355/356), mit Hinweis auf die so gerichteten Gewichtungen auch in anderen repräsentativen Demokratien.

Selbstbestimmtheit (Art. 2 I i.V.m. 1 I GG) zu.[219] Insoweit verweisen die vier tragenden Richter jedoch darauf, dass die Verhaltensregeln sich nach Ziel, Regelungsgehalt und -wirkung auf den Abgeordnetenstatus, also den Umfang seiner organschaftlichen Rechte und Pflichten, beziehen, womit die Geltendmachung von Grundrechten im vorliegenden Organstreit abzulehnen sei.[220] Die Abgeordnetenrechte schützen allein die Ausübung der Amtstätigkeit, nicht hingegen den Abgeordneten als Privatperson. Insofern können sie sich im Rahmen ihrer Amtstätigkeit nicht auf die Grundrechte berufen.[221]

Für die letztgenannte Auffassung spricht, dass das Amt des Abgeordneten dem Gemeinwohl verpflichtet ist, dem private Belange unterzuordnen sind. Grundrechte dienen jedoch gerade dem Schutz privater Belange vor dem Staat und nicht dem Schutz von Amtsträgern.[222] Auch insgesamt ist den die Entscheidung tragenden Richtern zuzustimmen. Zutreffend führen diese aus, dass die parlamentarische Demokratie auf dem Vertrauen des Volkes basiert. Dieses Vertrauen bedarf ebenso der umfassenden Rückkoppelung zwischen Wählern und Abgeordneten wie die Kontrollfunktion der Öffentlichkeit. Demnach muss dem Wähler die Möglichkeit gegeben werden, sich verbindlich und umfassend über den gewählten Abgeordneten und solche Umstände zu informieren, die Einfluss auf die Ausübung des Abgeordnetenmandats haben können. Hierzu gehören auch vertragliche Verpflichtungen sowie Nebentätigkeiten und -einkünfte des Abgeordneten.

bb) Veröffentlichungspflicht und Sanktionen

Nach § 3 VerhR hat der Bundestagspräsident die angezeigten Angaben im Amtlichen Handbuch des Bundestages und auf den Internetseiten des Bundestages zu veröffentlichen. Die Veröffentlichung von Einkünften erfolgt gem. § 3 S. 2 VerhR in drei Einkommensstufen. Nach § 3 S. 3 VerhR erfasst Stufe 1 Einkommen zwischen 1.000 € und 3.500 €, Stufe 2 solche bis 7.000 € und Stufe 3 Einkünfte über 7.000 €. Dabei sind regelmäßige monatliche Einkünfte als solche zu kennzeichnen, § 3 S. 4 VerhR.

Verstöße gegen die Anzeigepflicht können nunmehr vom Präsidium des Bundestages nach § 44a IV 2 AbgG mit einem Ordnungsgeld bis zur Höhe der

219 BVerfGE 118, 277 (377, 386).

220 BVerfGE 118, 277 (320), in Übereinstimmung mit BVerfGE 43, 142 (148 f.).

221 Dreier – Morlok, Art. 38 Rn. 146; nach Maunz/Dürig – Klein, Art. 38 Rn. 236a unterliegt der Abgeordnete bei seiner privaten Grundrechtsentfaltung spezifischen, sich aus seinem repräsentativen Status ergebenden Schranken.

222 So auch von Arnim, DÖV 2007, 987 (902 f.).

Hälfte der jährlichen Abgeordnetenentschädigung geahndet werden.[223] Diese Begrenzung soll sicherstellen, dass dem Abgeordneten zur Erfüllung seiner Pflichten genügend ausreichende Mittel verbleiben; die Sanktionierung darf ihrerseits die freie Mandatsausübung nicht beeinträchtigen.[224] Das Verfahren, das bei Verletzung der Anzeigepflicht zur Festsetzung eines Ordnungsgeldes führen kann, richtet sich nach § 8 I–IV VerhR.

Das im Rahmen des Verfahrens vor dem BVerfG von den Antragsstellern vorgebrachte Argument, auch die Einführung von Sanktionsmöglichkeiten bei Verstößen gegen die Veröffentlichungspflicht verletze den Grundsatz des freien Mandats aus Art. 38 I 2 GG und rücke das Mandat in die Nähe eines Beamtenverhältnisses,[225] widerlegt das BVerfG ebenfalls. Der Beamte unterliege dem Disziplinarrecht mit seinem ganzen dienstlichen und außerdienstlichen Verhalten (vgl. § 45 BRRG, § 77 BBG), wohingegen der Abgeordnete lediglich punktuell Folgen von Pflichtverstößen mit Verfassungsrang zu rechtfertigen hat.[226] Aus Art. 38 Abs. 1 Satz 2 GG folge nicht, dass Abgeordnetenpflichten grundsätzlich nicht mit rechtsförmigen Sanktionen bewehrt, sondern allein über die politische Verantwortung gegenüber dem Wähler reguliert sein dürften.[227] Auch insoweit ist dem BVerfG zuzustimmen. Nicht nur die Veröffentlichungspflicht als solche, sondern auch die Sanktionierung der Nichtbefolgung dient der institutionellen Entfaltung der Mandatsfreiheit.[228]

3. Resümee

Die Rechtsstellung der Parlamentarier ermöglicht diesen grundsätzlich, die mit dem Abgeordnetenmandat einhergehenden Aufgaben frei von organisierter Einflussnahme und damit im Interesse des Allgemeinwohls zu erfüllen. Die Rechtsstellung der Abgeordneten sichert damit die Entscheidungsfreiheit des Einzelnen Abgeordneten ebenso wie die Funktionsfähigkeit des Parlaments insgesamt rechtlich ab. Die dargestellten Konkretisierungen des Art. 38 GG sollen neben der

223 Die Möglichkeit der Sanktionierung durch Ordnungsgeld geht ebenfalls auf die umfassende Neuregelung von 2005 zurück. Zuvor wurde die „Prangerwirkung“, die von einer Veröffentlichung des Pflichtverstoßes ausgeht, als ausreichende Sanktionierung angesehen, vgl. Braun/Jantsch/Klante, § 44a Rn. 26.

224 So die Gesetzesbegründung, BT-Drs.15/5671, S. 4.

225 BVerfGE 118, 277 (307).

226 BVerfGE 118, 277 (375).

227 BVerfGE 118, 277 (374 f.).

228 In diesem Sinne auch BVerfGE 118, 277 (375) mit Verweis darauf, dass der Abgeordnetenstatus auch über § 108e und § 353b II Nr. 1 StGB sanktionsbewährt ist.

Freiheit und Unabhängigkeit der Abgeordneten auch der Offenheit und Durchschaubarkeit der parlamentarischen Willensbildung dienen und dadurch auch mögliche Interessenverknüpfungen offenlegen und verhindern. Damit bieten sie einen Ansatz, kooperativen Handlungsweisen den „bösen Schein" der Unlauterkeit zu nehmen.

Es ist bei alledem zu berücksichtigen, dass die parlamentarische Entscheidungsfindung auch ein Prozess der Sachverstandserschließung ist und ein Zusammenwirken der einzelnen Abgeordneten untereinander voraussetzt. Die Entscheidungsfähigkeit des Parlaments basiert mithin nicht ausschließlich auf den Rechten des einzelnen Abgeordneten. Zu bedenken sind daneben auch die gleichen Rechte anderer Abgeordneter sowie die Pflichten der Abgeordneten.

Daher soll im Folgenden sowohl in rechtlicher auch als in tatsächlicher Hinsicht ein Überblick über die Rahmenbedingungen der Mandatsfreiheit gegeben werden:

III. Rahmenbedingungen der Mandatsfreiheit

Durch andere Güter von Verfassungsrang kann das freie Mandat durch Rechtssatz ausgestaltet und insofern auch eingeschränkt werden. Dabei darf die Mitwirkung des einzelnen Abgeordneten an den Entscheidungen des Bundestages jedoch nicht ausgeschlossen werden, da das Volk nur durch das Parlament als Ganzem, d. h. durch die Gesamtheit seiner Mitglieder, angemessen repräsentiert wird und in der Folge die Mitwirkung aller Abgeordneten sichergestellt sein muss.[229] Als Rechtfertigungsgründe kommen u. a. die gleichen Rechte anderer Abgeordneter sowie die damit zusammenhängende Funktionsfähigkeit des Bundestages und anderer Verfassungsorgane in Betracht. Auch die Integrität und Vertrauenswürdigkeit des Bundestages dienen als Rechtfertigungsgrund.[230]

1. GO-BT und AbgG

Im Rahmen seiner Geschäftsordnungsautonomie nach Art. 40 I 2 GG kommt dem Bundestag die Aufgabe zu, die Belange des einzelnen Abgeordneten mit denen des Bundestages so in Ausgleich zu bringen, dass sie jeweils ihre Aufgaben erfüllen können.[231] In diesem Rahmen steht dem Bundestag bei der Ausgestaltung der Abgeordnetenrechte ein weiter Spielraum zu.[232] Zwar können Eingriffe in die

229 BVerfGE 80, 188 (219); 44, 308 (316); so Klein, in: HStR III, § 51 Rn. 32 bezüglich der Mitwirkungsbefugnisse.

230 BVerfGE 94, 351 (367 f.); 99, 19 (32). Dreier – Morlok, Art. 38 Rn. 160 f.

231 BVerfGE 102, 224 (235).

232 Maunz/Dürig – Klein, Art. 38 Rn. 220; Dreier – Morlok, Art. 40 Rn. 7.

Abgeordnetenrechte auch durch Gesetz erfolgen, sie sind jedoch in Abweichung vom Vorbehalt des Gesetzes auch aufgrund der GO-BT zulässig, da hier Adressat und Setzer der Norm identisch sind.[233]

Der Funktionsfähigkeit sollen insbesondere Präsenzpflichten (§ 13 II GO-BT), Disziplinarmaßnahmen (§ 38 I GO-BT) und bestimmte Quoren für Mitwirkungsrechte (§ 76 I GO-BT) dienen.

Demselben Zweck dient die sog. Mittelpunktregelung des § 44a I 1 AbgG, wonach die Ausübung des Mandats im Mittelpunkt der Tätigkeit des Abgeordneten zu stehen hat,[234] obgleich berufliche Tätigkeiten oder solche anderer Art daneben gem. § 44a I 2 AbgG im Grundsatz ausdrücklich zulässig bleiben. Danach steht nicht das „Ob", sondern nur das „Wie" der Mandatswahrnehmung im freien Ermessen des Abgeordneten; trotz der verfassungsrechtlichen Bedenken verschiedener Abgeordneter bestätigte das BVerfG diese Interpretation des freien Mandats.[235]

Unter Bezugnahme auf ein von Waldhoff während des Gesetzgebungsverfahrens für die Rechtsstellungskommission des Ältestenrats des Deutschen Bundestages angefertigten Rechtsgutachtens[236] brachten die Antragssteller ihre verfassungsrechtlichen Bedenken gegen die Neuregelungen vor. Waldhoff vertritt als Kernthese, es sei „der Freiheit des Abgeordneten überlassen, wie intensiv er sein Mandant erfülle."[237] Dementsprechend tragen einige der Antragssteller vor, mit der Mittelpunktregelung greife der Gesetzgeber in den Kernbereich der Selbstdefinition parlamentarischer Tätigkeit ein, indem er ihnen vorgebe, wie viel Zeit sie für ihr Mandat zu verwenden hätten. Das dadurch entstehende Quasi-Dienstverhältnis sei mit dem liberal-freiheitlichen Abgeordnetenbild nicht vereinbar.[238]

233 Dreier - Morlok, Art. 38 Rn. 159.

234 Dies soll nach der Gesetzesbegründung auch die Wertigkeit unterstreichen, die der Vertretung des Volkes zukommt, vgl. BT-Drs. 15/5671, S. 4.

235 BVerfGE 118, 277 (326); so bereits zuvor: Badura, in: Schneider/Zeh, § 15 Rn. 44; Maunz/Dürig - Klein, Art. 48 Rn. 34. Hierin ist diesbezüglich eine Abkehr von der im Diätenurteil (BVerfGE 40, 296 [312]) und viel kritisierten Auffassung zu sehen, dem Abgeordneten stehe es von Verfassung wegen frei, die Arbeit in Parlament, Fraktion, Partei und Wahlkreis „nach eigenem Ermessen bis über die Grenze der Vernachlässigung seiner Aufgaben hinaus einzuschränken". Vgl. von Arnim, DÖV 2007, 897 (900).

236 Waldhoff - Gutachten zu Rechtsproblemen erweiterter Offenlegungspflichten der Abgeordneten des Deutschen Bundestages - Grundsätze der Nebentätigkeit von Abgeordneten.

237 Waldhoff, ZPArl 2006, 251 (253) mit Verweis auf Häberle, NJW 1976, 537 ff.

238 BVerfGE 118, 277 (300).

Diese Auffassung weist eine deutliche historische Prägung auf. Ursprünglich wurde das Mandat als reines Ehrenamt neben dem Beruf angesehen.[239]

Letztendlich haben die Verfassungsrichter die Mittelpunktregelung einstimmig, wenn auch mit stark abweichenden Begründungen, für verfassungsmäßig erklärt.[240]

Das Volk werde, so die die Gesamtentscheidung tragenden vier Richter, nur durch das Parlament als Ganzes angemessen repräsentiert, so dass nach Möglichkeit und im Rahmen des im parlamentarischen System des Grundgesetzes Vertretbaren die Mitwirkung aller Abgeordneten sichergestellt sein müsse.[241] Vor dem Hintergrund der schon im sog. Diätenurteil[242] festgestellten und seit dem eher weiter gestiegenen Arbeitsbelastung erfordere dieses Verständnis und das Interesse der gesamten Bevölkerung die Pflicht des Abgeordneten, in einer Weise und in einem Umfang an den parlamentarischen Aufgaben teilzunehmen, die deren vollständige Erfüllung gewährleiste.[243] Mit dem Status des Abgeordneten nach Art. 38 I 2 GG seien folglich nicht nur Rechte, sondern auch Pflichten verbunden, deren Reichweite durch das Gebot, die Repräsentations- und Funktionsfähigkeit des Parlaments zu wahren, bestimmt und begrenzt werden.[244] Damit übereinstimmend verpflichte § 13 II 1 GO-BT die Mitglieder des Deutschen Bundestages, an dessen Arbeit teilzunehmen. Das Mandat aus eigenem Entschluss nicht wahrzunehmen, sei mit dem Repräsentationssystem unvereinbar.[245] Die Mittelpunktregelung sei demnach Ausdruck des Vorranges der Repräsentations- und Funktionsfähigkeit des Parlaments vor mandatsfremden Individualinteressen einzelner Abgeordneter.[246]

Die übrigen vier Richter halten die Mittelpunktregelung nur in einer gebotenen verfassungskonformen Auslegung für mit dem Grundgesetz vereinbar.[247] Sie legen ihrer Entscheidung ein historisches Abgeordnetenbild[248] zugrunde,

239 Vgl. hierzu B.II.2d) sowie Anschütz, Art. 40 Ziff. 2.
240 BVerfGE 118, 277 (323).
241 BVerfGE 118, 277 (324).
242 BVerfGE 40, 296. Vgl. hierzu B. II. 2. d).
243 BVerfGE 118, 277 (324 f.).
244 BVerfGE 118, 277 (325).
245 BVerfGE 118, 277 (325).
246 BVerfGE 118, 277 (336).
247 BVerfGE 118, 277 (338).
248 Dieses legen die Richter anhand der Entwicklungsgeschichte des Mandats dar, vgl. BVerfGE 118, 277 (340 ff.). Die Hervorhebung der historischen Wurzeln des Mandates als Ehrenamt führen i.E. zu einer nicht mehr sachgerechten Betrachtung, so zutreffend Janz/Latotzky, NVWBl. 2007, 385 (390).

nachdem der Abgeordnete seine Funktion als Bindeglied zwischen Staat und Gesellschaft nur durch seine (berufliche) Verwurzelung in der Gesellschaft erfüllen könne.[249] Zudem betonen sie, dass das BVerfG trotz der Feststellungen im „Diäten-Urteil" zur „Vollalimentation aus der Staatskasse" nicht den rechtlichen Schluss gezogen habe, die Mandatsausübung habe von Verfassung wegen den zeitlichen Schwerpunkt der Tätigkeit darzustellen. Vielmehr sollte es hierdurch in den Verantwortungsbereich des Abgeordneten gestellt werden, „ob und in welchem Umfang er während des Mandats beruflich tätig ist."[250] Erst die Möglichkeit, trotz Übernahme eines Mandats weiter seinem Beruf in grundsätzlich nicht eingeschränkten Umfang nachzugehen, gebe dem einzelnen Abgeordneten auch faktisch die Freiheit, sein Mandat allein nach seinem Gewissen auszuüben. Das meint ohne im Hinblick auf die Chancen seiner Wiederwahl und seine damit verbundene Sicherung seines Einkommens übermäßig Rücksicht auf etwaige Erwartungen seiner Partei, sonstiger einflussreicher Interessengruppen oder auch der Medien nehmen zu müssen.[251]

Gleichwohl sei das Mandat als öffentliches Amt mit Pflichten verbunden, insbesondere das übernommene Mandat auch tatsächlich auszuüben. Eine weitergehende Kontrolle, ob und wie der Abgeordnete sein Mandat ordnungsgemäß versieht, entspreche aber nicht dem Leitbild eines weisungsfreien Repräsentanten des Volkes.[252]

Nach alledem verlange die Freiheit des Mandates einen verantwortungsvollen Umgang mit dieser Freiheit, auf die der Gesetzgeber mit der Mittelpunktregelung deklaratorisch hinweisen dürfe.[253]

Letztendlich ist dem BVerfG darin zuzustimmen, die Mittelpunktregelung für verfassungsgemäß zu erachten. Auch das freie Mandat ist vor dem Hintergrund der Verfassungseinheit zu beurteilen, so dass dabei auch die Funktionsfähigkeit des Bundestages insgesamt zu berücksichtigen ist. Die Funktionsfähigkeit setzt in weiten Teilen die Mitwirkung der Abgeordneten voraus. Die Freiheit des Abgeordneten ist danach mehr als ein reiner Selbstzweck.

Der Abgeordnete nimmt zudem seine Zuständigkeiten nicht im eigenen Namen, sondern treuhänderisch für das ihn wählende Volk wahr.[254] Dies spricht ebenso wie die Gemeinwohlverpflichtung des Abgeordneten dagegen, dem Ab-

---

249 BVerfGE 118, 277 (338 ff.).
250 BVerfGE 118, 277 (344).
251 BVerfGE 118, 277 (345).
252 BVerfGE 118, 277 (345).
253 BVerfGE 118, 277 (348).
254 Maunz/Dürig – Klein Art. 48 Rn. 31.

geordneten als Folge der Mandatsfreiheit auch das „Ob“ der Mandatsausübung gänzlich zu überlassen. Das BVerfG stellt folgerichtig auch an anderer Stelle fest, dass das Volk bei parlamentarischen Entscheidungen nur durch das Parlament als Ganzem angemessen repräsentiert wird.[255] Der in all dem zum Ausdruck kommende Repräsentationsgedanke spricht aber auch dafür, dem Abgeordneten eine berufliche Verwurzelung in der Gesellschaft und damit die gesellschaftliche Rückkoppelung zu ermöglichen. Dies stärkt zugleich auch die finanzielle Unabhängigkeit vom Amt und schließlich auch von der Partei. Das kann wiederum dazu führen, dass das Bestreben einer Wiederwahl aus existenziellen Gründen in den Hintergrund rückt und damit einerseits die Bereitschaft zur Nachwuchsförderung und andererseits zur innovativen, weil von Parteilinien abweichenden Politik stärkt.

Die Mittelpunktregelung darf danach nicht dazu führen, dass die für den Beruf aufgewandte Zeit pauschal limitiert wird und der Abgeordnete im Umkehrschluss eine bestimmte Arbeitszeit schuldet. Eine solche Interpretation würde auch die Vereinbarkeit von Mandat und Regierungsamt ausschließen, wie sie gegenwärtig üblich ist. Schlussendlich ist danach den dissentierenden Richtern zuzustimmen, die die Unabhängigkeit der Abgeordneten nicht nur durch den Anspruch aus Art. 48 III GG sichern wollen und zugleich den Repräsentationsgedanken stärker in den Vordergrund rücken und so auch eine klare Abgrenzung zum reinen „Berufsabgeordneten“ vornehmen.

2. Fraktion und Fraktionsdisziplin

Die Abgeordneten schließen sich gem. § 10 GO-BT zu Arbeitseinheiten zusammen. Sofern sie dabei eine Stärke von mindestens 5 % der Mitglieder des Bundestages erreichen, werden diese Vereinigungen gem. § 10 I GO-BT als Fraktionen bezeichnet. Diese Fraktionen, die § 10 I GO-BT als „Vereinigungen von Bundestagsmitgliedern, die derselben Partei oder solchen Parteien angehören, die aufgrund gleichgerichteter Ziele nicht konkurrieren“ definiert, sieht das BVerfG als notwendige Vereinigungen des Verfassungslebens.[256] Diese Anerkennung durch das BVerfG ist insoweit beachtenswert, als das dem GG der Begriff der Fraktion zu diesem Zeitpunkt ebenso unbekannt war, wie noch der Weimarer Reichs-

255 BVerfGE 44, 308 (316).

256 Statt aller: BVerfGE 10, 4 (14); 20, 56 (104). Dies bedeutet aufgrund der Verfassungsbarriere des freien Mandats hingegen nicht, dass die jeweiligen Parteien die Abgeordneten nötigen können, sich zur Fraktion zusammenzuschließen, so Isensee, in: Festschrift für Oberreuter, S. 254 (263).

verfassung der der Partei[257]. Letztere wirken nunmehr kraft Art. 21 GG an der politischen Willensbildung des Volkes mit. Die verfassungsmäßige Anerkennung der Fraktionen folgt aus der der Parteien in Art. 21 GG.[258]

Fraktionen geben dem Bundestag eine politische Struktur,[259] die es ermöglicht, parlamentarische Aufgaben zu organisieren und die zu treffenden Entscheidungen vorzubereiten.[260] Die Notwendigkeit der Gliederung des Parlaments in Fraktionen zum Zwecke der Funktionssicherung zeigt sich bereits, wenn man sich vergegenwärtigt, dass in einer vierjährigen Legislaturperiode mittlerweile mehr als 12.000 Drucksachen entstehen.[261] Den einzelnen Abgeordneten würde die selbstständige Auseinandersetzung mit all diesen Drucksachen und die anschließende Erarbeitung sinnvoller Lösungsansätze zu den jeweiligen Problematiken schlicht überfordern.[262] Eine insgesamt erfolgreiche, weil sachverständige Aufgabenwahrnehmung bedarf daher zwingend der Arbeitsteilung. Dem einzelnen Abgeordneten muss es frei stehen, „sich bestimmten Sachgebieten, denen sein Interesse gilt und für die er Sachverstand besitzt, besonders eingehend zu widmen und darüber die Beschäftigung mit anderen Themenkreisen, soweit dies vertretbar erscheint, hintanzustellen.“[263] Dies erscheint wiederum nur dann sinnvoll, wenn sich politisch gleichgesinnte Abgeordnete zusammentun; nur so kann das Vertrauen auf eine der eigenen politischen Grundüberzeugung entsprechenden Bearbeitung der Sachfragen entstehen und nur so können die nach Art. 42 II GG nötigen Mehrheiten für vertretene Auffassungen gewonnen werden. Ziel der Zusammenarbeit ist also, durch Reduzierung und Konkretisierung der möglichen Alternativen eine Parlamentsentscheidung zu ermöglichen. Hierzu erarbeiten die jeweiligen Spezialisten auf Grundlage ihrer politischen Grundüberzeugung Lösungsvorschläge, die sie ihren Fraktionskollegen zur Annahme vorschlagen.[264]

257 Schäfer, S. 134.
258 BVerfGE 2, 143 (160); 10, 4 (14, 34); BK - Badura, Art. 38, Rn. 90.
259 Zeh, in: HStR III, § 52 Rn. 6.
260 Maunz/Dürig - Klein, Art. 38, Rn. 238.
261 http://www.bundestag.de/dokumente/drucksachen/ (abgerufen am 04. November 2016); hiernach werden alle Vorlagen, die im Bundestag verhandelt werden, als Drucksache veröffentlicht - viele mit geringem Umfang, einige - wie z. B. der jährliche Haushaltsplan - 3.000 Seiten umfassend.
262 So auch Arndt, in: Schneider/Zeh (Hrsg.), S. 644 f; von Arnim, Gemeinwohl, S. 393.
263 BVerfGE 44, 308 (316).
264 Arndt, in: Schneider/Zeh (Hrsg.), S. 645, Rn. 5. Der gleichen Zielsetzung dient die Einsetzung von Ausschüssen.

Diese Art „effektive[r] parlamentarische[r] Arbeit und [...] wirksame[r] Selbstdarstellung gegenüber den Wählern verlangt eine gewisse Einheitlichkeit des Vorgehens der Mitglieder einer Fraktion." Die sich aus der Fraktionszugehörigkeit ergebenden Loyalitäts- und Kooperationspflichten „beschränken notwendiger Weise die Handlungsfreiheit der einzelnen Abgeordneten."[265] Es ist gängige Praxis, dass sich die Fraktionsmitglieder den gefassten Mehrheitsbeschlüssen der Fraktion unterstellen.[266] Von der Fraktionsmehrheit abweichende Abstimmungsabsichten sind beispielsweise gem. § 17 der CDU Arbeitsordnung zumindest bezüglich wichtiger Fragen dem Fraktionsvorsitzenden oder der Fraktionsversammlung anzuzeigen.

a) Reichweite der Fraktionspflichten

Daran schließt sich die Frage der zulässigen Reichweite dieser Loyalitäts- und Kooperationspflichten und damit verbunden des Verhältnisses von Art. 38 I 2 GG zu Art. 21 GG an.

Bei der Beantwortung ist zu berücksichtigen, dass für jeden Artikel des Grundgesetzes der Grundsatz gelten muss, dass er nur im Zusammenhang mit den übrigen Verfassungsvorschriften, also aus der Systematik der Verfassung heraus, ausgelegt werden kann. Die Auslegung verfassungsrechtlicher Normen hat sich an der Einheit der Verfassung zu orientieren; gegenläufige Verfassungsnormen und -prinzipien sind im Wege der Herstellung einer praktischen Konkordanz in Ausgleich zu bringen.[267] Das BVerfG formuliert dieses Prinzip zutreffend wie folgt: „Eine einzelne Verfassungsbestimmung kann nicht isoliert betrachtet und allein aus sich heraus ausgelegt werden. Sie steht in einem Sinnzusammenhang mit den übrigen Vorschriften der Verfassung, die eine innere Einheit darstellt. Aus dem Gesamtinhalt der Verfassung ergeben sich gewisse verfassungsrechtliche Grundsätze und Grundentscheidungen, denen die einzelnen Verfassungsbestimmungen untergeordnet sind."[268]

Das „Spannungsverhältnis", das in „der Doppelstellung des Abgeordneten als Vertreter des ganzen Volkes und zugleich als Exponenten einer konkreten Partei-

---

265 So Dreier – Morlock, Art. 38 Rn. 196; BK – Badura, Art. 38 Rn. 91; in diesem Sinne auch von Arnim, Gemeinwohl, S. 393.

266 Schäfer, S. 151.

267 So auch Arndt, in: Schneider/Zeh (Hrsg.), S. 650, Rn. 16; Zippelius/Würtenberger, § 7, Rn. 22; Demmler, § 2, S. 66; Maunz/Dürig – Klein, Art. 38 Rn. 236a; BVerfGE 93, 1 (21); das Argumentationstopos der praktischen Konkordanz geht soweit ersichtlich zurück auf Hesse in: Grundzüge des Verfassungsrechts, dort Rn. 317.

268 BVerfGE 1, 15 (32).

organisation“ lange Zeit gesehen wurde,[269] stellt sich somit als verfassungsmäßig vorgesehene Ergänzung beider Grundsätze dar.[270] Hieraus lässt sich folgern, dass Art. 38 I 2 GG „das freie Mandat des *parteigebundenen* Abgeordneten“[271] schützt.

Diese Parteibezogenheit führt zu der Konsequenz, dass innerparteiliche bzw. fraktionelle Einwirkungen anders als außerparlamentarische zu beurteilen sind.[272] Eine Einwirkung, die die Grenzen des psychischen oder physischen Zwanges überschreitet, indem sie beispielsweise Sanktionen oder sonstige Nachteile für den Fall der Abweichung von der Fraktionslinie androht und damit auf die Art und Weise der Mandatsausübung, insbesondere das Abstimmungsverhältnis gerichtet ist, ist gleichwohl unzulässig.[273] Ein derartiger Fraktionszwang verstößt trotz der Parteibezogenheit des Mandates gegen Art. 38 I 2 GG. Das freie Mandat toleriert keine rechtliche Abhängigkeit des Abgeordneten.[274] Die besondere Rolle der Fraktionen im Prozess der parlamentarischen Willensbildung - hier wird die parlamentarische Mehrheitsentscheidung entscheidend vorbereitet[275] - rechtfertigt jedoch die rechtlich unverbindliche Empfehlung, den innerfraktionellen Mehrheitsbeschlüssen zu folgen und damit eine Fraktionsdisziplin.

Auf diese Mehrheitsbeschlüsse erlaubt jedoch das freie Mandat dem Abgeordneten ohne Rücksicht auf Partei- bzw. Fraktionsspitze einzuwirken und zwar entsprechend des Prinzips der Arbeitsteilung in den Bereichen besonders intensiv, auf denen er über besonderen Sachverstand verfügt. Damit garantiert das freie Mandat auch die in Art. 21 I 2 GG zwingend vorgesehene innerparteiliche Demokratie und zwar an einer für die parlamentarische Willensbildung maßgeblichen Stelle.[276]

b) Resümee

Letztendlich erlaubt es das Zusammenspiel von Art. 21 und 38 I 2 GG dem einzelnen Abgeordneten, seinen Wirkungsgrad im Parlament zu erhöhen; die Fraktionsdisziplin bedeutet nicht nur Verzicht auf die Durchsetzung eigener Po-

---

269 BVerfGE 2, 1 (72). Ihre Grundlage findet diese Auffassung in der Parteistaatslehre von Gerhard Leibholz (vgl. Maunz/Dürig - Klein, Art. 38 Rn. 197).

270 Maunz/Dürig - Klein, Art. 38 Rn. 201; so auch Morlock, in: Dreier, Art. 38 Rn. 151 sowie Dittberner, in: ZParl 2003, 550 (551).

271 BK - Badura, Art. 38 Rn. 101; so auch: Grimm, in: Schneider/Zeh (Hrsg.), S. 206 Rn. 18.

272 BK - Badura, Art. 38 Rn. 102; Magiera, S. 146.

273 Arndt, in: Schneider/Zeh (Hrsg.), S. 654/655 Rn. 23.

274 Isensee, in: Festschrift für Oberreuter, S. 254 (262).

275 So auch Grimm, in: Schneider/Zeh (Hrsg.), S. 208 Rn. 22.

276 Grimm, in: Schneider/Zeh (Hrsg.), S. 206 Rn. 18.

sitionen, sondern genauso die Möglichkeit, eine mehrheitsfähige Basis für die eigene Position zu finden.[277]

Unter Berücksichtigung des Zusammenhangs von Plenums-, Fraktions- und auch Ausschusstätigkeit,[278] an deren Ende ein Mehrheitsbeschluss des Parlaments stehen soll, erweist sich die Fraktionsdisziplin auch als freiwilliger Tribut der Abgeordneten an die Kompromisshaftigkeit parlamentarischer Entscheidungen[279] und die Begrenztheit der eigenen Fachkunde. Folge der Zusammenarbeit kann jedoch auch sein, dass eigene Positionen und Entscheidungen aufgegeben oder beeinflusst werden. Es zeigt sich mithin, dass die Beeinflussung des Abgeordneten durch Zusammenarbeit nicht in jedem Fall unlauter ist, sondern in Teilbereichen Folge des parlamentarischen Regierungssystems.

Die weit verbreitete „Vorstellung vom Abgeordneten als politischem Einzelgänger und gesinnungsethischem Autisten, der [...] sein Abstimmungsverhalten ausschließlich nach den Maßstäben seiner höchstpersönlichen Moral ausrichtet, [...] taub gegenüber Appellen zu Fraktionsdisziplin“[280] erweist sich nach alledem als verfassungsrechtlich nicht vorgegeben und regelmäßig als mit der parlamentarischen Beschlussfindung unvereinbar. Vielmehr ist aufgrund der Notwendigkeit der Mehrheitsfindung und damit im Sinne der Funktionsfähigkeit des Bundestages bei der Auslegung des Art. 38 I 2 GG die Partei- bzw. Fraktionsbindung des Abgeordneten angemessen zu berücksichtigen. Mithin verbietet sich auch die pauschale Gleichsetzung von Einflussnahme auf den Abgeordneten und Unlauterkeit.

3. Abhängigkeiten des Abgeordneten

Die angesprochene Entwicklung zum „Abgeordnetenamt als Beruf“ und der daraus folgende Anspruch auf Vollalimentation aus der Staatskasse bringen es mit sich, dass der Abgeordnete in aller Regel seine vorherige Berufstätigkeit aufgibt und auch aufgeben muss, wenngleich dies rechtlich nicht notwendig ist. § 44a I 2 AbgG normiert die grundsätzliche Zulässigkeit beruflicher oder anderweitiger Tätigkeit neben dem Mandat. Die gestiegene Arbeitsbelastung führt jedoch zu einer weitgehenden tatsächlichen Unmöglichkeit, neben dem Mandat einer Tätigkeit nachzugehen, die die Gewährung eines beruflichen Einkommens rechtfertigt. Damit gerät der Abgeordnete zugleich – angetrieben auch von dem menschlichen Wunsch nach Erhalt seiner Existenzgrundlage – in eine existenzielle Abhängigkeit

277 Badura, in: Schneider/Zeh (Hrsg.), S. 505, Rn. 52 f.

278 Hierzu Magiera, S. 146.

279 Klein, in: Festschrift für Oberreuter, S. 158 (161).

280 So Isensee, in: Festschrift für Oberreuter, S. 254 (254).

von seiner Wiederwahl und damit zum Wähler im Allgemeinen und zu seinem Wahlkreis und Wahlgruppen im Besonderen[281].

Vor diesem Hintergrund bekommt auch die Verbindung zu Interessengruppen besondere Bedeutung. Über Verbindungen zu Interessentengruppen lassen sich nicht nur Wahlgruppen erschließen, sondern auch Chancen auf eine Beschäftigung nach dem Ausscheiden aus dem Bundestag.[282] Letztgenannte Möglichkeit wird auch als „Drehtüreffekt" bezeichnet und beschreibt „den nahtlosen Übergang zwischen einem politischen Mandat und einer im gleichen Arbeitsgebiet angesiedelten Beschäftigung in der Privatwirtschaft."[283]

Eine weitere Abhängigkeit ergibt sich so gegenüber der eigenen Partei, denn diese entscheidet, wen sie zur nächsten Wahl aufstellt und damit faktisch auch darüber, wer reelle Chancen auf den Einzug in den Bundestag erhält.[284] Ein Anspruch auf (Wieder-)Aufstellung besteht nicht. Ein solcher lässt sich auch weder aus Art. 48 I, II GG noch aus Art. 12 I GG, der den „Beruf Abgeordneter" nicht erfasst,[285] herleiten. Grundrechtlich geschützt ist nur der freie Zugang zur Kandidatur, nicht aber Wahl oder Ausübung des „Berufes".[286]

Die in Art. 39 I 1 GG festgelegte Wahl auf Zeit kann sich somit als Hebel der Fraktionsdisziplin zeigen, dem sich der Abgeordnete in aller Regel beugen wird, will er seine Chance auf die Wiederwahl wahren.

Eine weitere nicht zu unterschätzende Abhängigkeit des Abgeordneten entsteht so zu den Medien, die den Bürger über Meinungen, Tatsachen und Sachverhalte informiert. So erfolgt nicht nur die Politikvermittlung im Allgemeinen, sondern auch die Darstellung des einzelnen Abgeordneten und der von ihm vertretenen Standpunkte in weiten Teilen über die Medien. Durch die Reduzierung der Komplexität politischer Vorgänge machen die Medien diese für die Bevölkerung greifbar und erleichtern so den öffentlichen Disput über politische Themen. Sie tragen so wesentlich zur Bildung einer öffentlichen Meinung bezüglich politischer Themen und den daran beteiligten Abgeordneten bei.[287]

---

281 Schmitt-Glaeser, ZRP 2006, 10 (11).

282 So auch Piechaczek, S. 24.

283 Piechaczek, S. 24.

284 Hierzu auch Dittberner, ZPArl 2003, 550 (552 ff) sowie von Arnim, ZRP 2004, 115 ff. Der letzte nicht in eine Partei eingebundene BT-Abgeordnete ging aus der Wahl 1953 hervor. Vgl. Fromme, S. 16 f.

285 Schmitt-Glaeser, ZRP 2006, 10 (11); Maunz/Dürig – Klein, Art. 48 Rn. 39.

286 Maunz/Dürig – Klein, Art. 48 Rn. 39.

287 Kloepfer, in: HStR III (2005), § 42 Rn. 38. Politiker und Journalisten sind danach insoweit keine unabhängig voneinander agierenden Akteure, vgl. Kepplinger, S. 81.

Mit dem Einzug der privaten Medien vollzog sich eine Entwicklung hin zu Medienunternehmen, die zunehmend auch eigene wirtschaftliche und politische Interessen verfolgen[288]. Dieses schlägt sich auch bei der Wahrnehmung der ihnen im Rahmen von Art. 5 I 2 GG zukommenden Aufgaben nieder, zu denen es nicht nur gehört, umfassende Informierung zu ermöglichen und die bestehende Meinungsvielfalt wiederzugeben. Art. 5 I 2 GG umfasst vielmehr auch das Recht „selbst Meinungen zu bilden und zu vertreten“[289]. Aus dieser „besonderen Stellung der Medien entspringt ihre Macht.“[290] Ihre „(notwendige) Selektions- und Präsenzkompetenz“[291] erlaubt es den Medien, Themen und Gesichtspunkte der Berichterstattung wesentlich zu bestimmen. Das Beispiel des früheren Bundespräsidenten Wulff zeigt, dass diese Kompetenz den Medien nicht nur die Möglichkeit bietet, über Sachfragen, sondern auch über den Politiker als Person Meinungen zu offerieren oder zu lenken.[292] Die damit einhergehende Möglichkeit, die Diskussion über Person und Inhalte zu emotionalisieren oder zu moralisieren, ist geeignet, bestimmte Themen und Meinungen zu stigmatisieren und über diese quasi ein Diskussionsverbot zu verhängen.[293] Verstöße hiergegen führen nicht selten zum Verlust sozialer Anerkennung[294] und damit faktisch zur Unwählbarkeit. Damit besitzen die Medien die Mittel, Wahl bzw. Wiederwahl entscheidend

Aus diesem Grund ist auch umstritten, ob beispielsweise Journalisten oder Moderatoren öffentlich-rechtlicher Einrichtungen wie ARD oder ZDF, die die Grundversorgung der Bevölkerung gewährleisten sollen, Nebeneinkünfte durch Vorträge bei Unternehmen, Banken o. ä. – über die sie berichten – generieren dürfen. Auch hier sind Interessenkonflikte möglich.

288 Klein, in: Festschrift für Oberreuter, S. 158 (163/164).

289 BVerfGE 113, 63 (76); 52, 283 (296); hier zur Pressefreiheit.

290 Schmitt-Glaeser, in: HStR III, § 38 Rn. 54.

291 Schmitt-Glaeser, in: HStR II, § 31 Rn. 42; in diesem Sinne auch BVerfGE 12, 205 (260 f.) sowie Kloepfer, in: HStR III, § 42 Rn. 39.

292 Schmitt-Glaeser, in: HStR II, § 31 Rn. 42; am Beispiel Wulff: Kriele, ZRP 2012, 53 (54 f.). Dieser weist nicht unberechtigt daraufhin, dass auch die „Macht“ der Medien einer Kontrolle (durch die jeweils anderen) Medien bedarf. Dazu bräuchte es einer Neubesinnung auf die „Leitgrundsätze, die ein Mindestmaß an inhaltlicher Ausgewogenheit, Sachlichkeit und gegenseitiger Achtung gewährleisten“, vgl. Kriele, a. a. O. mit Verweis auf BVerfGE 12, 205 (262 f.).

293 Schmitt-Glaeser, in: HStR III, § 38 Rn. 57.

294 Schmitt-Glaeser, in: HStR III, § 38 Rn. 57; geradezu beispielhaft hierfür wirkt der Fall des ehemaligen Finanzsenators von Berlin Sarrazin. Vor diesem sprach Klein in: Festschrift für Oberreuter, S. 158 (165) das Diskussionsverbot über hohe Kriminalitätsraten unter ausländischen Jugendlichen an, welches Sarrazin missachtete.

zu beeinflussen.[295] Diese Beobachtung verstärkt sich mit der fortschreitenden gesellschaftlichen Modernisierung und Liberalisierung, welche dazu führen, dass soziale Kontexte wie Gewerkschafts-, Verbands- oder Kirchenzugehörigkeit sich immer weniger verpflichtend auf die Wahlentscheidung auswirken. Die Reduzierung dieser Bindungen führt zur Kurzfristigkeit der Wahlentscheidung, womit die Kommunikationsabhängigkeit der Politik wächst.[296] So werden die Abgeordneten zunehmend zur Berücksichtigung medialer Interessen bei ihren Entscheidungen oder zumindest mediengerechter Darstellung gedrängt.[297]

IV. Einflussnahme auf Bundestagsabgeordnete und die parlamentarische Willensbildung

Um eigene Positionen und Interessen im demokratischen Gemeinwesen durchzusetzen, müssen politische Entscheidungen mitgestaltet bzw. beeinflusst werden. Entsprechend der gesellschaftspolitischen Steuerungsmöglichkeit durch die Gesetzgebung sind Versuche der Einflussnahme auf die Akteure der Gesetzgebung mit dem Ziel der Durchsetzung eigener Interessen alltäglich. Neben den bereits behandelten Kooperationspflichten innerhalb der Fraktionen zählen dazu auch außerparlamentarische Einflussnahmen, die sich jenseits der grundgesetzlich festgelegten Arbeitsweise des Bundestages begründen. Diese richten sich auf alle Stadien der politischen Willensbildung: von der politischen Themensetzung und der Erarbeitung des Gesetzesentwurfes in den Ministerien über die Beratungen in den Fraktionskreisen bis zu den Erörterungen in den Ausschüssen und der letztendlichen Abstimmung im Bundestag.[298] Wo immer Entscheidungen vorbereitet und getroffen werden, entfalten private Interessenträger breit gestreut ihre Aktivitäten. Dabei gilt, dass die möglichst frühzeitige Einflussnahme den größten Handlungsspielraum eröffnet.[299] Die Verpflichtung des jeweiligen Ministeriums aus § 44 V GGO, die vom Gesetzesvorhaben betroffenen Fachkreise und Verbände zu informieren und aus Gründen der Gesetzesfolgenabschätzung anzuhören, erleichtert eine frühzeitige Einflussnahme.

Betroffen sind demnach neben der Bundesregierung und ihren Ministern, auf deren Initiative die weit überwiegende Anzahl der verabschiedeten Gesetze

295 Schmitt-Glaeser, ZRP 2006, 10 (11); Kloepfer, in: HStR III, § 42 Rn. 28.

296 Sarcinelli, APuZ 43/2003, 39 (40).

297 Anderl, S. 162.

298 Steinberg, in: Schneider/Zeh (Hrsg.), S. 222 Rn. 19 und S. 247 Rn. 92; Lösche, S 67 f.

299 Lösche, S. 66 ff.

zurückgeht,[300] auch die Ministerialverwaltung,[301] in der eine Vielzahl von Gesetzesinitiativen vorbereitet werden. Als wichtigster Anlaufpunkt für die Kommunikation von Interessen gelten die Bundestagsabgeordneten, die gem. Art. 77 I GG mit der alleinigen Rechtssetzungsbefugnis ausgestattet sind.[302] Aufgrund der Stellung der vom Bundestag eingesetzten Ausschüsse als vorbereitende Beschlussorgane des Plenums[303] dienen auch diese als bevorzugte Kontaktorte zu den Abgeordneten.[304] Die Ausschüsse sind entsprechend der Fraktionsstärke im Bundestag zusammengesetzt und ermöglichen den Interessenträgern so zudem, trotz eventuell bestehender Affinitäten zu der ein oder anderen Fraktion, fraktionsübergreifende Kontakte zu pflegen. Durch parteiübergreifende Kontakte reduziert sich im Falle der Verschiebung des Wählervotums die Gefahr, Einfluss einzubüßen. Dies zeigt, wie die jeweilige Einflussmöglichkeit des einzelnen Bundestagsabgeordneten dessen Attraktivität für die Interessenträger beeinflusst. Neben der Mitgliedschaft in einem bestimmten Ausschuss kann dabei beispielsweise auch die Position als Fraktionsvorsitzender eine Rolle spielen.[305]

Nicht unerwähnt bleiben dürfen die Varianten der mittelbaren Beeinflussung, bei der die politischen Parteien sowie die Medien als Mittler dienen, um die Interessen an die genannten Adressaten zu tragen.[306] So kann sich die durch die Medien mitbeeinflusste öffentliche Meinung nicht nur auf die Wahlprogramme und die Kandidatenauswahl der Parteien, sondern auch auf die Entscheidungen der Abgeordneten auswirken.[307]

Tatsächlich sieht sich der Abgeordnete damit Versuchen der Einflussnahme ganz unterschiedlicher Art ausgesetzt. Dabei geht es seltener um die unmittel-

---

300 Stoltenberg, Das Parlament 44/2009 (für die 16. Legislaturperiode); Steinberg, in: Schneider/Zeh (Hrsg.), S. 233 Rn. 42 (für die 7. und 8. Legislaturperiode). Der Anteil der von der Regierung eingebrachten Gesetzesvorlagen beträgt ca. 80 %, vgl. Gröpl, Staatsrecht I, Rn. 1114. Wo das GG die Zustimmung des Bundesrates im Gesetzgebungsverfahren vorsieht, erstrecken sich die Anlaufpunkte auch auf die entsprechenden Einrichtungen auf Länderebene.

301 Lösche, S. 66 ff.

302 Piechaczek, S. 17.

303 Roll, § 54 GO-BT Rn. 1.

304 Steinberg, in: Schneider/Zeh (Hrsg.), S. 233 Rn. 36; Piechaczek, S. 18; eine Übersicht zu den bedeutsamsten Kontaktpartnern deutscher Bundesverbände findet sich bei Sebaldt, in: Oberreuter/Kranenpohl/Sebaldt (Hrsg.), S. 288.

305 Rossi, in: Kloepfer, Gesetzgebungsoutsourcing, S. 66.

306 Rossi, in: Kloepfer, Gesetzgebungsoutsourcing, S. 44; hier werden die Medien als Akteur und Adressat anderer Akteure beschrieben.

307 Kloepfer, in: HStR III, § 42 Rn. 28.

bare Beeinflussung der parlamentarischen Entscheidung, als vielmehr um den Zugang zu den Abgeordneten[308], um so bereits den Prozess der parlamentarischen Willensbildung zu beeinflussen.

Bereits die Entwicklung zum Berufsabgeordneten und die damit verbundene zunehmende existenzielle Abhängigkeit des Abgeordneten von der Wiederwahl zeigen, dass dieser unter bestimmten Umständen anfällig für herangetragene Interessen seitens Dritter sein kann.

Die Problematik umfasst neben gezielter (klassischer) Lobbyarbeit von Interessengruppen zahlreiche weitere Handlungsinstrumente und Varianten zur Einflussnahme auf Abgeordnete, die wie folgt kategorisiert und zunächst ohne abschließende Bewertung dargestellt werden:

1. Nebentätigkeit und -einkünfte

Nicht nur aus § 44a I 2 AbgG, sondern auch aus Art. 48 II GG folgt die grundsätzliche Erlaubnis, neben dem Mandat einen Beruf auszuüben und daraus Einkommen zu erzielen[309]. In der 18. Legislaturperiode erhielten 156 der 631 Bundestagsabgeordneten Nebeneinkünfte.[310]

Die Gesetzesbegründung zum 26. Gesetz zur Änderung des Abgeordnetengesetzes nennt als Beispiele zulässiger Nebenbeschäftigungen des Abgeordneten neben dem Regierungsamt auch das Amt eines parlamentarischen Staatssekretärs sowie die Wahrnehmung parteipolitischer Aufgaben.[311] Die für die vorliegende Arbeit in primärem Interesse stehenden privatwirtschaftlichen Tätigkeiten finden in der Gesetzesbegründung keine Erwähnung, obgleich sie vom Wortlaut des § 44a I 2 AbgG ebenso eindeutig erfasst sind. Mit „beruflicher Tätigkeit“ kann nicht lediglich die Ausübung eines Partei- oder Regierungsamtes gemeint sein, auch wenn die einseitigen Beispiele der Gesetzesbegründung diesen Eindruck erwecken mögen.[312] Grundsätzlich zulässig sind nach dem AbgG daher auch solche Tätigkeiten, die als „konfliktbehaftete[...] Lobbytätigkeiten“ bezeichnete

---

308 von Arnim, DÖV 2007, 897 (903).

309 von Arnim, NVwZ 2006, 249 (250).

310 http://www.spiegel.de/politik/deutschland/bundestag-so-viele-nebeneinkuenfte-haben-die-abgeordneten-a-1045916.html (abgerufen am 11. Mai 2017). Die dortigen Angaben stammen aus Berechnungen aus den Angaben des Bundestages, nachzulesen am 22. September 2015 unter: http://www.bundestag.de/bundestag/abgeordnete18/biografien/.

311 BT-Drs. 15/5671, S. 4; so bestätigt auch bei BVerfGE 118, 277 (337).

312 So auch Käßner, B.I., S .26.

werden,[313] wie Berater- oder Vortragstätigkeiten sowie die Wahrnehmung von Tätigkeiten im Aufsichtsrat, Vorstand oder Präsidium eines Unternehmen oder Interessenverbandes.

a) *Arbeitslose Zahlungen*

Zugleich verbietet § 44a II 3 AbgG die Beziehung von arbeitslosen Zahlungen, also solchen Zuwendungen, die ohne angemessene Gegenleistung des Abgeordneten an ihn gezahlt werden. Gem. § 8 V 2 VerhR ist bei der Prüfung dieser Voraussetzungen die Verkehrsüblichkeit der Zahlung, hilfsweise die Frage, ob Leistung und Gegenleistung offensichtlich außer Verhältnis stehen, heranzuziehen. Nach § 8 V 3 VerhR können vom Abgeordneten ergänzende Auskünfte zur Erläuterung und Aufklärung des Sachverhalts verlangt sowie eine Stellungnahme vom entsprechenden Fraktionsvorsitzenden eingeholt werden. § 44a II 2 AbgG untersagt darüber hinaus auch solche Zahlungen, die in der Erwartung der Vertretung und Durchsetzung der Interessen des Zahlenden im Bundestag geleistet werden und die sich damit auf die Art und Weise der Mandatsausübung auswirken.

Diese Regelungen sollen die Gefahr minimieren, dass sich der Abgeordnete vom Geldgeber beeinflussen lässt und darüber das Gemeinwohl aus den Augen verliert.

Insbesondere vor dem Hintergrund der thematisierten Entscheidung des BVerfG zur sog. Mittelpunktregelung des § 44a I 1 AbgG,[314] nach der die Mandatsausübung im Mittelpunkt der Tätigkeit des Abgeordneten zu stehen hat, drängt sich die Frage auf, inwieweit die Gegenleistung des Abgeordneten überhaupt angemessen sein kann und damit in der Lage ist, ein zusätzliches Einkommen zu rechtfertigen. Die gewissenhafte Wahrnehmung des Mandats lässt für eine politikferne Berufstätigkeit kaum Raum; eine politiknahe Tätigkeit, die sich unter Umständen mit der Mandatstätigkeit überschneidet, weckt den Anschein des bezahlten Lobbyismus.[315] Dabei scheint es unerheblich, ob sich die Tätigkeit lediglich aus einer begrenzten Fortführung des bisherigen Berufes ergibt, lediglich beratenden Charakter aufweist oder nur unregelmäßig erfolgt, wenn der Abgeordnete beispielsweise als Redner bei Veranstaltungen auftritt. Vor allem bei beratenden oder Vortragstätigkeiten für Interessenverbände ist die Feststellung des tatsächlichen Gegenwertes einer Leistung und der sich daraus ggf. ergebenden Abhängigkeiten kaum möglich.

---

313 So Piechaczek, S. 3.

314 BVerfGE 118, 277; vgl. hierzu B.III.1.

315 von Arnim, DÖV 2007, 897 (903).

b) Spenden

Trotz des Verbotes arbeitsloser Zahlungen sind Spenden an Abgeordnete weiterhin erlaubt, § 44a II 4 AbgG. Dies umfasst sowohl die Entgegennahme von Spenden an den Abgeordneten selbst als auch die Annahme von Spenden für die Partei, wie § 25 I 3 PartG verdeutlicht. Unter den Spendenbegriff fallen neben Geldspenden auch sonstige geldwerte Zuwendungen, wie beispielsweise Sach-, Werk-, Dienstleistungen oder Organisationsstrukturen, die freiwillig und unentgeltlich bzw. vergünstigt zur Verfügung gestellt werden.[316] Weder bezüglich der Höhe noch hinsichtlich der Verwendung der Spende bestehen Einschränkungen.[317] Zwar fallen Zahlungen zur Beeinflussung von Entscheidungen nicht unter den Spendenbegriff, gleichwohl können Spenden eine ähnlich beeinflussende Wirkung wie arbeitslose Zahlungen haben.

Trotz allem ist der Abgeordnete gem. § 4 I VerhR lediglich zur gesonderten Rechnungslegung über Spenden, die ihm für seine politische Tätigkeit zur Verfügung gestellt werden, verpflichtet. Bei Spenden, die im Kalenderjahr den Wert von 5.000 € überschreiten, ist die Gesamthöhe sowie Name und Anschrift des Spenders verpflichtend anzuzeigen. Soweit der Wert der Spenden desselben Spenders in einem Kalenderjahr 10.000 € überschreiten, sind diese gem. § 4 III VerhR unter Angabe von Herkunft und Höhe im Amtlichen Handbuch und auf der Internetseite des Deutschen Bundestages zu veröffentlichen.

---

316 BVerfGE 85, 264 (320 f.). Nach BFH BStBl. II 1991, 258, 259; BFH BStBl. II 1988, 220 sind Spenden Zuwendungen, die freiwillig oder aufgrund einer freiwillig eingegangenen Rechtspflicht geleistet werden, kein Entgelt für eine bestimmte Leistung des Empfängers darstellen und nicht in einem tatsächlichen wirtschaftlichen Zusammenhang mit den Leistungen des Zuwendenden stehen; ferner muss die Verfolgung steuerbegünstigter Zwecke uneigennützig zur Förderung bestimmter, im Allgemeininteresse liegender Zwecke erfolgen. Eine Definition der Parteispende findet sich in § 27 I PartG. Sie ist neben der Erhebung von Mitgliederbeiträgen und staatlichen Zuwendungen wesentlicher Teil der Parteienfinanzierung. Art. 21 I 4 GG spricht ein Publizitätsgebot für die Parteienfinanzierung aus. Nicht zuletzt aus diesem Grund geriet im November 2016 die Sponsoring-Praxis der SPD in die Kritik, die es Unternehmen und Lobbyisten ermöglichte, über die SPD-Agentur Network Media GmbH (NWMD) gegen Zahlung von 3.000 bis 7.000 € Treffen mit SPD-Ministern, Staatssekretären und Parteifunktionären zu buchen.

317 von Arnim, DVBl., 2002, 1065 (1069). von Arnim gehört zu den schärfsten Kritikern der Zulässigkeit von Parteispenden und empfahl bereits 1993 in der von Bundespräsident v. Weizsäcker eingesetzten Parteienfinanzierungskommission ein gesetzliches Verbot von Spenden an Abgeordnete.

Weiterhin finden gem. § 4 IV VerhR für Geldspenden an Abgeordnete die Transparenzregelung des § 25 II und IV ParteiG Anwendung, wonach bestimmte Annahmeverbote und Ablieferungspflichten bestehen. Danach ist u. a. die Annahme von Spenden verboten, sofern sie von bestimmten Spendern wie öffentlichrechtlichen Körperschaften oder Parlamentsfraktionen stammen (Abs. 2 Nr. 1), damit neben der Abgeordnetenentschädigung nicht über Umwege weitere staatliche Mittel an den Abgeordneten fließen[318]. Unzulässig sind auch Spenden, die in Erwartung oder als Gegenleistung eines bestimmten politischen oder wirtschaftlichen Vorteils gewährt werden (Abs. 2 Nr. 7).

In diesem Zusammenhang ist der 1994 eingeführte und 2014 grundlegend reformierte und tatbestandlich erweiterte § 108e StGB zu erwähnen, der nunmehr neben der Abgeordnetenbestechung auch die Bestechlichkeit eines Abgeordneten unter Strafe stellt. Eine strafbare Bestechlichkeit ist nach dem Wortlaut des § 108e I StGB durch das Fordern, Sich-versprechen-Lassen oder Annehmen eines ungerechtfertigten Vorteils verwirklicht.

All diese Regelungen beeinflussen jedoch nicht die grundsätzliche Zulässigkeit von Spenden an Abgeordnete; sie dienen lediglich der Transparenz möglicher wirtschaftlicher Beziehungen und Abhängigkeiten[319] und unterstreichen die Gemeinwohlverpflichtung des Amtes.

Neben natürlichen Personen können auch juristische Personen und Personenvereinigungen spenden. Betrachtet man die Spende trotz § 4 IV VerhR als Zuwendung, mit der politischer Einfluss geltend gemacht wird, verdeutlicht sich die Problematik der Zulässigkeit von Spenden insofern, als politische Einflussnahme von juristischen Personen im GG grundsätzlich nicht vorgesehen ist. Juristischen Personen steht weder ein Wahlrecht zu, noch können sie sich allgemein auf Art. 9 III GG berufen.

Aus § 25 II Nr. 4 PartG folgt, dass auch Spenden von Berufsverbänden an Abgeordnete zulässig sind, sofern eine solche Spende direkt an den Abgeordneten erfolgt; der Umweg über die Partei mit der Auflage der Weitergabe an einen Abgeordneten ist unzulässig, was wiederum lediglich der Transparenz dient. Spenden von Berufsverbänden sind vor dem Hintergrund des Art. 9 III GG weniger problematisch.

---

318 Käßner, B.I., S. 43.

319 So auch Käßner, B.I., S. 44.

2. Interessenvertreter

Interessenverbände gehören zu den wirkmächtigsten Akteuren im Politikbetrieb.[320] Dabei nehmen Gewerkschaften[321] und Arbeitgeberverbände[322] gem. Art. 9 III GG eine exponierte Stellung ein. Bei beiden Varianten handelt es sich um Zusammenschlüsse natürlicher oder juristischer Personen, die auf Dauer angelegt sind, um zugunsten der Interessen der Verbandsmitglieder Einfluss auf staatliche Entscheidungen zu nehmen, ohne politische Partei[323] oder anderweitig am eigentlichen Entscheidungsprozess beteiligt zu sein. Dieses Ansinnen ist für sich genommen verfassungsrechtlich nicht zu beanstanden;[324] es gehört vielmehr zu den Wesensmerkmalen eines demokratischen Staatswesens.[325] Es wird beispielsweise auch von Kammern wie der Industrie- und Handelskammer, Kirchen[326] und Stiftungen[327] verfolgt. Vermehrt treten auch Rechtsanwaltskanzleien und sog. Public Affairs (PA) Experten als Interessenvertreter auf.[328]

Vornehmlich große Unternehmen beschränken sich nicht immer auf die Einflussnahme über entsprechende Verbände oder Kammern. Beispielhaft zu nennen sind hier die großen Energieunternehmen wie die RWE AG. Facebook hat zum Zwecke des „regelmäßigen Austausch[s] mit Politik und Wirtschaft" im Jahr 2016 eine Repräsentanz in Berlin eröffnet.[329] Aufgrund ständig stärker werdender, divergierender Einzelinteressen der Verbandsmitglieder wird insbesondere in Spitzenverbänden die notwendige Kompromissfindung erschwert. Die eigenen Interessen weichen immer öfter von denen der Interessenvertreter ab. Die Interessenvertretung erfolgt dann lediglich auf dem kleinsten gemeinsamen Nenner und mindert die Effizienz derselben.[330] In diesen Fällen artikulieren Unternehmen

---

320 Horn, in: HStR III, § 41 Rn. 1.

321 Hierzu näher: Hassel, in: von Winter/Willems (Hrsg.), S. 173 ff.

322 Hierzu näher: Schroeder, in: von Winter/Willems (Hrsg.), S. 197 ff.

323 So Steinberg, in: Schneider/Zeh (Hrsg.), S. 217 Rn. 2.

324 BVerfGE 5, 85 (232).

325 BT-Drs 17/6442, S. 1; Schmedes, ZParl 2009, 543 (545).

326 Insbesondere durch die beiden großen christlichen Kirchen, die gem. Art. 140 GG i.V.m. Art. 137 V WRV Körperschaften des öffentlichen Rechts sind, vgl. Rossi, in: Kloepfer, Gesetzgebungsoutsourcing, S. 38.

327 Hier ist beispielhaft die Stiftung Wissenschaft und Politik zu nennen, die bereits seit 50 Jahren beratende Tätigkeiten ausübt.

328 Lösche, S. 63.

329 http://www.spiegel.de/netzwelt/netzpolitik/facebook-lobby-offensive-in-berlin-a-1078030.html (abgerufen am 15. Juni 2017).

330 Kammin, EuZW, 2007, 453 f.

zunehmend ohne die Zwischenschaltung von Verbänden und Kammern ihre Interessen direkt gegenüber der Politik oder bedienen sich sog. PA-Agenturen.[331] So verfasste z. B. Facebook anlässlich der geplanten Einführung eines „Netzwerkdurchsetzungsgesetzes" ein Positionspapier mit dem Ziel, die vom Gesetzentwurf vorgesehenen Verpflichtungen abzumildern.[332] Damit wandelt sich politische Einflussnahme zu einem individuelleren Rechtsberatungsangebot, wodurch die traditionell vorherrschende Position der Verbände als Verbindungsstelle zwischen Politik und Wirtschaft abnimmt.[333]

Versuche der Einflussnahme werden gemeinhin als Lobbyismus bezeichnet. Der Begriff Lobbyismus findet seinen Ursprung im lateinischen Wort „lobia" und meint die Wandelhallen vor den Parlamenten, in denen in früherer Zeit informeller politischer Informationsaustausch zwischen Wählern und Entscheidungsträgern stattfinden konnte.[334] Lobbyismus bezeichnet also seit jeher den Versuch, die Entscheidungsträger im Vorfeld der eigentlichen politischen Entscheidungssphäre für die eigenen Anliegen zu gewinnen.[335] Eine exakte Definition des Begriffes Lobbyismus erweist sich aufgrund der Vielzahl von Erscheinungsformen als nahezu unmöglich.[336] Wesentlicher Bestandteil des Lobbying ist jedoch der wechselseitige, sachbezogene Informationsaustausch zwischen privaten Akteuren und politischen Entscheidungsträgern.[337] Die Varianten reichen von der bloßen, stets zulässigen und durch Art. 9 und 5 GG geschützten Interessenartikulation durch gesellschaftliche Gruppen bis hin zur strafrechtlich sanktionierten Einflussnahme zur Nutzenmaximierung durch Machtmissbrauch. Dazwischen erstreckt sich eine weite, oft als illegitim bezeichnete „Grauzone", wie beispielsweise der Wechsel von Abgeordneten in Bereiche der Wirtschaft, die ihrem vorherigen

---

331 Humborg, S. 115; Kammin, EuZW, 2007, 453; Lösche, S. 64 f. Hierzu näher Rossi, in: Kloepfer (Hrsg.), Gesetzgebungsoutsourcing, S. 38 ff., Schumann, in: Bandelow/Bleek (Hrsg.), S. 75 ff.

332 Vgl. hierzu Die Zeit vom 1. Juni 2017, S. 5.

333 Geiger/Santomauro, NJW 2003, 2878 (2880); diese Entwicklung hat z. B. zur Auflösung des ursprünglich einflussreichen Verbandes der Zigarettenindustrie geführt vgl. Kammin, EuZW, 2007, 453 f.

334 Vgl. nur Geiger/Santomauro, NJW 2003, 2878 (2879); Lösche, S. 62; Meyers Großes Taschenlexikon, Band 13, S. 4382.

335 Geiger/Santomauro, NJW 2003, 2878 (2879).

336 Piechaczek, S. 14.

337 Geiger/Santomauro, NJW 2003, 2878 (2879). Dem Lobbying geht als erster Schritt regelmäßig das sog. Monitoring voraus, durch das alle wichtigen interessenrelevanten politischen und rechtlichen Entwicklungen erkannt und beobachtet werden sollen, vgl. Geiger/Santomauro, NJW 2003, a. a. O.

Amtsbereich entsprechen.[338] Aber auch bloße Information und Kommunikation von/mit politischen Amtsträgern kann als illegitim erscheinen, wenn z. B. der Urheber oder Financier der vermittelten Positionen verunklart wird.[339] Eine Bestimmung, wann unzulässiges oder gar korruptes Verhalten vorliegt, fällt in Anbetracht der Weite des Korruptionsbegriffs und möglicher Handlungsweisen schwer. Lediglich im Fall der Bestechung bzw. Bestechlichkeit i.S.d. § 108e StGB ist unstreitig von Machtmissbrauch und zugleich von einer Verletzung des Unabhängigkeitspostulats des Abgeordneten auszugehen.[340]

Das sog. Verbandsinteresse ist notwendig ein partikulares Interesse, unabhängig davon, ob es wirtschaftlicher, sozialer oder beispielsweise kultureller Art ist. Dieser Partikularismus verleiht dem Verband innerhalb des Gemeinwesens sein Selbstverständnis und seine innere Legitimität.[341] Im Gegensatz dazu vertreten die politischen Parteien ihrer Intention nach „das sachlich-politisch Allumfassende", wenngleich nach ihrem jeweils spezifischen Verständnis.[342] Der weitere Unterschied zu den Parteien liegt darin, dass diese unmittelbar Kandidaten für staatliche Ämter aufstellen und – sofern gewählt und damit vom Volk legitimiert – darüber an der allgemeinen parlamentarischen Willensbildung teilhaben. Ihr Wirken zielt anders als das der Verbände unmittelbar auf den Staat.[343]

Die nach Anlage 2 zur GO-BT vom Deutschen Bundestag geführte öffentliche Liste registrierter Verbände führt in der zuletzt im Mai 2017 veröffentlichten amtlichen Fassung 2325 Verbände.[344] Bei Einführung der Liste im Jahr 1974 waren 635 Verbände registriert; 1991 – im Jahr nach der Wiedervereinigung – waren 1.578 Verbände eingetragen.[345] Die Zahl registrierter Verbände ist danach zwar

338 von Alemann/Eckert, APuZ 15–16/2006, S. 3 (4; 7 ff.); Humborg, S. 115. Für Mitglieder der Bundesregierung wurde 2015 in § 6a/6b BMinG eine Anzeigepflicht mit Erlaubnisvorbehalt normiert, hierzu B.IX.2c).

339 So zutreffend von Alemann/Eckert, APuZ 15–16/2006, S. 3 (7 ff.).

340 Piechaczek, S. 31. Zur Vereinbarung von Interessenvertretung mit dem GG siehe B.VIII.

341 Horn, in: HStR III, § 41 Rn. 8.

342 Stern, Staatsrecht I, § 13 S. 463.

343 Horn, in: HStR III, § 41 Rn. 8.

344 https://www.bundestag.de/blob/189456/00aab1db13ea7fda086a19ad3641d4fa/lobbylisteamtllob-data.pdf (abgerufen am 24. Februar2017). Im Vorjahr waren 2231 Verbände registriert.

345 Lösche, S. 65; eine Liste der Entwicklung seit der Wiedervereinigung findet sich unter: https://www.bundestag.de/blob/196170/bb118b5632c590a3a8503a548f0d4664/kapitel_08_00_registrierung_der_interessenverb__nde-data.pdf (abgerufen am 12. Mai 2017).

gestiegen, jedoch nach wie vor nicht abschließend; sie registriert nur diejenigen Verbände, die Zugang zum Bundestag und den Bundesministerien erhalten.[346] Die hohe Zahl der registrierten Verbände verdeutlicht vielmehr die zunehmende Ausdifferenzierung gesellschaftlicher und wirtschaftlicher Interessen.[347] Dies gilt nicht nur für die Art der vertretenen Interessen, sondern auch für die Intensität, mit der die Interessenvertretung betrieben wird.[348] Im Bereich der Pharmaindustrie erfolgte die Interessenvertretung bis in die neunziger Jahre in erster Linie durch den Bundesverband der pharmazeutischen Industrie, nunmehr wird die Branche von mindestens sieben miteinander konkurrierenden Verbänden vertreten.[349] Die wachsende Zahl der Verbände bedeutet demnach auch, dass die jeweiligen Adressaten ihrerseits zwischen verschiedenen Kooperationspartnern und den von ihnen vertretenen Kernpunkten wählen können, was wiederum die Konkurrenzsituation erhöht und damit die Einflusschancen der einzelnen Verbände schmälern kann.[350] Mitunter können Stellungnahmen verschiedener Interessenvertreter zur Relativierung der jeweiligen Positionen führen und so auch einen Interessenausgleich fördern. Die wachsende Zahl registrierter Verbände ist danach nicht gleichzusetzen mit zunehmender Beeinflussung oder Beinflussbarkeit der Abgeordneten.

Die bedeutsamsten und wirkmächtigsten Akteure unter ihnen sind die Verbände des Arbeits- und Wirtschaftslebens, speziell die Spitzenverbände der einzelnen Wirtschaftsbranchen, wie z. B. der BDA oder der GKV-Spitzenverband, die Arbeitgeberverbände, die Berufsverbände und die Gewerkschaften.[351] Weitere, zunehmend bedeutsamer werdende Handlungsfelder sind der Sozial-, Kultur-

346 Horn, in: HStR III, § 41 Rn. 24. vgl. Lösche, S. 65.

347 Lösche, S. 65. Die zunehmende Ausdifferenzierung lässt sich u. a. auf abnehmende Loyalitätsbindungen zurückführen, aber auch auf eine Ausdehnung von Verbänden zunächst unterrepräsentierte Bereiche wie Umwelt, Soziales, Frauen, Menschenrechte oder Familien, vgl. von Winter, in: Lejeune, S. 45.

348 Sebaldt, in: Oberreuter/Kranenpohl/Sebaldt (Hrsg.), S. 283.

349 von Winter, IWP 2014, 177 (178).

350 von Winter, IWP 2014, 177 (178). Als Beispiel für den Konkurrenzdruck zwischen Interessenvertretern einer Branche lässt sich die lang andauernde Bestreikung der Deutschen Bahn durch die GDL im Jahr 2015 heranziehen, die den Eindruck erweckte, es gehe primär um die Profilierung gegenüber der EVG.

351 Steinberg, in: Schneider/Zeh (Hrsg.), S. 220 Rn. 10; hierzu auch unter B.IV.2b). Auch öffentlich-rechtlich organisierte Verbände wie die Kammern der Wirtschaft sind als wirtschaftliche Interessenverbände anzusehen, vgl. Steinberg, a. a. O. Neben der Wahrnehmung öffentlicher Aufgaben obliegt den Kammern auch die Geltendmachung ihrer Mitgliederinteressen, vgl. nur § 1 I IHKG.

und der Freizeitbereich sowie Bereiche des Umweltschutzes.[352] Zu nennen sind hier beispielsweise das DRK, ADAC oder BUND, also auch solche Vereinigungen, die nicht ausschließlich interessenverbandsmäßig tätig sind, sondern daneben z. B. unmittelbar soziale Aufgaben wahrnehmen.[353]

Die Einflussinstrumente sind breit gestreut und lassen sich grob in informale und zwischenzeitlich politisch oder rechtlich institutionalisierte Vorgänge unterscheiden.[354]

a) Informale Einflussnahmen

Unter den Begriff der informalen Einflussnahme sind insbesondere allgemeine Öffentlichkeitsarbeit sowie das Erbringen sachspezifischer Informationsdienstleistungen durch private Akteure für den Staat zu fassen. Zwar stehen dem Abgeordneten verschiedene interne Informationsquellen wie wissenschaftliche Mitarbeiter oder die wissenschaftlichen Dienste der Bundestagsverwaltung zur Verfügung, jedoch ist der Staat aufgrund der Komplexität mancher Regelungsbereiche zumindest hinsichtlich Detail- und Praxisfragen auf externen Sachverstand in Form von Informationen, Analysen oder Bewertungen angewiesen.[355]

In die Kategorie der informalen Einflussnahme gehören aber auch Arten der direkten Machtentfaltung, wie beispielsweise Streik, Boykott oder die Androhung negativer Wahlempfehlungen, aber auch die Platzierung von Verbandsvertretern in den Schaltzentralen der Politik spielt eine entscheidende Rolle.[356]

---

352 Sebaldt, in: Oberreuter/Kranenpohl/Sebaldt (Hrsg.), S. 284; Steinberg, in: Schneider/Zeh (Hrsg.), S. 220 Rn. 11 ff.; Lösche, S. 41. Kommunale Spitzenverbände sind als Einrichtung der (mittelbaren) Staatsverwaltung, denen die Wahrnehmung örtlicher Gesamtinteressen (Art. 28 II 1 GG), nicht jedoch gesellschaftliche Partikularinteressen anvertraut sind, nicht als Interessenverbände anzusehen. Vgl. Steinberg, a. a. O. Rn. 14.

353 Steinberg, in: Schneider/Zeh (Hrsg.), S. 220 Rn. 11 ff.

354 Steinberg, in: Schneider/Zeh (Hrsg.), S. 224 ff.; so im Ergebnis auch Weßels, in: ZPArl 1987, 285 (286, 297).

355 Piechaczek, S. 22; Schmedes, ZPArl 2009, 543 (544). Vor diesem Hintergrund haben Müller/Oschmann seitens der Interessenvermittler folgendes Argumentationsmuster beobachtet, was am Beispiel des EEG dargelegt wird: „Es wird behauptet, eine als unpassend empfundene Regelung sei aufgrund der tatsächlichen Gegebenheiten nicht umsetzbar, verlange also ein unmögliches Verhalten, oder – falls dieses Argument nicht bereits zum gewünschten Erfolg führt – sie sei verfassungswidrig [...]. Diesem „Schicksal" könne nur durch die Regelung eines anderen – von den Kritikern befürworteten Inhalts entgangen werden." Anschließend wird herausgearbeitet, dass das Argument der Verfassungswidrigkeit oft nicht haltbar ist. Dies., ZG 2004, 355 ff.

356 Horn, in: HStR III, § 41 Rn. 26.

Letzteres wird beispielsweise dadurch ermöglicht, dass sich solche Personen um ein Abgeordnetenmandat bewerben, die hauptberufliche oder ehrenamtliche Funktionen in einem Verband ausüben bzw. ausgeübt haben. Wegen der geringen Wahlaussichten von nicht in eine Partei eingebundenen Kandidaten versuchen die Interessenverbände daher bereits auf die Kandidatenaufstellung zum Bundestag Einfluss zu nehmen.[357] Hierbei sind immer wieder Erfolge zu beobachten. In den 1950er und 1960er waren auf Platz 2 oder 3 der SPD-Landeslisten regelmäßig prominente Gewerkschaftsvorsitzende zu finden.[358] Der langjährige Hauptgeschäftsführer der Bundesvereinigung der Deutschen Arbeitgeberverbände fungierte von 1996 bis 2007 zugleich als Bundestagsabgeordneter für die CDU.

Aufgrund der Unmittelbarkeit ihrer Einflussmöglichkeiten kommt solchen „Verbandsabgeordneten“ für die Interventionsmöglichkeiten der Verbände besondere Bedeutung zu. Dies gilt umso mehr, als der „Verbandsabgeordnete“ zugleich Mitglied in einem für die jeweiligen Interessenbereiche des Verbandes zuständigen Ausschuss ist, da hier gem. § 80 I GO-BT noch gezielter Einfluss auf die Gesetzesentwürfe genommen werden kann.[359]

Über „Verbandsabgeordnete“ werden die jeweiligen Interessen besonders lautlos in die Gesetzgebungsarbeit eingebracht, so dass auch vom „eingebauten Lobbyismus“[360] gesprochen wird. Hierzu können auch Abgeordnete gezählt werden, die neben dem Mandat als Rechtsanwälte tätig sind und in dieser Eigenschaft namhafte Unternehmen beraten, wie dies z. B. bei dem CDU-Abgeordneten Friedrich Merz der Fall war.

Dabei profitieren die Interessengruppen auch von den politischen Erfahrungen und Verbindungen des jeweiligen Abgeordneten. So verschwimmen die „Grenzen zwischen Interessenträger, Interessenvermittler und Entscheidungsträger“ und vereinen sich in der Person des Abgeordneten.[361]

Mag auch die Verpflichtung gegenüber dem Verband bzw. die Identifizierung mit den Verbandspositionen durch die bloße Verbandsmitgliedschaft geringer sein, als dies bei der dauerhaften und aktiven Begleitung und Förderung aktueller Verbandsinteressen durch Ausübung innerverbandlicher Funktionen der Fall ist,

357 Weber, 8.5.5., S. 319.
358 Lösche, S. 74.
359 Steinberg, in: Schneider/Zeh (Hrsg.), § 7 Rn. 36.
360 Weber, 8.4.1., S. 280. Neuerdings wird auch vom Built-in-Lobbyismus gesprochen, vgl. Piechaczek, S. 21 ff.
361 Piechaczek, S. 21 f.

spielen auch solche Loyalitäten bei der Interessenvermittlung eine entscheidende Rolle. Sie werden auch als „nahestehende" Abgeordnete bezeichnet.[362]

Das von der Regierung Schröder initiierte Programm „Seitenwechsel" hat eine weitere, viel genutzte Möglichkeit geschaffen, Interessenvertreter in Bundesministerien und Kanzleramt zu platzieren. Durch eine Art Arbeitsplatzwechsel sollte sich jede Seite mit den Realitäten der jeweils anderen Seite vertraut machen. Zahlreiche Großunternehmen wie die Deutsche Bank, BASF, Siemens und die Lufthansa zeigten ihr Interesse, sich an diesem Personalaustauschprogramm zu beteiligen.[363] Die Referenten der Unternehmen sind dabei zwischen sechs Wochen und bis zu fünf Jahren beschäftigt worden.[364] Dabei wirkten die externen Mitarbeiter auch in besonders sensiblen Aufgabenbereichen der obersten Bundesbehörden mit, wie an der Erarbeitung von Gesetz- und Verordnungsentwürfen. So wurden beispielsweise im Bundesministerium der Finanzen Fragen zur Anwendung und Auslegung sowie Fortentwicklung des Kreditwesengesetzes, des Finanzdienstleistungsaufsichtsgesetzes bzw. die gesetzliche Umsetzung der Finanzmarktrichtlinie von je einem Mitarbeiter des Bundesverbandes Öffentlicher Banken, der Kreditanstalt für Wiederaufbau und der Deutschen Börse AG bearbeitet.[365] Zudem wurden die Externen auch als Referatsleiter in den Ministerien eingesetzt und traten nach außen überwiegend als Mitarbeiter des entsprechenden Ministeriums auf.[366] Dies obgleich die Referenten während ihrer Beschäftigungszeit in den Ministerien weiterhin in der Gehaltsliste ihrer eigentlichen Arbeitgeber geführt worden sind.[367] Für die in den Unternehmen platzierten Abgeordneten erhöht der Einsatz die Chance auf eine Beschäftigung nach dem Ausscheiden aus dem Parlament, was als Drehtüreffekt bezeichnet wird.[368]

Das Austauschprogramm wurde zunächst ohne Rechtsgrundlage umgesetzt.[369] In der Folge wurde insbesondere die fehlende Transparenz von Anbeginn bemän-

---

362 Weber, 8.4.1., S. 280 f.

363 Maras, APuZ 3–4/2009, 33 (34).

364 Zwischen 2004 und 2006 schwankte die Zahl externer Beschäftigter zwischen 88 und 106, vgl. BRH, Bericht an den Haushaltsausschuss des Deutschen Bundestages nach § 88 II BHO über die Mitarbeit von Beschäftigten aus Verbänden und Unternehmen in obersten Bundesbehörden vom 25. März 2008, S. 17, 21 f.

365 BT-Drs. 16/3165 (kleine Anfrage) sowie 16/3395, S. 3 (Antwort).

366 BRH, a. a. O. S. 44 ff., 33 f.

367 Maras, APuZ, 3–4/2009, 33 (34).

368 Piechaczek, S. 24 mit Beispielen für Wechsel von der Politik in die Wirtschaft.

369 Rossi, in: Kloepfer, Gesetzgebungsoutsourcing, S. 52.

gelt.[370] Erst auf Empfehlung des BRH wurde 2008 eine allgemeine Verwaltungsvorschrift zum Einsatz externer Personen in der Bundesverwaltung erlassen,[371] mit der das Programm „Seitenwechsel“ eingeschränkt worden ist.

Ziffer 2.5 der Verwaltungsvorschrift bestimmt u. a. die Unzulässigkeit des Einsatzes von externen Personen zur Formulierung von Gesetzestexten und anderen Rechtssetzungsakten, in leitenden Funktionen und Funktionen mit abschließender Entscheidungskompetenz. Der Einsatzbereich darf zudem nicht die konkreten Geschäftsinteressen der entsendenden Stelle berühren. Jedoch sind hiervon Ausnahmen zulässig. Zudem soll gem. Ziffer 2.7 der Status als externe Position grundsätzlich bei allen dienstlichen Innen- und Außenkontakten kenntlich gemacht werden.

Insgesamt kommt der Verwaltungsvorschrift durch ihre zahlreichen „Soll“- und Ausnahmevorschriften nicht viel mehr als ein empfehlender Charakter zu. Somit ist davon auszugehen, dass der Einfluss externer Mitarbeiter auf die staatlichen Steuerungsmechanismen wie die Gesetzgebung im Rahmen des Programms Seitenwechsel durch die Verwaltungsvorschrift allenfalls reduziert, nicht jedoch ausgeschlossen worden ist.[372]

Ein vollständiger Ausschluss wäre indes auch nicht zu befürworten. Vielmehr ist im Grundsatz die Normierung einer Möglichkeit zu begrüßen, durch die spezifischer und praxisorientierter Sachverstand in die parlamentarische Arbeit Einfluss finden kann. Jedoch muss dabei bereits dem „bösen Schein“ der Entparlamentarisierung und Gemeinwohlwidrigkeit entgegengewirkt werden. Der empfehlende Charakter der Verwaltungsvorschrift ist dazu nicht ausreichend und ist aus diesem Grund durch verbindliche Vorschriften zu ersetzen.

b) Institutionalisierte Einflussnahmen

Hier sind verschiedene Verfahrensabläufe zu nennen, die Interessenvertretern einen Austausch mit Abgeordneten ermöglichen. Dabei ist zunächst zwischen politisch und rechtlich institutionalisierten Einflussmöglichkeiten zu unterscheiden:

aa) Politisch institutionalisierte Einflussnahmen

Zu den politisch institutionalisierten Einflussmöglichkeiten zählt beispielsweise die Beteiligung betroffener Verbände am Gesetzgebungsverfahren durch die

---

370 Maras, APuZ, 3–4/2009, 33 (34).

371 Allgemeine Verwaltungsvorschrift zum Einsatz von außerhalb des öffentlichen Dienstes Beschäftigten (externen Personen) in der Bundesverwaltung vom 17. Juli 2008.

372 So auch Rossi, in: Kloepfer, Gesetzgebungsoutsourcing, S. 55.

rechtzeitige Zuleitung eines Gesetzesentwurfes gem. § 47 I, III GGO sowie der Gesetzesfolgenabschätzung gem. § 44 GGO. Aber auch die Teilnahme bzw. Einladung der Verbandsvertreter an/zu Arbeitskreisen, Konsensgesprächen, Kanzlertreffen, Bundespressekonferenzen, Anhörungen („Hearings") nach § 70 I GO-BT, etc. haben sich institutionalisiert.[373] § 70 V 1 GO-BT ermöglicht die Aussprache mit sog. Auskunftspersonen, sofern dies zur Klärung des Sachverhalts erforderlich ist. Zwar sollen solche Aussprachen nicht der Verhandlung dienen, sie führen de facto jedoch zur Einrichtung einer gemeinsamen Sitzung von Abgeordneten und Interessenvertretern,[374] wodurch die Mitwirkung der Verbände an der Gesetzgebung bereits im Stadium der parlamentarischen Beratung ermöglicht wird.[375] So wurde beispielsweise im Rahmen des Gesetzgebungsverfahrens zum GKV-Modernisierungsgesetz (GMG) im Anschluss an die erste Lesung eine parlamentarische Anhörung abgehalten, zu der 132 Verbände und 40 Einzelsachverständige geladen worden sind; anschließend fanden Konsensgespräche in einer außerparlamentarischen Kommission statt.[376] In dieser Kommission wurde ein veränderter Gesetzentwurf ausgehandelt, der letztendlich ohne maßgebliche Änderungen beschlossen worden ist.[377]

Die Mitwirkung an einem solchen Anhörungsverfahren ist besonders für diejenigen Verbände/Interessenvertreter von entscheidender Bedeutung, die nicht unmittelbar, z. B. durch einen sog. Verbandsabgeordneten in einer Fraktion oder einem Ausschuss vertreten sind. Dies ist, wenn man allein die Anzahl der eingetragenen Verbände mit der Anzahl der Bundestagsabgeordneten ins Verhältnis setzt, die große Mehrheit. Neben der Möglichkeit der Darstellung eigener

---

373 Nach einer Erhebung des Frauenhofer-Zentrums für Internationales Management und Wissensökonomie in Zusammenarbeit mit dem Berliner Tagesspiegel wurden im Zeitraum 2013 bis 2016/2017 allein 96 Vertreter des DGB in Ausschüsse eingeladen und 116 Vertreter des DGB zu Gesetzesentwürfen angefragt, vgl. Der Tagesspiegel v. 1. September 2017, S. 2.

374 Steinberg, in: Schneider/Zeh (Hrsg.), S. 224 Rn. 26; in den Ausschussprotokollen werden diese in Anlehnung an § 73 II GO-BT a. F. häufig als „Informationssitzungen" bezeichnet, vgl. Weßels, in: ZPArl 1987, 285 (291); Appoldt, S 43.

375 Weßels, in: ZPArl 1987, 285 (290). Eine vergleichbare Regelung ist in § 40 III GO-BR für den Bundesrat normiert, wobei diese Vorschrift Interessenvertreter nicht explizit benennt und – im Gegensatz zu § 70 GO-BT – in jedem Fall unverbindlich bleibt, vgl. Gerig, ZRP 2014, 247 (249).

376 Hofmann, Dtsch. Ärztebl. 2005 (102), 1500 (1500 f.).

377 Hofmann, Dtsch. Ärztebl. 2005 (102), 1500 (1501 f.). BGBl. I 2003, 2190; die entsprechenden Änderungsvorschläge sind nachzulesen in der Beschlussempfehlung des Ausschusses für Gesundheit und Soziale Sicherung, BT-Drs. 15/1584.

Interessen und möglicher praktischer Auswirkungen der geplanten Vorhaben, offenbaren die Anhörungen die Gelegenheit, mit einzelnen Abgeordneten in Kontakt zu kommen und damit zugleich eine zukunftsorientierte Verbandspolitik.[378] Seit der Durchführung einer solchen öffentlichen Anhörung betreffend des Mehrwertsteuergesetzes 1966 gehört dies zumindest vor Verabschiedung umfassender Gesetzesentwürfe zur üblichen Praxis.[379] Das obige Beispiel GMG zeigt, dass die Stellungnahmen privater Akteure auf diesem Wege tatsächlich Berücksichtigung finden können. Eine Berücksichtigung ist jedoch keineswegs selbstverständlich. Obgleich sich u. a. der GKV-Spitzenverband vehement gegen das Gesetz zur Neuordnung des Arzneimittelmarktes (AMNOG) ausgesprochen hatte,[380] wonach Pharmaunternehmen den Preis neuer Medikamente nicht mehr frei gestalten können, wurde das Gesetz unter dem damaligen Gesundheitsminister Rösler (FDP) durchgesetzt und trat am 1. Januar 2011 in Kraft.

bb) Rechtlich institutionalisierte Einflussnahmen

Zu nennen sind als Beispiele rechtlich institutionalisierter Einflussnahme die §§ 51, 48 BImSchG, §§ 5, 11 TVG, die die Hinzuziehung privater Akteure im Rahmen der Rechtsetzung einfachgesetzlich normieren. Nach diesen Vorschriften ist zum Erlass einer Regelung die „Anhörung der beteiligten Kreise" bzw. die „Mitwirkung der Spitzenorganisationen" notwendig.

Die so geschaffenen Möglichkeiten sollten zumindest ursprünglich helfen, den Einfluss der Verbände in transparente und kontrollierbare Bahnen zu lenken und sich gezielt deren Sachverstand und Vermittlungspotenzial bedienen zu können.[381] Sie wirken sich jedoch in gleichem Maße als „Einfallstor effektiver Interessendurchsetzung" aus.[382]

c) Einflussfaktoren

Die dargestellten Varianten der Einflussnahme zeigen den Verbänden wichtige Handlungskanäle und Kooperationsmöglichkeiten zu/mit den staatlichen Entscheidungszentren auf. Die Einflusschancen hängen jedoch von einer Vielzahl

---

378 Weber, 8.4.5., S. 297.

379 Schäfer, S. 118 f.

380 https://www.gkvspitzenverband.de/media/dokumente/presse/presse_themen/amnog_verhaverhandl/AMNOG_Stellungnahme_GKV-SV_17_14_006525_11.pdf (abgerufen am 18. November 2016).

381 Horn, in: HStR III, § 41 Rn. 29.

382 Weber, 8.4.5., S. 298.

weiterer Faktoren ab. Vorab lässt sich festhalten, dass die in der Gesellschaft vorhandenen Interessen daher regelmäßig nicht in dem Verhältnis zur Geltung gebracht werden, das der tatsächlichen Interessenlage in der Gesellschaft entspricht.[383]

Die eingangs erwähnte Ausweitung der Gesetzgebungstätigkeit aufgrund des Funktionswandels des Staates eröffnet den Interessengruppen eine gute Ausgangsbasis, gehört zu werden. Führt die Aufgabenausweitung des Staates zwangsläufig auch zu einer Ausweitung der potentiellen Einflussmöglichkeiten, kann sie – beispielsweise hinsichtlich des Informationsbedarfes – zugleich auch zu einer Abhängigkeit der staatlichen Entscheidungsträger von der Mitwirkung betroffener Gesellschaftsgruppen führen[384]. Dies ist jedoch weder mit der Abhängigkeit zu einem einzelnen Interessenvertreter noch mit einer generellen Abhängigkeit zu Interessengruppen gleichzusetzen. So zeigt auch die gestiegene Zahl registrierter Verbände, dass es auch innerhalb einer Interessengruppe verschiedene Ansprechpartner gibt; zudem stehen den Abgeordneten eine Vielzahl weiterer interner und externer Informationsquellen zur Verfügung.[385]

Die Umsetzung der Einflussmöglichkeiten auf den Abgeordneten ist danach kein Automatismus. Vor allem bezüglich informaler Einflussnahmen lassen sich die Erfolgsaussichten von Interessengruppen anhand verschiedener Faktoren ausmachen:

aa) Organisationsfähigkeit

Dies ist zum einen die sog. Organisationsfähigkeit der jeweilig vertretenen Gruppeninteressen. In aller Regel lassen sich allgemeine Interessen, also solche, die das Gemeinwesen als Solches betreffen, nur unzureichend organisieren.[386] Als Hauptbeispiel für ein solches allgemeines Interesse gelten seit langem die Interessen der Steuerzahler: Zwar gibt es mit dem Bund der Steuerzahler eine Organisation, die sich den Interessen der Steuerzahler annimmt. Dessen Durchsetzungskraft ist jedoch gering – insbesondere im Vergleich zur Anzahl der steuerpflichtigen Bürger

---

383 Piechaczek, S. 26; Becker, S. 47, der insoweit von Partizipationsdefiziten spricht.

384 Weber, 7.2.2.2., S. 196.

385 So auch v. Winter, IWP 2014, 177 (179).

386 von Arnim, in: Ritter/Feldmann (Hrsg.), Lobbying zwischen Eigeninteresse und Verantwortung, S. 23 ff.; Horn, in: HStR III, § 41 Rn. 27; in der Politikwissenschaft wird dieses Phänomen nach M. Olson, Die Logik des kollektiven Handelns, als „Olsonsches Dilemma" bezeichnet. Danach ist bereits der Zusammenschluss zu einer Interessensvertretung umso unwahrscheinlicher, desto größer die Zahl der interessierten Personen ist.

und dem Einfluss partieller Interessenorganisationen. So scheitern Bestrebungen, das Steuerrecht durch den Abbau von Vergünstigungen und darin enthaltenen indirekten Subventionen einfacher und gerechter zu machen, regelmäßig mit dem Hinweis auf fehlende politische Durchsetzbarkeit. Hierunter dürfte hauptsächlich der zu erwartende Widerstand der von dem Abbau betroffener Interessen zu verstehen sein.[387]

Einem individuellen Engagement für sog. Allgemeininteressen fehlt die Aussicht auf einen entsprechenden individuellen Vorteil. Die Organisationsfähigkeit eines Interesses steigt demnach in dem Maße, in dem das Interesse einer definierbaren Gesellschaftsgruppe Vorteil verspricht.[388] Gradmesser der Organisationsfähigkeit kann die Mitgliederzahl als solche, aber auch der Organisationsgrad, also das Verhältnis zwischen tatsächlichen und potenziellen Mitgliedern sein.[389] Ein hoher Organisationsgrad stärkt i. d. R. die Durchsetzungskraft. Zugleich senkt ein hoher Organisationsgrad die Gefahr, dass diejenigen, die an den Verhandlungen nicht beteiligt waren, von den Ergebnissen jedoch betroffen sind, die Ergebnisse nicht befolgen.

Die diesbezügliche Aussagekraft ist jedoch ihrerseits wiederum von der Bereitschaft der Mitglieder zum Engagement für die Verbandsziele abhängig. Ohne Rückhalt in der und Unterstützung durch die breite Mitgliedschaft des Verbandes läuft dieser Gefahr, an Glaubhaftigkeit und Durchsetzungskraft zu verlieren. Von der Akzeptanz der von der Verbandsspitze gefundenen Verhandlungsergebnisse[390] hängt demnach maßgeblich ab, ob sich ein Verband als verlässlicher Verhandlungspartner etablieren kann.[391]

bb) Konfliktfähigkeit

Die Einflusschancen differieren zudem je nach Verband vor allem nach dem Grad seiner Konfliktfähigkeit. Diese ist umso ausgeprägter, je mehr sozial und ökonomisch bedeutsame Güter und Themen dieser aktivieren kann und darüber politisch interessante Tauschangebote[392] offerieren oder gesellschaftliche Ver-

---

387 Beispiel nach von Arnim, in: Ritter/Feldmann (Hrsg.), Lobbying zwischen Eigeninteresse und Verantwortung, S. 23 ff.

388 Weber, 7.3.2.1, S. 217.

389 Lösche, S. 78; so auch Weber, 7.3.3., der dies als „Repräsentanz" eines Verbandes zusammenfasst.

390 Weber, 7.3.6, S. 229.

391 In diesem Sinne auch Gusy, ZUR 2001, 1 (2); Anderl, S. 34.

392 „Tausch" ist dabei weit zu verstehen und umfasst alle von den Verhandlungspartnern wechselseitig angestrebten Verhaltensweisen, vgl. Bohne, VerwArch 75 (1984), 343 (344).

weigerungshaltungen schüren kann.[393] Konfliktfähigkeit wird dementsprechend als Fähigkeit verstanden, etwa durch Streikandrohung glaubhaft mit dem Entzug oder dem Vorenthalten wirtschaftlich oder gesellschaftlich notwendiger Leistungen oder Ressourcen drohen zu können.[394] So hat nicht nur die Mitgliederzahl, sondern auch die Art der vertretenen Interessen sowie etwaige Handlungsalternativen Einfluss auf die Verhandlungsposition der Verbände. Allgemein gesprochen sind teilbare Interessen besser tauschfähig als nicht teilbare Interessen. Für die Beteiligten bedeutet das, die „Interessenbündel aller Seiten aufzuschnüren und in Einzelbelange zu teilen sowie diese sodann voneinander zu isolieren und auszutauschen."[395]

Mangels eines politisch tauschfähigen Guts kommt so gesellschaftlichen Randgruppen in aller Regel keine ausreichende Verhandlungsposition zu.[396] Gleiches gilt beispielsweise für Verbände, die sich der Förderung kultureller Interessen verschrieben haben. Dadurch reduzieren sich die Themenfelder, in denen verbandlicher Einfluss Einzug in den politischen Prozess erhält.[397]

Entsprechend der Bedeutung der wirtschaftlichen Entwicklung eines Landes für das materielle Wohlergehen jedes einzelnen Bürgers besitzen hingegen Verbände mit ökonomischer Zielsetzung in aller Regel eine deutlich höhere Konfliktfähigkeit.[398] Dies zeigt sich auch beim besonderen Schutz durch Art. 9 III GG von Vereinigungen zur Wahrung und Förderung der Arbeits- und Wirtschaftsbedingungen. Auf Grundlage des Art. 9 III GG kommt diesen Verbänden auch die Tarifautonomie zu,[399] wodurch sie der „staatlichen Wirtschafts-, Sozial- und Arbeitsmarktpolitik einen unumgehbaren und damit verbindlichen Handlungsrahmen" setzt.[400] Geschützt ist ferner das Recht, die von Art. 9 III GG genannten Zwecke „durch spezifisch koalitionsmäßige Betätigung" durchzusetzen,[401] wozu ausdrücklich auch der Streik gehört.[402]

---

393 Horn, in: HStR III, § 41 Rn. 27; Anderl, S. 36.
394 http://www.bpb.de/nachschlagen/lexika/politiklexikon/17732/konfliktfaehigkeit (abgerufen am 7. Dezember 2015). Ähnlich auch Gusy, ZUR 2001, 1 (3).
395 Gusy, ZUR 2001, 1 (3).
396 Anderl, S. 35, Becker, S. 47.
397 Becker, S. 47.
398 Weber, 7.3.4., S. 224.
399 BVerfGE 28, 295 (304); 58, 233 (248 f.); 92, 26 (38).
400 Horn, in: HStR III, § 41 Rn. 27.
401 BVerfGE 50, 290 (367); 94, 268 (283).
402 BVerfGE 88, 103 (114); 92, 365 (393 f.).

cc) Finanzstärke

Diese Faktoren zeigen, dass es nicht in erster Linie finanzielle Spielräume eines Interessenvertreters/Verbandes sind, die dessen Einflussmöglichkeiten vorgeben.[403] Insbesondere im Bereich von Umweltbelangen zeigt sich, dass vergleichsweise finanzschwache Interessengruppen durch Mobilisierung ihrer Sympathisanten erheblichen politischen Druck auf Abgeordnete und Vertreter wirtschaftlicher Interessen entfalten können.[404] Dennoch kann auch die Finanzstärke eines Verbandes Auswirkungen auf dessen eigene Funktionsfähigkeit haben,[405] was sich wiederum auf dessen Handlungsspielräume und damit ebenso auf dessen Potenziale in der Durchsetzung eigener Interessen auswirkt.

Grund für die Bedeutung der Finanzstärke sind einerseits die laufenden Kosten, die auf die eigentliche Verbandstätigkeit zurückzuführen sind. Hierzu zählen neben den eigenen Personalkosten außerdem die Mittel, die beispielsweise für die Öffentlichkeitsarbeit in Form von Publikationen, der Erstellung von Gutachten etc. oder Dienstleistungen am Mitglied, wie rechtlicher oder fachlicher Beratung aufgewendet werden müssen.[406] Desgleichen gehört die Streikfinanzierung hierzu. Zudem ermöglichen finanzielle Mittel auch die Erschließung weiterer Ressourcen, wie z. B. Expertenwissen durch Abwerbung von Spitzenpersonal.[407]

Andererseits kommt der Finanzkraft eines Verbandes auch aufgrund situationsbedingter Kosten eine Rolle für seine Funktionsfähigkeit zu. Insbesondere die Wahlkampfzeiten offerieren den Verbänden aufgrund der behandelten Abhängigkeit der Abgeordneten zur Wählerstimme die Gelegenheit, durch gezielte finanzielle Unterstützung von Partei oder Abgeordneten Einfluss auf deren Programmatik zu nehmen oder bestimmte verbandsnahe Positionen in den Vordergrund zu rücken. Neben Spenden kann dies auch durch die gezielte Unterstützung der Wahlkampftätigkeit erfolgen.[408]

Ein fragwürdiges Beispiel des Einflussfaktors Finanzstärke stammt aus dem Jahr 2002. Im Rahmen einer Selbstverpflichtung sicherte die Pharmaindustrie vertreten durch den Verband Forschender Arzneimittelhersteller (VFA) eine Zahlung von 200 Millionen Euro an die Krankenkassen zu, sofern im geplanten Arzneimittel-Ausgaben-Begrenzungsgesetz (AABG) keine festgelegte Senkung

403 Weber, 7.3.5., S. 226; v. Winter, IWP 2014, 177 (180 ff.); Lösche, S. 79.

404 v. Winter, IWP 2014, 177 (181). Allgemeiner: v. Schendelen, S. 250 ff.

405 Weber, 7.3.5., S. 226; v. Winter, IWP 2014, 177 (180).

406 Weber, 7.3.5., S. 226.

407 v. Winter, IWP 2014, 177 (180).

408 Weber, 7.3.5., S. 228.

der Medikamentenpreise festgeschrieben werde. In der Folge wurde der ursprünglich vorgesehene Preisabschlag durch die Zahlung eines „Solidaritätsbeitrages" der Industrie ersetzt.[409]

dd) Zusammenfassung

Letztendlich lassen sich die aufgezeigten Einflussfaktoren nicht in eine Rangfolge bringen. Vielmehr entscheidet das Zusammenspiel der verschiedenen Faktoren über die Umsetzbarkeit der Einflussmöglichkeiten. Vor allem hängt der politische Einfluss jedoch nicht nur von den eigenen Aktivitäten und Ressourcen wie Mitgliedern, öffentlichem Ansehen, Expertenwissen, Finanzmitteln etc. ab, sondern auch von etwaigen Verbündeten oder Gegenaktivitäten anderer Interessenvertreter. Einflusschancen stellen sich danach ein Stück weit auch als „Wettlauf der Argumente" zwischen den einzelnen Interessenvertretern dar. Die Erfolgschancen einzelner Interessenvertreter sind danach nur schwer kalkulierbar und auch insoweit nicht zwangsläufig.[410]

3. Kooperative(s) Gesetzgebung / Staatshandeln

Der Wandel der Staatsaufgaben von der Ordnungsverwaltung zur Sozialgestaltung und Zukunftssicherung[411] sowie die immer komplexer werdenden Gesellschaftsverhältnisse haben den Staat veranlasst, zur Erfüllung seiner daraus resultierenden zusätzlichen Staatsaufgaben auf die „Indienstnahme privater Akteure für Gemeinwohlziele"[412] zurückzugreifen. Dies hat zu einem „kooperations- und konsensorientierten Politikmodell"[413] geführt, in dem alle von einer Entscheidung Betroffenen an dieser beteiligt werden. Entscheidungen werden dabei nicht durch die hoheitliche Macht des Staates getroffen, sondern stellen Verhandlungslösungen dar, wodurch gesellschaftliche oder politische Ressourcen zu tauschfähigen Gütern gemacht werden.[414] Zugleich verringert sich damit die Distanz zwischen staatlicher Entscheidung und betroffenen Interessen, was sich auch in der eingangs beschriebenen zunehmenden Einzelfallbezogenheit bzw. Individualisierung von Gesetzen widerspiegelt.[415]

---

409 http://www.zeit.de/2002/06/Handel_mit_Hautgout (abgerufen am 22. November 2016); v. Winter, IWP 2014, 177 (182).

410 So auch v. Winter, IWP 2014, 177 (181 ff.).

411 Schoch, in: HStR III, § 37 Rn. 30.

412 Trute, in: Schuppert (Hrsg.), Jenseits von Privatisierung und schlankem Staat, S. 13 (14).

413 Schoch, in: HStR III, § 37 Rn. 32.

414 Becker, § 1, S. 38 f.

415 So auch Kloepfer, VVDStRL 40 (1982), 63 (68).

Mit dieser Entwicklung vom rein normierenden und vollziehenden Staat zum kooperativen Staat verliert das bis dahin zentrale Staatsmerkmal des Einsatzes einseitig-hoheitlicher Machtmittel zunehmend zugunsten staatlich-gesellschaftlicher Zusammenarbeit an Bedeutung.[416] Insoweit verliert auch der „klassische Lobbyismus" an Bedeutung, da Interessen im „Verhandlungswege" realisiert werden können.[417]

Diese „Verhandlungssysteme" gelten heute als „entscheidende[r] Ort staatlichen Steuerungshandelns".[418] Sie finden sich in Bereichen der Verwaltung, der Rechtsprechung sowie der Gesetzgebung und damit in allen drei Staatsgewalten.[419] Aus dem Bereich der Verwaltung ist beispielsweise die Rechtsfigur des öffentlich-rechtlichen Vertrages zu nennen, aus dem Bereich der Rechtsprechung das gerichtliche Mediationsverfahren.[420]

Kooperatives Staatshandeln erreicht dabei auch solche Sphären, die durch ein staatliches Wahrnehmungsmonopol gekennzeichnet sein sollen.[421] So wurde im Bereich der traditionell dem Kernbereich staatlicher Tätigkeit zugeordneten Strafverfolgung das bereits seit langem praktizierte Instrument des „Deals" zwischen Gericht, Staatsanwaltschaft und Verteidigung im Jahr 2009 durch das „Gesetz zur Regelung der Verständigung im Strafverfahren" normiert.[422]

Wenngleich sich das Phänomen der Kooperation auch auf den Gebieten Rechtskonkretisierung und Rechtsvollzug zeigt, tritt es auf dem Gebiet der Gesetzgebung in besonderem Maße in das Blickfeld der Öffentlichkeit. Bereits das Beispiel der Interessenverbände zeigt, dass die Gesetzgebung Züge eines „pluralen Schöpfungsaktes"[423] gewonnen hat. Die genannte Entwicklung beschränkt sich jedoch nicht auf die angesprochene Institutionalisierung von Einwirkungen durch Verbände.

Ist der Erlass von Rechtsnormen als in erster Linie staatliche Angelegenheit konzipiert worden, entscheiden die staatlichen Normsetzungsinstanzen nur noch

---

416 Becker, S. 56 f.; Ritter, in: Grimm, S. 69 (73); Scharpf spricht von einer „Enthierarchisierung der Beziehung zwischen Staat und Gesellschaft", vgl. ders., in: PVS 1991, 621 (622).

417 Von Winter, in: Lejeune, S. 43.

418 Becker, S. 57.

419 Kloepfer, ZG 2010, 346 (350).

420 Kloepfer, ZG 2010, 346 (350). Für den Bereich der Verwaltung wird hier weiter das Instrument der Zielvereinbarung genannt.

421 Anderl, S. 126.

422 BGBl. I 2009, 2353; hierzu kritisch Altenhain/Haimerl, JZ 2010, 327 ff.

423 Die Formulierung stammt soweit ersichtlich von Eichenberger, S. 344; so auch Becker, § 3, S. 95.

selten in völliger Eigenständigkeit über Normerlass und -inhalt.[424] Im modernen Staat kommt selten ein wichtiges Gesetz zustande, ohne dass die Zustimmung großer Interessenkreise in einer außerhalb der ordentlichen Rechtsetzung bleibenden, vertragsähnlichen Form gesichert ist.[425] Seitens des Staates werden hierzu freiwillige Selbstverpflichtungen initiiert oder Sachverständigengremien oder Kommissionen und Konsensrunden eingesetzt, um umsetzungsfähige Vereinbarungen zu erarbeiten.[426] Produkt dieser nichtrechtlichen Verfahrensstrukturen sind – bei Vorhandensein ausreichender tauschfähiger Leistungen – informale[427] Absprachen, die vor allem in der Literatur u. a. als Branchenabkommen, gentlemen´s agreement oder moral suasion bezeichnet werden[428].

Die staatlichen Normsetzungsinstanzen – also in erster Linie die Abgeordneten – sind dabei vielfältigen „Ingerenzen aus dem organisierten oder nicht organisierten gesellschaftlichen Bereich ausgesetzt".[429]

Obgleich die kooperative Gesetzgebung keineswegs ein neues Phänomen ist, hat sie unter der Regierung Schröder besondere Bedeutung angenommen[430] und zunächst mit der sog. Atom-Konsens-Vereinbarung vom 14. Juni 2000 und wenig später mit der Hartz-Gesetzgebung[431] ihre vorläufigen Höhepunkte erreicht. Die durch die Lehmann-Brothers-Insolvenz ausgelöste weltweite Finanzmarktkrise führte 2008 zu einer neuerlichen Ausweitung kooperativer Handlungsformen, wobei dem „Outsourcing" der Gesetzesentwürfe zur Finanzmarktstabilisierung besondere Bedeutung zukam.[432]

Die abstrakt-generelle Natur der den Verhandlungsgegenstand bildenden möglichen Rechtsvorschriften setzt in aller Regel eine horizontale Interessenabstimmung der auf privater Seite betroffenen Akteure voraus. Deshalb sind in die Vorbereitung der Absprachen regelmäßig nicht nur einzelne spätere Adressaten

---

424 Becker, § 4, S. 181.

425 Becker, § 3, S. 92; § 4,181; so bereits Schindler, in: Festgabe für Fleiner, S. 422.

426 Schoch, in: HStR III, § 37 Rn. 32.

427 „Informal" meint dabei rechtlich nicht geregelte Handlungsformen, die der Staat anstelle von rechtlich normierten Handlungen oder Rechtsfolgeentscheidungen wählt. Definition nach Ritter, in: Grimm, S. 69 (74).

428 Bohne, VerwArch 75 (1984), 343 (345); Kloepfer, JZ 1991, 737 (739).

429 Becker, § 4, S. 181.

430 Anderl, S. 43; Huber, ZG 2002, 245 (245); Schoch, in: HStR III, § 37 Rn. 28.

431 Das erste und zweite Gesetz für moderne Dienstleistungen am Arbeitsmarkt datieren vom 23. Dezember 2002, das dritte vom 23. Dezember 2003 und das vierte vom 24. Dezember 2003.

432 Zum Outsourcing siehe B.IV.3d)

involviert. Vielmehr kommt auch hier den Verbänden als zusammenfassende Interessenvertreter eine entscheidende Rolle zu.[433]

Vorrangig muss zwischen normersetzenden[434] und normvorbereitenden Absprachen differenziert werden.[435]

a) Normersetzende Absprachen

Unter normersetzende Absprachen sind Vereinbarung zwischen staatlichen Stellen einerseits und Unternehmen bzw. ihren Verbänden anderseits zu verstehen, die in aller Regel der Abwendung einer drohenden abstrakt-generellen Regelung des Staates dienen.[436] Dabei bilden Absprachen zur Vermeidung einer Rechtsverordnung den Regelfall; seltener sollen sie ein Parlamentsgesetz entbehrlich machen.[437] Ihnen geht gewöhnlich eine staatliche Initiative voraus, über deren Inhalt in der Folge zwischen den privaten Adressaten – in der überwiegenden Zahl unter staatlicher Beteiligung – verhandelt wird.[438] Die Adressaten verpflichten sich sodann, staatliche Regelungsziele durch Beschränkung eigener Positionen innerhalb eines bestimmten Zeitraums freiwillig zu erfüllen, sofern der Staat (vorerst) auf den Normerlass verzichtet.[439]

Ausdruck finden normersetzende Absprachen zumeist in sog. Selbstverpflichtungserklärungen durch Unternehmen oder ihren Verbänden.[440] Die Erklärungen sind auf ein bestimmtes Verhalten und/oder ein bestimmtes Ziel gerichtet und gewähren den Eindruck der Einseitigkeit.

---

433 Köpp, S. 68 ff. Das Outsourcing stellt insoweit eine Sonderform dar, dazu unter B.IV.3d).

434 Teilweise wird der Begriff mit dem Hinweis abgelehnt, dass die Absprachen eine normative Regelung nicht ersetzen, sondern lediglich vermeiden könnten, weshalb daher von normvermeidender oder normabwendender Absprache gesprochen wird, vgl. Köpp, S. 64.

435 Schoch, in: HStR III, § 37 Rn. 35; Huber, ZG 2002, 245 (246); Bohne, VerwArch 75 (1984), 343 (345). Die sog. normvollziehenden Absprachen bleiben als primäre Praxis der Verwaltungsbehörden außer Betracht.

436 Köpp, S. 63; Schoch, in: HStR III, § 37 Rn. 36. Verbreitet sind normersetzende Absprachen vor allem im Umweltrecht, wenngleich sie sich nicht auf dieses Feld beschränken lassen, vgl. Michael, § 1, S. 22.

437 Köpp, S. 76 f.

438 Köpp, S. 72 ff; Kloepfer, JZ 1991, 737 (739).

439 Schoch, in: HStR III, § 37 Rn. 36; BT-Drs. 13/1328 vom 11. Mai 1995, Nr. 12; Helberg, S. 77 f. Michael nennt als Unterformen normverdrängende und normflankierende Absprachen. Hierzu im Einzelnen, ders., § 1, S. 40 ff.

440 So auch Breuer, in: Hoffman-Riem/Schmidt-Aßmann (Hrsg.), S. 231 (250), der weiter zwischen Selbstbeschränkungsabkommen und Selbstbeschränkungszusagen unterscheidet.

Ein aktuelles Beispiel hierfür ist die „Vereinbarung zur Verringerung des Verbrauchs von Kunststofftragetaschen", die mit Wirkung zum 1. Juli 2016 in Kraft getreten ist.[441] Danach verpflichten sich die unterzeichnenden Verbände „gemeinsam mit den teilnehmenden Unternehmen, den Kundenservice Tragetasche umweltverträglicher zu gestalten und einen Beitrag dazu zu leisten, die von der EU Richtlinie 2015/720 vom 29. April 2015 betreffend die Verringerung des Verbrauchs von leichten Kunststofftragetaschen vorgegebenen Ziele zu erreichen und also den jährlichen Verbrauch an leichten Kunststofftragetaschen bis 31. Dezember 2019 auf höchstens 90 und bis 31. Dezember 2025 auf höchstens 40 Kunststofftragetaschen pro Einwohner zu verringern." Dieses Ziel soll in erster Linie dadurch erreicht werden, dass teilnehmende Unternehmen Plastiktüten nicht mehr umsonst an Kunden abgeben.

Derartige Vereinbarungen bieten den Erklärenden die Gelegenheit, ihre Zusagen in der Öffentlichkeit als freiwilliges Tribut an Allgemeinwohlbelange darzustellen.[442] Das damit zu gewinnende Image, über die gesetzlichen Verpflichtungen dem öffentlichen Interesse zu dienen, ist ein wichtiges Verhandlungsargument auf staatlicher Seite. Umgekehrt kann der Staat durch die Absprachen das Vertrauen und die Akzeptanz der Wirtschaft suggerieren. Diese Wirtschaftsnähe wird durch den Wähler nicht selten als Zeichen wirtschaftlicher Kompetenz positiv bewertet.[443]

Das darüber hinaus gehende jeweilige Interesse an einer Normvermeidung resultiert gewöhnlich aus gegenteiligen Erwägungsgründen. Orientiert der Staat sich am Gemeinwohl, fokussiert die private Seite die Gewinnerzielung.[444] So führt der Handelsverband Nordrhein-Westfalen anlässlich der Vereinbarung zur Verringerung des Verbrauchs von Kunststofftragetaschen aus, dass ein wesentlicher Vorteil der Absprache gegenüber einer gesetzlichen Regelung darin besteht, dass

---

441 Nachzulesen unter http://www.bmub.bund.de/fileadmin/Daten_BMU/Download_PDF/Abfallwirtschaft/vereinbavere_tragetaschen_bf.pdf (abgerufen am 9. Mai 2016).

442 Köpp, S. 74; Di Fabio, JZ 1997, 969 (979). So verweist z. B. der Handelsverband Nordrhein-Westfalen anlässlich der „Vereinbarung zur Verringerung des Verbrauchs von Kunststofftragetaschen" auf den damit verbundenen möglichen Imagegewinn, vgl. http://www.ehdv-online.de/information-politik/tueten_selbstverpflichtung (abgerufen am 9. Mai 2016). Diese Einschätzung stimmt mit einer Umfrage überein, wonach 80 % der Befragten einer Gebühr für Plastiktüten positiv gegenüberstehen, vgl. http://www.zeit.de/wirtschaft/2016-04/umweltschutz-plastiktueten-gebuehr-handel-umweltministerium-selbstverpflichtung (abgerufen 9. Mai 2016).

443 Michael, § 7, S. 210.

444 Köpp, S. 82.

Einnahmen aus dem Verkauf der Einkaufstüten im jeweiligen Unternehmen verbleiben und nicht in den Bundeshaushalt fließen.[445]

Eine Absprache kommt daher regelmäßig nur dann zustande, wenn sich neben einem möglichen Imagegewinn weitere Vorteile auf privater Seite ergeben. So wird der Staat auch aufgrund der sich für ihn ergebenden Vorteile, insbesondere der erhöhten Folgebereitschaft der Betroffenen, Zugeständnisse in der Sache machen. Dieses System von Leistung und Gegenleistung ist signifikanter Ausdruck des kooperierenden Staates.[446] Es birgt die Gefahr, dass der Gesetzgeber um des Konsenses willen Abstriche von dem ursprünglich beabsichtigten Regelungsniveau bzw. der staatlichen Zielvorstellung akzeptiert. Gleichwohl darf jedoch nicht außer Acht bleiben, dass – wie dargelegt – die jeweiligen Interessenvertreter auch im Rahmen des regulären Normsetzungsverfahrens auf die Entscheidung Einfluss zu nehmen versuchen und dies auch nicht selten gelingt.[447] Im Gegensatz hierzu sind jedoch kooperative Handlungsformen von vornherein auf eine Kompromissfindung mit den Beteiligten Akteuren angelegt. Insofern zeigen sich normvermeidende Absprachen als Symptom wachsenden Einflusses insbesondere der Wirtschaftsverbände auf staatliche Entscheidungen.[448]

aa) Einhaltung der Zusagen

Die Möglichkeit privater Akteure, unabhängig von der Bereitschaft des Staates zum Abschluss normersetzender Absprachen auch auf das reguläre Gesetzgebungsverfahren Einfluss nehmen zu können, hat Folgen für die Bindungswirkung normersetzender Vereinbarungen. Das staatliche „Drohpotenzial" eines Normerlasses für den Fall der Nichteinhaltung getroffener Vereinbarungen ist dadurch in seiner Wirkung geschwächt. Der Staat verfügt jedoch über weitere Möglichkeiten, Anreize zur Befolgung der getroffenen Absprachen zu setzen.[449] Eine Option besteht im Anbieten staatlicher Beihilfen für den Fall absprachekonformen Verhaltens. So wurden den beteiligten Industriekreisen im Rahmen der Absprache zur Reduzierung von Verpackungsabfällen Fördermittel für abfallwirtschaftliche Entwicklungsvorhaben in Aussicht gestellt.[450]

---

445 http://www.ehdv-online.de/information-politik/tueten_selbstverpflichtung (abgerufen am 9. Mai 2016).

446 Schoch, in: HStR III, § 37 Rn. 38; so auch Anderl, S. 124.

447 So auch Köpp, S. 83/89.

448 Köpp, S. 90.

449 Köpp, S. 75 f.

450 Köpp, S. 35. Die Absprache ist dennoch nicht eingehalten worden, vgl. Brohm, DÖV 1992, 1025 (1026).

Auch durch die zielkonforme Ausrichtung öffentlicher Nachfrage nach Produkten und Dienstleistungen, die mit der Absprache gefördert werden sollen, lässt sich die Folgebereitschaft der privaten Beteiligten wiederum erhöhen.[451] Sofern die Entwicklung privater Nachfrage im Einklang mit dem Absprachezeil steht, kann auch diese die Bereitschaft zur Einhaltung der Absprachen positiv beeinflussen. Die Entwicklung der (privaten) Nachfrage kann wiederum vom Staat gezielt beeinflusst werden, z. B. durch Aufklärung über die Verwendung gesundheitsschädlicher Stoffe. Durch den im Rahmen einer Selbstverpflichtungserklärung erklärten, vermeintlich freiwilligen Verzicht auf die Verwendung entsprechender Stoffe, kann für das kooperierende Unternehmen ein öffentlichkeitswirksamer Imagegewinn entstehen, der wiederum den Absatzzahlen nutzen wird.[452] Ebenfalls wirkt sich auf die Folgebereitschaft positiv aus, wenn der Inhalt der Absprache einer ohnehin gegebenen technischen oder wirtschaftlichen Entwicklung entspricht und daher keine erheblichen Mehrkosten auf nichtstaatlicher Seite verursacht werden.[453] So lassen sich beispielsweise durch neue, effizientere Produktionsabläufe in der Industrie nicht nur Kosten für das jeweilige Unternehmen, sondern auch Energie einsparen.

Diese Entwicklung hat wiederum dabei geholfen, das sog. CO_2 -Abkommen zur Reduzierung von CO_2 Emissionen durch Verminderung des Verbrauchs fossiler Energieträger umzusetzen und in der Folge gerecht zu werden.[454]

Der bereits als Faktor für Verbandseinfluss genannte Organisationsgrad der Branche spielt auch hier eine wichtige Rolle: Je höher der Anteil der betroffenen Unternehmen ist, die von den an der Verhandlungslösung beteiligten Verbänden repräsentiert werden, desto geringer ist die Gefahr der Vereitelung der Absprache durch nichtbeteiligte Unternehmen. Ähnliche Auswirkungen hat der Marktanteil der Beteiligten.[455] Hier ist auch entscheidend, wie gefestigt die Marktanteile sind, also ob eventuelle Wettbewerbsnachteile aufgrund der Abspracheeinhaltung zur Substituierung von Produkten und dadurch zur Verschiebung von Marktanteilen führen können. In Zeiten der Globalisierung kann vor allem letztgenannter Aspekt Auswirkungen auf die Vereinbarungstreue haben.[456] So wird es ausländischen Unternehmen nicht vermittelbar sein, sich er-

451 Lautenbach/Steger/Weihrauch, S. 51; Köpp, S. 28.

452 Köpp, S. 92 f.

453 Köpp, S. 91 ff.; Bohne, in: VerwArch 75 (1984), 343 (366) hielt die Vereinbarkeit mit der laufenden technischen oder wirtschaftlichen Entwicklung noch für notwendig.

454 Köpp, S. 92. Zum CO_2 - Abkommen im Einzelnen: ders., S. 24 ff.

455 Köpp, S. 94 f.

456 Köpp, S. 95 f.

gebende Wettbewerbsvorteile aufgrund nationaler Absprachen nicht für sich zu nutzen. Der sich dann insbesondere bei international ausgerichteten Branchen eintretende Wettbewerbsdruck kann Anlass geben, sich von getroffenen Absprachen zu distanzieren.

bb) Kontrollmechanismen

Der Staat genügt seiner Gemeinwohlverpflichtung nicht durch die Initiierung der Selbstverpflichtungen. Wo er zugunsten von Kooperationen von seinem Steuerungsmandat abrückt, trifft ihn eine „Beobachtungspflicht, der er durch Wahrnehmung einer Begleitkontrolle nachkommen muß".[457] Letztendlich sind daher auch geeignete Mechanismen zur Kontrolle der Befolgung der Absprachen notwendig. In diesem Zusammenhang hat das System des „monitoring" besonderes Augenmerk erlangt.[458]

Unerlässlich dafür ist zunächst die eindeutige Festlegung der Absprachеziele, um einen Kontrollmaßstab zu haben. Entscheidend ist auch, durch wen die Kontrolle erfolgt; so haben sich Selbstkontrollen als nicht ausreichend erwiesen, mit der Folge, dass eine staatliche Beteiligung oder die Heranziehung neutraler Stellen notwendig erscheint.[459]

Als Grundform der Kontrollmechanismen hat sich die Berichterstattungspflicht gegenüber öffentlichen Stellen destilliert.[460] Positiv auf die Einhaltung der Absprachen wirken sich weiterhin neutrale Kontrollinstanzen aus, die Zugang zu allen zur Kontrolle notwendigen Informationen der beteiligten Unternehmen erhalten.[461] Um etwaige berechtigte Geheimhaltungsinteressen der Unternehmen zu achten, bietet sich hierfür die Einschaltung von Notaren oder Treuhandbüros an.[462]

cc) Rechtsverbindlichkeit

Anders als es die Praxis der Selbstverpflichtung suggerieren mag, ist die Begründung von Rechtspflichten in aller Regel nicht gewollt. Ein Anspruch auf Einhaltung der Absprachen besteht so bereits aufgrund fehlenden Rechtsbindungswillens nicht. Dies ergibt sich insbesondere aus der Abgrenzung zum Verwaltungsver-

---

457 Schmidt-Preuß, VVDStRL 56 (1997), 160 (172).

458 Vgl. nur BT-Drs. 13/1328 vom 11. Mai 1995, Nr. 12; Schmidt-Preuß, VVDStRL 56 (1997), 160 (220); Köpp, S. 96.

459 Köpp, S. 97.

460 Köpp, S. 97 f.; Michael, § 3, S. 128.

461 Bohne, VerwArch 75 (1984), 343 (366).

462 Köpp, S. 98.

trag bzw. zur Zusage.[463] So wird immer wieder die rechtliche Unverbindlichkeit zum Definitionsmerkmal der Selbstverpflichtungen im Bereich der normvermeidenden Absprachen erklärt.[464] Der Staat behält sich stets die Option einer Normierung vor.[465] Sofern hiervon Gebrauch gemacht wird, erleichtern die bis dahin ggf. auf privater Seite getroffenen Dispositionen die Erfüllung der gesetzlichen Anforderungen. D.h., die aufgrund der Absprache getätigten Investitionen bleiben wirtschaftlich sinnvoll, da sie spätestens zur Erfüllung der nunmehr gesetzlichen Auflagen hätten getätigt werden müssen.

In der Folge können die privaten Beteiligten auch unter dem Aspekt des Vertrauensschutzes keinen gerichtlich durchsetzbaren Erfüllungs- bzw. Unterlassungsanspruch, geschweige denn einen Ersatzanspruch, aus den Absprachen herleiten. Im Umkehrschluss stehen auch der staatlichen Seite keine Rechtsmittel zur Verfügung, falls die gegebenen Zusagen von den Kooperationspartnern nicht eingehalten werden.[466]

Trotz daher fehlender Klagemöglichkeiten auf Einhaltung der Absprachen bzw. Schadensersatz wegen Nichterfüllung wird seitens der Beteiligten die Verbindlichkeit des gefundenen Konsenses erwartet.[467] Ihm kommt eine rein tatsächliche bzw. politische Bindungswirkung zu, aufgrund derer die Beteiligten ihr jeweiliges Verhalten an dem erwarteten Verhalten der anderen Seite ausrichten können. Eine Lösung von den Vereinbarungen ist gleichwohl prinzipiell beiderseits möglich. Die grundsätzliche Bereitschaft zu absprachegemäßem Verhalten resultiert auch auf den beiderseitigen Vorteilen einer vertrauensvollen Zusammenarbeit.

Zu differenzieren ist das Gesagte von weitergehenden Vereinbarungen, die der Umsetzung der Selbstverpflichtungen dienen sollen und auch in Form rechtlich verbindlicher Verträge geschlossen werden. Gängig ist dies beispielsweise für Übereinkünfte bezüglich der Zusammenarbeit zwischen den Verpflichteten selbst oder der Zusage finanzieller oder sachlicher Hilfen des Staates für den Fall abspra-

---

463 Michael, § 1, S. 24; Di Fabio, JZ 1997, 696 (970); Bohne, VerwArch 75 (1984), 343 (361); Huber, ZG 2002, 245 (249); Maurer, § 15 Rn. 20.

464 Michael, § 1, S. 24 ff., m.w.N.

465 So auch Scheuing, VVDStRL 40 (1982), 153 (163); Köpp, S. 161. Dies wohl auch vor dem Hintergrund, dass eine rechtliche Bindung des Abgeordneten bzw. des Parlaments als eigentliches Gesetzgebungsorgan nicht zulässig ist.

466 Bohne, VerwArch 75 (1984), 343 (360); Maurer, § 15 Rn. 20; ausführlich: Köpp, S. 142 ff.

467 Langenfeld, DÖV 2000, 929 (937); Kloepfer, JZ 1991, 737 (739).

chekonformen Verhaltens.[468] Ansprüche auf Einhaltung der zugrundeliegenden Selbstverpflichtung werden auch hieraus nicht begründet.

b) Normvorbereitende Absprachen

Normvorbereitende Absprachen sind maßgeblicher Bestandteil kooperativer Rechtserzeugung des Staates, insbesondere der Exekutive, unter Beteiligung privater Akteure.[469] Absprachen dieser Art gehen damit weiter als die zuvor behandelte Einflussnahme von Lobbyisten bzw. Verbänden auf das Gesetzgebungsverfahren.

aa) Paktierte Gesetzgebung

Die intensivste Form normvorbereitender Absprachen stellt die sog. paktierte Gesetzgebung dar,[470] bei der Gesetzesvorhaben auf Initiierung des Gesetzgebers – in aller Regel der Bundesregierung – in staatlich-gesellschaftlichen Verhandlungsgremien vorbereitet werden. Ziel einer solchen Verhandlungsrunde ist die Übereinkunft über die Ausgestaltung des geplanten Gesetzes, eine sog. normvorbereitende Absprache. Kommt es zu einer solchen Einigung zwischen den Verhandlungspartnern, übt der Gesetzgeber darauf basierend – quasi als Erfüllungsgeschäft – sein Gesetzesinitiativrecht aus.[471] Der entsprechende Gesetzesentwurf stellt sich regelmäßig als abschließende Kompromisslösung dar, die Änderungen nach Einbringung ins Parlament nicht vorsieht.[472] So fasste der damalige Bundeskanzler Schröder den zwischen Bundesregierung (beteiligte Ressorts waren das Bundeskanzleramt, das Bundesumwelt- sowie Bundeswirtschaftsministerium) und den die Kernkraftwerke betreibenden Energieversorgungsunternehmen geschlossenen Atomkonsens I in einer Rede am 11. Juni 2001 wie folgt zusammen:

---

468 Michael, § 1, S. 26, m.w.N.; Kirchhof, in: HStR III (1996), § 59 Rn. 158.

469 Schoch, in: HStR III, § 37 Rn. 39.

470 Schoch, in: HStR III, § 37 Rn. 40; Huber bezeichnet die paktierte Gesetzgebung mithin als „fortgeschrittene" Variante kooperativer Gesetzgebung, vgl. ZG 2010, 346 (350).

471 Anderl, S. 31/32; Ritter, in: Grimm, S. 69 (84); vgl. V.2. der Vereinbarung zwischen Bundesregierung und Energieversorgungsunternehmen vom 14. Juni 2000 (Atomkonsens), abgerufen am 8. Juni 2017 unter: http://www.bmu.de/files/pdfs/allgemein/application/pdf/atomkonsens.pdf.

472 Anderl, S. 32, 53.

„Mit der soeben geleisteten Unterschrift haben wir uns abschließend darauf verständigt, die Nutzung der Kernenergie geordnet zu beenden."[473] Auch der damalige Minister für Umwelt Trittin hielt „Nachverhandlungen [...] für ausgeschlossen."[474]

Tatsächlich wurde im Jahr 2002 auf diesem Konsens basierend und ohne wesentliche Änderungen das sog. Ausstiegsgesetz[475] verabschiedet,[476] welches u. a. die zulässigen Reststrommengen für die bestehenden Atomkraftwerke, die anschließende Stillegung der Kernkraftwerke sowie den Verzicht auf Entschädigungsansprüche festlegte. Im Gegenzug sicherte die Bundesregierung für die verbleibende Nutzungsdauer den ungestörten Betrieb der Kernkraftwerke zu.[477]

Ähnlich verhielt es sich mit dem sog. Atomkonsens II, der entsprechend der Zielvorgabe des schwarz-gelben Koalitionsvertrages des Jahres 2009 vereinbart worden ist, in dem es auf S. 29 u. a. heißt:

„Die Kernenergie ist eine Brückentechnologie, bis sie durch erneuerbare Energien verlässlich ersetzt werden kann. [...] Dazu sind wir bereit, die Laufzeiten deutscher Kernkraftwerke unter Einhaltung der strengen deutschen und internationalen Sicherheitsstandards zu verlängern. [...] In einer möglichst schnell zu erzielenden Vereinbarung mit den Betreibern werden zu den Voraussetzungen einer Laufzeitverlängerung nähere Regelungen getroffen (u. a. Betriebszeiten der Kraftwerke, Sicherheitsniveau, Höhe und Zeitpunkt eines Vorteilsausgleichs, Mittelverwendung zur Erforschung vor allem von erneuerbaren Energien, insb. von Speichertechnologien). Die Vereinbarung muss für alle Beteiligten Planungssicherheit gewährleisten." Zur Rolle der Gesetzgebung hierbei macht der Koalitionsvertrag keine Aussage.

Die gefundene Vereinbarung, mit der die Laufzeit von Kernkraftwerken mit Beginn des Leistungsbetriebs bis einschließlich 1980 um acht Jahre, bei den jüngeren Kraftwerken um 14 Jahre verlängert werden sollte, wurde durch das elfte Gesetz zur Änderung des Atomgesetzes vom 8. Dezember 2010 umgesetzt.[478]

---

473 http://gerhard-schroeder.de/tag/trittin/ (abgerufen am 08. Juni 2017); Bulletin der BReg Nr. 40–4 vom 11. Juni 2001, S. 1. Hinter dieser Äußerung darf auch das Bewusstsein des Drohpotenzials milliardenschwerer Entschädigungsforderungen der Kernkraftwerksbetreiber vermutet werden, die bei einer gesetzlichen Durchsetzung des angestrebten politischen Ziels – welcher bereits im rot-grünen Koalitionsvertrag von 1998 vereinbart worden ist – zu erwarten gewesen wären. Hierzu näher: B.VI.1.

474 SZ vom 23. Juni 2000, S. 15; Michael, § 3, S. 121.

475 Gesetz zur geordneten Beendigung der Kernenergienutzung zur gewerblichen Erzeugung von Energie vom 22. April 2002, BGBl. I 2002, 1351.

476 Becker, § 4, S. 244.

477 Hierzu ausführlich: Michael, § 3, S. 105 ff.

478 Nach der Atomkatastrophe von Fukushima folgte durch das 13. Gesetz zur Änderung des Atomgesetzes der „Ausstieg vom Ausstieg aus dem Atomausstieg", vgl. hierzu B.VII.4.

Entgegen der zitierten Aussagen kann den normvorbereitenden Absprachen bereits aus verfassungsrechtlichen Gründen nicht die rechtliche Verbindlichkeit bzw. „Planungssicherheit“ eines öffentlich-rechtlichen Vertrages zukommen,[479] was auch dem Juristen Schröder sowie den übrigen Regierungsmitgliedern der jeweiligen Koalition bekannt gewesen sein wird. Verbindlichkeit erlangt die Absprache erst postwendend durch Verabschiedung des Gesetzesentwurfs durch das Parlament. Das eigentliche parlamentarische Gesetzgebungsverfahren gilt damit unter den Beteiligten als heikelste Phase der paktierten Gesetzgebung,[480] wenngleich aufgrund der behandelten Fraktionsdisziplin das Risiko, dass die regierungsbildenden Mehrheitsfraktionen sich gegen den Konsens stellen, in aller Regel überschaubar ist.[481] Nimmt die Parlamentsmehrheit den Gesetzesentwurf an, kommt es zu einem ausgehandelten Gesetz, was die „Überwindbarkeit der Grenze zwischen formellem und informellem Handeln erkennbar“ macht.[482]

Paktierte Gesetzgebung erlangt besonders in Themenbereichen Bedeutung, in denen es dem privaten Verhandlungspartner gelingt, eine ausreichende Artikulationsfähigkeit zu entwickeln. Dies gelingt entsprechend des „Olsonschen Dilemmas“[483] insbesondere bei der Vertretung von Sonderinteressen. Darüber hinaus muss der private Verhandlungspartner staatlicherseits als Kooperationspartner akzeptiert werden, was einerseits voraussetzt, dass die innerhalb einer Gesellschaftsgruppe vertretenen Interessen verlässlich gebündelt und zum Verhandlungsgegenstand gemacht werden können, und andererseits die gefundenen Verhandlungsergebnisse dort anschließend auch durchgesetzt werden können.[484] Entscheidend ist demnach auch nicht nur die Organisationsfähigkeit sondern auch der Organisationsgrad privater Interessen. Beides erweist sich damit als Voraussetzung für den Erfolg eines jeden Kompromissvorgangs, woran die strukturelle Ähnlichkeit zwischen „herkömmlichen“ Lobbyismus und paktierter Gesetzgebung deutlich wird.

---

479 Huber, ZG 2002, 245 (249); Schoch, in: HStR III, § 37 Rn. 41; Langenfeld, DÖV 2000, 929 (936). Hierzu unter B.IV.3b)cc).

480 So Anderl, S. 32.

481 So im Ergebnis auch Anderl, S. 33.

482 Kloepfer, JZ 1991, 737 (740); so auch Michael, § 1, S. 45.

483 Danach ist bereits der Zusammenschluss zu einer Interessensvertretung umso unwahrscheinlicher, desto größer die Zahl der interessierten Personen ist. Siehe hierzu FN 386.

484 Anderl, S. 33 ff.

bb) Gesetzesvorbereitung durch Expertenkommissionen

Anders als die bislang dargestellten Kooperationsformen handelt es sich bei der Einsetzung von Expertenkommissionen nicht um eine klar umrissene, zweiseitige Austauschbeziehung basierend auf Verhandlungen zwischen staatlichen und vom jeweiligen Regelungsbereich betroffenen gesellschaftlichen Akteuren.[485] Vielmehr handelt es sich um einen einseitigen Vorgang, in dem Sinne, dass der Initiator – zumeist Bundesregierung, Bundeskanzler oder Bundesministerium – Informationen und Regelungsvorschläge für ein konkret definiertes Gesetzgebungsprojekt erhält, auf deren Grundlage das eigentliche parlamentarische Verfahren bestritten werden soll.[486]

Den kooperativen Charakter – und damit die Abgrenzbarkeit zur reinen Politikberatung durch Sachverständigengremien – erhält diese Form der Gesetzesvorbereitung durch die regelmäßig staatlicherseits gegebene Intention, dass der gefundene Regelungsvorschlag auch ein Kompromiss der betroffenen gesellschaftlichen Interessen darstellen soll; der gefundene Ausgleich soll im Falle der Umsetzung der Akzeptanz bei den Regelungsadressaten dienen.[487] Dieser Umstand zeigt sich bereits an der Zusammensetzung vieler Expertenkommissionen, die nicht nur aus Sachverständigen bestehen, sondern ebenso Vertreter identifizierbarer gesellschaftlicher Interessen beheimaten,[488] wie das folgende Beispiel der im Februar 2002 von der Regierung Schröder eingesetzten Hartz-Kommission verdeutlicht:

- Peter Hartz, Personalvorstand bei VW.
- Norbert Bensel, Vorstand der Daimler-Chrysler-Tochter Debis.
- Jobst Fiedler, Unternehmensberater bei Roland Berger.
- Heinz Fischer, Personalmanager der Deutschen Bank.
- Peter Gasse, Chef der nordrhein-westfälischen IG Metall.
- Werner Jann, Wissenschaftler an der Universität Potsdam.
- Peter Kraljic, Unternehmensberater bei McKinsey.
- Isolde Kunkel-Weber, Vorstandsmitglied der Dienstleistungsgewerkschaft ver.di.
- Klaus Luft, Geschäftsführer bei Market Access for Technology Services.
- Harald Schartau, nordrhein-westfälischer Arbeitsminister (SPD).

485 Ritter, in: Grimm, S. 69 (76).

486 Anderl, S. 74 f.; allgemeiner: Becker, § 3, S. 98.

487 Anderl, S. 76; Meßerschmidt spricht insoweit von einem „Doppelcharakter" der Beratungsgremien, ZG 2004, 330 (336).

488 Ruffert, DVBl. 2002, 1145 (1147); Siefken, in: Handbuch der Politikberatung, S. 376.

- Hanns-Eberhard Schleyer, Hauptgeschäftsführer des Zentralverbandes des Deutschen Handwerks.
- Wilhelm Schickler, Präsident des Landesarbeitsamtes Hessen.
- Günther Schmid, Arbeitswissenschaftler am Wissenschaftszentrum in Berlin.
- Wolfgang Tiefensee, Oberbürgermeister von Leipzig (SPD).
- Eggert Vorscherau, Vorstandsmitglied bei BASF.

Stellungnahmen der Regierung Schröder unterstreichen den Eindruck, dass die Konsenssuche ein wesentliches Anliegen bei der Einberufung von Expertenkommissionen zur Gesetzeserarbeitung darstellt. So erklärte die damalige Bundesregierung in ihrer Antwort auf eine kleine Anfrage zu Verhandlungsgremien und Expertenkommissionen[489]:

> „Die Bundesregierung ist in der Tat gewillt, Querschnittsthemen im Dialog zu erörtern und Probleme in Kooperationen zu lösen. […] Die Bundesregierung betrachtet die Einrichtung von Fachbeiräten, Strategiekreisen, Dialogforen und Beratungskommissionen als unverzichtbar. […] Als von der Bundesregierung ins Leben gerufene herausragende Gremien, die Querschnittsthemen behandeln und über die fachliche Beratung hinaus eine intensive gesellschaftliche Auseinandersetzung anstoßen sollen, sind das Bündnis für Arbeit, Ausbildung und Wettbewerbsfähigkeit, der Nationale Ethikrat und der Rat für Nachhaltigkeit zu nennen."

Folgerichtig bezeichnete der damalige Kanzleramtsminister Frank-Walter Steinmeier die „Suche nach Konsens" als ein „Markenzeichen" der Regierung Schröder und Beispiel für eine „neue, ergebnisorientierte Dialogkultur zwischen Politik, Wissenschaft, Wirtschaft und kritischer Öffentlichkeit". Diese Dialogkultur sei als einzige geeignet, „starre ideologische Fronten aufzubrechen und einen Modernisierungskurs durchzusetzen".[490]

Damit kommt den Expertenkommissionen der Charakter „staatlich-institutionalisierte[r] Foren für Tauschgeschäfte zwischen Privaten" zu, wobei auch hier insbesondere denjenigen gesellschaftlichen Akteuren Zugang zum staatlichen Willensbildungsprozess eröffnet wird, die über sozial oder ökonomisch bedeutsame Positionen verfügen.[491]

In Abgrenzung zur paktierten Gesetzgebung finden hier die Verhandlungen[492] in erster Linie zwischen den betroffenen Privaten statt; in der Folge ist der Staat

---

489 BT-Drs. 14/7099; die gleiche Schlussfolgerung zieht auch Anderl, S. 82.

490 Steinmeier, in: Müntefering/Machnig, S. 263 (265).

491 Anderl, S. 85.

492 Verschiedene Mitglieder der Hartz-Kommission betonen, dass es keine Verhandlungen gegeben habe, die Ergebnisse vielmehr einem gemeinsamen Lernprozess entsprungen seien; vgl. Siefken, in: Handbuch der Politikberatung, S. 380.

bei der Umsetzung der gefundenen Ergebnisse auch politisch nicht in gleichem Maße gebunden, wie dies bei staatlich-gesellschaftlichen Vereinbarungen der Fall ist.[493] Für die Durchsetzung von Partikularinteressen stellt die Teilhabe an einer Expertenkommission damit die weniger aussichtsreiche Ausgangsposition dar, wenngleich parlamentarischen Änderungsbegehren hinsichtlich des gefundenen Ergebnisses auch seitens der die Kommission einsetzenden Regierung mit Hinweis auf den darin enthaltenen Sachverstand und die hohe gesellschaftliche Akzeptanz entgegnet wird. Dies geht so weit, dass seitens der Regierung beispielsweise eine „eins-zu-eins" Umsetzung der Vorschläge der Hartz-Kommission gefordert wurde.[494] Letztendlich kann gleichwohl von einer solchen „eins-zu-eins-Umsetzung" nicht gesprochen werden; so wurden Teile der Vorschläge bereits vor oder zumindest im Laufe des parlamentarischen Verfahren verändert.[495] Die Beobachtung der geringeren politischen Bindung gilt erst recht in den Fällen, in denen das Expertengremium auf eigene Initiative tätig wird, wie dies beispielsweise beim Deutschen Ethikrat der Fall ist.[496]

Mit der Feststellung des Kooperationscharakters von Expertenkommissionen erlangen neben dem Vorhandensein tauschfähiger Positionen auch erneut Organisationsgrad und -fähigkeit privater Akteure Bedeutung als Einflussfaktoren. Diese Aspekte zeigen sich hier sowohl als Gradmesser für die Wahrscheinlichkeit einer Berufung zur Teilnahme an der Kommission als auch für die Durchsetzungsfähigkeit innerhalb der Kommission.

cc) Rechtsverbindlichkeit

Die Frage nach der Rechtsverbindlichkeit normvorbereitender Absprachen lässt sich hinsichtlich der Vorbereitung durch Expertenkommissionen bereits mit dem Hinweis darauf verneinen, dass diese lediglich der Verständigung der auf privater Seite Betroffenen und der Vorbereitung des eigentlichen parlamentarischen Ver-

493 So im Ergebnis auch Mehde, in: AöR 127 (2002), 655 (659).

494 Vgl. nur Wolfgang Clement, in: FAZ Nr. 234/41 vom 09. Oktober 2002, S. 1 f.; auch der Koalitionsvertrag zwischen SPD und Bündnis90/Die Grünen spricht unter II. von einer vollständigen Umsetzung der Vorschläge der Kommission.

495 Siefken, in: Handbuch der Politikberatung, S. 386; Meßerschmidt, ZG 2004, 330 (335); ausführlich: Anderl, S. 214 ff.

496 So empfahl der Deutsche Ethikrat in einer Stellungnahme vom 24.09.2014, in der die Argumentation des Sondervotums zum Beschluss des Zweiten Senats des BVerfG vom 26. Februar 2008, Az. :2 BvR 392/07 aufgenommen wurde, die Revision des § 173 StGB. Die Stellungnahme entfachte zwar eine gesellschaftliche Diskussion, jedoch keine gesetzgeberischen Aktivitäten.

fahrens dienen sollen.[497] Bezüglich der paktierten Gesetzgebung verhält sich die Problematik jedoch komplexer. Hier wird eine der Vereinbarung entsprechende Umsetzung beiderseits erwartet; es besteht also mit anderen Worten ein Rechtsbindungswille. Eine auch im öffentlichen Recht vorzunehmende verständige Auslegung einer Willenserklärung kann unter Berücksichtigung des Art. 38 I 2 GG jedoch nur dahingehend erfolgen, dass sich die Bundesregierung – wenn überhaupt – nur hinsichtlich ihres nach Art. 76 I GG bestehenden Gesetzesinitiativrechts binden kann. Diesbezüglich ist die Bundesregierung nicht an rechtliche Vorgaben gebunden und besitzt einen eigenen politischen Entscheidungsspielraum.[498]

Das Parlament als eigentlicher Normgeber kann durch von der Bundesregierung getroffenen Absprachen hingegen nicht gebunden werden. Wie bereits unter B.IV3b)aa) angedeutet, kann danach auch diese Kooperationsform hinsichtlich des Gesetzgebungsrechts des Parlaments im Ergebnis keine Rechtsbindung entfalten. Wegen der engen Verbindung der beiden Teilbereiche des Gesetzgebungsprozesses im heutigen Parlamentarismus – Initiativrecht der Regierung gem. Art. 76 I GG und Gesetzgebungskompetenz des Parlaments – entfalten sich gleichwohl faktische bzw. politische Bindungen.[499]

Diese ist bei der paktierten Gesetzgebung wiederum bedeutend größer als bei der Einsetzung von Expertenkommissionen. Dies zeigt auch der Vergleich zwischen den Ergebnissen bei der Umsetzung des Atomkonsens und der Hartz-Kommission. Bei letzterer waren die vorgenommenen Änderungen umfangreicher.

Letztendlich bleibt festzuhalten, dass erst ein durch das Parlament verabschiedetes Gesetz Rechtswirkung und damit Rechtssicherheit schafft. Aus der Aufnahme normvorbereitender Verhandlungen kann mithin noch nicht auf eine unlautere Beeinflussung des Staates zum Nachteil des Gemeinwohls geschlossen werden.[500]

c) Zwischenergebnis

Kooperatives Staatshandeln mit dem Ziel normersetzender oder normvorbereitender Absprachen stellt sich nach dem Gesagten als Verhandlungslösungen

497 Anderl S. 74. Hierzu auch B.IV.3b)bb).

498 Becker, § 4, S. 238 ff.; Langenfeld, DÖV 2000, 929 (938). In diesem Sinne: BVerfGE 1, 351 (366); a.A. Anderl. S. 243.

499 So auch Becker, § 4, S. 241. Vgl. hierzu auch B.II.2.

500 Zur Vereinbarkeit mit dem GG vgl. B.VIII.

zwischen Staat und privaten Akteuren dar. Es basiert damit auf dem „Prinzip der Einigung“ im Gegensatz zum Prinzip der einseitigen/hoheitlichen Rechtsetzung.[501] Ein Ergebnis wird in der Regel nur dann zustande kommen, wenn alle Beteiligten besser gestellt werden als bei einem Scheitern der Verhandlungen.[502] Daher nutzen die privaten Verhandlungspartner kooperative Praktiken nicht nur um Argumente und Wissensbestände, sondern auch Interessenpositionen gezielt an die staatlichen Entscheidungsträger heranzutragen. Aus Sicht des Staates bedeutet dies, dass mit der Erschließung steuerungsrelevanter Informationen die Gefahr der Beeinflussung zum Nachteil des Gemeinwohls einhergehen kann. Je nach Art der Kooperation ist diese Gefahr mehr oder weniger gegeben. So geht von der Gesetzesvorbereitung durch Expertenkommissionen, in die z. B. auch „neutrale“ Universitätswissenschaftler eingebunden sein können, tendenziell eine geringe Gefahr aus, als von einer ausschließlichen Kooperation mit (beruflichen) Interessenvertretern. Ausgeschlossen ist jedoch auch bei der Beratung durch Sachverständige eine Beeinflussung staatlicher Entscheidungsträger nicht. Sachverständige beschränken sich nicht auf bloße Tatsachenfeststellungen, sondern ziehen auch eigene Schlussfolgerungen, die wiederum durch eigene Vorkenntnisse geprägt sein können.[503]

d) „Outsourcing“ von Gesetzentwürfen

Gesetzesvorlagen werden gem. Art. 76 I GG beim Bundestage durch die Bundesregierung, aus der Mitte des Bundestages oder durch den Bundesrat eingebracht. Dies gilt auch im Falle der bisher behandelten Kooperationsformen.[504] Mindestens seit 1991 überließen jedoch verschiedene Bundesministerien auch die Gesetzesformulierung Akteuren der Privatwirtschaft.[505] Auch die völlige Auslagerung der Gesetzeserarbeitung war zu beobachten, wofür sich der Begriff „Outsourcing von Gesetzesentwürfen“ eingebürgert hat.[506] Obgleich die Bundesregierung die Beauftragung Privater mit dem Schreiben von Gesetzesentwürfen lediglich als „Beratungstätigkeit“[507] darstellt, zeigt sich hierin ein neues Maß der Zusammenarbeit.[508]

501 Becker, § 1, S. 38.
502 Becker, § 1, S. 39.
503 Voßkuhle, in: HStR III (2005), § 43 Rn. 18.
504 Steinberg, in: Schneider/Zeh (Hrsg.), S. 248 Rn. 93.
505 Kalagi, ZParl 2014, 647 (647; 650 f.) mit empirischen Ergebnissen.
506 Auch in der Gesetzeskommentierung wird dieser Begriff verwendet, vgl. Maunz/Dürig - Kersten, Art. 76 GG Rn. 41.
507 BT-Drs. 17/9266, S. 4.
508 Kalagi, ZParl 2014, 647 (648), m.w.N.

Die besondere Intensität dieser Art des kooperativen Regierungshandelns liegt in dem faktischen „Austausch der wesentlichen Akteure des Gesetzgebungsverfahrens“[509] und damit in der Art der Leistungserbringung. Es wird mehr als nur der eigene Sachverstand zur Verfügung gestellt, zumal es sich hier nicht mehr um eine Form der gesellschaftlichen Mitwirkung, sondern um die entgeltliche Indienstnahme gesellschaftlicher Aktivitäten für Zwecke der Bundesregierung handelt[510].

So hat beispielsweise Umweltminister Trittin aus der Regierung Schröder zahlreiche Gesetzesentwürfe bzw. einzelne Passagen hiervon von Umweltinstituten wie adelphi oder Ecologic erarbeiten lassen.[511]

Erst im Rahmen der weltweiten Finanzmarktkrise in Folge der Lehman-Brothers-Insolvenz im September 2008 geriet diese Praxis ins Bewusstsein einer breiten Öffentlichkeit und damit in die Diskussion. Sie führte unter anderem zu mehreren Anfragen an die Bundesregierung.[512]

Zum Erlass des Finanzmarktstabilisierungsgesetzes beauftragte das sozialdemokratisch geführte Finanzministerium der damals regierenden Großen Koalition aus CDU/CSU und SPD die Kanzlei Freshfield Bruckhaus Deringer zur Erarbeitung eines entsprechenden Gesetzentwurfes unter Hinweis auf die Eilbedürftigkeit des Vorhabens. Die Beauftragung erfolgte am Abend des 10. Oktober 2008,[513] bereits am 13. Oktober 2008 wurde der ausgearbeitete Gesetzentwurf als Kabinettsvorlage beschlossen und am Folgetag als Fraktionsinitiative in den Bundestag eingebracht.[514]

Das Rettungsübernahmegesetz als Teil des Finanzmarktstabilisierungsergänzungsgesetzes wurde wiederum im Auftrag des seinerseits erst kurzfristig amtierenden Bundeswirtschaftsministers zu Guttenberg von der Wirtschaftskanzlei Linklaters erarbeitet, welche – vom Bundeswirtschaftsministerium geduldet – den erarbeiteten Gesetzentwurf mit ihrem Logo zu versehen hatte.[515]

---

509 Krüper, JZ 2010, 655 (655); so auch Kloepfer, NJW 2011, 131 (132).

510 So charakterisiert Kloepfer das Outsourcing, vgl. NJW 2011, 131 (132). In der 16. Wahlperiode beliefen sich die Kosten für Outsourcing auf insgesamt zehn Millionen Euro, vgl. BRH, Bericht an den Haushaltsausschuss des Deutschen Bundestages nach § 88 II BHO zum Einsatz externer Berater bei Normsetzungsverfahren, 2011, S. 10.

511 Kloepfer, NJW 2011, 131 (132); eine Übersicht über erteilte Aufträge und die finanziellen Bedingungen für die Zeit ab 1999 findet sich in BT-Drs. 16/14133, Anlage 1 ff, die auf eine parlamentarische Anfrage der Fraktion „Die Linke“ zur „Mitarbeit von Privaten an Gesetzentwürfen und Arbeitsfähigkeit der Bundesministerien“ zurückgeht.

512 BT-Drs. 16/12547; BT-Drs. 16/13332; BT-Drs. 16/14133; BT-Drs. 16/13983.

513 BT-Drs. 16/12547, S. 2.

514 Vgl. hierzu Kalagi, ZParl 2014, 647 (655).

515 Kloepfer, NJW 2011, 131 (132).

An den geschilderten Abläufen wird der Distanzverlust zwischen Beratern und Beratenden offensichtlich.[516] Die Prägung, die jede Beratung bzw. Kooperation mit sich bringt, geht beim Outsourcing somit über die sonstigen beratenden Einflüsse hinaus.[517] Wenngleich die Bundesregierung z. B. für den erwähnten Fall des Rettungsübernahmegesetzes betont, dass die „Zuarbeiten" mehrfach fachlich geprüft und den inhaltlichen Vorstellungen des BMWi angepasst worden seien,[518] werden die Entwürfe oft quasi unverändert in das Gesetzgebungsverfahren eingebracht.[519] Bezüglich des FMStG zeigt dies bereits der aufgezeigte zeitliche Ablauf.

Aber auch dann gilt, dass das Parlament wegen Art. 38 I 2 GG weder vom „Auftraggeber" noch vom „Beauftragten" verpflichtet werden kann, die Gesetzesentwürfe eins-zu-eins umzusetzen. Die Letztentscheidung verbleibt jedenfalls rechtlich beim Abgeordneten, womit die Möglichkeit der parlamentarischen Abänderung der Entwürfe besteht. Gleichwohl eröffnet das „Gesetzgebungsoutsourcing" eine weitere Möglichkeit, parlamentarische Entscheidungen zu beeinflussen. Bei der Beauftragung von Großkanzleien darf gleichwohl nicht außer Acht gelassen werden, dass diese von der Bundesregierung wegen ihrer besonderen Expertise auf einem bestimmten Fachgebiet beauftragt werden. Diese Expertise wird jedoch in aller Regel auch anlässlich sonstiger Mandatsverhältnisse, d. h. durch vorherige einseitige Interessenvertretung, erlangt worden sein. Da Anwälte allerdings berufsrechtlich dem Verbot der Vertretung widerstreitender Interessen unterliegen, besteht die Gefahr, dass im Wege des Outsourcings Interessen aus anderweitigen Mandatsverhältnissen direkt in den Gesetzgebungsprozess einfließen. Es muss demnach davon ausgegangen werden, dass beim Outsourcing Gemeinwohlinteressen des Staates vernachlässigt werden bzw. der Versuch unternommen wird, Partikularinteressen als gemeinwohlkompatibel darzustellen, da anderenfalls ein Vertretungsverbot vorliegen könnte. Aus Sicht des Staates

---

516 Dieser Eindruck verstärkt sich, wenn man die Reaktionen beteiligter Anwaltskanzleien auf kritische Auseinandersetzungen mit der Thematik betrachtet. So tat ein Vertreter der Kanzlei Hengeler Mueller, die ebenfalls an der Ausarbeitung von Gesetzen beteiligt war, jedwede Kritik als „Hyperventilation und [...] Hypertoniekrise in Kreisen der deutschen Staatslehre" ab, vgl. Jahn, FAZ v. 29. September 2010, S. 21.

517 Kloepfer, NJW 2011, 131 (132); insoweit wird auch vom „Ankereffekt" gesprochen, vgl. Krüper, JZ 2010, 655 (655); Maunz/Dürig – Kersten, Art 76 Rn. 41. Zu den Ursprüngen und Grundlagen der Ankereffektforschung vgl. Woiki, S. 58 ff.

518 BT-Drs. 16/13983, S. 2 unter 4, S. 3 unter 9.

519 Krüper, JZ 2010, 655 (655); Kroll, in: Rensen/Brink, 355 (361), bezogen auf das FMStG.

bedeutet dies abermals, dass die Erschließung steuerungsrelevanter Information bzw. Sachkenntnisse die Gefahr der einseitigen Beeinflussung mit sich bringt.

e) Ergebnis

Kooperatives Staatshandeln eröffnet den privaten Akteuren die Gelegenheit, eigene Interessen in das Gesetzgebungsverfahren einfließen zu lassen. Dies ist jedoch nicht gleichbedeutend mit einer tatsächlichen Beeinflussung der Abgeordneten zum Nachteil des Gemeinwohls. Die Forderung, auf entsprechende Praktiken zu verzichten, wäre daher verfrüht und ließe nicht nur die Ursachen, sondern auch die Chancen der Zusammenarbeit mit außerparlamentarischen Akteuren außer Acht. Sowohl diese als auch die Risiken der Zusammenarbeit sollen daher im Folgenden dargestellt werden.

V. Ursachen der Einflussnahme/Beeinflussbarkeit

Aus dem konstatierten Zuwachs an Staatsaufgaben infolge der erhöhten Steuerungsanforderungen, der zunehmenden Komplexität der Gesellschaftsverhältnisse und der dadurch gestiegenen Arbeitsbelastung des Abgeordneten folgt zum einen die Entwicklung zum „Abgeordnetenamt als Beruf". Die damit regelmäßig verbundene Aufgabe der vorherigen beruflichen Tätigkeit fördern Abhängigkeiten des Abgeordneten von seinem Amt bzw. verschiedenen Akteuren, die Einfluss auf Möglichkeiten der Wiederwahl oder anschließender beruflicher Tätigkeitsfelder haben.[520] Damit ist wiederum eine Grundlage für die Beeinflussbarkeit des Abgeordneten gegeben.

Der konstatierte Zuwachs an Staatsaufgaben bewirkt zum anderen, dass der Abgeordnete aus den im Anschluss behandelten Gründen immer weniger in der Lage ist, seine Aufgaben, vornehmlich die Mitwirkung an der Gesetzgebung, völlig selbstständig zu erfüllen. Das gilt trotz des Prinzips der Arbeitsteilung zwischen den Abgeordneten. Mit den objektiven Handlungsvoraussetzungen für die Abgeordneten haben sich seit Gründung der Bundesrepublik Deutschland auch die Wirkungsbedingungen staatlichen Rechts verändert. In der Folge werden zunehmend auch die Steuerungskapazitäten der klassisch-hoheitlichen Rechtsformen, insbesondere in Form des Gesetzes, in Frage gezogen.[521]

---

520 Vgl. hierzu B. III. 3.

521 Schoch, HStR III, § 37 Rn. 30; Becker, § 1, S. 3 f., m.w.N.; vereinzelt wurde bereits die „Handlungsfähigkeit des Staates am Ende des 20. Jahrhunderts" bezweifelt, vgl. Scharpf, PVS 1991, 621 ff. Bereits im 19. Jahrhundert entwickelte die technische Normung zahlreiche kooperative Elemente zwischen Staat und Wirtschaft, vgl. Gusy, ZUR 2001, 1 (1).

Um die sich daraus öffnende Diskrepanz zwischen „staatliche[m] Verantwortungsbereich und dem staatlichen Durchsetzungsbereich“[522] zu überwinden, bedient sich der Staat zunehmend der Unterstützung staatsexterner Akteure. Bekräftigt wird diese Entwicklung durch die Erfahrung aus der Verwaltungspraxis, nach der kooperative Entscheidungsprozesse zu schnelleren, sachgerechteren und akzeptableren Entscheidungen führen können als legalistische Orientierung an einseitigem staatlichem Handeln.[523] Zugleich wird auf diese Weise aber eine weitere Möglichkeit der Einflussnahme eröffnet.

1. Wissensressourcen

Eine primäre Voraussetzung sachgerechter Steuerung durch den Staat, insbesondere durch das einseitig-hoheitliche Instrument des Gesetzes, ist die Verfügbarkeit über alle wesentlichen Informationen des jeweiligen Regelungsbereiches. Defizitäres Wissen ist ein wesentliches Hindernis für eine erfolgreiche staatliche Steuerung gesellschaftlicher Belange.[524] Dieser Umstand spiegelt sich auch in einer Äußerung des früheren Leiters des Bundeskanzleramtes Steinmeier wider, wonach in der „modernen, hochkomplexen Gesellschaft Regierung und Parlament nicht mehr a priori über das notwendige Wissen, geschweige denn einen Wissensvorsprung“ [...] verfügen, „um sachadäquate Entscheidungen“ treffen zu können. Vielmehr müssen „sie die notwendigen Lernprozesse selbst organisieren“.[525]

Nicht zuletzt auch um den Verlauf der angestrebten Steuerungseffekte prognostizieren zu können, bedarf es aller für den Regelungsbereich wesentlichen Informationen.[526] Folglich fragt das BVerfG bei der Beurteilung der Rechtmäßigkeit eines Gesetzes auch danach, ob der Gesetzgeber „die ihm zugänglichen Erkenntnisquellen“ ausgeschöpft hat.[527] Weiterhin hat das BVerfG die Pflicht zur Gesetzesfolgenabschätzung determiniert, um so mögliche Verstöße gegen das Verfassungsrecht zu

522 So Grimm, in: ders. (Hrsg.), Staatsaufgaben, S. 613 (627 f.).

523 Schoch, in: HStR III, § 37 Rn. 28, 30.

524 Becker, § 3, S. 96, m.w.N.; so auch Köpp, S. 110.

525 Steinmeier, in: Müntefering/Machnig (Hrsg.), S. 263 (268). Bereits 1976 konstatierte die damalige Bundesregierung, dass sich der interne Sachverstand des Parlaments nicht immer auf dem neusten Stand der wissenschaftlichen Entwicklung zu halten vermag, woraus die Notwendigkeit externer Beratung folge, vgl. BT-Drs. 8/484, S. 2.

526 Becker, § 1, S. 7.

527 BVerfGE 65, 1 (55).

vermeiden.[528] So muss zur Vermeidung rechtlicher Angreifbarkeit ein parlamentarischer Gesetzesentwurf gem. § 76 II GO-BT eine Begründung enthalten und nach parlamentarischer Praxis zudem die zu regelnde Problemlage schildern, mögliche Regelungsalternativen sowie eine Kostenprognose benennen.[529]

Wesentliche Voraussetzung staatlicher Entscheidungsfindung ist demnach die Gewinnung, Weitergabe und Verarbeitung von Informationen. Erst das Vorliegen aufbereiteter, d.h. organisierter und systematisierter Informationen schafft Wissen und damit Handlungskapazitäten.[530] Trotz Ausbaus und Optimierung der staatsinternen Wissensorganisation durch Rekrutierung hochqualifizierten Personals für den öffentlichen Dienst, Bündelung von Sachverstand in spezialisierten Organisationseinheiten, und Bereithaltung wissenschaftlicher Dienste des Bundestages etc. kann durch den so vorbehaltenen Sachverstand den Anforderungen an eine adäquate Aufgabenbewältigung nicht immer Genüge getan werden.[531] Dies liegt zum einen an der quantitativen Zunahme und qualitativen Umgestaltung staatlicher Tätigkeitsfelder, zum anderen an der zunehmenden Ausdifferenzierung und Technisierung der Gesellschaft, die eine immer schnellere Generierung von neuem Wissen erforderlich macht.[532] Folglich ist die Informationsgewinnung und -verarbeitung in der heutigen, durch rasante Veränderungen gekennzeichneten Gesellschaft eine der wesentlichen Herausforderungen für die Abgeordneten geworden. Da „steuerungsrelevante Informationsressourcen" vor allem in „gesellschaftlichen Expertensystemen" vorhanden sind,[533] wird die Herausforderung der Informationsgewinnung und -verarbeitung durch die Etablierung der aufgezeigten Informationskanäle zu Interessenvertretern, Regelungsadressaten und Expertenkommissionen zu begegnen versucht. Dadurch soll Wissen der Privaten erschlossen werden, das den Abgeordneten anderenfalls verschlossen bleiben würde.[534] Insofern ist der Auf-

528 BVerfGE 30, 250 (263); 50, 290 (334); Teuber, § 3, S. 56. In diesem Zusammenhang bieten informale Absprachen auch die Möglichkeit der Erprobung von Gesetzesfolgen, vgl. hierzu: Michael, § 7, S. 223.

529 Teuber, § 3, S. 53; BVerfGE 72, 330 (405).

530 Voßkuhle, in: HStR III, § 43 Rn. 1.

531 Voßkuhle, in: HStR III, § 43 Rn. 2 ff.; Brohm, in: HStR II, § 36 Rn. 4 ff.: ähnlich auch Weber, 8.4.3., S. 292.

532 Voßkuhle, HStR III, § 43, Rn. 1.

533 So Becker, § 1, S. 8; in diesem Sinne auch Weber, 7.3.7., S. 232 f., der den „zentralen Bezug zur Praxis" betont.

534 Michael, § 7, S. 208. Aus diesem Anlass besteht in Verwaltungsverfahren mitunter die Pflicht zur Einholung von Sachverständigengutachten, vgl. nur § 17 III, § 21 I 2 StVZO. Auch für Gerichtsverfahren ist die Hinzuziehung von Sachverständigen gesetzlich geregelt, vgl. nur §§ 402 ff. ZPO.

fassung zuzustimmen, wonach „Beratung und Interessenvertretung [...] eine den Gesetzgeber unterstützende Funktion" haben.[535]

Daraus kann jedoch auch unter Berücksichtigung der Vorgaben des BVerfG zur Ausschöpfung der zur Verfügung stehenden Erkenntnisquellen aus den nachfolgenden Gründen keine „Pflicht zur Kooperation" gefolgert werden: der Umstand, dass die Preisgabe von Wissen als Austauschleistung gesehen wird,[536] zwingt das Parlament bei eigenen Wissensdefiziten so mitunter nicht nur zur Kooperation, sondern auch zur Einigung mit den „unterstützenden" gesellschaftlichen Akteuren.[537] Diese können so zum einen durch Umfang der Preisgabe an sich, zum anderen über den Inhalt der preisgegebenen Informationen Einfluss auf die stattlichen Entscheidungsträger ausüben und erhalten so einen privilegierten Zugang zum Gesetzgebungsverfahren. Dies ist wiederum verfassungsrechtlich nicht vorgesehen. Aufgrund der Abgrenzungsschwierigkeiten zwischen Sachverstand und Interessenvertretung[538] lässt sich dieses Problem auch nicht durch eine auf sachverständige Beratung begrenzte Pflicht zur Kooperation lösen.

2. Argumentative Absicherung

In engem Zusammenhang mit der beschriebenen Funktion der Sachverstandserschließung steht die Möglichkeit der argumentativen Absicherung der verfolgten politischen Ziele gegenüber der Öffentlichkeit wie auch gegenüber anderen Fachressorts sowie der Opposition. Der Hinweis auf die Berücksichtigung sachverständiger Positionen erleichtert sowohl die Begründbarkeit als auch die Durchsetzbarkeit der so abgesicherten Vorhaben im parlamentarischen Verfahren einerseits wie auch gegenüber der Öffentlichkeit andererseits.[539] Auf die Regierung Schröder bezogen, spricht der ehemalige Bundesforschungsminister Riesenhuber insoweit von der „Präponderanz des Kanzlers", der den „gesammelten Sachverstand der Republik auf die Gesellschaft niederprasseln lasse", um seine Ziele durchzusetzen.[540] Zur argumentativen Absicherung eignet sich dieser Sachverstand freilich nur, sofern Einflussmöglichkeiten auf die Er-

535 So Becker, § 3, S. 97.

536 Becker, § 1, S. 39; Gusy, ZUR 2001, 1 (2 f.).

537 Mehde, AöR 127 (2002), 655 (662); Michael, § 7, S. 208; Müggenborg, NVwZ 1990, 909 (916).

538 Siehe hierzu Voßkuhle, HStR III, § 43, Rn. 17 ff.

539 Voßkuhle, HStR III, § 43, Rn. 26.

540 Heinz Riesenhuber auf einer Veranstaltung der Deutschen Vereinigung für Parlamentsfragen, Beirätedemokratie, Kommissionen und Räte: Chancen oder Risiken für den Parlamentarismus?, Berlin 2001 (zitiert nach Siefken, ZParl 2003 , 483 (498)).

gebnisse des Beratungsprozess bestehen, die sich beispielsweise durch die personelle Zusammensetzung von Expertenkommissionen ergeben können.[541] Der anschließende Verweis auf diesen Sachverstand und den damit vermeintlich gefundenen gesamtgesellschaftlichen Konsens erschwert es Kritikern, mit eigenen Argumenten Gehör zu finden und Widerstände zu schüren.[542] So können auch politisch kontroverse Fragen neutralisiert werden.[543] Hinsichtlich der Argumentationskraft von Expertengremien gilt dies umso mehr, als es der jeweiligen Regierung gelingt, Oppositionelle in die Expertengremien einzubinden.[544] Das Argument, eine Lösung jenseits parteipolitischer Dogmen zu verfolgen, hat insbesondere in einer zunehmend politikverdrossenen Gesellschaft erhebliche Durchsetzungskraft. So können nicht nur Konflikte mit der Opposition verringert, sondern auch die Verantwortung für gefundene Lösungen geteilt werden.[545] Eine an bereits verfestigten eigenen Auffassungen ausgerichtete Hinzuziehung privater Akteure kann jedoch auch Misstrauen schüren und den Effekt der Absicherung umkehren. So wurde zum Beispiel in Bezug auf die ursprüngliche Zusammensetzung des „Nationalen Ethikrates" der Vorwurf erhoben, die Einberufung habe bloß legitimatorischen Charakter, da ganz überwiegend Mitglieder berufen worden seien, die für eine utilitaristische Ethik und einen liberalen Umgang in gentechnischen Fragen stünden; der Ethikrat laufe so Gefahr zur „matten Begleitmusik" vorgefasster politischer Entscheidungen zu werden.[546]

541 Siefken, ZParl 2003, 483 (499). Dieser verweist auf die Diskussionen über die Zusammensetzung der so genannten Rürup-Kommission, bei der Mitglieder der Bündnis 90/Die Grünen Bundestagsfraktion auf eine paritätische Besetzung mit „grünen" und „roten" Experten bestanden.

542 Anderl, S. 156.

543 So auch Brohm, in: HStR II, § 36 Rn. 17.

544 Mehde, AöR 127 (2002), 655 (659); Anderl, S. 126 mit Hinweis darauf, dass die Regierung Schröder aus diesem Grund von der Einbindung Oppositioneller zahlreich Gebrauch gemacht hat.

545 Anderl, S. 156, m.w.N.

546 Schröder, NJW 2001, 2144 (2146) m.w.N. Der Nationale bzw. nunmehr Deutsche Ethikrat soll die ethischen, gesellschaftlichen, naturwissenschaftlichen, medizinischen und rechtlichen Fragen sowie die voraussichtlichen Folgen für Individuum und Gesellschaft, die sich im Zusammenhang mit der Forschung und den Entwicklungen insbesondere auf dem Gebiet der Lebenswissenschaften und ihrer Anwendung auf den Menschen ergeben, verfolgen.

Nicht völlig außer Acht gelassen werden darf darüber hinaus die Möglichkeit, dass die Hinzuziehung sachverständiger Akteure auch dazu dienen kann, sachfremde Motive sachverständig abzusichern oder Entscheidungen zu vertagen.[547]

3. Komplexität der Gesellschaftsverhältnisse

Parlamentsgesetze als abstrakt-generelle Normierungen eignen sich primär zur Regelung einfach strukturierter gesellschaftlicher Verhältnisse, in denen die angestrebten Steuerungseffekte über gradlinige und einfach strukturierte Kausalketten verlaufen.[548] Grund hierfür sind die immanenten Grenzen des abstrakten Rechtssatzes: Je komplexer die Regelungsmaterie ist, desto abstrakter muss ein Rechtssatz formuliert sein. Je abstrakter aber ein Rechtssatz formuliert ist, desto mehr inhaltlichen Spielraum ergibt sich bei der Anwendung und Auslegung.[549]

Einfach strukturierte gesellschaftliche Verhältnisse sind jedoch im modernen Staat, der sich nicht mehr auf wenige, klar definierte Aufgaben beschränkt, nur noch vereinzelt anzutreffen. Das immer komplexer werdende gesellschaftliche Umfeld und ein sich beschleunigendes Entwicklungstempo führen neben der bereits angedeuteten Ausweitung des staatlichen Steuerungsbedarfs und -aufwandes[550] auch dazu, dass sich die gesellschaftlichen Realitäten der imperativen Steuerung weitestgehend entziehen.[551] „Der Staat greift daher insoweit zu indirekter Steuerung und einvernehmlichen Lösungen."[552]

Komplexität meint in diesem Zusammenhang das Zusammentreffen verschiedener, sowohl das gesellschaftliche als auch das individuelle Leben beeinflussender Faktoren. Die sich daraus ergebende Vielzahl von Steuerungsvariablen birgt die Gefahr erheblicher, unter Umständen über längere Zeiträume wirkender Wechselwirkungen zwischen den jeweiligen Problemfeldern, wodurch auch die Folgenabschätzung einer jeden Regelung erheblich erschwert wird.[553] Insbesondere auf wissenschaftlich-technischen Gebieten wie der Gentechnologie, im Ge-

---

547 So auch Brohm, in: HStR II, § 36 Rn. 17.

548 Becker, § 1, S. 7; Ritter, in: Grimm, S. 69 (70).

549 Becker, § 1, S. 7 mit Verweis auf Larenz, S. 155 ff.

550 Siehe B.I. 1;

551 Grimm, in: VVDStRL 52 (1993), 323 (325); Mehde, AöR 127 (2002), 655 (661). „Entscheidungen, die die Komplexität ignorieren, werden von den Betroffenen bestenfalls belächelt, schlimmstenfalls ignoriert. Damit gerät die Legitimationsgrundlage demokratischer Entscheidungsprozesse selbst in Gefahr." So Steinmeier, in: Müntefering/Machnig (Hrsg.), S. 263 (268).

552 Grimm, in: VVDStRL 52 (1993), 323 (325).

553 Ritter, in: Grimm, S. 69 (71 f.).

sundheitswesen, im ökologischen Bereich sowie durch die Privatisierung von Staatsaufgaben sind solch komplexe Aufgabenbereiche entstanden. Letzteres kann zur Wahrung der Gemeinwohlverträglichkeit erheblichen Regulierungsbedarf mit sich bringen.[554] Zudem ist die Globalisierung mit ihren weitreichenden Folgen auf das Arbeitswesen und den Sozialbereich zu nennen.[555]

Die aus diesem Umfeld folgende Vielzahl der für einen Regelungsbereich bedeutsamen Faktoren sowie die Schwierigkeit, deren Zusammenhänge zu erfassen, beeinträchtigen die einem Gesetz zugrundeliegende Zusammenfassung der Lebensvorgänge in abstrakt-allgemeine Tatbestände.[556] Aus der Diskrepanz zwischen Komplexität der Regelungsmaterie und der notwendigen Abstraktheit eines klassisch-hoheitlichen Gesetzes folgt zudem die mangelnde Determinierung des Regelungsadressaten.[557] Das Recht muss sich diesen Gegebenheiten, speziell auch dem gestiegenen Entwicklungstempo, das auch Auswirkungen auf die Wertvorstellungen in der Gesellschaft hat, anpassen.[558] Dies erfolgt insbesondere durch die aufgezeigten Formen staatlicher Kooperation und der sich daraus ergebenden Regelungsalternativen der normersetzenden (und normvorbereitenden) Absprachen. Diese eröffnen flexiblere Möglichkeiten zur Durchsetzung politisch bzw. normativ definierter Ziele, indem sie zumindest bei den unmittelbar Beteiligten die Akzeptanz für das Ergebnis erhöhen, was auch zur Vermeidung eventueller Rechtsstreitigkeiten beitragen kann.[559]

VI. Vorteile (des Korporatismus)

Das Ausweichen des Staates von einseitig/hoheitlichem Handeln auf die verschiedenen dargestellten Formen der Zusammenarbeit mit gesellschaftlichen Gruppen – einschließlich Lobbying[560] – bietet dem Staat unterschiedlich geartete Vorteile, die hier zunächst ohne rechtliche Bewertung dargestellt werden.

---

554 Anderl, S. 118.

555 Anderl, S. 118 m.w.N.

556 Ritter, in: Grimm, S. 69 (71); Anderl, S. 119; Michael, § 7, S. 207.

557 So im Ergebnis auch Becker, § 1, S. 7.

558 Ritter, in: Grimm, S. 69 (71).

559 Huber, ZG 2002, 245 (247). Vgl. hierzu: B. VI. 3.

560 Aus Gründen der Übersichtlichkeit wird im Folgenden auch das Lobbying unter dem Begriff des Korporatismus gefasst. Ohnehin wird das klassische Lobbying ebenso wie die korporatistischen Verhandlungen als ein (vergleichbarer) interaktiver Prozess verstanden, bei dem politische Entscheidungsträger und Interessengruppen wertvolle Ressourcen austauschen, vgl. von Winter, S. 46.

1. Handlungsspielraum

Imperativer Steuerung sind ebenso tatsächliche wie auch rechtliche Grenzen gesetzt.[561] Kooperative Handlungsformen treten in der Folge insbesondere dort auf, wo hoheitliche Regelungen aufgrund unklarer Sachverhalte, der Komplexität der Materie, absehbarer Vollzugsdefizite oder verfassungsrechtlicher Zweifelsfragen „vorerst nicht erreichbar oder inopportun erscheinen".[562] So wurde aufgrund verfassungsrechtlicher Zweifel beispielsweise bei der beabsichtigten Beschränkung der Zigarettenwerbung bereits im Jahr 1965 auf das Instrument der initiierten Selbstbeschränkung zurückgegriffen.[563] Auch das Beispiel Atomkonsens zeigt die Beschränkungen, die „ein ausgeprägter Rechtswegstaat dem exekutiven wie legislativen Handeln auferlegt."[564] Das über einer gesetzlichen Regelung schwebende Damoklesschwert möglicher milliardenschwerer Entschädigungsansprüche[565] drängte die Regierung bei der Durchsetzung des angestrebten Atomausstieges zur einvernehmlichen Lösung mit den Kernkraftwerksbetreibern.[566] In dieser als Atomkonsens[567] bezeichneten Vereinbarung einigte man sich sodann auf den Ausschluss staatlicher Entschädigungszahlungen.

---

561 Michael, § 7, S. 207; Anderl, S. 123.

562 Breuer, in: Hoffman-Riem/Schmidt-Aßmann (Hrsg.), S. 231 (251); in diesem Sinne auch Grimm, in: HStR I, § 1 Rn. 79.

563 Kaiser, NJW 1971, 585 (587); Deutscher Bundestag, Sitzung vom 11. März 1965, S. 8607, hier äußerte der Staatssekretär im Bundesgesundheitsministerium Bargatzky „gewisse verfassungsrechtliche Schwierigkeiten, die sich etwa aus dem Gleichheitssatz ergeben könnten". Die Beschränkung führte in mehreren Stufen zu einem umfassenden Verbot von Zigarettenwerbung im Fernsehen. Darüber hinaus können Werbeverbote eine faktische Mitbetroffenheit Dritter verursachen sowie in Konflikt mit dem Verbot wettbewerbsbeschränkender Vereinbarungen aus § 1 GWB geraten, vgl. Kirchhof, in: HStR III, § 59 Rn. 160.

564 Mehde, AöR 127 (2002), 655 (661 f.).

565 Zum Meinungsstand über die Grundlage von Entschädigungsforderungen vgl. Roßnagel/Roller, Die Beendigung der Kernenergienutzung durch Gesetz, 1998, S. 79, 122, die im Ausstieg eine Inhalts- und Schrankenbestimmung sehen, sowie Schmidt-Preuß, Rechtsfragen des Ausstiegs aus der Kernenergie, 2000, S. 76 ff., der im Ausstieg eine Enteignung sieht; vgl. hierzu auch Böhm, S. 667, 679 f. Zum neuerlichen Atomausstiegs von 2011, vgl. Ewer, NVwZ 2011, 1035 ff. Zwischenzeitlich hat das BVerfG den Energiekonzernen aufgrund des „Ausstiegs vom Ausstieg vom Atomausstieg" durch das nicht konsensuale 13. Gesetz zur Änderung des Atomgesetzes eine „angemessene Entschädigung" zugesprochen, vgl. Urteil vom 06. Dezember 2016–1 BvR 2821/11.

566 Mehde, AöR 127 (2002), 655 (662); Pasemann/Baufeld, ZRP 2002, 119 (120).

567 Vgl. hierzu B.IV.3b)aa).

Vollzugsdefizite drohen zuvörderst in Regelungsbereichen, in denen der Kontrollaufwand aufgrund der Komplexität der Materie umfangreiche Verwaltungsvorschriften oder beispielsweise detaillierte technische Anleitungen voraussetzten.[568]

Bestimmte staatliche Zielsetzungen wie z. B. ein Mentalitätswechsel in der Gesellschaft oder Konjunkturaufschwünge lassen sich durch Information, Kommunikation und Kooperation bestenfalls initiieren, keinesfalls jedoch gesetzlich erzwingen.[569] Als insbesondere zum Zeitpunkt des Abschlusses im Jahr 2004 bemerkenswert zu nennen, ist in diesem Zusammenhang der Ausbildungspakt zwischen Wirtschaft und Bundesregierung zur Schaffung von jährlich 30.000 neuen Ausbildungsplätzen.[570]

Der „innovative Dialogprozeß", wie Steinmeier zu seiner Zeit als Leiter des Bundeskanzleramtes die Formen kooperativen Regierungshandelns zusammenfasste,[571] öffnet demnach Bundesregierung und Parlament Handlungsspielräume, deren rechtliche oder tatsächliche Zulässigkeit bzw. Durchsetzbarkeit zumindest in Zweifel gezogen wurde.[572]

2. Sachverstand

Die unter Ziffer B. V. behandelten Punkte zeigen einerseits, dass der Staat bei der Bewältigung seiner Aufgaben in zunehmendem Maße auf herausragenden Sachverstand angewiesen ist, anderseits jedoch auch, dass der staatlich vorhaltbare Sachverstand hierzu nicht ausreichend ist. Die Gesetzgebung erreicht so die Grenzen ihrer Leistungsfähigkeit, weshalb kooperatives Staatshandeln bisweilen als alternativlos angesehen wird.[573] Hierin liegt ein weiterer Beweggrund für die Ausweitung kooperativer Handlungsformen und ein positiver Gesichtspunkt des ansonsten negativ konnotierten „Drehtüreffekts". Die Einbindung gesellschaftlicher Akteure in den staatlichen Willensbildungsprozess eröffnet dem Staat den Zugriff auf steuerungsrelevante Informationsvorsprünge, Problemlösungs-

568 Michael, § 7, S. 210.
569 Grimm, HStR I, § 1 Rn. 79, Schoch, in: HStR III § 37 Rn. 30.
570 Nationaler Pakt für Ausbildung und Fachkräftenachwuchs in Deutschland vom 16. Juni 2004, unterzeichnet vom Bundesministerium für Wirtschaft und Arbeit bzw. Bildung und Forschung und den Präsidenten des DIHK, des BDA, des ZDH und des BDI. Im Vergleich zu heute befand sich die Bundesrepublik 2004 in einer wirtschaftlich schwierigen Lage.
571 Steinmeier, in: Müntefering/Machnig (Hrsg.), S. 263 (265).
572 Mehde, AöR 127 (2002), 655 (661); Ritter, in: Grimm (Hrsg.), S. 69 (79).
573 Kloepfer, ZG 2010, 346 (354); Michael, § 7, S. 207; Köpp, S. 111, Anderl, S. 124.

kapazitäten und Sachverstand der jeweiligen Regelungsadressaten. Dergleichen würde dem Staat anderenfalls in aller Regel verschlossen bleiben oder ließe sich nur unter unverhältnismäßig großem Aufwand einseitig erschließen.[574] Aufgrund ihres engen Kontaktes mit den Regelungsadressaten und eigenen Erfahrungen in der Praxis verfügen vor allem Interessenvertreter regelmäßig über Informationen, die „akademisch-wissenschaftlichen Experten“ nicht ohne weiteres zugänglich sind.[575] Die Berücksichtigung der so erschlossenen Wissensressourcen führt zudem zu einer geringeren Fehleranfälligkeit aufgrund der Annahme falscher Voraussetzungen und damit zu mehr Rechtssicherheit.[576]

Positive Auswirkungen kann die Erschließung des Sachverstandes der Normadressaten letztendlich jedoch nur dann entfalten, wenn dadurch keine Monopolisierung privaten Sachverstandes befördert wird. Anderenfalls würde sich der Abgeordnete seiner Fähigkeit zur freien Entscheidung und der Staat seiner Verantwortung für das Gemeinwohl entziehen und sich so ihrer Steuerungsfähigkeit entledigen.[577] Es ist daher am Staat, insbesondere an den Abgeordneten, sich eine Mindestmenge an Sachverstand sowie staatlichen Informationsquellen zur Sachverhaltserschließung und Überprüfung der von privater Seite zur Verfügung gestellten Informationen vorzubehalten und sich somit seine Handlungsherrschaft und die Fähigkeit zu autonomen Entscheidungen zu bewahren.[578] Dies gilt auch vor dem Hintergrund, dass Sachverstand und Interessenvertretung nicht immer klar voneinander getrennt werden können und auch eine rein sachverständige Beratung immer auch eine Beeinflussung bedeutet, wenngleich diese auch nur von geringer Intensität sein mag.[579]

3. Gesellschaftliche Rückkoppelung/Akzeptanz

In einer pluralistischen Gesellschaft resultiert das Gemeinwohl, dem sich das GG verschrieben hat, aus einer fortwährenden Abwägung aller betroffenen Interessen und ist daher nicht abschließend definierbar.[580] Die Kenntnis dieser Gemeinschafts-

---

574 Michael, § 7, S. 207 f.; Anderl, S. 123 f.; Voßkuhle, in: HStR III, § 43 Rn. 6; Murswiek, ZUR 2001, 7 (7); so auch BVerfGE 98, 106 (121).

575 Voßkuhle, HStR III, § 43, Rn. 20.

576 Becker, § 1, S. 40.

577 So Schuppert, Diskussionsbeitrag. in VVDStRL 56 (1997), S. 297.

578 So auch Köpp, S. 111; Woiki, S. 76 ff., der betont, dass Fachkenntnis „mit einer gezielten Suche nach Gegenargumenten gepaart werden“ muss den Ankereffekt wirksam abzumildern.

579 So auch zutreffend Voßkuhle, HStR III, § 43, Rn. 17 ff., 22 ff.

580 In diesem Sinne auch Schuppert, in: Schuppert/Neidhard, S. 19 (21).

interessen ist folglich unbedingte Voraussetzung für die Gemeinwohlbildung. Der Herausforderung, sich nicht einer einseitigen Denkungsweise bzw. Politik, sondern dem Gemeinwohl zu verschreiben, kann der Abgeordnete daher insbesondere durch die gesellschaftliche Rückkoppelung begegnen, die neben der Vielfalt der Argumente, Erfahrungen und Interessen einschließlich eventueller Gegensätze auch die politische Stimmung und gesellschaftliche Bedürfnisse zu Tage fördern kann. Vor diesem Hintergrund gilt auch Lobbying nicht nur als Teil der demokratischen Meinungsbildung sondern auch der Kontrolle von Legislative und Exekutive.[581] Zudem eignen sich die so erlangten Erkenntnisse auch zur Folgenabschätzung der geplanten Maßnahmen. Beispielsweise können die ökologischen und ökonomischen Auswirkungen umweltbezogener Entscheidungen oft erst durch Mitwirkung betroffener Unternehmen oder ihrer Verbände beurteilt werden.[582]

In dem Maße, in dem sich die so gewonnenen Erkenntnisse zu gesellschaftlichen Problemfeldern in den beabsichtigten Regelungen wiederfinden, steigt gleichsam deren Akzeptanz und damit die Folgebereitschaft der betroffenen Gesellschaftsgruppen. Der Staat kann damit auch in Bereichen an Steuerungskraft gewinnen, in denen die Einhaltung nicht einvernehmlicher Regelungen nur mit unverhältnismäßigem Aufwand überprüft oder nur mit staatlichen Zwangsmitteln durchgesetzt werden könnte. Hinsichtlich der Folgebereitschaft spielen auch Instrumentarien indirekter Steuerung eine Rolle, zu denen etwa Finanzhilfen und steuerliche Vergünstigungen, Umweltabgaben oder zielgerichtete Informationen und Appelle gehören können.[583] „Konsensuale Steuerung“ eignet sich mithin nicht nur, um die Integrationskraft der Rechtsordnung zu stärken, sondern auch um staatliche Vollzugsdefizite zu minimieren.[584] Wo Vollzugsdefizite zumindest mitursächlich für ein kooperatives Handeln des Staates sind, darf die Effektivität kooperativer Handlungen nicht mit dem „Idealfall der hundertprozentigen Durchsetzung des substituierten Ordnungsrechts verglichen werden. Vielmehr sind die tatsächlichen Wirkungen zu vergleichen.“[585]

---

581 Schlauch, in: Ritter/Feldmann, Lobbying zwischen Eigeninteresse und Verantwortung, S. 36.

582 Murswiek, ZUR 2001, 7 (7).

583 Kuhnt, DVBl. 1996, 1082 (1089).

584 Michael, § 7, S. 209 ff.; Kloepfer, ZG 2010, 346 (354); Anderl, S. 125 mit zutreffendem Verweis darauf, dass die Herstellung von Akzeptanz daher insbesondere in Bereichen von Bedeutung ist, in denen aufgrund mangelnder finanzieller oder personeller Ressourcen Vollzugsdefizite bestehen.

585 Michael, § 7, S. 209. Der Abbau von Vollzugsdefiziten erweitert wiederum den Handlungsspielraum des Staates, hierzu B.VI.1.

Nach wie vor sind es vor allem Expertengremien und Interessenvertreter in Form von Gewerkschaften und Verbänden, die den Abgeordneten zuverlässig mit den neuesten gesellschaftlichen Entwicklungen und daraus resultierenden Problemfeldern vertraut machen können.[586] Durch die Bündelung, Weitergabe und öffentliche Auseinandersetzung der verschiedenen individuellen und gesellschaftlichen Interessen leisten Interessenvertreter „wesentliche grundrechtseffektivierende wie demokratiefördernde und -stabilisierende Dienste".[587] Auch hieraus resultiert die Etablierung kooperativen Staatshandelns und der informalen und institutionalisierten Formen der Einflussnahme auf die Abgeordneten.

Im Falle der Einbeziehung von Interessenvertretern tritt das kommunikative Moment der Vermittlung der gefundenen Ergebnisse an die von ihnen Vertretenen hinzu.[588] Die aktive Mitwirkung der Regelungsadressaten bzw. ihrer Interessenvertreter am Inhalt der Regeln führt zumindest bei den unmittelbar Beteiligten in aller Regel ebenfalls zu mehr Normakzeptanz.[589] Dies beruht nicht zuletzt darauf, dass die verschiedenen Interessenvertreter bei Einbindung in den Regelungsprozess durch Wahrnehmung der Gegenpositionen für das Gemeinwohl sensibilisiert werden und ihre Sichtweise auf das Regelungsanliegen verändern können.[590] Der Verweis auf diese „Integrationsfunktion"[591], die sich auch auf die gesellschaftliche Akzeptanz auswirkt, erschwert zudem die Angreifbarkeit gefundener Ergebnisse[592].

---

586 Ähnlich: Weber, 7.3.7., S 232; 9.1., S. 346.

587 Horn, in: HStR III, § 41 Rn. 48

588 Horn, in: HStR III, § 41 Rn. 29.

589 Kloepfer, in: ZG 2010, 346 (356) zeigt am Beispiel des Atomkonsens I, dass ein gefundenes Ergebnis darüber hinaus die gesellschaftliche Akzeptanz finden und so sogar die gesellschaftliche Befriedung fördern kann. Grimm, in: HStR I, § 1 Rn. 85 weist hingegen zurecht darauf hin, dass durch die beschränkte Teilhabe an Verhandlungsrunden die Anerkennungsfähigkeit durch nicht berücksichtigte Interessen grundsätzlich sinkt. Zudem besteht die Gefahr, dass sich soziale Machtpositionen verfestigen, da in die Verhandlungen i. d. R. nur Gesellschaftsgruppen von einigem Gewicht eingebunden werden. Dies sollte durch die parlamentarische Gesetzgebung vermieden werden. Hierzu auch unter B.VII.2.

590 Becker, § 1, S. 41. Nach BVerfGE 98, 106 (121) betont das „Zusammenwirken von öffentlicher und privater Hand [...] die gemeinsame Verantwortung für die Erfüllung einer öffentlichen Aufgabe, die von Wirtschaft und Gesellschaft nicht nur die Beachtung des Rechts fordert, sondern eigenverantwortliche Planung und Mitgestaltung bei der Entfaltung von Handlungszielen und Handlungsmitteln erwartet.

591 So Brohm, in: HStR II, § 36 Rn. 18 f.

592 Anderl, S. 154; Unkelbach, S. 2.

Letztendlich eröffnet die Rückmeldung betroffener Kreise die „Möglichkeit der Reflexion zunächst nicht bedachter Auswirkungen und Konflikte."[593] Durch die verschiedenen Kooperationsformen vermindern die Abgeordneten so zum einen das Risiko, Maßnahmen zu treffen, die an den jeweiligen sozialen und ökonomischen Verhältnissen vorbeizielen,[594] zum anderen auch das der gerichtlichen Überprüfung und damit vorübergehenden Rechtsunsicherheit.[595] Zu letzterem trägt auch bei, dass Absprachen gegenüber dem abstrakt-generellem Gesetz die Möglichkeit der konkreteren Ausgestaltung bieten. Der Entfall eines Rechtsstreites spart zudem nicht nur unmittelbar Kosten, sondern bewirkt auch Beschleunigungseffekte.[596]

4. Beschleunigung

Kooperativem Staatshandeln wird gegenüber imperativen Handlungsformen zumeist ein Beschleunigungseffekt in Bezug auf politische Prozesse zugutegehalten.[597] Zu bemessen ist dieser Effekt nicht nur am Zeitraum bis zur Umsetzung einer beabsichtigten Regelung, sondern auch an der Zeitspanne zwischen Umsetzung und Wirkung der Regelung.[598]

Für die Annahme eines geringeren Zeitbedarfs spricht zum einen die Möglichkeit der Vermeidung von Rechtsstreitigkeiten über die Zulässigkeit der Regelung. Zum anderen auch der Umstand, dass die Beteiligtenzahlen auf staatlicher und gleichsam auf privater Seite dergestalt reduziert sind, dass die Kompromissfindung erleichtert ist.[599]

Hingegen hängt der tatsächliche Zeitbedarf bis zur Umsetzung der verfolgten Ziele von einer Vielzahl weiterer Faktoren, so auch von der Kooperationsart ab,

593 Piechaczek, S. 22; Mandelarzt, DÖV 2008, 261 (267).

594 Weber, 7.3.7, S. 232.

595 Huber, ZG 2002, 245 (247); Dempfle, S. 41.

596 Michael, § 7, S. 223, m.w.N.; Anderl, S. 125.

597 Michael, § 7, S. 218 f. m.w.N; Köpp, S. 102; Kloepfer, NJW 2011, 130 (133) bezüglich des Gesetzgebungsoutsourcings. Auch die EG-Kommission sieht in Vereinbarungen mit der Wirtschaft die Möglichkeit schnellerer Zielumsetzung, vgl. Mitteilung der Kommission an den Rat und das Europäische Parlament über Umweltvereinbarungen vom 27. November 1996, KOM (1996) 561 endg. (abgedr. in BR-Drs. 20/97, S. 96).

598 Michael, § 10, S. 219.

599 Michael, § 7, S. 219, der beispielhaft auf so genannte Pilotabschlüsse im Tarifvertragsrecht verweist, denen für die an der Absprache Nichtbeteiligten eine Vorbildfunktion zukomme. Diesbezüglich kritisch, Wagenbaur, EuZW 1997, 645 (646), der eine „Allgemeinverbindlicherklärung" kooperativer Absprachen empfiehlt.

was eine pauschale Beurteilung verbietet. So benötigen Formen der normvorbereitenden Kooperation fast zwangsläufig mehr Zeit als solche der normersetzenden Kooperation. Dies liegt daran, dass bei letzteren auf ein Gesetzgebungsverfahren verzichtet wird, wohingegen dieses bei normvorbereitenden Kooperationen den Verhandlungen folgt. Obgleich dieses formelle Rechtsetzungsverfahren aufgrund der vorparlamentarischen Konfliktbewältigung in aller Regel ohne Verzögerungen durchgeführt werden wird, stellt es eine zusätzliche Entscheidungsphase dar, wodurch sich Beschleunigungseffekte bestenfalls minimieren.[600]

Unabhängig hiervon steht in Frage, ob die Substitution formeller Verfahren an sich zu Beschleunigungseffekten führt. Die Umgehung formalisierter Rechtsetzungsverfahren sowie kompetenzieller Verflechtungen spricht für einen beschleunigenden Umstand. Dieser steht jedoch unter dem Vorbehalt, dass tatsächlich Absprachen getroffen werden und, sofern dies der Fall ist, dass diese auch eingehalten werden. Anderenfalls wird die staatliche Steuerung bedeutend verzögert.[601] So wurde ein Gesetzentwurf zur Zensur sog. Hasskommentare im Internet (NetzDG) erst erarbeitet, als gegenüber der Bundesregierung getätigte Zusagen z. B. von Facebook nur unzureichend umgesetzt worden sind.[602]

Insbesondere bei normersetzenden Absprachen ist wegen des Ausschlusses der Rechtsverbindlichkeit die Gefahr des Scheiterns besonders gegenwärtig. Hinzu tritt bei diesen in aller Regel der Umstand, dass den Verhandlungen von Seiten des Staates mit der Drohung eines Normerlasses Nachdruck verliehen wird. Der Verweis auf ein bereits vorangeschrittenes Normsetzungsvorhaben erhöht dabei die Wirksamkeit eines solchen Vorgehens, da für die staatlichen Verhandlungspartner einerseits die Auswirkungen des angedrohten Normerlasses kalkulierbarer sind, andererseits der Normerlass zeitnäher möglich wäre. So lagen beispielsweise während der Verhandlungen zur sog. Altautoverordnung verschiedene staatliche Verordnungsentwürfe vor, die zum Teil bereits vor den Verhandlungen entworfen wurden.[603] Der mögliche Zeitgewinn normersetzender Absprachen reduziert sich

600 Kloepfer, ZG 2010, 346 (353). Der Verweis auf das in der Gesetzesvorlage enthaltene Expertenwissen, erschwert die Begründung und Durchsetzung kritischer Gegenpositionen im Rechtsetzungsverfahren.

601 Michael, § 7, S. 221; Kloepfer/Elsner, DVBl. 1996, 964 (971); Köpp, S. 103, am Beispiel der Verhandlungen zum CO_2 - Abkommen, die sich von 1990 bis 1995 erstreckten. Vgl. hierzu: BT-Drs. 12/8557.

602 Vgl. hierzu: Die Zeit vom 1. Juni 2017, S. 5. Im Problemfeld „Elektronikschrott" wurde bereits seit 1992 um eine (freiwillige) Regelung gerungen, bevor 2015 das ElektroG in Kraft trat. Vgl. hierzu auch Helberg, S. 66 f.

603 Hierzu detailliert Köpp, S. 30 ff.

damit um den zeitlichen Bedarf für die Vorbereitung bzw. Konkretisierung des Normsetzungsverfahrens.[604]

Weitere zeitliche Faktoren sind die Gegenseitigkeit der Verhandlungspositionen einschließlich der jeweiligen Verhandlungsstärke, Kompromissbereitschaft und die Entscheidungsreife[605] sowie im Fall des Verfehlens des beabsichtigten Steuerungsziels durch imperative Regelungen, das Erfordernis von Ergänzungs- oder Änderungsgesetzen.[606]

5. Flexibilität

Darüber hinaus wird kooperativem Staatshandeln der Vorteil einer gesteigerten Flexibilität zugesprochen und daher die besondere Eignung für die Regelung gesellschaftlicher Rahmenbedingungen, die sich im beschleunigten Wandel befinden.[607]

Aus diesem ständigem Wandel sowie den Wirkungszusammenhängen zwischen verschiedenen Sachbereichen resultiert, dass es oftmals an den erkenntnismäßigen Voraussetzungen für eine rechtzeitige und zielgenaue gesetzliche Regelung mangelt.[608] Durch das Fehlen dieser Voraussetzungen ist auch die Pflicht zur Gesetzesfolgenabschätzung tangiert. Durch die Gesetzesfolgenabschätzung sollen die möglichen Auswirkungen einer neuen Norm bereits in der Entstehungsphase geprüft sowie bewertet und in der Folge die politischen Ziele mit möglichst geringem Aufwand und minimalen Belastungen für alle Betroffenen erreicht werden.[609] Wo die Wirkungsmechanismen einer Regelung jedoch nicht

604 Köpp, S. 104.

605 Michael, § 7, S. 221.

606 Köpp, S. 107, der in der Verfehlung des Steuerungszieles aufgrund der hohen Geschwindigkeit, in der sich die Rahmenbedingungen für einen staatlichen Eingriff ändern, ein immer gegenwärtiges Risiko sieht.

607 Vgl. nur Michael, § 7, S. 224, m.w.N,; Köpp, S. 106. Zu den gesellschaftlichen Rahmenbedingungen vgl. Bohne, S. 275. „Der Begriff der Flexibilität ist trotz zunehmender Verbreitung im rechtswissenschaftlichen Schrifttum konturenunscharf." Gemeint sind „tatsächliche und rechtlich eingeräumte Verhaltens- und Entscheidungsspielräume, die es ermöglichen, sich auf die [...] teilweise sehr komplexen Bedingungen und die wechselnden Situationen der Rechtswirklichkeit einzustellen und sich gegebenenfalls an Veränderungen [...] rasch anzupassen." Vgl. Hoffmann-Riem/Schmidt-Aßmann, S. 251.

608 Köpp, S. 106; Ritter, AöR 104 (1979), 389 (390 f.).

609 http://www.bmi.bund.de/DE/Themen/Gesellschaft-Verfassung/Gesetzgebung/Bessere-Rechtsetzung/bessere-rechtsetzung_node.html (abgerufen am 13. Dezember 2016).

vollständig nachvollzogen werden können, erweist sich die Gesetzesfolgenabschätzung als fehleranfällig, wodurch Änderungs- oder Ergänzungsgesetze erforderlich werden können.[610]

Die Eignung kooperativen Staatshandelns zur Bewältigung dieser Begebenheiten wird daher insbesondere daraus gefolgert, dass informelle Absprachen außerhalb eines formellen Normsetzungsverfahrens an die sich stetig veränderten gesellschaftlichen Rahmenbedingungen und ggf. eingetretenen Wechselwirkungen angepasst werden können.[611] Ein Flexibilitätsgewinn ist auch in den Fällen gegeben, in denen informelle Absprachen lediglich ein Ziel vorgeben, die Umsetzung jedoch nicht regeln.[612]

Der Flexibilitätsgewinn wird jedoch durch die zwingende Zweiseitigkeit und Konsensorientierung von Verhandlungslösungen eingeschränkt. So bedürfen Änderungen der Absprachen eines erneuten Verhandlungsprozesses.[613] Zudem ist der Beurteilung zugrunde zu legen, ob – wie in der Mehrzahl der Fälle – eine Rechtsverordnung i.S.d. Art. 80 GG oder ein Parlamentsgesetz ersetzt werden soll. Verordnungsermächtigungen ermöglichen ihrerseits gegenüber einem Parlamentsgesetz eine leichtere Änderbarkeit und damit einen Flexibilitätsvorsprung.[614] Damit hängt die Möglichkeit eines Flexibilitätsgewinns von vornherein vom Einzelfall ab.

6. Entlastung des Staates

Kooperatives Staatshandeln ist in mehrerlei Hinsicht dazu geeignet, den Staat bei der Wahrnehmung seiner umfassenden Aufgaben zu entlasten und lässt so einen schlanker werdenden Staat zu.[615] So reduziert die Nutzung privaten Sachverstandes bzw. privater Sachkenntnisse den Umfang, in dem eigener Sachverstand, d.h. vor allem qualifiziertes Personal, vorbehalten werden muss. Zwar können auch durch die Inanspruchnahme privater Sachkenntnisse Kosten entstehen, wie

610 Köpp, S. 107.
611 Vgl. nur Kuhnt, DVBl. 1996, 1082 (1089); BT-Drs. 13/6704, S. 2 f.; Köpp, S. 107 f.; Michael §, 7, S. 224 f. Zu den gesellschaftlichen Rahmenbedingungen vgl. Bohne, S. 275.
612 So auch Michael, § 7, S. 224.
613 Köpp, S. 108. Dies kann seinen Grund auch in der politischen Bindungswirkung eines etwaigen Vertrauensverhältnisses zwischen den Beteiligten haben, vgl. Michael, § 7, S. 226.
614 Schultze-Fielitz, S. 197.
615 So beispielsweise Kuhnt, DVBl. 1996, 1082 (1089); Di Fabio VVDStRL 56 (1997), 235 (239 ff.); Grande, in: Bührer/Grande (Hrsg.), S. 16.

besonders das Beispiel des Outsourcings zeigt, jedoch fallen diese Kosten lediglich punktuell und nicht fortlaufend an.

Im Falle normvermeidender Absprachen wird – zumindest vorerst – auch die Rechtsetzung an sich substituiert.[616] Ein gefundener Konsens erhöht die Folgebereitschaft der Betroffenen und verringert den Kontrollaufwand sowie die Anforderungen an den Vollzug staatlicher Normen. Damit lassen sich unter Umständen Wirkungen erzielen, die im Wege formaler Rechtssetzung nicht, nicht im gleichen Umfang oder nur mit erhöhtem Aufwand erreicht werden könnten.[617]

Zudem werden so auch Rechtsstreitigkeiten vermieden, wodurch auch die Beanspruchung der Rechtsprechung verringert wird.[618] Durch Kooperationen lassen sich bestimmte Sachverhalte danach effizienter regeln, d. h. die vom Staat aufzuwendenden Ressourcen und Kosten fallen im Verhältnis zum Grad der Zielerreichung günstiger; etwaige Vollzugsdefizite lassen sich so minimieren[619].

7. Zusammenfassung

Insbesondere für die Gesetzgebung ergeben sich danach beachtliche Vorteile, die sich als Chance auf „bessere", „billigere" und mitunter „gerechtere" Gesetzgebung zusammenfassen lassen. Speziell die Pflicht zur Gesetzesfolgenabschätzung lässt sich durch die Erschließung von privatem Sachverstand und gesellschaftliche Rückkoppelung besser und mitunter auch effizienter erfüllen. Zum einen lassen sich durch die Rückkoppelung mögliche Auswirkungen einer neuen Norm bereits in der Entstehungsphase prüfen und bewerten, zum anderen lässt sich so auch der eigene Personalaufwand, der zur Erschließung des notwendigen Sachverstandes notwendig wäre, reduzieren. Letztendlich gebietet das wiederum die Möglichkeit, politische Ziele mit möglichst geringem Aufwand und minimalen Belastungen für alle Betroffenen zu erreichen.[620] Halten sich die Belastungen gesetzlicher Normierungen möglichst gering, werden diese Regelungen als gerechter wahr-

616 Helberg, S. 70 f. Insoweit wird auch von sozioökonomischer Selbstregulierung gesprochen, vgl. hierzu: http://www.bpb.de/apuz/29798/funktionen-von-verbaenden-in-der-modernen-gesellschaft?p=all (abgerufen am 8. Dezember 2016).

617 Michael, § 7, S. 204 f. Zu denken ist hier z. B. an den Atomkonsens I, dessen Regelung aufgrund von Eingriffen in die Grundrechte der Energieversorger so nicht ohne weiteres durch formale Rechtsetzung hätte umgesetzt werden können.

618 Köpp, S. 112; Michael, § 7, S. 227.

619 Michael, § 7, S. 204 sowie S. 209.

620 http://www.bmi.bund.de/DE/Themen/Gesellschaft-Verfassung/Gesetzgebung/Bessere-Rechtsetzung/bessere-rechtsetzung_node.html (abgerufen am 13. Dezember 2016). Zum Thema vgl. auch Veit, Bessere Gesetze durch Folgenabschätzung?

genommen, was bei den Betroffenen die Akzeptanz der Norm erhöht und so auch den Gesetzesvollzug erleichtert.

VII. Risiken (des Korporatismus)

Mit dem (teilweisen) Verzicht auf das parlamentarische Verfahren bzw. der Vorprägung der parlamentarischen Willensbildung geht die Gefahr einher, dass auch die Errungenschaften und Vorzüge der parlamentarischen Arbeitsweise in Teilbereichen in den Hintergrund treten. Dies gilt insbesondere für die öffentliche Debatte, „in der Notwendigkeit, Zweck und Mittel eines Vorhabens begründet und der Kritik ausgesetzt werden müssen."[621] Die beschriebenen Vorteile des Korporatismus sind daher ins Verhältnis mit den aufzuzeigenden Nachteilen zu setzen.

1. Entparlamentarisierung

Bereits mit der unverbindlichsten Form der Kooperation, dem klassischen Lobbyismus, geht die Gefahr der Entparlamentarisierung einher.[622] Unter dem Begriff der Entparlamentarisierung lassen sich verschiedene Entwicklungen zusammenfassen, die einen Bedeutungsverlust des Parlaments bzw. der parlamentarischen Arbeit nach sich ziehen:

a) Auszehrung der parlamentarischen Gestaltungsmacht

Das Parlament ist das Hauptorgan der Gesetzgebung; die Belastung des Abgeordneten ist im Wesentlichen auf die Gesetzgebungstätigkeit zurückzuführen. Der Korporatismus bedingt jedoch, dass Gesetzesvorlagen zunehmend außerhalb des Parlamentes, vielfach unter Ausschluss der Öffentlichkeit und Rückgriff auf externen, nicht demokratisch legitimierten Sachverstand, erarbeitet werden.[623] Die Initiativen zu den verschiedenen Kooperationsformen richten sich dabei in erster Linie an die Bundesregierung bzw. gehen von dieser aus. Reine Parlamentarier, d. h. solche, die nicht zugleich ein Regierungsamt innehaben, sind in dem Verhandlungsprozess i. d. R. nicht, oder in nicht repräsentativer Anzahl eingebunden, wodurch die Allgemeinheit und Gleichheit der Teilhabe der Volksvertreter am Gesetzgebungsprozess beeinträchtigt ist.[624] Daraus resultiert weiterhin, dass der

---

621 Grimm, in: HStR I, § 1 Rn. 84.

622 Ruffert, DVBl. 2002, 1145 (1148); Münch/Kunig – Bryde, Art. 76 Rn. 12.

623 Brenner, in: HStR III, § 44 Rn. 56, 66; Puhl, in: HStR III, § 48 Rn. 47.

624 Puhl, in: HStR III, § 48 Rn. 47; Grimm, in: HStR I, § 1 Rn. 83; Morlock VVDStRL 62 (2003), 37 (40).

durch die Kooperation gewonnene Sachverstand primär der Bundesregierung zu Gute kommt. Den Parlamentariern wird mithin eine wesentliche Voraussetzung für eine erfolgreiche und sachgerechte Gesetzgebung vorenthalten, wodurch wiederum die Exekutive einen erheblichen Machtzuwachs erfährt.

Regelmäßig erfahren die in Folge von Kooperationen eingebrachten Gesetzesentwürfe nur noch unwesentliche Änderungen. Eine ergebnisoffene Auseinandersetzung mit konträren Argumenten findet so auch unter Hinweis auf den empfindlichen, überparteilichen Kompromissgehalt – oder, im Falle der Einsetzung von Expertengremien, auf die fachliche Autorität – weder in den Ausschüssen noch in öffentlicher parlamentarischer Debatte in nennenswertem Maß statt.[625]

Wird gar ein Regelungsverzicht vereinbart, wird das Parlament vollkommen umgangen. Zwar bleibt es dem Parlament nach Art. 76 I GG unbenommen, einen eigenen Gesetzentwurf einzubringen. Dieser kann aufgrund der Mehrheitserfordernisse jedoch nur dann Erfolg haben, wenn sich die Parlamentsmehrheit gegen die von ihr getragene Regierung stellt.[626] Die Bundesregierung nutzt ihren Einfluss auf die Mehrheit der Bundestagsabgeordneten je nach Art der getroffenen Vereinbarung, um entweder die gesetzgeberische Umsetzung derselben oder das Verhindern konträrer legislativer Akte zu erreichen.[627] Der parteigeprägte Zusammenhalt von Regierung und Parlamentsmehrheit verdrängt so den im GG angelegten Organdualismus von Bundestag und Regierung[628] und schränkt die parlamentarische Gestaltungsfreiheit ein. Der legislative Diskurs als „ureigene Aufgabe des Parlaments“[629] zur politischen Kompromissfindung verlagert sich so auf außerparlamentarische Foren. Die Funktion, Zweck und Mittel eines Vorhabens in öffentlicher Debatte auch dem Wahlvolk zu vermitteln und gegen Kritik zu verteidigen, geht gänzlich verloren.

In dem Umfang, in dem der Bedarf an außerparlamentarischem Sachverstand und Informationen zur Bewältigung der immer komplexer werdenden Regelungsmaterien sowie das Gefallen der Vorteile an Konsensvereinbarungen steigt, reduziert sich mithin die tatsächliche Gesetzgebungs- und Gesetzgestaltungsmöglichkeit des Parlaments. Durch die „Verlagerung originär parlamentarischer

625 Brenner, in: HStR III, § 44 Rn. 56; Grimm, in: HStR I, § 1 Rn. 84. Besonders drastisch fällt dies beim sog. Gesetzgebungsoutsourcing auf. Aber auch die paktierte Gesetzgebung führt zu einer inhaltlichen Konkretisierung außerhalb des Parlaments.

626 Grimm, in: HStR I, § 1 Rn. 83.

627 Mehde, AöR 127 (2002), 655 (659).

628 Magiera, S. 230; Bleckmann, Staatsrecht I, 1993, Rn. 1862.

629 So Voßkuhle, in: HStR III, § 43 Rn. 52.

Aufgaben auf außerparlamentarische Gremien" läuft das Parlament Gefahr, „zu einem Forum zu degenerieren, das ausgearbeitete Gesetze" nach zuvor gefassten Beschlüssen lediglich ratifiziert[630] bzw. eigene Kompetenzen nicht nutzt. Der Entformalisierung folgt die Entparlamentarisierung. Dem Parlament mit seinen – im Gegensatz zu den Regierungsorganen – beschränkten persönlichen und finanziellen Ressourcen kann es nicht gelingen, den ohnehin bestehenden Informationsvorsprung der Regierung zu kompensieren. Der Prozess der parlamentarischen Willensbildung sowie der Entscheidungsvorbehalt des Parlaments für alle wesentlichen Entscheidungen erfahren so eine empfindliche Beschränkung.

b) Verlust parlamentarischer Kontrollkompetenz

Verringert der konstatierte Informationsvorsprung der Exekutive bereits die Gestaltungskraft der Parlamentsmehrheit, gilt dies umso mehr für die parlamentarische Kontrollkompetenz, mit der im Wesentlichen die Opposition betraut ist.[631] Dies gilt insbesondere deshalb, weil dem kooperativen Staatshandeln in aller Regel die Transparenz bzw. die Öffentlichkeit fehlt, die beim formellen Gesetzgebungsverfahren eine effektive Kontrolle ermöglichen soll.[632] Verstärkt wird diese Tendenz dort, wo die externe Beratung zur argumentativen Absicherung sowie zur politischen Durchsetzung beabsichtigter Vorhaben genutzt wird und kontrollierende Gegenauffassungen unter Hinweis auf das eingebrachte überparteiliche (Experten-)Wissen und gefundene Kompromisse quasi im Keim erstickt werden.[633] Findet die eigentliche Kompromissfindung nicht im Parlament, sondern in außerparlamentarischen Gremien statt, leidet der parlamentarische Diskurs und damit auch die Möglichkeit der Abgeordneten wirksame Kritik zu äußern und (mitwirkende) Kontrollbefugnisse auszuüben. Als Beispiel der weitgehenden Auslagerung des parlamentarischen Diskurses ist etwa die Hartz-Kommission oder

630 Brenner, in: HStR III, § 44 Rn. 57, 66; so auch Ruffert, DVBl. 2002, 1145 (1148); Grimm, in: HStR I, § 1 Rn. 83.

631 So auch Brenner, in: HStR III, § 44 Rn. 60. Auch der BRH hat festgestellt, dass bei Hinzuziehung Externer aufgrund fehlender eigener Sachkenntnisse die Gefahr besteht, dass weder deren Einsatz, noch die behandelten spezifische Sachverhalte durch eigene Beschäftigte angemessen beurteilt und kontrolliert werden können, vgl. BRH, Bericht an den Haushaltsausschuss des Deutschen Bundestages nach § 88 II BHO über die Mitarbeit von Beschäftigten aus Verbänden und Unternehmen in obersten Bundesbehörden vom 25. März 2008, S. 32.

632 Kloepfer, ZG 2010, 346 (352). So wurde die Gesetzesauslagerung bezüglich der Finanzstabilisierungsgesetze nicht kommuniziert, vgl. Kalagi, 647 (661).

633 Voßkuhle, in: HStR III, § 43 Rn. 52.

die sog. Zuwanderungskommission zu nennen, die vom Bundesministerium des Inneren eingesetzt worden war.[634] Beide Kommissionen erarbeiteten Regelungsvorschläge außerhalb des Parlamentes.

2. Vernachlässigung staatlicher Wissensressourcen und der Gemeinwohlorientierung

Mit dem Rückgriff auf privaten Sachverstand kann der Staat nur auf den ersten Blick die Wissensdefizite lösen, die aus der zunehmenden Komplexität der wirtschaftlichen, technischen und gesellschaftlichen Verhältnisse beruhen. Die durch Kooperationen geschaffene Möglichkeit des ständigen Rückgriffs auf externes Wissen birgt die Gefahr, staatliche Wissensressourcen zu vernachlässigen und privaten Sachverstand zu monopolisieren.[635]

Beginnt der Staat sich auf die Wissenszufuhr durch Private zu verlassen und macht diese zur alleinigen Informationsquelle, begibt er sich in eine Situation der Abhängigkeit und der Gefahr, mit einseitigen Informationen versorgt zu werden, die Lösungsalternativen mit erhöhter Gemeinwohlorientierung unbeachtet lassen.[636] Regelmäßig werden von privater Seite nur solche Informationen preisgegeben, die ihren eigenen Interessen nicht zuwiderlaufen. Wo dem Staat der notwendige Sachverstand fehlt, die von privater Seite erhaltenen Informationen kritisch zu würdigen, erwächst mithin das Problem der hinreichenden Unabhängigkeit staatlicher Entscheidungen von Partikularinteressen.[637] Durch die Vernachlässigung staatlicher Wissensressourcen entledigt sich der Staat mithin seiner Gemeinwohlverantwortung und seiner Steuerungsfähigkeit. Statt gesellschaftliche Kräfte entsprechend dem verfassungsrechtlichen Gebot der Gleichheit durch staatliche Normsetzung zu neutralisieren, werden so zudem vorhandene

---

634 Voßkuhle, in: HStR III, § 43 Rn. 52 mit Verweis auf den Bericht der Unabhängigen Kommission „Zuwanderung" – Zuwanderung gestalten, Integration fördern vom 4. Juli 2001.

635 Schuppert, Diskussionsbeitrag. in VVDStRL 56 (1997), S. 297. Damit deckt sich der Befund des BRH, wonach Grund für die Beschäftigung externer Mitarbeiter in der Exekutive häufig temporärer oder dauerhafter Personalmangel, aber auch fehlende Sachkenntnis sei, vgl. BRH, Bericht an den Haushaltsausschuss des Deutschen Bundestages nach § 88 II BHO über die Mitarbeit von Beschäftigten aus Verbänden und Unternehmen in obersten Bundesbehörden vom 25. März 2008, S. 17 f., 32.

636 Michael, § 7, S. 208 f.; Anderl, S. 124 f.

637 Köpp, S. 110 f.

Machtpositionen gefestigt, da als Verhandlungspartner regelmäßig nur „Inhaber[ ] von Vetopositionen" herangezogen werden.[638]

Die „produktive Koppelung staatlichen und privaten Wissens" setzt demnach ein Mindestmaß an eigenem Sachverstand und neutralen Informationsquellen voraus.[639] Nur so kann es dem Staat gelingen, einen realistischen und am Gemeinwohl orientierten Regelungsrahmen zu entwickeln und diesen auch durchzusetzen. Regelungsrahmen und -ziel dürfen daher nicht allein von den Kooperationspartnern definiert werden,[640] sondern müssen auf Grundlage eigener Wissensressourcen formuliert werden. Dies gilt auch vor dem Hintergrund, dass eine trennscharfe Abgrenzung von sachverständiger Beratung und Interessenvertretung nicht möglich erscheint,[641] weswegen eine Ausformulierung des Regelungsziels auch durch Sachverständige die Gefahr der Verwässerung zugunsten der Kooperationspartner nach sich zöge.

Je weiter hingegen eigene staatliche Wissensressourcen reduziert werden, desto eher unterliegt der Staat einem Zwang zur Kooperation, der den privaten Akteuren die Möglichkeit einräumt, Zugeständnisse bei den staatlichen Regelungszielen zu erwirken und damit i. d. R. die eigenen Interessen gegenüber dem Gemeinwohl zu behaupten. Ein Verzicht auf staatliche Wissensressourcen degradiert das Gemeinwohl zur Verhandlungsposition.[642]

3. Rechtliche Überprüfbarkeit

Wo der Staat auf hoheitliche Handlungsformen verzichtet, gehen auch die gegen diese Handlungsformen und den darauf basierenden Maßnahmen vorgesehenen Rechtmittel verloren. Dieser Verlust schmälert zugleich die von einem Gesetz ausgehende Verhaltenssicherheit.[643]

Normersetzende Absprachen schließen beispielsweise die gerichtliche Überprüfbarkeit der gefundenen Regelungen durch abstrakte Normenkontrolle

638 Grimm, HStR I, § 1 Rn. 85.

639 Voßkuhle, in: HStR III, § 43 Rn. 53; Köpp, S. 111; so auch Schuppert, Diskussionsbeitrag, in: VVDStRL 56 (1997), S. 297.

640 Köpp, S. 111 mit zutreffendem Hinweis darauf, dass die Nutzung privaten Sachverstandes insoweit unbedenklich ist, als es lediglich um die Umsetzung eines zuvor autonom definierten staatlichen Ziels geht.

641 So auch Voßkuhle, HStR III, § 43, Rn. 17 ff.

642 Im Einzelfall hängt die Bewertung letztendlich auch davon ab, ob die „partikulare[n] Interessen mit Gemeinwohlbelangen parallel laufen und sich deshalb gegenseitig verstärken, oder ob sie gegenläufig sind." Vgl. Michael, § 7, S. 216.

643 Grimm, in: Offe (Hrsg.), Demokratisierung der Demokratie, 193 (203).

gem. Art. 93 I Nr. 2 GG/ § 13 Nr. 6 BVerfGG sowie konkrete Normenkontrolle gem. Art. 100 I GG/ § 13 Nr. 11 BVerfGG prinzipiell aus. Es fehlt am Antragsgegenstand. Zwar ist der Antragsgegenstand bei der abstrakten Normenkontrolle weiter gefasst als bei der konkreten Normenkontrolle, deren Gegenstand nur Gesetze im formellen Sinne sein können[644]. Kooperative Absprachen selbst sind jedoch auch bei der abstrakten Normenkontrolle nicht umfasst. Gleiches gilt letztendlich bei der Verfassungsbeschwerde nach Art. 93 I Nr. 4a GG. Zwar ist der Antragsgegenstand hier grundsätzliche jeder Akt der öffentlichen Gewalt,[645] worunter auf den ersten Blick auch kooperative Absprachen gefasst werden könnten. Die Subsumtion scheitert jedoch an der fehlenden Rechtsverbindlichkeit kooperativer Absprachen. Wie bereits dargelegt, können die Beteiligten aus normersetzenden Absprachen keinen gerichtlich durchsetzbaren Erfüllungs- bzw. Unterlassungsanspruch herleiten.[646] Gehen von einer kooperativen Absprache danach keine direkten Rechtsfolgen aus, kann auch ein Dritter von der Absprache nicht unmittelbar betroffen sein; eine unmittelbare Betroffenheit ist jedoch Voraussetzung der Beschwerdebefugnis nach Art. 93 I Nr. 4a GG.[647]

Damit ist ein wirksamer Rechtsschutz gegen staatliche Regelungsziele, die durch kooperative Absprachen umgesetzt werden sollen, entscheidend geschwächt.[648] Dies erscheint vor allem unter dem Gesichtspunkt prekär, dass Absprachen nicht nur die Rechtpositionen der Beteiligten, sondern auch die Dritter tangieren können. Drittbetroffene können den Abspracheinhalt weder überprüfen lassen noch einklagen.[649] Auch für die gerichtliche Kontrolle der Einhaltung informeller Absprachen fehlt der gesetzliche Maßstab.[650]

Bleibt das Verhandlungsergebnis zudem unveröffentlicht, können weder Öffentlichkeit noch Medien die entstandene Kontrollücke schließen.[651]

---

644 Dreier – Wieland, Art. 100 Rn. 12 ff. mit Hinweis darauf, dass die konkrete Normenkontrolle kein Mittel zu einer allgemeinen Rechtsaufsicht über den Gesetzgeber sein soll.

645 Vgl. nur Dreier – Wieland, Art. 93 Rn 83.

646 Hierzu B.IV.3.a)cc)

647 Vgl. nur Dreier – Wieland, Art. 93 Rn. 86. Sofern die Absprache vollzogen wird, ist ggf. eine Verfassungsbeschwerde gegen den Vollzugsakt zulässig.

648 In diesem Sinne auch Kirchhof, in: HStR III, § 59 Rn. 158. Diskutiert wird Rechtsschutz in analoger Anwendung der §§ 58 I, 59 I VwVfG, vgl. Bohne, VerwArch 75 (1984), 343 (367).

649 Grimm, in: Brenner (Hrsg.), Der Staat des Grundgesetzes, S. 145 (159).

650 Grimm, in: Brenner (Hrsg.), Der Staat des Grundgesetzes, S. 145 (159).

651 Grimm, in: Offe (Hrsg.), Demokratisierung der Demokratie, 193 (203).

4. Zusammenfassung

Zwar entfernt sich der kooperative Staat zum Teil erheblich von verfassungsrechtlichen Grundvorstellungen. Insbesondere können Regelungen der Gesetzgebung, die der Transparenz und Kontrolle der Normsetzung dienen, nicht ihre volle Wirksamkeit entfalten.[652] Der Rückgriff auf privaten Sachverstand bedeutet auch, dass die staatlichen Wissensressourcen zur Bewältigung gegenwärtiger Problemlagen nicht ausreichend sind, was die Gefahr einer Monopolisierung privaten Sachverstandes bedeutet. Gerät das Parlament so tendenziell in die Situation, von externem Wissen abhängig zu sein, verschärft sich auch das staatliche Kontrolldefizit, was wiederum zu Lasten der Gemeinwohlorientierung geht. Da die Preisgabe von Wissen zudem regelmäßig als Austauschleistung gesehen wird,[653] eröffnen staatliche Wissensdefizite zusätzliche, über die von der Verfassung vorgesehene Einflussmöglichkeiten privater Akteure.

Hieraus kann aber nicht auf die generelle Unzulässigkeit kooperativen Staatshandelns geschlossen werden. Dies gilt auch vor dem Hintergrund der dargestellten Ursachen und Vorteile kooperativen Staatshandelns.[654] Die Komplexität der Gesellschaftsverhältnisse verlangt mitunter nach Lösungen, die im Rahmen des im GG vorgesehenen Handlungsspielraums nicht oder nicht ohne Nachteile für den Staat umgesetzt werden könnten. So hätte das im Atomkonsens I gefundene Ergebnis ohne die Einbeziehung der beteiligten Energiekonzerne beispielsweise zu erheblichen, den Staat belastenden Entschädigungsforderungen führen können. Gegenstand des Atomkonsens I war aber gerade auch der Ausschluss privater Ersatzforderungen. Tatsächlich hat das BVerfG im Dezember 2016 den Energiekonzernen hinsichtlich des „Ausstiegs vom Ausstieg vom Atomausstieg“ durch das nicht konsensuale Dreizehnte Gesetz zur Änderung des Atomgesetzes eine „angemessene“ Entschädigung zugesprochen.[655] Die Beibehaltung der ursprünglichen, konsensualen Lösung hätte einen solchen Ersatzanspruch ausgeschlossen.

---

652 In diesem Sinne auch Grimm, in: Offe (Hrsg.), Demokratisierung der Demokratie, 193 (203).

653 Becker, § 1, S. 39; Gusy, ZUR 2001, 1 (2 f.).

654 In der Verwaltungswissenschaft und im Verwaltungsrecht werden vor diesem Hintergrund „vorgeschaltete Besprechungen, Abstimmungen, Zusagen u. a. m.“ mitunter als unerlässlich angesehen, „um überhaupt sachgerecht planen und eine angemessene effektive Realisierung dieser Planungen gewährleisten zu können“, vgl. BVerwGE 45, 309 (317.)

655 BVerfGE 143 (246 ff.). Vgl. hierzu: Schmitz/Helleberg/Martini, NVwZ 2017, 1332.

Die mit der Kooperation einhergehende gesellschaftliche Rückkoppelung kann auch die Normakzeptanz erhöhen und damit etwaige Vollzugsdefizite abbauen. Letztendlich führt kooperatives Handeln nicht selten zu einer Entlastung des Staates.

Die Vereinbarkeit mit verfassungsrechtlichen Vorgaben ist vor diesem Hintergrund im Folgenden darzustellen:

VIII. Vereinbarkeit mit dem Grundgesetz

Die Vertretung von eigenen Interessen durch private Akteure gegenüber Legislative und Exekutive ist grundsätzlich verfassungsgemäß und fester Bestandteil eines demokratischen Staatswesens.[656] Demokratie als „Prinzip der freien und gleichberechtigten Willensbildung und Mitbestimmung in gesellschaftlichen Gruppen"[657] ist ohne die Kundgebung und Vertretung eigener Meinungen und Positionen nicht denkbar.

So hat auch das BVerfG bereits 1956 in seinem KPD-Urteil[658] festgehalten, dass „außerparlamentarische Aktionen vielfältiger Art denkbar sind, die einer legitimen Einwirkung auf das Parlament dienen können, vor allem soweit sie dazu bestimmt sind, die Abgeordneten über die bei den Wählern zu bestimmten politischen Fragen vorhandenen Meinungen zu unterrichten. An sich ist es daher verfassungsrechtlich nicht zu beanstanden, dass „Interessentengruppen" auf die Mitglieder des Parlaments einzuwirken suchen (...)."

Die vielschichtigen Versuche der Einflussnahme durch Interessenverbände sind daher auch vor dem Hintergrund des KPD-Urteils als Ausübung grundrechtlicher Freiheiten aus Art. 5 und 9 GG zu bewerten.[659] Aus dem Petitionsrecht aus Art. 17 GG folgt weiter auch für Interessenverbände die grundsätzliche Zulässigkeit, sich mit subjektiven Anliegen an die Volksvertretung zu wenden. Einen Anspruch auf Berücksichtigung der vorgebrachten Interessen oder gar Abhilfe folgt aus Art. 17 GG jedoch nicht.[660]

---

656 BT-Drs 17/6442, S. 1; in diesem Sinne äußerte sich auch der Brandenburgische Landtag in seinem Beschluss vom 24. März 2011, LT-Drs 5/2983-B.

657 Definition gem. Duden, am 19. Januar 2015 abgerufen unter: http://www.duden.de/rechtschreibung/Demokratie

658 BVerfGE 5, 85 (232).

659 Dederer, § 18, S. 467; Weber, 6.2.2, S. 174.

660 Dreier – Bauer, Art. 17 Rn. 43; Weber, 6.2.2, S. 174 f. Das Petitionsrecht des Art. 17 GG wird nur selten von Lobbyisten eingesetzt, da die Petition den direkten Einfluss, der oftmals kurzfristig notwendig ist, nicht ersetzen kann, vgl. Gerig, ZRP 2014, 247 (248).

Grundsätzlich erfährt der Lobbyismus erst dort eine Grenze, wo der Versuch der Durchsetzung eigener Interessen den Tatbestand der Abgeordnetenbestechung aus § 108e StGB erfüllt.

Den verschiedenen Formen kooperativer Rechtsetzung ist die Beteiligung privater Akteure an der Beilegung von Konflikten im Vorfeld des eigentlichen, d. h. formalen Gesetzgebungsverfahrens gemeinsam.[661] Diese Einbeziehung Privater geht über die bloße Kundgebung und Vertretung eigener Meinungen und Positionen hinaus und grenzt die kooperative Gesetzgebung damit vom herkömmlichen Lobbyismus ab. Damit wird eine intensivere Einflussnahme auf die Abgeordneten ermöglicht. Die Frage der Verfassungsmäßigkeit jenseits des klassischen Lobbyismus ist mithin nicht unter bloßem Verweis auf das KPD-Urteil zu beantworten.

Inwieweit die Prozesse der Entformalisierung und Entparlamentarisierung als Folge der als „Ausweichverhalten gegenüber der Formalität des Gesetzgebungsverfahrens“[662] beschriebenen Kooperationsformen zu einer Gefährdung der Verfassung führen, wie dies in weiten Teilen der Öffentlichkeit wahrgenommen wird,[663] ist daher im Folgenden zu untersuchen. Dabei ist zu berücksichtigen, dass die Gesetzgebungskompetenz ausweislich des Gesetzgebungsverfahrens nach Art. 76 f. GG dem Staat zugewiesen ist. Die Organe der Gesetzgebung – vornehmlich das Parlament als Hauptorgan der Gesetzgebung[664] sowie die Bundesregierung, auf die die überwiegende Zahl der Gesetzesinitiativen zurückgeht – sind gem. Art. 20 III GG wiederum an die verfassungsmäßige Ordnung und somit u. a. auch an das Demokratie- und Rechtstaatsprinzip gebunden.[665] Diese Bindung besteht auch hinsichtlich solcher Absprachen/Handlungen, die zwar ohne Rechtsbindungswillen erfolgen, jedoch auf den Erlass oder die Ersetzung einer Norm gerichtet sind,[666] wie dies bei Konsensvereinbarungen der Fall ist. Aus dem Konnex zur Verfassung folgen verschiedene Anforderungen an den (korporativen) Normsetzungsprozess.

---

661 Krüper, ZG 2009, 338 (341).

662 So Krüper, ZG 2009, 338 (341).

663 Ruffert, DVBLl. 2002, 1145, m.w.N.

664 Vgl. hierzu B.I.1.

665 Krüper, ZG 2009, 338 (341); Müller/Oschmann, ZG 2004, 355 (356).

666 Langenfeld, DÖV 2000, 929 (937); Huber, ZG 2002, 245 (250). Die gesamte Tätigkeit der Träger hoheitlicher Gewalt und ihrer Organe – und zwar unabhängig davon, in welcher Rechtsform diese tätig werden – muss gem. Art. 20 II GG zumindest mittelbar auf das Volk zurückführbar sein, vgl. nur Böckenförde, in: HStR II, § 24 Rn. 12 f.

Es stellt sich demnach die Frage, inwieweit die Kooperation des Staates mit demokratisch nicht legitimierten Akteuren in Einklang mit dem GG, insbesondere den nachfolgenden Verfassungsprinzipien, zu bringen ist.

1. Demokratieprinzip

Obgleich sich der Demokratiebegriff einer griffigen Definition entzieht,[667] ist er unmittelbar mit dem Prinzip der Volkssouveränität aus Art. 20 II 1 GG verbunden, wonach alle staatliche Gewalt auf den Volkswillen zurückführbar sein muss.[668] Staatsgewalt umfasst dabei nicht nur hoheitliches Handeln, „sondern die Wahrnehmung der dem Staat zukommenden bzw. von ihm tatsächlich in Anspruch genommenen Aufgaben insgesamt."[669]

Jeder Akt der Staatsgewalt muss auf eine Entscheidung des Volkes zurückführbar sein. Demokratie beruht danach auf der „Idee der freien Selbstbestimmung aller Bürger".[670] Daraus folgt unmittelbar, dass Demokratie die Gleichheit aller Bürger voraussetzt.[671] Demokratie stellt sich mithin als „Prinzip der freien und gleichberechtigten Willensbildung und Mitbestimmung in gesellschaftlichen Gruppen"[672] dar. Steht die Einbeziehung ausgewählter privater Akteure in die politische Willensbildung der Gleichheit und damit dem Grundsatz der Volkssouveränität entgegen?

a) Demokratische Legitimation

Die Rückführbarkeit auf den Volkswillen setzt zunächst einen ununterbrochenen Verantwortungs- und Legitimationszusammenhang zwischen Volk und Staatsorganen voraus, der durch drei sich ergänzende Komponenten demokratischer Legitimation zu verwirklichen ist. Hierzu zählen die funktionelle und institutionelle, die organisatorisch-personelle sowie die sachlich institutionelle demokratische Legitimation, die in ihrer Kombination ein ausreichendes Legitimationsniveau

---

667 Dreier – Dreier, Art. 20 (Demokratie) Rn. 60 m.w.N. Aus diesem Grund kann in der vorliegenden Arbeit nicht auf alle Details des Demokratiebegriffs eingegangen werden. Eine Herleitung des Demokratiebegriffs des Grundgesetztes unternimmt Fromme, in: DÖV 1970, S. 518 ff.

668 Dreier – Dreier, Art. 20 (Demokratie) Rn. 82 f.; Böckenförde, in: HStR II, § 24 Rn. 1 ff.; hierzu auch B.I.3.

669 Böckenförde, in: HStR II, § 24 Rn. 12.

670 BVerfGE 44, 125 (142).

671 Dreier – Dreier, Art. 20 (Demokratie) Rn. 61, m.w.N.; Unger, S. 250 ff.

672 Definition gem. Duden, am 19. Januar 2015 abgerufen unter: http://www.duden.de/rechtschreibung/Demokratie.

sicherzustellen haben.[673] Danach können einzelne Komponenten in ihrer Bedeutung hinter die anderen zurücktreten und sich wechselseitig kompensieren.[674]

Die Notwendigkeit demokratischer Legitimation beschränkt sich nicht auf den Bereich hoheitlichen Handelns, sondern erstreckt sich vielmehr auf alle Varianten staatlichen Handelns, auch sofern dies keine Außenwirkung hat.[675] Demokratische Legitimation muss danach auch bei kooperativen Handlungsformen gegeben sein. Zwar bedarf das Handeln Privater für sich genommen keiner Legitimation. Durch die Kooperation „verschmelzen [jedoch] private und staatliche Positionen zu einem einheitlichen Akt [...]. Deshalb muss der Staat den Konsens als Ganzes verantworten und legitimieren."[676]

Durch die „Verschmelzung zu einem einheitlichen Akt" werden Private zu Teilhabern an der jeweiligen staatlichen Entscheidung, ohne hierzu demokratisch legitimiert zu sein.[677] Ob die Einbeziehung privater Akteure in die staatliche Entscheidungsfindung gleichwohl mit der Notwendigkeit demokratischer Legitimation vereinbar ist, soll im Folgenden untersucht werden. Um eine genaue Beurteilung vornehmen zu können, werden zunächst die einzelnen Komponenten demokratischer Legitimation dargestellt:

aa) Funktionelle und institutionelle demokratische Legitimation

Die verfassungsrechtliche Konstituierung von gesetzgebender, vollziehender und rechtsprechender Gewalt in Art. 20 II 2 GG, durch die das Volk seine Staatsgewalt ausübt, wird dabei als funktionelle und institutionelle demokratische Legitimation beschrieben.[678] Sie sichert zugleich allen drei Gewalten die Eigenständigkeit und zeigt sich „insoweit als notwendiges Korrelat des aus dem Rechtsstaatsprinzip resultierenden Gewaltenteilungsgrundsatzes."[679] Die funktionelle und institutionelle Legitimation eröffnet für sich genommen dem einzelnen Organwalter

673 Dreier – Dreier, Art. 20 (Demokratie) Rn. 109 ff.; BVerfGE 83, 60 (72); Böckenförde, in: HStR II, § 24 Rn. 14; Voßkuhle in: HStR III, § 43 Rn. 58; Unger, S. 67 f.

674 BVerfGE 83, 60 (72); Böckenförde, in: HStR II, § 24 Rn. 14; Voßkuhle in: HStR III, § 43 Rn. 58; Dreier – Dreier, Art. 20 (Demokratie) Rn. 113.

675 Böckenförde, in: HStR II, § 24 Rn. 12.

676 Michael, § 13, S. 489.

677 Michael, § 13, S. 489.

678 Vgl. nur Dreier – Dreier, Art. 20 (Demokratie) Rn. 110; Böckenförde, in: HStR II, § 24 Rn. 15. Diese Komponente der demokratischen Legitimation ist für die Beurteilung der Verfassungsmäßigkeit kooperativen Staatshandelns nicht von Relevanz. Des Weiteren folgt aus Art. 20 II 2 GG der Grundsatz der repräsentativen Demokratie.

679 Anderl, S. 229.

und seinem Handeln jedoch kein hinreichendes Legitimationsniveau, da dies zur Verselbständigung der Staatsgewalten hinsichtlich ihrer personellen Besatzung und ihrer Tätigkeiten führen könnte. Diesbezüglich bedarf die demokratische Legitimation einer organisatorisch-personellen sowie der sachlich-inhaltlichen Komponente.[680]

bb) Organisatorisch-personelle demokratische Legitimation

Die organisatorisch-personelle demokratische Legitimation verlangt eine aus individuellen Berufungsakten bestehende „ununterbrochene Legitimationskette vom Volk zu den mit staatlichen Aufgaben betrauten Organen und Amtswaltern."[681] Die Berufung des einzelnen Amtswalters legitimiert zugleich das staatliche Organ, in dem und für das der Amtswalter handelt.[682] Das „Prinzip der individuellen Berufung der Amtswalter durch das Volk oder volksgewählte Organe"[683] ist dabei unerlässliche Voraussetzung für eine hinreichende demokratische Legitimation. Nicht notwendig ist hingegen, dass der einzelne Amtswalter seine Legitimation unmittelbar vom Volk erhält; es genügt die mittelbare Legitimation durch das Volk.[684]

Die Teilhabe privater Akteure am staatlichen Willensbildungsprozess bedeutet eine Teilhabe ohne Einbeziehung in den genannten demokratischen Legitimations- und Verantwortungszusammenhang. Das wirft die Frage auf, ob kooperatives Staatshandeln mit den Anforderungen an eine ununterbrochene Legitimationskette in Einklang zu bringen ist, namentlich ob die organisatorisch-personelle Legitimation auch nur indirekt an einer Entscheidung eines Organs beteiligten Akteure zu umfassen hat.

Nach einem in diesem Sinne verstandenen Demokratieprinzip erschienen nicht nur die Formen kooperativen Staathandelns, sondern insbesondere auch institutionalisierte Einflussnahmen über Interessenverbände verfassungswidrig.[685]

Auf die Forderung des BVerfG nach einer ununterbrochenen Legitimationskette[686] lässt sich eine derart strenge Auslegung des Demokratieprinzips nicht

---

680 Maunz/Dürig – Grzeszick, Art. 20 II Rn. 124, m.w.N.; Böckenförde, in: HStR II, § 24 Rn. 15.

681 BVerfGE 47, 253 (275); 77, 1 (40).

682 Böckenförde, in: HStR II, § 24 Rn. 16.

683 Herzog, S. 210. Hierzu unter B.I.3.

684 BVerfGE 47, 253 (275); 77, 1 (40); Böckenförde, in: HStR II, § 24 Rn. 16; Becker, § 6, S. 360.

685 In diesem Sinne auch Böckenförde, in: HStR II,§ 24 Rn. 17.

686 Vgl. insbesondere BVerfGE 47, 253 (275).

zurückführen. Die Frage, ob sich diese Forderung auf sämtliche eine Entscheidung beeinflussende Akteure beziehen muss oder nur auf das Kollegialorgan als solches, hat das BVerfG bei seinem diesbezüglichen Urteilsspruch unberücksichtigt gelassen.[687]

Gegen die zunächst genannte Interpretationsmöglichkeit spricht auch Art. 9 III GG. Zumindest Vereinigungen, die wie eine Vielzahl von Interessenverbänden der Wahrung und Förderung der Arbeits- und Wirtschaftsbedingungen dienen, stehen unter dem Schutz des Art. 9 III GG. Dieses als Koalitionsfreiheit bezeichnete Grundrecht umfasst auch das Recht, „im gesamten Bereich der Arbeits- und Wirtschaftsbedingungen die organisierten Gruppeninteressen gegenüber dem Staat und den politischen Parteien darzustellen und zu verfolgen [worunter] auch Aktionen der [Verbände], die nicht auf Mitgliederwerbung oder auf den Abschluss von Tarifverträgen gerichtet sind, sondern mit denen arbeits- oder wirtschaftspolitische Forderungen gegenüber Regierung oder Gesetzgeber vertreten werden sollen", fallen.[688] Die auch als Lobbyismus zu bezeichnende „freie Darstellung organisierter Gruppeninteressen"[689] fällt danach solange unter den Schutz des Art. 9 III GG, wie ein Bezug zu den Arbeits- und Wirtschaftsbedingungen vorhanden ist. Sofern dieser Bezug herzustellen ist, folgt für die nach Art. 9 III GG geschützten Koalitionen ein Zugangsrecht zu Abgeordneten und Regierungsmitgliedern.[690]

Ist die Vertretung von Interessen gegenüber Legislative und Exekutive danach grundsätzlich verfassungsgemäß und gehört sie zu den Wesensmerkmalen eines demokratischen Staatswesens,[691] ist eine Erstreckung des Demokratieprinzips bzw. die Notwendigkeit der organisatorisch-personellen demokratischen Legitimation hinsichtlich indirekt an einer Entscheidung beteiligter Akteure nicht gegeben. Der Einheit der Verfassung folgend hat sich zwar auch die Koalitionsfreiheit aus Art. 9 III GG als scheinbar vorbehaltlos gewährleistetes Grundrecht verfassungsimmanenten Schranken z. B. aus mit Verfassungsrang ausgestatteten Rechtsgütern wie dem Demokratieprinzip zu unterwerfen und kann mithin in

---

687 So auch Böckenförde, in: HStR II, § 24 Fn. 25.

688 BAG NJW 2005, 1596 (1597); so auch Treber, in: Schaub, Arbeitsrechts-Handbuch, § 189 Rn. 26.

689 BVerfGK 10, 244 (256).

690 Sodan, LKV 2012, 193 (200); die Abgeordneten sind zur Kontaktaufnahme jedoch nicht verpflichtet.

691 BT-Drs 17/6442, S. 1; in diesem Sinne äußerte sich auch der Brandenburgische Landtag in seinem Beschluss vom 24. März 2011, LT-Drs. 5/2983-B.

einzelnen Beziehungen eingeschränkt werden.[692] Die Anwendung des Demokratieprinzips auf lediglich indirekt an einer Entscheidung beteiligte Akteure würde das aus Art. 9 III GG folgende Betätigungsrecht gegenüber Legislative und Exekutive jedoch nicht nur begrenzen, sondern vollständig vereiteln.

Danach bedarf lediglich die Entscheidung des Organs als solchem der organisatorisch-personellen Legitimation. Diese ist solange gegeben, wie die demokratisch legitimierten Mitglieder des Organs in der Lage sind, die zu treffende Entscheidung ohne außerparlamentarische Bindungen in ihrem Sinne durchzusetzen.[693] Für die Bundestagsabgeordneten ist diese Voraussetzung durch den Grundsatz des freien Mandates und die damit einhergehende Weisungsfreiheit gegeben. Es ist daher auch nicht erforderlich, dass die demokratisch legitimierten Entscheidungsträger die Willensentschließung einer außerhalb parlamentarischer Verantwortung stehenden Stelle – z. B. eines Expertengremiums – dominieren müssen.[694]

Für diese Auffassung spricht auch, dass die organisatorisch-personelle Komponente für die demokratische Legitimation nicht die alleinige Verantwortung trägt.

cc) Sachlich-inhaltliche demokratische Legitimation

Hinzutreten muss vielmehr auch die bereits eingangs erwähnte sachlich-inhaltliche Komponente,[695] nach der die Ausübung der Staatsgewalt ihrem Inhalt nach aus dem Willen des Volkes herzuleiten ist[696]. Anderenfalls könnte sich trotz der Einsetzung der die Staatsgewalt ausübenden Personen durch das Volk eine inhaltlich vom Volkswillen divergierende Staatsgewalt durchsetzen.[697]

Die Herstellung sachlich-inhaltlicher demokratischer Legitimation erfolgt einerseits durch die Verankerung des Gesetzgebungsrechts beim Parlament als dem durch unmittelbaren Wahlakt legitimierten Repräsentationsorgan des Volkes und der nach Art. 20 III GG bestehenden Bindung aller übrigen staatlichen Organe an die so beschlossenen Gesetze. Sie erfolgt andererseits durch sanktionierte demo-

---

692 BVerfGE 84, 212 (228); 92, 26 (41); BVerfGK 10, 244 (256); BAG NJW 2005, 1596 (1597/98); Sodan, LKV 2012, 193 (200).

693 Böckenförde, in: HStR II, § 24, Rn. 19, der darauf verweist, dass eine bloße Vetoposition hierfür nicht ausreichend ist; Emde, S. 329; BVerfGE 93, 37 (67 f.); 83, 60 (74);

694 BVerfGE 83, 60 (74). Das Prinzip der doppelten Mehrheit – vgl. hierzu BVerfGE 107, 59 (88) – ist insoweit nicht einschlägig.

695 Böckenförde, in: HStR II, § 24, Rn. 23.

696 Dreier – Dreier, Art. 20 (Demokratie) Rn. 112; Böckenförde, in: HStR II, § 24, Rn. 21.

697 Böckenförde, in: HStR II (2004) § 24, Rn. 23.

kratische Verantwortlichkeit sowie der dazugehörigen Kontrolle für die Art der Wahrnehmung der eingeräumten Aufgaben.[698] Für den Abgeordneten besteht die Verantwortlichkeit unmittelbar gegenüber dem Volk, sanktioniert durch die nach Art. 38 I 1 GG periodisch widerkehrenden Bundestagswahlen. Die Regierung hat sich – sofern ein Weisungs- oder Aufsichtsrecht besteht auch für die ihr nachgeordneten Behörden und Organe – gegenüber dem Parlament zu verantworten. Die Sanktionsmöglichkeit besteht hier in Kontroll- und Abberufungsrechten des Parlaments.[699]

Beide Aspekte der sachlich-inhaltlichen Legitimation stehen ihrerseits wiederum dergestalt in einer Wechselbeziehung, dass ein Mehr an Gesetzesbindung ein Weniger an demokratischer Verantwortung auszugleichen vermag und umgekehrt.[700]

dd) Zwischenergebnis/rechtliche Bewertung

Durch das Zusammenwirken der organisatorisch-personellen und sachlich-inhaltlichen Komponenten demokratischer Legitimation kann ein ausreichendes Legitimationsniveau so auch dann erreicht werden, wenn private, nicht der Legitimationskette entspringende Akteure an der jeweiligen staatlichen Entscheidung beteiligt sind,[701] wie dies insbesondere in Fällen der kooperativen Gesetzgebung der Fall ist. Voraussetzung dafür ist eine erhöhte sachlich-inhaltliche Bindung, die z. B. durch eine inhaltlich bestimmte gesetzliche Normierung des kooperativen Handelns und/oder hinzutretende Aufsichtsbefugnisse demokratisch legitimierter Instanzen erreicht werden kann.[702] Je größer die Steuerungs- bzw. Einflussmöglichkeit durch Organe des Staates auf den Kooperationsmechanismus sind, desto direkter lässt sich die kooperative Handlung auf den Willen des Volkes zurückführen.

Jedoch scheint kooperatives Staatshandeln auch hinsichtlich der sachlich-inhaltlichen Komponente der demokratischen Legitimation Defizite zu begründen, was die demokratische Legitimation insgesamt in Frage stellt.[703] In der Regel

---

698 Maunz/Dürig – Grzeszick, Art. 20 II Rn. 122; Böckenförde, in: HStR II, § 24, Rn. 21. Die Partizipation der durch die Gesetzgebung Betroffenen an dieser ist nicht geeignet, den Verantwortungszusammenhang in legitimationsstiftender Weise zu ersetzen. In diesem Sinne auch Anderl, S. 236 f.

699 Böckenförde, in: HStR II, § 24, Rn. 21. Zur Kontrollfunktion vgl. B.I.4.

700 Böckenförde, in: HStR II, § 24, Rn. 22.

701 Böckenförde, in: HStR II, § 24, Rn. 23; Emde, S. 328.

702 Böckenförde, in: HStR II, § 24, Rn. 23.

703 Anderl, S. 239; Dederer, § 7, S. 135.

fehlt es indessen bei staatlich-gesellschaftlichen Kooperationsformen an gesetzlichen Bindungen und Steuerungsvorgaben für die behandelten Thematiken. Stattdessen führen gewöhnlich erst die unter Teilhabe der Regierung kooperativ erarbeiteten Regelungsinhalte zu einer faktischen Bindung der parlamentarischen Entscheidung, was auch mit der „Logik des parlamentarischen Regierungssystems"[704] zu begründen ist.[705]

Gleichwohl führt das Gesagte nicht zu einem Verlust der sachlich-inhaltlichen Legitimation kooperativen Regierungshandelns. Berücksichtigt werden muss nämlich der Bezugspunkt des Demokratiegebotes.[706] Dieser liegt in der Ausübung von Staatsgewalt, wozu unabhängig von der konkreten Handlungsform jedes Tätigwerden eines staatlichen Organs bzw. Funktionsträgers mit Entscheidungscharakter zu zählen ist.[707] Auch umfasst hiervon sind danach beispielsweise behördeninterne Handlungen, die die Voraussetzung für die Wahrnehmung von Amtsaufgaben schaffen oder andere Verwaltungsträger bei ihren Folgeentscheidungen rechtlich binden.[708] Bindungswirkung rechtlicher Art und damit Entscheidungscharakter kommt den Ergebnissen kooperativen Staatshandelns jedoch gerade nicht zu.[709] Entscheidungswirkung besitzt vielmehr nur die Setzung von Rechtsfolgen durch das förmliche parlamentarische Gesetzgebungsverfahren, nicht bereits der Entscheidungsprozess als solcher.[710] Die Frage der Gesetzesverabschiedung, also die Letztentscheidung, verbleibt trotz eventueller faktischer Bindungen allein beim Parlament. Insoweit ist zwischen faktischem Einfluss und rechtlicher Entscheidungsbefugnis zu differenzieren.[711] Vor diesem Hintergrund stellt sich die zunehmend angeprangerte Ratifikationssituation des Parlaments infolge kooperativer Gesetzgebung als Akt der parlamentarischen Selbstentmachtung und damit als primär politisches und nicht juristisches Pro-

---

704 Dederer, § 7, S. 136. Hierunter ist zu verstehen, dass die die Regierung tragende Parlamentsmehrheit in aller Regel der Fraktionspflicht unterliegt, vgl. hierzu B.III.2.

705 Anderl, S. 239 f. unter Bezug auf den Atomkonsens und Hartz-Kommission; Dederer, § 7 S. 135 f. am Beispiel „Bündnis für Arbeit"; dieser vertritt die Auffassung, die Ablehnung eines kooperativen Gesetzentwurfes durch die Regierungsfraktionen ähnele der Verneinung einer Vertrauensfrage nach Art. 67 I 1, 68 I 1.

706 Anderl, S. 240.

707 Böckenförde, in: HStR II, § 24, Rn. 12; so auch Mehde, AöR 127 (2002), 655 (669); BVerfGE 47, 253 (273); 83, 60 (73).

708 BVerfGE 93, 37 (68); Böckenförde, in: HStR II, § 24, Rn. 12; Dreier – Dreier, Art. 20 (Demokratie) Rn. 88.

709 Hierzu B. IV. 3a)cc), b)cc).

710 Anderl, S. 241 ff.; Böckenförde, in: HStR II, § 24, Rn. 13; Emde, S. 214 f.

711 Meßerschmidt, ZG 2004, 330 (335) unter Verweis auf die Sanktionslehre Labands.

blem dar.[712] Ein Verstoß gegen den Grundsatz der demokratischen Legitimation ist daher nicht gegeben.

Die hier vertretene Vereinbarkeit kooperativer Gesetzgebung mit dem Grundsatz der demokratischen Legitimation ist jedoch nicht mit der vollumfänglichen Vereinbarkeit mit dem Demokratiegebot gleichzusetzen.

Zu prüfen sind noch weitere Aspekte.

b) Grundsatz der gleichen Teilhabe/demokratischer Gleichheit

Die demokratische Legitimation des Abgeordneten wird ihm gem. Art. 38 I 1 GG durch allgemeine, unmittelbare, freie, gleiche und geheime Wahl verliehen. Alle Staatsgewalt geht somit vom Volke aus, Art. 20 II 1 GG. Der Abgeordnete ist in der Folge Vertreter des ganzen Volkes, wie Art. 38 I 2 GG festhält.

Das Staatsvolk stellt damit als Gesamtheit der in ihm als „politischer Handlungs- und Wirkeinheit" zusammengeschlossenen, gleichberechtigten Menschen den Ausgangspunkt demokratischer Legitimation dar.[713] Demokratie beruht danach auf der „Idee der freien Selbstbestimmung aller Bürger".[714] Daraus folgt eine untrennbare Verbindung zwischen demokratischer Legitimation und demokratischer Gleichheit.[715]

Diese demokratische Gleichheit bezieht sich auf die Ausübung der Staatsgewalt, auf die „alle der Staatsgewalt Unterworfenen den gleichen Einfluß" haben müssen[716]. Daraus folgt das Recht aller Angehörigen des Staatsvolkes auf gleiche Teilhabe an allen politischen Mitwirkungsrechten.[717] Anders als beim allgemeinen Gleichheitssatz aus Art. 3 GG sind Differenzierungen als Reaktion auf bestehende Ungleichheiten nicht zulässig; vielmehr ist alleiniger Anknüpfungspunkt „die Zugehörigkeit zur politischen Gemeinschaft des Volkes".[718]

---

712 Meßerschmidt, ZG 2004, 330 (335); Puhl, HStR III, § 48 Rn. 54.

713 Böckenförde, in: HStR II, § 24, Rn. 26. Die Zugehörigkeit zum Staatsvolk wird formell und rechtlich durch die Staatsangehörigkeit vermittelt, vgl. Böckenförde, in: HStR II, § 24, Rn. 46.

714 BVerfGE 44, 125 (142).

715 Böckenförde, in: HStR II (2004) § 24, Rn. 41; Dederer, § 12, S. 278. Die demokratische Gleichheit ist vom allgemeinen Gleichheitssatz des Art. 3 I GG zu unterscheiden.

716 BVerfGE 93, 37 (69).

717 Böckenförde, in: HStR II, § 24, Rn. 41; Dederer, § 12, S. 278 f., Mehde, AöR 127 (2002), 655 (674).

718 Böckenförde, Staat, Verfassung, Demokratie, S. 329; Mehde, AöR 127 (2002), 655 (675). Das Prinzip der geheimen Wahl schützt diesen Anknüpfungspunkt, indem es den Abgeordneten über die Identität der einzelnen Wähler im Unklaren lässt und

Die Mitwirkungsrechte des Staatsvolkes finden ihren Ausgangspunkt in dem angesprochenen Grundsatz der Wahlrechtsgleichheit aus Art. 38 I 1 GG, setzen sich gem. Art. 33 II GG im Recht auf gleichen Zugang zu öffentlichen Ämtern fort und münden schließlich im Grundsatz der Gleichheit der Abgeordneten.[719] Als Repräsentant des gesamten Volkes muss jeder Abgeordnete die gleichen Einflussmöglichkeiten auf die Entscheidungen des Parlaments haben.[720]

Die Mitwirkungsrechte finden sich zudem in den demokratischen Freiheitsrechten der Art. 5 I 1 und 2, 8 I und 9 I GG wieder.[721]

Der Grundsatz demokratischer Gleichheit widerspricht danach jeder Möglichkeit, die die politischen Mitwirkungsrechte einzelner Bevölkerungsgruppen etwa nach Steueraufkommen oder Wissensressourcen unterschiedlich gewichten würde. In der Folge erscheinen auch unterschiedliche Mitwirkungsrechte /-möglichkeiten an sich unzulässig, speziell dann, wenn sie diejenigen Bürger begünstigen, die von einer bestimmten Entscheidung oder „Ausübung von Staatsgewalt individuell betroffen sind"[722].

Kooperatives Staatshandeln, insbesondere das Auspaktieren von Gesetzen, bindet jedoch regelmäßig diejenigen in den Gesetzgebungsprozess ein, die einen besonderen Anknüpfungspunkt zum Regelungsgegenstand besitzen.

Den einbezogenen Privaten wird so zumindest faktisch eine zusätzliche Mitwirkungs- und Einflussgelegenheit hinsichtlich ihrer spezifischen Interessen eröffnet. Die Gewährung dieser weiteren Mitwirkungsmöglichkeiten knüpft nicht an das Kriterium der Volkszugehörigkeit an, sondern vielmehr an einen Bezugspunkt zum Regelungsgegenstand und damit an die Zugehörigkeit zu einem bestimmten Bevölkerungskreis oder das des Innehabens bestimmter Fachkenntnisse. Dies wirft die Frage der verfassungsrechtlichen Zulässigkeit kooperativen Staatshandeln unter dem Aspekt der demokratischen Gleichheit auf.[723]

---

damit eine Differenzierung nach Identität des Wahlers vermeidet, in diesem Sinne auch Kersten, JuS 2017, 193 (202).

719 So auch Dederer, § 12, S. 279 f.; Anderl, S. 246. Zum Status des Abgeordneten: Klein, in: HStR III, § 51.

720 Böckenförde, in: HStR II, § 24, Rn. 45; Anderl, S. 246; Dederer, § 12 S. 280. Vor diesem Hintergrund ist auch die Diskussion um die Zulässigkeit von Funktionszulagen für Abgeordnete zu sehen, vgl. hierzu Röper, DÖV 2002, 655 ff.; Maunz/Dürig – Klein, Art. 48 Rn. 170; Janz/Luckas, LKV 2015, 261 ff.

721 Dederer, § 12, S. 279 f.

722 BVerfGE 93, 37 (69); Dederer, § 12, S. 280 f.; der Grundsatz demokratischer Gleichheit unterscheidet sich insoweit vom allgemeinen Gleichheitssatz, der Rechtfertigungen von Eingriffen zulässt.

723 So auch Dederer, § 12, S. 281 sowie Anderl, S. 247.

Auch zur Beantwortung dieser Frage muss der Bezugspunkt des Demokratiegebotes berücksichtigt werden, da dieser die Reichweite des Gebots demokratischer Gleichheit bestimmt. Der Bezugspunkt liegt erst in der konkreten Ausübung der Staatsgewalt nach Art. 20 II 1 GG; hiervon sind rein vorbereitende oder beratende Tätigkeiten mangels Entscheidungscharakter nicht umfasst,[724] solange für den Abgeordneten keine rechtliche Bindungswirkung eintritt. Rechtliche Bindungswirkungen sollen und können bei den hier untersuchten Kooperationsformen für Bundestagsabgeordnete jedoch nicht eintreten.[725] Dem stehen die durch Art. 38 I 2 GG gesicherten Entscheidungsvorbehalte des Parlaments entgegen.[726]

Auch die unter dem Aspekt der demokratischen Gleichheit vorgebrachten gewichtigen Einwände gegen kooperatives Staatshandeln vermögen mithin eine Verfassungswidrigkeit nicht zu begründen.

c) Demokratische Repräsentation

Ist mit hinreichender demokratischer Legitimation gleichsam auch die formale demokratische Repräsentation gewahrt[727], bedarf die inhaltliche Repräsentation als „kontinuierliche, stets von neuem zu verwirklichende Aufgabe“[728] eine im Prozess der parlamentarischen Willensbildung stattfindende „Vermittlung auf das Allgemeine“.[729] Inhaltliche Repräsentation benötigt somit einen Willensbildungsprozess des Parlaments, der nicht von einseitig organisierten Interessen dominiert und vorentschieden werden darf. Dies setzt für sich genommen die vollständige Integration aller vom jeweiligen Regelungsgegenstand betroffenen Interessen voraus. Wo dies aufgrund des Vorbehalts der Funktionsfähigkeit korporativer Staatsgewalt oder mangelnder Organisation von Gegenpositionen nicht vollständig gewährt werden kann, rückt mithin die Gemeinwohlverpflichtung der Abgeordneten in den Vordergrund.[730] Entscheidend ist danach auch unter dem Aspekt der demokratischen Repräsentation, dass die letztendliche parlamentarische Entscheidung durch weisungsfreie Abgeordnete ausgeübt wird. Rechtlicher Anknüpfungspunkt für die Beurteilung der Vereinbarkeit koope-

---

724 BVerfGE 47, 253 (273), 83, 60 (74); Mehde, AöR, 127 (2002), 655 (676).

725 Hierzu B. IV. 3a)cc), 3b)cc).

726 In diesem Sinne auch Meßerschmidt, ZG 2004, 330 (334).

727 Dederer, § 14, S. 353.

728 Dederer, § 14, S. 348.

729 Böckenförde, in: HStR III, § 34 Rn. 46

730 Dederer spricht insoweit von der Voraussetzung einer „Neutralisierung“ der repräsentativen Interessen im Wege eines hinreichenden Interessenpluralismus, vgl. Dederer, § 14, S. 353.

rativen Staatshandelns mit dem GG ist demnach auch hier das freie Mandat, wonach eine rechtliche Bindung des Abgeordneten unzulässig ist. Hinsichtlich korporativer Staatsgewalt umfasst das freie Mandat mithin die Verpflichtung zur „Neutralisierung" der zu repräsentierenden Interessen.[731]

d) *Materieller Gehalt des Wahlrechts*

Das im Zentrum der demokratischen Willensbildung stehende Wahlrecht nach Art. 38 I 1 GG[732] gewährleistet nach einer zur Frage möglicher Kompetenzverluste des Bundestages aufgrund der Europäischen Integration getroffenen Entscheidung des BVerfG nicht nur die Möglichkeit der Teilnahme an der Wahl unter Einhaltung der verfassungsrechtlichen Wahlgrundsätze. Umfasst sei vielmehr auch die Wahrung des „grundlegenden demokratischen Gehalt[s]" der Wahl.[733] Danach folgt aus Art. 38 I GG für die in Art. 38 II GG Genannten das subjektive Recht auf Teilnahme an der Wahl und dadurch „an der Legitimation der Staatsgewalt durch das Volk [...] mitzuwirken und auf ihre Ausübung Einfluß zu nehmen."[734] Dieser demokratische Gehalt der Wahl wäre dann nicht mehr gewahrt, wenn der Einfluss des Volkes auf die Ausübung der Staatsgewalt hinter dem Einfluss organisierter Interessen zurückfällt. Dies scheint insbesondere dann der Fall zu sein, wenn das Parlament durch außerparlamentarische Vereinbarungen in seiner Entscheidungsfreiheit begrenzt wird und sich in der Folge vornehmlich darauf beschränken würde, anderenorts getroffene Entscheidungen umzusetzen.[735] Dieser Anschein drängt sich speziell bei der sog. paktierten Gesetzgebung auf,[736] wo außerhalb des Parlaments bereits Gesetzesentwürfe erarbeitet werden.

Jedoch gilt auch hier, dass der Grundsatz des freien Mandats aus Art. 38 I 2 GG dem Parlament zumindest im Rahmen der sog. Letztentscheidung die rechtliche Möglichkeit garantiert, auch auf bereits „fertige" Gesetzentwürfe inhaltlich Einfluss zu nehmen oder diese vollständig abzulehnen.[737] Ob und in welchem Umfang das Parlament von seinen Rechten letztendlich Gebrauch macht, ist kein Maßstab der Zulässigkeit kooperativer Handlungen. Mithin tangiert beispiels-

731 Dederer, § 14, S. 356.

732 So auch Dreier – Morlok, Art. 38 Rn. 51.

733 BVerfGE 89, 155 (171). Die Entscheidung erging zur Frage des Verhältnisses von Art. 23 und Art. 38 GG. Nach Ruffert, in: DVBl. 2002, 1145 (1151) überzeugt das vom BVerfG festgestellte „Aushöhungsverbot" viel eher im innerdeutschen Bereich.

734 BVerfGE 89, 155 (171 f.).

735 So auch Ruffert, in: DVBl. 2002, 1145 (1151); Anderl, S. 253.

736 Siehe hierzu: B.IV.3b)aa).

737 Anderl, S. 254.

weise auch die gesetzliche Umsetzung des Atomkonsenses nicht den materiellen Gehalt des Wahlrechts. Weder korporative Gesetzgebungspraktiken noch andere, schwächere Einflussnahmen verstoßen danach gegen Art. 38 I 1 GG.[738]

e) Ergebnis

Letztendlich sind die hier behandelten Formen der Einflussnahme auf Abgeordnete mit dem Demokratieprinzip vereinbar. Dies folgt aus dem Anknüpfungspunkt des Demokratiegebotes, der in der Ausübung der Staatsgewalt, mithin in der parlamentarischen Letztentscheidungsbefugnis liegt. Erst dieser kommt rechtliche Bindungswirkung zu. Der Grundsatz des freien Mandats aus Art. 38 I 2 GG verhindert hierbei rechtliche Bindungen des Abgeordneten und eröffnet in rechtlicher Hinsicht zugleich die Möglichkeit kooperativen Staatshandelns in seiner Janusköpfigkeit. Das Demokratiegebot umfasst danach weder einen Schutz vor faktischer Vorprägung des Parlaments noch vor „parlamentarischer Gestaltungsabstinenz im Einzelfall."[739]

Die Beantwortung der Frage, ob das Demokratieprinzip der Einbeziehung demokratisch nicht legitimierter Akteure in den staatlichen Willensbildungsprozess entgegensteht, ist danach nicht ohne Berücksichtigung des Grundsatzes des freien Mandats zu beantworten. Solange dem Abgeordneten eine rechtlich freie Entscheidungsmöglichkeit verbleibt, ist auch das Demokratieprinzip nicht verletzt. Die verfassungsrechtliche Zulässigkeit kooperativer Handlungen wird dementsprechend dann überschritten, wenn „Beratungsgremien selbst Entscheidungsfunktionen übernehmen."[740] So wäre beispielsweise eine Verfügung über das Abstimmungsverhalten einer Fraktion zur Umsetzung des außerhalb des Bundestages gefundenen Ergebnisses verfassungswidrig.

Nicht nur die zitierte Äußerungen des Altkanzlers Schröder und seines Ministers Trittin[741] im Zusammenhang mit dem Atomkonsens I erwecken den Eindruck, dass die Entscheidungsfunktion von den Beratungsgremien übernommen werden und damit die Grenze zur Verfassungswidrigkeit überschritten worden ist. Letztendlich lässt sich aber auch aus dem Umstand, dass im Falle des Atomkonsenses I das sog. Ausstiegsgesetz ohne wesentliche Änderung zu dem Vorschlag des Beratungsgremiums verabschiedet worden ist, kein zwingender Rückschluss auf einen Verstoß gegen das Demokratiegebot ableiten. Solange eine Verfügung

738 Ruffert, DVBl. 2002, 1145 (1151); Anderl, S. 254 f.

739 Ruffert, DVBl. 2002, 1145 (1151). So auch Anderl, S. 255.

740 Meßerschmidt, ZG 2004, 330 (334).

741 Hierzu s. B. IV.3b)aa).

über das Abstimmungsverhalten von Abgeordneten nicht ausdrücklich fixiert wird, besteht theoretisch auch die Möglichkeit, dass das Abstimmungsverhalten auf der Überzeugungskraft des außerparlamentarischen Regelungsvorschlages beruht.[742] Die Grenze zur Verfassungswidrigkeit ist danach hoch angesetzt und im Einzelfall zu bestimmen.

2. Rechtsstaatsgebot

Bei der Frage nach der Vereinbarung kooperativen Staatshandelns mit dem GG spielt auch das Rechtsstaatsgebot mit seinen verschiedenen Ausprägungen eine wichtige Rolle.[743] Die – insbesondere auch unter demokratischen Aspekten – zentrale Position des Parlaments wird durch das Rechtsstaatsprinzip gefestigt.

a) Gewaltenteilung und Parlamentsvorbehalt

Der aus Art. 20 II 2 GG folgende Grundsatz der Gewaltenteilung gilt als Strukturprinzip der Staatsorganisation. Dieses bezweckt die wechselseitige Begrenzung und Kontrolle staatlicher Machtausübung.[744] Gesetzgebung, vollziehende Gewalt und Rechtsprechung sind danach unterschiedlichen Zweigen der Staatsorganisation zugeordnet. Hauptorgan der Gesetzgebung ist dabei das Parlament als einzig unmittelbar vom Volk legitimiertes Organ.[745]

Diese Wahrnehmungsbefugnis soll auch durch den Vorbehalt des Gesetzes gesichert werden, der seinerseits ein fester Bestandteil des Rechtsstaatsprinzips ist.[746] Danach bedürfen Eingriffe in den Rechtskreis des Bürgers einer gesetzlichen Ermächtigungsgrundlage.[747]

---

742 In diesem Sinne auch Meßerschmidt, ZG 2004, 330 (335).

743 Rechtsstaatlichkeit bedeutet, dass die Ausübung staatlicher Macht nur auf Grundlage der Verfassung und von formell und materiell verfassungsmäßig erlassenen Gesetzen mit dem Ziel der Gewährleistung von Menschenwürde, Freiheit, Gerechtigkeit und Rechtssicherheit zulässig ist, vgl. nur Stern, Staatsrecht I, § 20 III 1, S. 781.

744 BVerfGE 30, 1 (28).

745 Siehe hierzu B.I.1. Wegen der zentralen Steuerungsfunktion der Gesetzgebung wird insoweit auch von einer „parlamentarischen Staatsleitung“ gesprochen, vgl. Herdegen, VVDStRL 62 (2003), 7 (15).

746 Köpp, S. 229 f.; ähnlich auch Dederer, § 19, S. 473. Der Gesetzesvorbehalt wird sowohl aus dem Rechtsstaats- als auch aus dem Demokratiegebot abgeleitet, vgl. nur Brohm, DÖV 1992, 1025 (1032). Zur besseren Darstellung erfolgt jedoch eine einheitliche Behandlung unter dem Punkt „Rechtsstaatsgebot“.

747 Vgl. nur Brohm, DÖV 1992, 1025 (1032); BVerfGE 49, 89 (126).

Durch die Wesentlichkeitstheorie des BVerfG[748] wird der Gesetzesvorbehalt zum Parlamentsvorbehalt erhoben. Im Anschluss daran sind unabhängig vom Merkmal des Eingriffs alle grundlegenden/wesentlichen Entscheidungen vom Parlament zu treffen, wodurch die Wahrnehmungsbefugnis des Parlaments weiter gestärkt wird. Im Umkehrschluss werden wesentliche Regelungsbereiche einer autonomen Ausgestaltung durch die Exekutive entzogen.

Der Umstand, dass auch Regelungsbereiche von grundlegender Bedeutung kooperativen Lösungswegen zugeführt werden, wirft insoweit die Frage der Vereinbarkeit mit dem Gesetzes-/Parlamentsvorbehalt auf. Den kooperativen Handlungsformen ist gemeinsam, dass die Exekutive Lösungen zum jeweiligen Regelungsgegenstand ohne Beteiligung des Parlaments sucht, indem sie den parlamentarischen Willensbildungsprozess oder eine gesetzliche Regelung an sich durch außerparlamentarischen Konsens zu ersetzen sucht. Nach Art. 76 I GG steht jedoch lediglich der Bundesregierung, dem Bundesrat oder der „Mitte des Bundestages“ das Gesetzesinitiativrecht zu, also die Befugnis zur Einbringung einer Gesetzesvorlage beim Bundestag. Hieraus folgt auch, dass die Einbringung den genannten Organen bzw. Organteilen vorbehalten ist.[749] Der Wortlaut des Art. 76 I GG lässt jedoch nicht erkennen, ob die Ermächtigung zur Gesetzesvorbereitung Bestandteil des Gesetzesinitiativrechts ist und damit ebenfalls den dort genannten Organen vorbehalten ist. Fest steht lediglich, dass die Gesetzesinitiative eine beschlussfähige Gesetzesvorlage voraussetzt, worunter ein schriftlicher, vollständig ausformulierter Normtext gemeint ist.[750] Inhaltlich enthält Art. 76 Abs. 1 GG keine Vorgaben für die Gesetzesvorlage.

Anders als noch die Weimarer Reichsverfassung unterscheidet das GG jedoch nicht zwischen der Erarbeitung und der Einbringung von Gesetzesvorlagen.[751] Zwar umfasst das Gesetzesinitiativrecht danach notwendiger Weise auch die Ermächtigung zur Gesetzesvorbereitung,[752] regelt die zeitliche Vorphase der Erstel-

---

748 BVerfGE 49, 89 (126 f.) m.w.N., hier auch zur Frage, wann eine Materie wesentlich ist. Durch die Wesentlichkeitsrechtsprechung wurde der demokratische Aspekt des Gesetzesvorbehalts gestärkt: im formellen Gesetzgebungsverfahren sind politische Entscheidungen durch das gesamte Staatsvolk demokratisch legitimiert, so dass dem demokratischen Gleichheitsgedanken in besonderer Weise Rechnung getragen wird, vgl. Unger, S. 268 m.w.N.

749 Dreier - Brosius-Gersdorf, Art. 76, Rn. 47.

750 Stern, Staatsrecht II, § 37 III, 618; v. Mangoldt/Klein/Starck – Masing, Art. 76 Rn. 60 m.w.N.

751 Dreier - Brosius-Gersdorf, Art. 76, Rn. 37, 47.

752 Dreier - Brosius-Gersdorf, Art. 76, Rn. 37; Meßerschmidt, ZG 2004, 330 (334).

lung hingegen nicht.[753] Damit „verzichtet die Verfassung für die Entstehungsphase der Gesetzesvorlagen auf eine Kanalisierung und Formalisierung der Einflüsse gesellschaftlicher Gruppen auf die Gesetzgebung."[754] Danach schließt der Art. 76 I GG für sich genommen weder den Rückgriff auf die Ministerialbürokratie noch auf externen Sachverstand aus.[755] Hierfür spricht auch, dass ohne einen verfassungsrechtlich bestimmten Initiativberechtigten keine Einbringung in den Bundestag möglich ist, wodurch eine „private Gesetzesinitiative" ausgeschlossen ist und die Gesetzesvorlage dem jeweiligen Initiativberechtigten zugeordnet werden kann. In der Folge können aus der Wesentlichkeitstheorie keine Maßstäbe für die Vorbereitung einer Gesetzesinitiative gefolgert werden.[756]

Hieraus kann jedoch unter dem Aspekt der Gewaltenteilung weder auf eine generelle Zulässigkeit der Betrauung Privater mit der Erarbeitung eines Gesetzesentwurfes noch der kooperativen Gesetzgebung insgesamt geschlossen werden. Dies gilt insbesondere dort, wo die Regierung beispielsweise unter Berufung auf Fraktionsdisziplin und/oder mit Externen getroffene Absprachen die sie tragende Parlamentsmehrheit zum Verzicht auf die Einbringung von eigenen Gesetzesinitiativen oder Gegenpositionen in den Gesetzgebungsprozess und damit in eine Ratifikationslage drängt.[757] Das Hervorrufen einer Ratifikationslage, wie es insbesondere beim Auspaktieren von Gesetzesinhalten zu Tage tritt, bewirkt eine „Egalisierungstendenz"[758] der Gewaltenteilung, indem die Exekutive der Legislative die Letztentscheidung im Gesetzgebungsprozess quasi abnimmt.

Die Wesentlichkeit einer Regelungsmaterie kann sich wiederum auch aus den Staatszielbestimmungen des GG wie Demokratie- oder Rechtsstaatsprinzip ergeben.[759] Demnach könnte durch Einschränkung der Gewaltenteilung ein Parlamentsvorbehalt mit der Folge ausgelöst werden,[760] dass bereits die Entscheidung

---

753 v. Mangoldt/Klein/Starck – Masing, Art. 76 Rn. 2 m.w.N.

754 v. Mangoldt/Klein/Starck – Masing, Art. 76 Rn. 3.

755 So auch Meßerschmidt, ZG 2004, 330 (334); Michael, § 11, S. 453. Zur Abgrenzung von interner und externer Beratung vgl. Brohm, in: HStR II, § 36 Rn. 8.

756 So auch Mehde, AöR 127 (2002), 655 (670 f.) mit dem Hinweis darauf, dass anderenfalls der Begriff des Gesetzes qualitativ angereichert würde.

757 Vereinfacht wird diese Vorgehensweise dadurch, dass die überwiegende Zahl der Regierungsmitglieder zugleich Mitglied des Bundestages ist.

758 Wortlaut stammt von Dederer, § 18, S. 463 ff.

759 Dreier – Schulze-Fielitz, Art. 20 (Rechtsstaat) Rn. 126; so i.E. auch Dederer, § 18, S. 468, § 19, S. 475; a.A. Jarass/Pieroth, Art. 20 Rn. 76.

760 So auch Köpp, S. 230 f. m.w.N.

zum Ob und Wie der Kooperation eines Parlamentsgesetzes bedürfte, um die „Egalisierungstendenzen" abzufangen.

Hinsichtlich normvorbereitender Absprachen bleibt unter Bezugnahme auf den Grundsatz des freien Mandats jedoch auch hier festzustellen, dass das Parlament die jeweilige Letztentscheidung frei von *rechtlichen* Bindungen treffen kann; ein Verstoß gegen den Grundsatz der Gewaltenteilung und den Parlamentsvorbehalt ist mithin nicht gegeben.[761] Letzterer verlangt lediglich die gesetzliche Regelung wesentlicher Materien. Voraussetzungen an die Art und Weise der Vorbereitung des Gesetzes werden nicht gestellt, womit auch die Praxis des „Gesetzgebungsoutsourcings" insoweit zulässig ist.[762] Dies gilt auch im Hinblick auf den Gewaltenteilungsgrundsatz, der Gewichtsverlagerungen zu Lasten des Parlaments solange nicht ausschließt, wie es die zur Erfüllung der verfassungsmäßig vorgesehenen Kompetenzen erforderlichen Befugnisse behält.[763]

Einer genaueren Betrachtung bedarf es jedoch hinsichtlich der sog. normersetzenden Absprachen, da dort die (vorläufige) Vermeidung einer rechtlichen Regelung beabsichtigt ist. Mitunter werden so auch wesentliche Entscheidungen ohne Beteiligung des Parlaments getroffen. Eine gesetzliche Regelung bleibt in der Folge aus.

Zu fragen ist demnach, ob dem Recht zur Gesetzesinitiative im Allgemeinen oder dem Parlamentsvorbehalt im Speziellen die Unzulässigkeit normersetzender Absprachen hinsichtlich wesentlicher Materien oder gar eine Pflicht zur Einleitung des Gesetzgebungsverfahrens seitens *der Exekutive* folgt. Dies könnte dann der Fall sein, wenn wesentliche Bereiche anderenfalls unnormiert blieben.

b) Pflicht zur Einleitung des Gesetzgebungsverfahrens?

Eine solche Pflicht der Exekutive ist im Ergebnis ebenso zu verneinen wie die Unzulässigkeit normersetzender Absprachen. Unabhängig von der Frage, ob normersetzenden Absprachen zwischen den unmittelbar Beteiligten rechtliche Bindungswirkung zukommt, sind auch normersetzende Absprachen jedenfalls nicht dazu geeignet, den Abgeordneten rechtlich zu binden. Nach dem Grundsatz des freien Mandats aus Art. 38 I 2 GG ist eine rechtliche Bindung des Abge-

761 So auch Anderl, S. 264 sowie Brohm, in: HStR II, § 36 Rn. 42.

762 Anderl, S. 265, v. Mangoldt/Klein/Starck – Masing, Art. 76 Rn. 2 m.w.N. So im Ergebnis auch Maunz/Dürig – Kersten, Art. 76 Rn. 41, jedoch mit der berechtigten Forderung nach einer klaren und transparenten Regelung des Outsourcings in der GGO.

763 BVerfGE 34, 52 (59); Puhl, in: HStR III, § 48 Rn. 52 f. unter Hinweis auf BVerfGE 95, 1 (15).

ordneten nicht mit dem GG vereinbar.[764] Gem. Art. 76 I GG steht neben der Bundesregierung auch Bundestag und Bundesrat ein Gesetzesinitiativrecht zu. Es ist den Abgeordneten mithin trotz etwaiger normvermeidender Absprachen der Exekutive rechtlich nicht verwehrt, von ihrem Gesetzesinitiativrecht Gebrauch zu machen und die für die zu regelnde Materie relevanten Fragen so im Parlament auszutragen. In rechtlicher Hinsicht kann das Parlament so seiner Stellung und Funktion genügen.[765] Eine lediglich die Exekutive als Kooperationspartei treffende Pflicht zur Gesetzesinitiative folgt aus dem Parlamentsvorbehalt demnach nicht, da die Behandlung wesentlicher Regelungsbereiche auch bei „Untätigkeit" der Regierung möglich ist.[766]

Für das Parlament besteht neben der Ausübung des Gesetzesinitiativrechts zur Darstellung von Gegenpositionen die Möglichkeit, sich im Wege des Beschlusses nach Art. 42 II GG zur normvermeidenden Absprache zu bekennen. Die Handlungsform des Beschlusses ermöglicht dem Bundestag seinen ganzheitlichen Willen festzustellen. Gegenstand eines Beschlusses des Bundestages kann alles sein, wozu der Bundestag seine Meinung oder seinen Willen bekunden möchte.[767] Darüber hinaus steht den Abgeordneten gem. § 75 I GO-BT ein Antragsrecht zu, dem gem. § 78 GO-BT eine Beratung im Parlament zu folgen hat.[768]

Mithin kann aus dem Parlamentsvorbehalt auch keine allgemeine Pflicht zur Ausübung des Gesetzesinitiativrechts, wohl aber eine Pflicht zur parlamentarischen Willensäußerung gefolgert werden.[769] Damit wird desgleichen dem Zweck der Gewaltenteilung genüge getan. Auch normersetzende Absprachen stehen danach nicht im Widerspruch zu Gesetzesvorbehalt und Gewaltenteilung. Dies gilt ebenfalls für wesentliche Regelungsbereiche.

---

764 Vgl. hierzu B.III. 2a).

765 Becker, § 5, S. 285.

766 Soll lediglich eine Rechtsverordnung vermieden werden, ist dies bereits insoweit unbedenklich, als die (gesetzliche) Ermächtigung zum Erlass einer Rechtsverordnung bereits eine Willensäußerung des Parlaments einschließt und daher die Befugnis zum Abschluss einer Absprache als „Minus" umfasst, vgl. Köpp, S. 232.

767 Maunz/Dürig – Klein, Art. 42 GG Rn. 80, 82.

768 Vgl. hierzu B.II.1c)

769 So auch Köpp, S. 234. Dementsprechend besteht keine Pflicht zur Rechtsetzung; vielmehr ist das Parlament grundsätzlich befugt, einen gesetzlichen Regelungsbedarf zu verneinen, sofern ein gesetzlich regelbares Verhalten in anderer Weise gesteuert werden kann, so Kirchhof, in: HStR III, § 59 Rn. 158. Zur Frage eventueller Gesetzgebungspflichten, B.VIII.2d).

c) *Verfassungsorgantreue*

Der angesprochene Gewaltenteilungsgrundsatz wird von dem ungeschriebenen, jedoch umfassend anerkannten[770] Grundsatz der Verfassungsorgantreue als Komplementärprinzip regulierend ergänzt.[771] Dieser besagt, dass einzelne Verfassungsorgane bei Wahrnehmung ihrer verfassungsmäßigen Kompetenzen auf Befugnisse und Interessen anderer Verfassungsorgane Rücksicht zu nehmen haben,[772] um dem jeweils anderen Verfassungsorgan die ungehinderte Wahrnehmung seiner Befugnisse zu ermöglichen. Danach sind auch Regierung und Parlament und infolge des parlamentarischen Regierungssystems auch die die Regierung tragende Parlamentsmehrheit und die oppositionelle Parlamentsminderheit zur gegenseitigen Rücksichtnahme verpflichtet.[773]

aa) *Gesetzgebung*

Es stellt sich mithin die Frage, ob das eingangs beschriebene Hervorrufen politischer Bindungen bzw. politischen Handlungsdrucks durch normersetzende oder normvorbereitende Absprachen der Regierung das Prinzip der Verfassungsorgantreue insoweit verletzt, als der Bundestag in seiner parlamentarischen Gesetzgebungsfunktion nach Art. 77 I GG zumindest *faktisch* präjudiziert wird.

Wie bereits festgestellt, ist es der Bundesregierung im Grundsatz unbenommen, im Rahmen ihres Gesetzesinitiativrechts auf außerparlamentarischen Sachverstand zurückzugreifen.[774] Aufgrund der Komplexität der Gesellschaftsverhältnisse ist eine sachgerechte Lösung mangels eigener Expertise der Bundesregierung ohne Erschließung außerparlamentarischer Wissensressourcen oftmals auch nicht möglich.[775]

Bei Beantwortung der aufgeworfenen Frage ist demnach zu berücksichtigen, dass nicht nur das Parlament sondern auch die Regierung bzw. die die Regierung tragende Parlamentsmehrheit zur Erfüllung ihrer verfassungsmäßig zugesprochenen Aufgaben auf außerparlamentarisches Wissen angewiesen sein können.

---

770 Voßkuhle, NJW 1997, 2216 (2217).

771 Ruffert, DVBl. 2002, 1145 (1153).

772 BVerfGE 35, 193 (199); 36, 1 (15); 45, 1 (39); 97, 350 (375).

773 Anderl, S. 257 f.; Becker, § 5, S. 282.

774 Vgl. hierzu B.VIII.2a).

775 Vgl. hierzu auch V.1.

α) Interne Beratungen

An der Verfassungsmäßigkeit sog. interner Beratungen, insbesondere durch die der Regierung bzw. den einzelnen Ministerien unterstellten Ministerialverwaltungen, bestehen dabei keine verfassungsrechtlichen Zweifel.[776]

Vergleichbar mit normvorbereitenden Absprachen stellt in aller Regel ein in der Ministerialbürokratie erarbeiteter Gesetzentwurf ebenso das Ergebnis eines umfassenden Abwägungsprozesses dar, der parlamentarischen Änderungsvorschlägen wegen der in Ausgleich gebrachten Interessen nur bedingt zugänglich ist.[777] Auch jenseits kooperativer Absprachen können sich demnach – in verfassungsrechtlich zulässiger Weise – Bindungen bzw. inhaltliche Vorprägungen der Abgeordneten ergeben, die einerseits auf einen Wissensvorsprung der Berater, andererseits auf die politische Übereinstimmung von Parlamentsmehrheit und Regierung zurückzuführen sind. Daraus folgt ein vergleichbares Maß an inhaltlicher Vorprägung und faktischer Bindung wie bei kooperativen Absprachen.[778]

β) Externe Beratungen und Verhandlungen

Ein wesentlicher Unterschied hierzu ergibt sich dennoch aus der Einbeziehung interner Berater in die demokratische Legitimationskette.[779] Jedoch wurde festgestellt, dass sich auch kooperative Absprachen in den demokratischen Verantwortungs- und Legitimationszusammenhang zwischen Volk und Staatsorganen einfügen.[780] Die Vereinbarkeit kooperativer Absprachen mit dem Demokratieprinzip folgt dagegen letztendlich lediglich aus dem Fehlen rechtlicher Bindungsmöglichkeiten des Abgeordneten und ist folglich nicht dazu geeignet, die Frage nach der Vereinbarkeit faktischer Bindungen mit dem Prinzip der Verfassungsorgantreue zu beantworten.

Weder aus der Zulässigkeit interner Beratung noch aus der Vereinbarkeit externer Beratung / Gesetzesvorbereitung mit dem Demokratieprinzip kann dem-

776 Becker, § 5 S. 283; Mehde, AöR 127 (2002), 655 (666). Für das Gesetzgebungsverfahren auf Gemeindeebene hat das BVerwG entschieden, dass gewisse Bindungen zulässig seien, sofern sie in der Natur der Sache lägen, vgl. BVerwGE 45, 309 (316 f.).

777 Anderl, S. 191. Bereits durch Koalitionsvereinbarungen können sich Präjudizen ergeben, vgl. nur Kloepfer, ZG 2010, 346 (351).

778 So Becker, § 5, S. 283.

779 A.A. Becker, § 5, S. 283 f. Dieser vertritt seine Auffassung mit dem Argument, dass die demokratische Legitimation der Ministerialbürokratie gegenüber der des Parlaments lediglich nachrangig sei und es daher keinen Unterschied mache, von wem eine Bindung des Parlaments ausgehe.

780 Siehe hierzu B.VIII.1e).

nach die generelle Zulässigkeit kooperativer Gesetzgebung gefolgert werden. Wo neben den beschriebenen Wissensdefiziten des Abgeordneten und der politischen Rückbindung der Regierung bei der Parlamentsmehrheit noch verbindliche Verhandlungsergebnisse zwischen der Exekutive und Privaten vorliegen, sind die Einflussmöglichkeiten des Abgeordneten auf den letztendlichen Gesetzesinhalt noch weit geringer[781]. Die Letztentscheidung über den Gesetzesinhalt wird dem Parlament faktisch entzogen, indem die abschließende Interessenvermittlung vor- bzw. ausgelagert wird.

γ) Vorverlagerung der Interessenvermittlung

Art. 77 I GG setzt einer solchen Vorverlagerung neben institutionellen auch prozedurale Grenzen.[782] Die dem Bundestag durch das Grundgesetz übertragenen Aufgaben sind grundsätzlich nicht delegationsfähig.[783] In einer parlamentarischen Demokratie kann die Legislative danach zwar wohl zum Erlass bestimmter Gesetze, nicht aber zum Erlass eines Gesetzes von ganz bestimmtem Inhalt verpflichtet werden,[784] wofür auch der Grundsatz des freien Mandats spricht. Dem Parlament muss danach auch bei kooperativer Gesetzgebung ein entscheidender Einfluss erhalten bleiben.[785]

Mithin verstoßen kooperative Absprachen dann gegen das Prinzip der Verfassungsorgantreue, wenn das Verhandlungsergebnis keinen Änderungen durch das Parlament zugänglich. Sofern das Parlament vor der Situation steht, dem Verhandlungsergebnis vorbehaltlos zuzustimmen oder es in Gänze abzulehnen, liegt eine unzulässige faktische Präjudizierung des Parlaments vor.[786]

---

781 So auch Becker, § 5, S. 284.

782 Krüper, ZG 2009, 338 (341); Pasemann/Baufeld, ZRP 2002, 119 (122); Michael, § 11, S. 454 mit Verweis darauf, dass die Bundesregierung den Bundestag nur gem. Art. 59 II GG oder in einem entsprechenden Fall zu einem Zustimmungsorgan degradieren darf.

783 Kloepfer, ZG 2010, 346 (351), der betont, dass nicht nur formelle, sondern zumindest eingeschränkt auch die materielle Delegation unzulässig ist.

784 BVerfGE 6, 257 (265).

785 Kloepfer, ZG 2010, 346 (351).

786 In diesem Sinne auch Michael, § 11, S. 453 ff. sowie Kloepfer, ZG 2010, 346 (351); Grimm, in: Wingert/Günther (Hrsg.), S. 489 (503). a. A. Anderl, S. 261 sowie Becker, § 5, S. 285, der betont, Ergebnis und Vorgang parlamentarischen Handelns dürften nicht vermengt werden. Dem ist jedoch entgegen zu halten, dass die faktische Bindung des Parlaments nicht nur das Ergebnis parlamentarischen Handelns betrifft, sondern auch den Vorgang an sich. Die faktische Vorprägung des Parlaments schwächt auch den parlamentarischen Diskurs.

Dies ist anders ausgedrückt dort der Fall, wo das Verhandlungsergebnis bzw. die darin enthaltenen gegenseitigen Zusagen nicht umsetzbar sind, wenn die Absprachen nicht eins-zu-eins umgesetzt werden.[787] In einem solchen Fall würde der Bereich der Gesetzesvorbereitung verlassen und das Parlament zum Erlass eines Gesetzes von ganz bestimmtem Inhalt verpflichtet werden. Derartige Verpflichtungen sind mit der zitierten Rechtsprechung des BVerfG nicht in Einklang zu bringen. Umgekehrt darf aber aus einer eins-zu-eins-Umsetzung nicht zwangsläufig auf einen Verstoß gegen das Prinzip der Verfassungsorgantreue geschlossen werden. Unterbliebene Änderungen können vielmehr ein Resultat der Qualität und Überzeugungskraft des Gesetzentwurfes sein.

δ) Rechtsbindungswille

Es ist demnach am Einzelfall zu bestimmen, ob eine Verfassungswidrigkeit aufgrund unzulässiger Vorprägung des Parlaments vorliegt. Hierbei ist zuvörderst zu berücksichtigen, ob der jeweiligen Vereinbarung ein Rechtsbindungswille zu Grunde liegt, was nicht nur an den Formulierungen, sondern auch an Intention und Inhalt der jeweiligen Vereinbarung festzumachen ist.[788]

Erscheint danach die Gesetzesvorbereitung durch Expertengruppen oder Beauftragte Dritte unter dem Aspekt der Verfassungsorgantreue noch unproblematisch, schwebt jedoch insbesondere über paktierten Gesetzgebungsvorhaben das Damoklesschwert der verfassungsrechtlichen Unzulässigkeit. Obgleich auch die in Expertenkommissionen gefundenen Ergebnisse Kompromisscharakter haben, ist deren Bindungswirkung für das Parlament bzw. die die Regierung stützende Parlamentsmehrheit weniger intensiv als im Fall der paktierten Gesetzgebung.[789] Dies folgt einerseits daraus, dass eine Kompromissfindung in Expertengremien primär auf gesellschaftlicher Ebene stattfindet, im Falle der paktierten Gesetzgebung hingegen auch zwischen Exekutive und gesellschaftlichen Gruppen.[790]

787 In diesem Sinne auch Michael, § 11, S. 453, der von unzulässigem politischem Druck auf das Parlament spricht.

788 So auch Becker, S. 237 ff.; der Rechtsbindungswille der Beteiligten ist von der Rechtsverbindlichkeit der Absprache abzugrenzen. Danach ist ein Rechtsbindungswille nicht allein deswegen auszuschließen, weil dadurch rechtlich Unmögliches versprochen würde, vgl. ders., S. 239. Zum Vorliegen eines Rechtsbindungswillens, vgl. B. IV. 3b)cc).

789 So auch Anderl, S. 261.

790 Siehe hierzu B.IV.3b. Im Falle des Atomkonsenses sah das staatlich-gesellschaftliche Verhandlungsergebnis zudem eine Entschädigungspflicht vor, die die Entscheidungsfreiheit des Parlaments weiter einschränkte.

Andererseits besteht im Falle paktierter Gesetzesvorbereitung regelmäßig ein Rechtsbindungswille zwischen den Beteiligten. Ein Vergleich zwischen den Ergebnissen bei der Umsetzung des Atomkonsenses und der Hartz-Kommission bestätigt das. Zum einen erfolgten bei der Umsetzung des Atomkonsenses im Gegensatz zur Hartz-IV-Gesetzgebung nur marginale Änderungen, zum anderen lassen bereits die zitierten Äußerungen von Kanzler Schröder und Minister Trittin auf einen Rechtsbindungswillen schließen. Die geäußerte Intention der „Vereinbarung zwischen der Bundesregierung und den Energieversorgungsunternehmen vom 14. Juni 2000“ wird auch an deren Inhalt deutlich, wenn es unter Punkt V.2. heißt: „Die Beteiligten schließen diese Vereinbarung auf der Grundlage, dass das zu novellierende Atomgesetz einschließlich der Begründung die Inhalte dieser Vereinbarung umsetzt.[791]

Normvertretende Absprachen basieren ebenfalls auf Kompromissfindung im Rahmen staatlich-gesellschaftlicher Verhandlungen, in deren Rahmen die Parteien bestimmte Verpflichtungen zusagen und mitunter auch Kontrollmechanismen zur Überwachung der Einhaltung der Vereinbarung festhalten.[792] Die Fixierung konkreter Kontrollmechanismen (Monitoring) für die Einhaltung einer Vereinbarung ist sicheres Indiz ihrer rechtlichen Verbindlichkeit.

Für eine unzulässige Vorprägung des Parlaments im Rahmen normvertretener Absprachen spricht daneben der Umstand, dass dem Parlament aufgrund der Besonderheiten der Kooperationsart nur die Möglichkeit bleibt, die ausgehandelte Kompromissentscheidung samt Verzicht auf Einbringung einer Gesetzesinitiative zu akzeptieren oder eine solche einzubringen und das Verhandlungsergebnis damit zu torpedieren.

ε) Rechtsverordnungen

Von einer illegitimen Vorprägung des Parlaments kann hingegen dort nicht ausgegangen werden, wo lediglich eine Rechtsverordnung ersetzt werden soll, zu dessen Erlass die Exekutive aufgrund eines entsprechenden Ermächtigungsgesetzes befugt gewesen ist. Insoweit wird nämlich nicht in den Hoheitsbereich des Parlaments eingegriffen, da dieses beim Erlass des zugrundeliegenden Ermächtigungsgesetzes mitwirken konnte. Ein Verstoß gegen den Grundsatz der Verfassungsorgantreue scheidet daher insoweit aus.

---

791 So auch Becker, S. 237 ff., der zutreffend die Detailliertheit des Atomkonsenses als weiteres Indiz für den Rechtsbindungswillen der Beteiligten benennt. Zu den zitierten Äußerungen vgl. B.IV.3b)aa).

792 Siehe hierzu B.IV.3a.

bb) Kontroll- und Öffentlichkeitsfunktion

Nicht nur das Gesetzgebungsrecht des Parlamentes wäre durch einen faktischen Entzug der parlamentarischen Letztentscheidung beeinträchtigt, sondern auch dessen Kontrollfunktion,[793] die das parlamentarische Regierungssystem entscheidend prägt.[794] Wo die eigentliche Vermittlung widerstreitender Interessen ohne Beteiligung oder gar Kenntnis des Parlaments durch Kooperation mit Privaten stattfindet, wird dem Parlament die Möglichkeit genommen, sich mit dem jeweiligen Anliegen und verfolgten Interessen kompetent auseinanderzusetzen und in einem ergebnisoffenen Diskurs wirksam Gegenargumente einzubringen sowie dem Volk zu vermitteln. Hierdurch wird zugleich die Öffentlichkeitsfunktion des Parlaments aus Art. 42 GG tangiert sowie der Dialog mit der Bevölkerung und damit die Teilhabe an der politischen Willensbildung beeinträchtigt.[795]

Jedoch dürfen aus der Voraussetzung der bürgerschaftlichen Teilhabe am Prozess der politischen Willensbildung keine zu strengen Anforderungen hinsichtlich kooperativer Praktiken gezogen werden, wie ein Vergleich zum eigentlichen Gesetzgebungsverfahren zeigt: Hier wird ein Gesetzentwurf nach der ersten Lesung im Parlament an einen zuständigen Ausschuss überwiesen, der gem. 69 I 1 GO-BT unter Ausschluss der Öffentlichkeit berät.

Dem Parlament muss jedoch seitens der Regierung zumindest offengelegt werden, wenn Private an der Gesetzesvorbereitung oder gesetzesvermeidenden Normierung beteiligt werden.[796] Nur so ist es dem Parlament möglich, die ausreichende Berücksichtigung des Gemeinwohls (öffentlich) zu überprüfen. Das Gebot der Verfassungsorgantreue setzt mithin zur Wahrung der parlamentarischen Kontrollkompetenz ein Mindestmaß an Transparenz und Öffentlichkeit voraus, deren Nichtbeachtung einen justiziablen Verstoß darstellt.

d) Gesetzgebungspflichten

Obgleich aus Art. 76 I GG keine generelle Pflicht zur Gesetzesinitiative folgt,[797] können anderweitige Verfassungsbestimmungen nicht nur das Initiativermessen zu einer Initiativpflicht verengen, sondern auch die Obliegenheit zum Erlass von

793 So auch Becker, § 5, S. 285. Betroffen ist hier insbesondere die mitwirkende Kontrolle.
794 BVerfGE 67, 100 (130).
795 Das Recht zur Teilhabe an der politischen Willensbildung erschöpft sich nicht im Wahlgang, vgl. BVerfGE 20, 56 (98).
796 In diesem Sinne auch Becker, § 5, S. 286.
797 Vgl. hierzu B.VIII.2b).

Gesetzen beinhalten.[798] Das GG verpflichtet beispielsweise durch die Formulierung „das Nähere regelt ein Bundesgesetz“ in Art. 4 III 2 oder 41 III GG den jeweiligen Bereich durch gesetzliche Regelungen zu normieren, woraus ein konkreter Gesetzgebungsauftrag folgt.[799] Solche verfassungsrechtlichen Verpflichtungen zum Erlass von Gesetzen können sich unter anderem auch aus Staatszielbestimmungen (z. B. Art. 3 II 2 GG) oder Urteilen des BVerfG ergeben.[800] Letzteres folgt aus § 31 I BVerfGG, wonach Entscheidungen des BVerfG u. a. die Verfassungsorgane des Bundes und der Länder binden.

Nicht abschließend geklärt ist, ob auch aus grundgesetzlichen Schutzpflichten eine Gesetzgebungspflicht oder lediglich eine Handlungspflicht, der mit normvermeidenden Absprachen genüge getan wäre, erwächst.[801] Schutzpflichten sollen den jeweiligen Schutzgegenstand des GG vor Verletzungen und Gefährdungen schützen, die nicht vom Staat ausgehen.[802] Bei ihrer Erfüllung dieser Schutzfunktion spricht das BVerfG der öffentlichen Gewalt einen weiten „Einschätzungs-, Wertungs- und Gestaltungsspielraum“ zu,[803] den es durch das sog. Untermaßverbot beschränkt.[804] Danach sind Maßnahmen, die „gänzlich ungeeignet oder völlig unzulänglich“ sind, nicht ausreichend.[805] Konkrete Handlungsvorgaben, die die Schutzpflicht zu einer Gesetzgebungspflicht verengen würden, sind demnach im Grundsatz nicht aufgestellt.[806] Auch die Wesentlichkeitstheorie bringt keine Gesetzgebungspflicht hervor, da die Bewertung der Wesentlichkeit im Ermessen des Parlamentes steht.[807]

---

798 So auch Dreier – Brosius-Gersdorf, Art. 76 Rn. 38; Schneider, § 5 Rn. 94.

799 So auch Köpp, S. 193; Leven, S. 59 mit einer Zusammenstellung weiterer grundgesetzlicher Bestimmungen, die ein Gesetz voraussetzen und dem Hinweis, dass teilweise über die legislative Verpflichtung an sich auch zusätzliche Anforderungen an das zu erlassende Gesetz gestellt werden. So heißt es z. B. in Art. 12a II 3 GG: „Das Nähere regelt ein Gesetz, das die Freiheit der Gewissensentscheidung nicht beeinträchtigen darf und auch eine Möglichkeit des Ersatzdienstes vorsehen muß, die in keinem Zusammenhang mit den Verbänden der Streitkräfte und des Bundesgrenzschutzes steht.“

800 So auch Dreier – Dreier, Vorb. Rn. 102; Dreier – Brosius-Gersdorf, Art. 76 Rn. 38.

801 Vgl. hierzu Köpp, S. 194 ff.; Dreier – Dreier, Vorb. Rn. 101 ff.

802 Jarass/Pieroth – Jarass, Vorb. vor Art. 1 Rn. 8. Allgemein zu grundrechtlichen Schutzpflichten vgl. Klein, NJW 1989, 1633 ff. sowie Jarass/Pieroth – Jarass, Vorb. vor Art. 1 Rn. 8 ff.

803 BVerfGE 125, 39 (78).

804 Dreier – Dreier, Vorb. Rn. 103.

805 BVerfGE 77, 170 (215).

806 So allgemein Dreier – Dreier, Vorb. Rn. 103.

807 So auch Leven, S. 62.

An die Darlegungen schließt sich die Frage nach der Zulässigkeit normvermeidender Absprachen in den entsprechenden Sachbereichen auf. Wo eine ausdrückliche Pflicht zur Gesetzgebung besteht, ist jedenfalls kein Raum für normvertretene Absprachen.[808] Im Bereich grundrechtlicher Schutzpflichten trifft dies bereits aus dem Grund zu, dass normvermeidende Absprachen in aller Regel ohne Rechtsbindungswillen abgeschlossen werden und daher im Zweifel nicht gerichtsfest sind.[809] Die Gefährdung von Grundrechtspositionen, zumindest aber ein konkreter Grundrechtseingriff muss jedoch gerichtlich abwehrbar sein und erfordert insofern ein einheitliches Schutzniveau und Rechtssicherheit.[810] Danach kann grundrechtlichen Schutzpflichten nicht durch normvermeidende Absprachen Genüge getan werden.

Hinsichtlich der anderweitigen Gesetzgebungspflichten ist zunächst ihr Adressat auszumachen. Entsprechend der grundgesetzlichen Aufgabenverteilung ist das Parlament in seiner Gesamtheit Hauptorgan der Gesetzgebung.[811] Eine Pflicht zur Gesetzgebung bindet mithin das Parlament als Legislative, nicht jedoch die Bundesregierung als Exekutive. Daraus kann lediglich die Unzulässigkeit normvermeidender Absprachen unter Beteiligung des Parlaments gefolgert werden.[812]

Die Unzulässigkeit normvermeidender Absprachen, an denen auf staatlicher Seite lediglich die Exekutive beteiligt ist, kann aus den grundgesetzlich festgelegten Gesetzgebungspflichten jedoch nicht unmittelbar gefolgert werden. Dies auch vor dem Hintergrund, dass die Exekutive die Legislative rechtlich nicht von der Ausübung ihres Gesetzesinitiativrechts abhalten kann. Bereits faktische Bindungen des Parlaments bzw. der die Regierung tragenden Parlamentsmehrheit bewirken jedoch, dass absprachewidrige Gesetze in aller Regel nicht mehrheitsfähig sind. Demnach sind normvermeidende Absprachen der Exekutive geeignet, die grundgesetzlichen Gesetzgebungspflichten zu vereiteln.[813] Unter Berücksichtigung des zum Grundsatz der Verfassungsorgantreue Herausgearbeitetem ist es der Exe-

---

808 So auch Oebbecke, DVBl. 1986, 793 (796).

809 Hierzu B.IV.3a)cc).

810 Dies lässt Köpp außer Acht, wenn bezüglich der Zulässigkeit normvertretender Absprachen nach der jeweiligen Gefährdungslage und dem danach erforderlichen Schutzniveau unterscheidet, vgl. ders., S. 197.

811 Hierzu B.I.1. Etwas anderes gilt für die Haushaltsgesetzgebung nach Art. 110 II GG, für die sich aus dem verfassungsrechtlichen Kontext mit Art. 110 III, 111, 113 I, 114 I GG eine Gesetzgebungspflicht der Bundesregierung ergibt, vgl. Leven, S. 60 f. Hier sind normvermeidende Absprachen generell unzulässig.

812 Köpp, S. 193.

813 So auch Köpp, S. 194.

kutive jedoch verwehrt, der „Erfüllung grundgesetzlicher Pflichten durch andere Staatsgewalten entgegenzuwirken".[814] Ein ausdrücklicher Gesetzgebungsauftrag des Grundgesetzes bewirkt demnach nicht nur die Unzulässigkeit normvermeidender Absprachen der Legislative, sondern auch der Exekutive.

Exkurs: Art. 288 AEUV

Die Einbindung der Bundesrepublik in die EU verlangt die Berücksichtigung von EU-Recht. Nach Art. 288 AEUV bedürfen Richtlinien der EU - entgegen Verordnungen und Empfehlungen, die unmittelbare Wirkung entfalten - der nationalen Umsetzung. Die Umsetzung verlangt die vollständige Erreichung des Richtlinienziels.[815] Daraus resultiert die Frage, ob normvermeidende Absprachen dieser Umsetzungspflicht genügen.

Obgleich der Wortlaut des Art. 288 III AEUV für die Zulässigkeit normvermeidender Absprachen spricht, wurde die Frage lange Zeit kontrovers diskutiert.[816] Inzwischen kann die Rechtsprechung des EuGH zu den Mitteln der Richtlinienumsetzung als gefestigt angesehen werden.[817] Danach verlangt die Umsetzung zwar nicht zwangsläufig ein Tätigwerden des formellen Gesetzgebers.[818] Rechtssicherheit und Rechtsklarheit müssen jedoch - auch vor dem Hintergrund der Verpflichtung aus Art. 4 III 2 EUV zur Ergreifung geeigneter Maßnahmen - zur vollständigen Erreichung des Richtlinienziels grundsätzlich gewährleistet sein.[819] Hierzu gehört auch die Pflicht zur transparenten Umsetzung.[820] Auf normvermeidende Absprachen bezogen folgt hieraus, dass diese der Umsetzungspflicht nur insoweit genügen, als sie hinreichend verbindlich sind und ggf. vorhandene subjektive Rechte im innerstaatlichen Bereich sicher gewährleisten.[821] Zudem müssen die Absprachеergebnisse öffentlich zugänglich sein.

---

814 Köpp, S. 194 unter Hinweis auf BVerfGE 8, 210 (216 f.); 25, 167 (173).

815 Calliess/Ruffert, Art. 288 Rn. 27.

816 Vgl. hierzu Köpp, S. 201 f., m.w.N.

817 Callies/Ruffert, Art. 288 Rn. 32.

818 Callies/Ruffert, Art. 288 Rn. 32.

819 Leven, S. 56; Köpp, S. 202 mit Verweis auf die ständige Rspr. des EuGH.

820 St. Rspr., z. B. EuGH, Rs. C-16/95, Kommission/Spanien, Slg. 1995, I-4883; EuGH, Rs. C-220/94, Kommission/Luxemburg, Slg. 1995, I-1589.

821 Vgl. Mitteilung der Kommission an den Rat und das Europäische Parlament über Umweltvereinbarungen vom 27. November 1996, Dok. KOM (96) 561 endg. (abgedruckt in BR-Drs. 20/97, S. 96), Ziff. 31 ff., sowie Fluck/Schmitt, VerwArch 89 (1998), 220 (247 ff.). Rengeling, in: ders. (Hrsg.), § 28, Rn. 84 f. Dagegen Bohne, VerwArch 75 (1984), 343 (362 f.).

Wie bereits herausgearbeitet, fehlt es den an den normvermeidenden Absprachen Beteiligten in aller Regel an einem Rechtsbindungswillen. Zudem haben die Absprachen keine Außenwirkung. Daher können die Beteiligten auch unter dem Aspekt des Vertrauensschutzes keinen gerichtlich durchsetzbaren Erfüllungs- bzw. Unterlassungsanspruch aus den Absprachen ableiten.[822] Ein gerichtlich durchsetzbarer Anspruch ist jedoch Voraussetzung zur vollständigen Erreichung des Regelungsziels.[823] Daraus ist zwangsläufig zu folgern, dass auch im Anwendungsbereich des Art. 288 AEUV kein Raum für normvermeidende Absprachen bleibt, sondern vielmehr eine Pflicht zur gesetzlichen Regelung besteht.[824]

e) Kompetenzordnung

Auch die Kompetenzregelungen der Art. 70 ff. GG sind Ausfluss des Rechtsstaatsprinzips. Diese Kompetenzregelungen dürfen nicht durch neue bzw. nicht im GG vorgesehene Handlungsformen umgangen werden.[825] Danach stehen kooperative Handlungsformen unter dem Vorbehalt der Einhaltung der bundesstaatlichen Kompetenzregelungen. Bezüglich normvermeidender Absprachen bedarf dies einer genaueren Betrachtung:

Die grundgesetzliche Kompetenzzuweisung zieht mit dem sog. Normsetzungsermessen auch die Entscheidungsbefugnis zur Frage nach sich, ob auf die Einleitung des Gesetzgebungsverfahrens zugunsten informeller Absprachen verzichtet werden könnte.[826]

Soweit Art. 73 GG dem Bund die ausschließliche Gesetzgebungskompetenz zuspricht, liegt mithin auch das Normersetzungsermessen beim Bund. Insoweit entsprechen normvermeidende Absprachen den verfassungsrechtlichen Vorgaben.

Im Bereich der konkurrierenden Gesetzgebung liegt das Normsetzungsermessen nach Art. 72 II GG hingegen nur dann beim Bund, wenn und soweit auf den Gebieten des Art. 74 I Nr. 3, 7, 11, 13, 15, 19a, 20, 22, 25 und 26 GG ein Bedürfnis nach einer bundeseinheitlichen Regelung besteht.[827]

Nach dem Wortlaut des Art. 72 I GG verbleibt die Regelungsbefugnis solange bei den Ländern, wie der Bund von seiner Gesetzgebungszuständigkeit

822 Siehe hierzu B.IV.3a)cc).

823 Leven, S. 57.

824 In diesem Sinne auch EuGH, Rs. C-168/85, Rn. 13; Rs. C-361/88; Leven, S. 57 f.; Köpp, S. 202 f.

825 Vgl. nur Köpp, S. 172 f.

826 Köpp, S. 174 f. der insoweit von einer Annex-Kompetenz spricht. Dem Grunde nach auch Sachs – Degenhart, Art. 72 Rn. 25.

827 Hierzu grundlegend BVerfGE 13, 230 (233).

nicht *durch Gesetz Gebrauch* gemacht hat. Jedoch soll nach höchstrichterlicher Rechtsprechung des BVerfG auch der „absichtsvolle Regelungsverzicht" des Bundesgesetzgebers,[828] sein „beredtes Schweigen"[829] oder sein „absichtsvolles Unterlassen"[830] die Sperrwirkung begründen. Diese Rechtsprechung spricht dafür, auch normersetzenden Absprachen Sperrwirkung zuzusprechen, soweit der Bund innerhalb seines Kompetenzbereiches gehandelt hat.[831] Ohne Sperrwirkung könnten die Länder entgegen dem Abspracheinhalt eine landesrechtliche Regelung schaffen. Im Bereich der konkurrierenden Gesetzgebung wäre damit eine verlässliche Kooperation zur erstmaligen Regelung einer Materie auf Bundesebene trotz Bedürfnis nach einer bundeseinheitlichen Regelung nicht möglich. Anders wäre dies nur dort, wo auf Bundesebene bereits eine die Sperrwirkung auslösende normative Regelung besteht und lediglich der Verzicht auf eine Neuregelung in Aussicht gestellt würde,[832] soweit dadurch nicht die Ausübung landesrechtlicher Gesetzgebungskompetenzen nach Art. 72 IV GG tangiert würde. Dies würde zur Verfassungswidrigkeit der Absprache führen.

Auch für den Abschluss einer normvermeidenden Absprache müsste demnach ein Bedürfnis nach einer bundeseinheitlichen Regelung bestehen, da jeder Ausschluss der Länder von der Gesetzgebung legitimationsbedürftig ist.[833] Sofern dies nicht der Fall ist, würde eine normvermeidende Absprache nicht nur den Kompetenzbereich des Bundes überschreiten und damit gegen die Verfassung verstoßen, sondern auch keine Sperrwirkung für eine landesrechtliche Normierung nach sich ziehen, und damit wirkungslos sein.

---

828 BVerfGE 98, 265 (300).

829 BVerwGE 109, 272 (283).

830 BVerfGE 113, 348 (371).

831 A.A. Köpp, S. 176, der ohne Berücksichtigung der zitierten Rechtsprechung ausführt, der Bund mache „von seinem Gesetzgebungsrecht gerade keinen Gebrauch […], wenn er eine normvermeidende Absprache initiiert."

832 Köpp, S. 175. Insoweit wären die Länder auch am Abschluss einer normvermeidenden Absprache (auf Landesebene) gehindert, vgl. ders. a. a. O.

833 Dreier – Stettner (2006), Art. 72 Rn. 24; so auch Köpp, S. 176 mit Verweis auf Schmidt-Preuß, VVDStRL 56 (1997), 161 (218). Nach Köpp, S. 177 bewirkt eine normvermeidende Absprache auf Bundesebene jedoch eine Sperrwirkung für den Abschluss einer normvermeidenden Absprache unter Beteiligung der Länder. Danach bemisst sich das Verhältnis der Absprachen untereinander in entsprechender Anwendung der Art. 72, 74 GG.

f) Ergebnis

Letztendlich folgt auch aus den verschiedenen Ausprägungen des Rechtsstaatsprinzips keine generelle Unzulässigkeit kooperativer Rechtsetzung. Aufgrund fehlender rechtlicher Bindung kooperativer Absprachen ist auch kein Verstoß gegen den Grundsatz der Gewaltenteilung oder den Gesetzesvorbehalt gegeben.

Gleichwohl hat die Exekutive bei kooperativen Handlungen verfassungsrechtliche Vorgaben zu beachten, deren Negierung die Unzulässigkeit der getroffenen Kooperationsergebnisse zur Folge haben können: Dazu gehört insbesondere der Grundsatz der Verfassungsorgantreue, nach dem stets die Aufgaben und Kompetenzen anderer Verfassungsorgane zu wahren sind. Dies kann im Einzelfall auch die Begründung positiver Pflichten umfassen, soweit Zusammenarbeit und Abstimmung zwischen den Verfassungsorganen betroffen sind.[834] Zur wirksamen Wahrnehmung der Kontrollkompetenz ist dem Bundestag danach offenzulegen, ob eine Gesetzesinitiative der Exekutive durch kooperative Absprachen vorbereitet worden ist[835] und wer daran beteiligt war. Nur so können die Parlamentarier gezielt kontrollieren, ob auch nicht beteiligte Interessen ausreichend berücksichtigt worden sind, mithin dem Gemeinwohl dienen. Ein Verstoß gegen diese Verpflichtung kann einen justiziablen Verstoß gegen die Verfassungsorgantreue darstellen.[836]

Weiterhin darf das Parlament als Hauptorgan der Gesetzgebung unter dem Aspekt der Verfassungsorgantreue nicht derart präjudiziert werden, dass es zu einer reinen Ratifikationsinstanz verkommt, d. h. die Verhandlungsergebnisse z. B. aufgrund des Rechtsbindungswillens der Parteien oder des Synallagmas keinerlei Änderung durch das Parlament zugänglich sind. Diese Gefahr ist insbesondere bei paktierter Gesetzgebung sowie bei normvertretenen Absprachen präsent.

Letztere sind auch dort unzulässig, wo eine Gesetzgebungspflicht besteht. Gesetzgebungspflichten können sich sowohl aus dem GG als auch aus EU-Recht ergeben. Weiterhin verstoßen normvertretene Absprachen dort gegen die Verfassung, wo sie unter Missachtung grundgesetzlicher Kompetenzzuweisungen entstehen.

---

834 Becker, § 5, S. 285 mit Verweis auf Lorz, Kap. 10, S. 565 f.

835 Becker, § 5, S. 285 f.; Anderl, S. 261. Kloepfer verlangt darüber hinaus eine Beteiligung des Bundestages an den kooperativen Absprachen, vgl. ZG 2010, 346 (352). In diesem Sinne auch Pasemann/Baufeld, ZRP 2002, 119 (123). Dies dürfte aber in dieser Pauschalität unter dem Aspekt der Funktionsfähigkeit der jeweiligen Verhandlungsrunden nicht vertretbar sein.

836 Ruffert, DVBl. 2002, 1145 (1153); Becker, § 5, S. 286.

3. Gemeinwohlprinzip

Unabhängig von der Frage der konkreten Verortung im Grundgesetz gilt die Gemeinwohlverpflichtung zugleich als Staatszweck und Staatsziel.[837] Damit haben sich auch kooperative Handlungsformen an dieser Legitimationsvorlage messen zu lassen. Zwar entzieht sich das Gemeinwohl einer abschließenden Definition.[838] Gleichwohl lässt sich festhalten, dass es aus dem inneren Zusammenhalt des Volkes hervorgeht und damit auch Bezug zum Grundsatz „Einigkeit und Recht und Freiheit" aufweist.[839] Die Akzeptanz allgemeiner Belange gilt als Voraussetzung der staatlichen Einheit.[840] Daraus folgt eine Neutralitäts- und Unabhängigkeitspflicht des Staates gegenüber gesellschaftlichen Gruppen und deren Partikularinteressen.[841]

Auch dies spricht jedoch nicht grundsätzlich für eine generelle Unzulässigkeit kooperativer Handlungsformen. Vielmehr wird das Gemeinwohl in einem freiheitlich verfassten Staat gerade nicht einseitig durch den Staat hervorgebracht, sondern auch durch die fortwährende Wahrnehmung grundrechtlich gewährter Rechte des Einzelnen und gesellschaftlicher Akteure.[842] Im Gegensatz zu der Gemeinwohlhervorbringung durch den Staat erfolgt die „Gemeinwohlhervorbringung durch Grundrechtsträger" dabei in Wahrnehmung der jeweiligen eigenen Interessen und subjektiver Freiheiten.[843]

Der Staat darf sich bei seiner Aufgabe der Gemeinwohlförderung nicht darauf verlassen, dass sich das Gemeinwohlpotenzial der Grundrechte durch die ausgleichende Grundrechtswahrnehmung *aller* Grundrechtsträger verwirklicht.[844] Vielmehr muss der Staat auf einen gemeinwohlverträglichen Interessenausgleich hinwirken, was auch die Sozialstaatsklausel des Art. 20 I, 28 I 1 GG hinsichtlich des Ausgleichs zwischen den gesellschaftlichen Gruppen sowie die

---

837 Isensee, in: HStR IV, § 71 Rn. 11.

838 Zur notwendigen Offenheit des Gemeinwohlbegriffs im freiheitlichen Verfassungsstaat: Schuppert, GewArch 2004, 441 (442).

839 So Isensee, in: HStR IV, § 71 Rn. 33.

840 Isensee, in: HStR IV, § 71 Rn. 52. Daraus folgt jedoch keine Pflicht zum gemeinwohldienlichen Verhalten, vgl. hierzu Michael, § 9, S. 257 f.

841 So Michael, § 9, S. 251 mit Verweis auf Horn, Die Verwaltung 1993, 545 ff. sowie Leven, S. 104.

842 Böckenförde, in: Posser/Wassermann, Freiheit in der sozialen Demokratie, S. 77 (86); Mayntz, in: dies., Verbände zwischen Mitgliederinteressen und Gemeinwohl, S. 11 (32); Schuppert, GewArch 2004, 441 (444) m.w.N.; Isensee, in: HStR IV, § 71 Rn. 114 ff.

843 Dederer, § 4, S. 109; Isensee, in: HStR IV, § 71 Rn. 116.

844 Dederer, § 4, S. 110; Isensee, in: HStR IV, § 71 Rn. 122 ff.

Umweltschutzklausel des Art. 20a GG hinsichtlich des Generationenausgleichs verbrieft.[845] Daher darf sich der Staat auch nicht in die Lage der Abhängigkeit zu privaten Kooperationspartnern und deren Interessen begeben. Denn wo sich das Parlament durch private Interessen instrumentalisieren lässt, entledigt es sich gleichsam seiner Kontrollfunktion, die auch dem Gemeinwohl dient. Dann wäre die Grenze zur Unzulässigkeit kooperativer Handlungen überschritten.[846] Der Staat muss sich danach auch aus seiner Gemeinwohlverpflichtung heraus bei kooperativen Handlungen seine institutionelle Unabhängigkeit gegenüber allen gesellschaftlichen Kräften sowie eine überparteiliche Neutralität bewahren.[847] Demnach muss sich der Staat stets, insbesondere auch bei normersetzenden Absprachen, die Möglichkeit zur klassischen, d.h. rein staatlichen Gesetzgebung im dafür vorgesehenen parlamentarischen Gesetzgebungsverfahren offenhalten. Für alle anderen Formen der Kooperationen gilt das Gebot der demokratischen und rechtsstaatlichen Einbindung der Normsetzung, was namentlich durch die unveräußerliche Letztentscheidungsbefugnis des Parlaments gewährt wird.

Sind demnach die gängigen Kooperationsformen mit dem Gemeinwohlprinzip vereinbar, wird diese Grenze bei der Praxis des „Gesetzgebungsoutsourcings" an Rechtsanwaltskanzleien regelmäßig überschritten. Eine objektive, d.h. gemeinwohlorientierte Beratung kann insoweit nicht gewährleistet werden, als die Kanzlei ihre besondere Expertise – aufgrund derer sie mit der Erarbeitung des Gesetzentwurfs beauftragt worden sein wird – durch anwaltliche, dementsprechend einseitige Interessenvertretung erworben hat. Dies ist jedoch regelmäßig der Fall. Damit wird nicht nur gegen das berufsrechtliche Verbot der Vertretung widerstreitender Interessen, sondern auch gegen die staatliche Unabhängigkeitspflicht verstoßen, wonach der Staat auf einen gemeinwohlverträglichen Interessenausgleich hinwirken muss.[848]

4. Grundrechte

Gem. Art. 1 III GG binden die Grundrechte Gesetzgebung, vollziehende Gewalt und Rechtsprechung als unmittelbar geltendes Recht. Wird auf Basis einer kooperativen Absprache ein Gesetz verabschiedet, hat sich dieses mithin an den Grundrechten messen zu lassen. Insofern ergeben sich keine Unterschiede zu sol-

---

845 Dederer, § 4, S. 110.

846 So im Ergebnis auch Michael, § 9, S. 252 f.

847 Michael, § 9, S. 251 f. mit Verweis auf Horn, Die Verwaltung, 545 (566). Hierzu auch B.VI. 2.

848 Hierzu ausführlich: Leven, S. 110 ff.

chen Gesetzen, die ohne Integration privat organisierter Akteure oder Interessen zustande gekommen sind.[849]

Trotz der grundsätzlichen Unverbindlichkeit kooperativer Absprachen können bereits diese selbst auf verschiedene Weisen Grundrechtsbeeinträchtigungen bewirken.[850] Zu denken ist hier insbesondere an normersetzende Absprachen. Dies gilt unbeachtet davon, dass der herkömmliche Eingriffsbegriff der Grundrechtsdogmatik auf einseitiges staatliches bzw. im Fall der Drittwirkung auf privates Handeln rückzuführen ist.[851] Sofern Einwirkungen faktischer bzw. mittelbarer Art in ihrer Zielsetzung und ihren Wirkungen diesen klassischen Eingriffen gleichkommen, erkennt das BVerfG diese als relevante Grundrechtsbeeinträchtigungen an, die die Eingriffsschwelle überschreiten bzw. ein „funktionales Äquivalent eines Eingriffs“ darstellen.[852] Soweit kooperative Absprachen darauf zielen, gesetzliche Regelungen zu ersetzen, bedeutet dies zugleich, dass sie ähnliche Wirkungen entfalten müssen, wie eine normative Regelung. Kooperative Absprachen sind danach geeignet, die vom BVerfG gezogene Grenze einer relevanten Grundrechtsbeeinträchtigung zu durchbrechen.

Es stellt sich daher die Frage nach der generellen Vereinbarkeit staatlich initiierter Kooperationen mit den Grundrechten. Dem Staat ist sein kooperatives Handeln einschließlich aller absehbaren Folgen zurechenbar; die daraus folgende Verantwortlichkeit wird als „status negativus cooperationis“ bezeichnet.[853] Danach fällt unabhängig vom Umfang der staatlichen Mitwirkung an der Kooperation die gesamte Absprache in den Verantwortungsbereich des Staates und bildet demnach auch den Gegenstand einer Grundrechtsprüfung.[854]

---

849 So auch Dederer, § 17, S. 401.

850 Huber, ZG 2002, 245 (252).

851 Michael, § 10, S. 320 f; Jarass/Pieroth – Jarass, vor Art. 1, Rn. 26.

852 BVerfGE 116, 202 (222), 105, 252 (273). In der Literatur wird in diesem Zusammenhang die Frage der Möglichkeit eines Grundrechtsverzichts der an den Kooperationen beteiligten Privaten diskutiert. Soweit dieser für zulässig erachtet wird, schließt sich die Frage der Verortung im Rahmen der Grundrechtsprüfung an, vgl. nur Dederer, § 17, S. 405 ff. Zur Möglichkeit des Grundrechtsverzichts auch Köpp, S. 211 ff., Langenfeld, DÖV 2000, 929 (938 f.); Michael, § 10, 324 ff. Zur Frage „Eingriff durch Kooperation“ und dem damit verbundenen Streit um den Begriff des Grundrechtseingriffs ausführlich Michael, § 10, 337 ff.

853 Michael, § 10, S. 321, 384 f. Hierfür spricht auch, dass nach dem Grundsatz des freien Mandats die Letztentscheidungsbefugnis beim Parlament liegt.

854 Michael, § 10, S. 388.

a) *Negative Vereinigungsfreiheit nichtorganisierter Gesellschaftsgruppen*

Bevölkerungsgruppen, die keiner Interessenorganisation angehören, ist der Zugang zu sämtlichen Kooperationsformen mangels tauschfähiger Positionen faktisch verwehrt. Damit ist ihnen gegenüber den Interessenorganisationen – unabhängig von der konkreten Kooperationsform – eine zusätzliche Einflussmöglichkeit auf den staatlichen Willensbildungsprozess versagt.[855] Zugleich können diese Bevölkerungsgruppen durch die Kooperationsfolgen in besonderer Weise, gezielt oder mittelbar betroffen sein. Dies insbesondere dann, wenn organisierte und nichtorganisierte Interessen divergieren.

Der potenziellen zusätzlichen Einflussmöglichkeit wegen könnte sich der nichtorganisierte Einzelne gehalten sehen, einer bestehenden Interessenorganisation beizutreten oder eine entsprechende neue Organisation zu gründen.[856] Diesen, auf die staatliche Kooperation zurückzuführenden faktischen Druck bzw. Zwang zur Mitgliedschaft[857] vorausgesetzt, ist der Schutzbereich der negativen Vereinigungsfreiheit aus Art. 9 I GG betroffen.[858] Aufgrund der Mittelbarkeit der Einwirkung auf den grundrechtlichen Schutzbereich ist eine Grundrechtsbeeinträchtigung jedoch nur dann gegeben, wenn neben der bereits festgestellten Verantwortlichkeit des Staates für alle Folgen kooperativer Praktiken eine Erheblichkeit der Beeinträchtigung vorliegt.[859] Diese wird nur dann erreicht sein, wenn die Ausübung der negativen Vereinigungsfreiheit vereitelt wird.[860] Letztendlich hatten bisherige staatliche Kooperationen jedoch nicht zur Folge, dass unter den hiervon Betroffenen die Zahl derer angestiegen ist, die einer Interessenorganisation angehören.[861] Mitunter sehen Selbstverpflichtungen auch Beitrittsklauseln vor, wonach sich weitere Private der Vereinbarung anschließen können, ohne den beteiligten Organisationen beizutreten.[862]

---

855 Dederer, § 17, S. 411.

856 Dederer, § 17, S. 411 f.; Michael, § 10, S. 395.

857 Jarass/Pieroth – Jarass, vor Art. 1 Rn. 28 f. bezeichnet solche faktischen bzw. mittelbaren Einwirkungen als „sonstige Eingriffe" in den Schutzbereich eines Grundrechts.

858 Michael, § 10, S. 380.

859 Jarass/Pieroth – Jarass, vor Art. 1 Rn. 29.

860 Pieroth/Schlink, (2013) § 6 Rn. 253 in Bezug auf den allgemeinen Eingriffsbegriff.

861 So auch Dederer, § 17, S. 413 f.

862 Michael, § 10, S. 395, mit Verweis auf die Verpflichtung der nordrhein-westfälischen Milchwirtschaft vom 8. August 1996. Dort heißt es: „Sonstige Unternehmen und Organisationen, die Milch oder Milchprodukte verarbeiten oder mit diesen handeln, können jederzeit durch schriftliche Erklärung […] dieser freiwilligen Selbstverpflichtung beitreten.

Die negative Vereinigungsfreiheit ist demnach durch kooperatives Staatshandeln nicht von vornherein beeinträchtigt. Sollte sich im Einzelfall ein Eingriff durch faktischen Zwang zum Beitritt abzeichnen, müsste den nichtorganisierten Einzelnen die Möglichkeit gegeben werden, sich der jeweiligen Absprache anzuschließen bzw. auf den Abspracheinhalt Einfluss zu nehmen, ohne hierfür in die beteiligten Organisationen einzutreten.[863] Der Staat ist danach gehalten, entsprechende Möglichkeiten zu gewähren. Um die Effektivität der Absprachen nicht zu gefährden, ist es nicht erforderlich, den weiteren Privaten die Teilnahme an den Verhandlungen zu ermöglichen. Vielmehr ist es ausreichend, wenn den Nichtbeteiligten die Regelungsmaterie offengelegt und die Möglichkeit gegeben wird, Stellungnahmen zur Regelungsmaterie abzugeben.

b) Ungleichbehandlung von Interessenorganisationen

Neben dem schon behandelten demokratischen Gleichheitsgebot hat kooperatives Regierungshandeln auch das allgemeine Gleichheitsgebot aus Art. 3 I GG zu beachten und zwar einerseits bezüglich der Beteiligung an der Kooperation selbst und andererseits hinsichtlich des Kooperationsergebnisses.[864]

Das Kooperationsergebnis ist demnach – wie jedes hoheitliche Handeln – am allgemeinen Gleichheitssatz zu messen. Besonderheiten, insbesondere solche, die auf eine generelle Unzulässigkeit kooperativen Staatshandelns hindeuten, ergeben sich insoweit nicht.[865]

Dies gilt im Ergebnis auch für die Auswahl derer, die in das jeweilige Kooperationsmodell einbezogen werden. Die Einbeziehung sämtlicher Interessenorganisationen würde die Leistungs- und Funktionsfähigkeit eines jeden Kooperationsmodells zu stark beeinträchtigen.[866] Mithin besteht ein ausreichender sachlicher Grund für die Nichteinbeziehung einer jeden Interessenorganisation.

---

863 Michael, § 10, S. 395. Als zu weitgehend wird zu Recht die Möglichkeit der Allgemeinverbindlicherklärung abgelehnt, vgl. Köpp, S. 278 f.

864 Mehde, AöR 127 (2002), 655 (673 f.); hinsichtlich Selbstverpflichtungen auch Michael, § 10, S.

865 So auch Mehde, AöR, 127 (2002), 655 (674); Michael, § 10, S. 409.

866 Dederer, § 17, S. 420. Mangels Vergleichbarkeit organisierter und nicht organisierter Privater bedeutet die Nichteinbeziehung letzterer keine Ungleichbehandlung, vgl. Dederer, § 17, S. 421. Aus dem Grund der Leistungs- und Funktionsfähigkeit kann aus Art. 3 GG auch kein Anspruch auf Teilhabe an der korporativen Staatsgewalt hergeleitet werden, sofern eine hinreichende Interessenpluralität bereits gewährleistet ist. Vgl. hierzu Dederer, § 17, S. 425 ff. Hierfür spricht auch, dass die politische Willensbildung der Parlamentsautonomie unterliegt. Die spezifische Gestaltung des

Dies bedeutet jedoch nicht, dass der Staat bei der Auswahl der einzubeziehenden Interessenorganisationen an keine verfassungsmäßigen Vorgaben gebunden ist. Die von einem späteren Kooperationsergebnis betroffenen Interessenströmungen sind tendenziell vollständig zu erfassen;[867] eine nur selektive Einbeziehung würde auch grundgesetzliche Schutz- und Rücksichtnahmepflichten im Allgemeinen verletzen.[868] Ein Verstoß gegen diese verfassungsrechtlichen Vorgaben würde jedoch lediglich den Einzelfall betreffen und stellte keinen allgemeingültigen Abwehranspruch gegen kooperatives Staatshandeln dar.[869]

Aus der Notwendigkeit der Leistungs- und Funktionsfähigkeit korporativer Staatsgewalt folgt weiter, dass weder aus Art. 33 II GG analog noch aus Art. 3 GG ein grundrechtlicher Teilhabeanspruch an konkreten Formen korporativen Staatshandelns hergeleitet werden kann. Etwas anderes gilt nur dann, wenn eine hinreichende Interessenpluralität durch die einbezogenen Privaten nicht gewährleistet ist oder die getroffene Auswahl der Beteiligten gegen das Willkürverbot verstößt.[870]

c) *Berufsausübungsfreiheit*

In enger Verbindung zum Gleichheitssatz aus Art. 3 GG steht das derivative Teilhaberecht aus Art. 12 GG.[871] Es schützt die gleiche Teilnahme am Wettbewerb nach Maßgabe seiner Funktionsbedingungen.[872] Kooperative Absprachen können mitunter erheblichen Einfluss auf die Wettbewerbsbedingungen und die Dispositionsfreiheit hinsichtlich der Unternehmensführung haben. Dies kann sich insbesondere für diejenigen Privaten negativ auswirken, die nicht unmittelbar oder

politischen Prozesses kann mithin grundsätzlich nicht Gegenstand grundrechtlicher Ansprüche werden. Vgl. hierzu Krüper, ZG 2009, S. 338 (351 f.).

867 Dederer, § 17, S. 420; in diesem Sinne auch Krüper, ZG 2009, 338 (351) sowie Brohm, in: HStR II, der darauf verweist, dass die „Ausgewogenheit der Beratung" nicht zwangsläufig an der Zusammensetzung eines einzelnen Gremiums ausgemacht werden kann.

868 Herdegen, VVDStRL 62 (2003), 7 (18).

869 So auch Mehde, AöR 127 (2002), 655 (674).

870 So im Ergebnis auch Krüper, ZG 2009, 338 (353 f.); hierzu ausführlich: Dederer, § 17, S. 425 ff., § 20, S. 496 sowie B.IX.1a).

871 Dreier – Wieland, Art. 12 Rn. 163; zum Teilhaberecht grundlegend BVerfGE 33, 303 ff.

872 BVerfGE 105, 252 (265). Danach vermittelt Art. 12 GG insbesondere keinen Anspruch auf Erfolg im Wettbewerb und auf Sicherung künftiger Erwerbsmöglichkeiten.

mittelbar über eine Interessenorganisation an den Absprachen beteiligt wurden und folglich auf diese keinen Einfluss nehmen konnten. Die „Parallelität von partiellen und öffentlichen Interessen" begründet mithin eine Gefährdungslage für die Rechte Dritter.[873] Wo sich die negativen Auswirkungen der fehlenden Teilhabe auch auf die weitere Teilnahme am Wettbewerb auswirken, ist der Schutzbereich des Art. 12 GG eröffnet.[874] Aber auch insoweit muss die Leistungs- und Funktionsfähigkeit eines jeden Kooperationsmodells Berücksichtigung finden, die eine unbeschränkte Teilhabe an der Kooperation nicht ermöglichen kann. Auch aus Art. 12 GG folgt mithin weder ein generelles Verbot kooperativen Staatshandelns noch ein Anspruch auf Teilhabe als vielmehr die Pflicht des Staates bei normativen Absprachen „auf wettbewerbsneutrale Lösungen hinzuwirken".[875]

d) Ergebnis

Auch aus den Grundrechten folgt mithin keine generelle Unzulässigkeit kooperativer Gesetzgebungspraktiken. Dies gilt nicht nur für den Prozess der Kooperation an sich, sondern auch für das Kooperationsergebnis.

Dies bedeutet jedoch nicht, dass der Staat bei der Kooperation mit Privaten keine grundrechtlichen Vorgaben zu beachten hat. Vielmehr hat der Staat auf wettbewerbsneutrale Lösungen hinzuwirken und nicht beteiligten Dritten die Möglichkeit einzuräumen, am Kooperationsergebnis teilzuhaben, ohne einem Verhandlungspartner beitreten zu müssen. Zudem ist bei der Auswahl der Verhandlungspartner eine hinreichende Interessenpluralität sicherzustellen.

5. Art. 33 IV GG

Kooperatives Handeln könnte weiterhin in Widerspruch zum Funktionsvorbehalt nach Art. 33 IV GG stehen. Nach dieser Regelung ist die Ausübung hoheitsrechtlicher Befugnisse als ständige Aufgabe in der Regel Angehörigen des öffent-

---

873 Michael, § 10, S. 379; so auch Köpp, S. 168. Insbesondere bei Selbstverpflichtungserklärungen ist es jedoch auch denkbar, dass es für Private (zunächst) günstiger ist, sich der Erklärung nicht zu unterwerfen. Sofern der Gesetzgeber diese Privaten anschließend zu einem der Selbstverpflichtung entsprechenden Verhalten zwingt, liegt ein Grundrechtseingriff vor, vgl. Helberg, S. 204.

874 So auch Michael, § 10, S. 379 in Bezug auf die Umsetzung einer Selbstverpflichtung und dem Hinweis, dass die Umsetzung einer Selbstverpflichtung verschiedenen Unternehmen unterschiedlich schwere Opfer abverlangt.

875 In Bezug auf Selbstverpflichtungen: Di Fabio, JZ 1997, 696 (973); allgemein Michael, § 10, S. 396.

lichen Dienstes zu übertragen, die in einem öffentlich-rechtlichen Dienst- und Treueverhältnis zu ihrem Dienstherren stehen. Dem Funktionsvorbehalt liegt die Intention zu Grunde, dass öffentliche Aufgaben, die besondere Verlässlichkeits-, Stetigkeits- und Rechtsstaatlichkeitsanforderungen stellen, zum Schutz der Funktionsfähigkeit und rechtlichen Integrität des Staates dem Berufsbeamtentum als Garant von Stabilität, Objektivität und Gemeinwohl vorbehalten sein sollen.[876]

a) Ausübung hoheitlicher Befugnisse als ständige Aufgabe

Zwar ist das Tatbestandsmerkmal „hoheitliche Befugnisse" nicht abschließend definiert und die genaue Reichweite ist umstritten; jedoch besteht insoweit Einigkeit, dass die Funktionen der Exekutive, insbesondere die sog Eingriffsverwaltung, umfasst sind.[877] Die „wesentlichen Kernfunktionen staatlicher Aufgabenerfüllung i.S.d. typischerweise die Staatlichkeit ausmachenden Funktionen sowie diejenigen Aufgaben mit intensiver Grundrechtsrelevanz" unterfallen damit jedenfalls dem Funktionsvorbehalt des Art. 33 IV GG,[878] sofern eine zeitliche Begrenzung nicht vorgesehen ist.[879] Die Gesetzgebung als eine der ständigen, nicht nur vorübergehenden Hauptaufgaben des Parlaments ist mithin unter den Begriff der „Kernfunktion staatlicher Aufgabenerfüllung" zu subsumieren. Innerhalb eines dem Funktionsvorbehalt zugehörigen Aufgabenkreises sind diejenigen Akteure von Art. 33 IV GG erfasst, die bestimmenden Einfluss auf die staatliche Aufgabenerfüllung nehmen.[880] Dies kann bereits bei entscheidungsvorbereitenden Funk-

876 Dreier – Brosius-Gersdorf, Art. 33 Rn. 148, m.w.N., Stern, Der Staat des GG, S. 840; Haug, NVwZ 1999, 816 (817).

877 Vgl. hierzu im Einzelnen nur Sachs – Battis, Art. 33 Rn. 55 ff.; Maunz/Dürig – Badura, Art. 33 Rn. 56; Schotten, S. 18 ff.; v. Mangoldt/Klein/Starck – Jachmann, Art. 33 Rn. 31 ff. Diesen Streit im Einzelnen darzustellen wäre für die vorliegende Arbeit zu weitgehend. Vereinzelt wird die Auffassung vertreten, eine abschließende Begriffsbestimmung sei ein unlösbares Problem, vgl. Schotten, S. 20, m.w.N.

878 v. Mangoldt/Klein/Starck – Jachmann, Art. 33 Rn. 33.

879 Zum Begriff der Ständigkeit auch Haug, NVwZ, 1999, 816 (819): eine „nichtständige Aufgabe liegt [...] dann vor, wenn die Zeitdauer schon zu Beginn definitiv feststeht; außerdem muß sich die Befristung aus der Natur der jeweiligen Aufgabe ergeben." In diesem Sinne auch Dreier – Brosius-Gersdorf, Art. 33 Rn. 163 f. Nicht zuzustimmen ist Woiki, der auch eine Ständigkeit der Übertragung fordert, vgl. ders. S. 164. Damit ließe sich durch eine ggf. widerholte zeitliche Begrenzung von Hoheitsaufgaben der Funktionsvorbehalt des Art. 33 IV GG unterlaufen, vgl. hierzu auch Dreier – Brosius-Gersdorf, Art. 33 Rn. 164.

880 v. Mangoldt/Klein/Starck – Jachmann, Art. 33 Rn. 36 m.w.N.

tionen der Fall sein, sofern diese mit der darauf basierenden außenwirksamen Entscheidung in unlösbarem Zusammenhang steht.[881]

Das Erarbeiten eines Gesetzentwurfes fällt danach als exekutive, im direkten Zusammenhang mit dem weiteren Gesetzgebungsverfahren stehende Aufgabe bereits wegen ihrer Grundrechtsrelevanz unter die Hoheitsbefugnis und damit unter den Funktionsvorbehalt.[882] Zwar besteht grundsätzlich keine Pflicht zur Erarbeitung eines Gesetzentwurfes,[883] es handelt sich jedoch um einen Vorgang des „inneren Gesetzgebungsverfahrens" und damit um eine typische öffentliche, d.h. hoheitliche Befugnis i.S.d. Art. 33 IV GG.[884] Hierfür spricht, dass die Erarbeitung eines Gesetzentwurfes mehr als nur eine, das weitere Verfahren nicht beeinflussende Hilfstätigkeit ist. Freilich ist der Entwurf auf Grund der Letztentscheidungsbefugnis des Parlaments Änderungen zugänglich, jedoch basiert das weitere Gesetzgebungsverfahren maßgeblich auf dem Gesetzesentwurf.[885]

b) Regelvorbehalt

Die Erstellung eines Gesetzentwurfes ist mithin „in der Regel Angehörigen des öffentlichen Dienstes zu übertragen, die in einem öffentlich-rechtlichen Dienst- und Treueverhältnis stehen."

Letzteres kann ausschließlich zwischen Beamten und dem Staat bestehen.[886] Unabhängig von der Reichweite des Merkmals „Angehörigkeit zum öffentlichen Dienst" sind Gesetzesinitiativen mithin von Beamten zu erstellen. Dem steht die Feststellung nicht entgegen, dass es der Bundesregierung im Grundsatz unbenommen ist, im Rahmen ihres Gesetzesinitiativrechts auf außerparlamentarischen Sachverstand zurückzugreifen, wie das z. B. bei normvorbereitenden Absprachen der Fall ist.[887] Die Grenze ist jedoch dort erreicht, wo der Gesetzesentwurf ausschließlich durch Akteure außerhalb eines öffentlichen Dienst- und Treueverhältnisses erstellt wird.

---

881 Schotten, S. 20 f.: v. Mangoldt/Klein/Starck – Jachmann, Art. 33 Rn. 36.

882 Leven, S. 119 ff.

883 Hierzu B.VIII.2b).

884 Leven, S. 119; a.A.: Stadler, in: Kloepfer, S. 16.

885 Insoweit wird auch von einem „Ankereffekt" gesprochen, vgl. nur BT-Drs. 17/9266, S. 1; Risse, in: Kloepfer, S. 118.

886 BVerfGE 9, 268 (284 f.); 130, 76 (114); Dreier – Brosius-Gersdorf, Art. 33 Rn. 160, m.w.N.; v. Mangoldt/Klein/Starck – Jachmann, Art. 33 Rn. 30. „Der Beamte ist staatlicher Funktionsträger im Rahmen der durch das Volk der Staatsangehörigen demokratisch legitimierten Ausübung von Staatsgewalt", vgl. Jachmann, a. a. O.

887 Vgl. hierzu B.VIII 2a).

Dies ist bei der Praxis des Gesetzgebungsoutsourcings der Fall. Hieraus ist jedoch noch kein Verstoß gegen Art. 33 IV GG auszumachen. Vielmehr bedarf es einer Auseinandersetzung mit dem einschränkenden Tatbestandsmerkmal „in der Regel". Danach ist in Ausnahmefällen eine Übertragung hoheitlicher Befugnisse auf Nichtbeamte möglich.[888] Es stellen sich mithin die Fragen, nach welchen Kriterien Ausnahmen vom Funktionsvorbehalt zulässig sind und ob die Praxis des Gesetzgebungsoutsourcings diese Kriterien erfüllt.

Dem BVerfG ist darin zuzustimmen, dass die Betrauung von Nichtbeamten mit hoheitsrechtlichen Befugnissen nur in begründeten Ausnahmefällen, d.h. bei Vorhandensein eines besonderen sachlichen Grundes, zulässig ist.[889] Eine pauschale Beurteilung der Zulässigkeit von Gesetzgebungsoutsourcing am Maßstab des Art. 33 IV GG verbietet sich danach. Die Ausnahmemöglichkeit darf nicht dazu führen, dass der Regelfall faktisch zum zahlenmäßigen Ausnahmefall wird.[890] Mithin ist am Einzelfall zu beurteilen, ob eine „begründete Ausnahme" vorliegt. Hierbei ist in qualitativer Hinsicht danach zu fragen, ob „der Sicherungszweck des Funktionsvorbehaltes die Wahrnehmung der betreffenden hoheitlichen Aufgaben durch Berufsbeamte [...] nicht erfordert oder [...] nicht in gleicher Weise wie im Regelfall angezeigt erscheinen lässt."[891] Anders ausgedrückt bedarf die Betrauung von Nichtbeamten mit hoheitsrechtlichen Befugnissen eines rechtfertigenden Grundes, der den Zweck des Funktionsvorbehaltes – Schutz der Funktionsfähigkeit und rechtlichen Integrität des Staates[892] – berücksichtigt.[893]

Bei der Beantwortung der aufgeworfenen Frage ist demnach der Verhältnismäßigkeitsgrundsatz zu berücksichtigen; je intensiver eine Tätigkeit Grundrechte berührt, desto weniger sind Einbußen an institutioneller Absicherung qualifizierter und gesetzestreuer Aufgabenwahrnehmung hinnehmbar.[894] Wenngleich sich hieraus eine Konnexität des Regelvorgangs zum Begriff der hoheitsrechtlichen

888 Dreier – Brosius-Gersdorf, Art. 33 Rn. 165. Leven thematisiert die Einschränkung des Art. 33 IV GG nicht und nimmt insoweit folgerichtig im Falle des Gesetzgebeungsoutsourcings einen Verstoß gegen den Funktionsvorbehalt an, vgl. dies. S. 123 f.

889 BVerfGE 130, 76 (115); Dreier – Brosius-Gersdorf, Art. 33 Rn. 166, m.w.N.

890 BVerfGE 130, 76 (114). Insoweit wird von einer „quantitativen Dimension" des Regel-Ausnahme-Verhältnisses gesprochen.

891 BVerfGE 130, 76 (115).

892 Dreier – Brosius-Gersdorf, Art. 33 Rn. 148 m.w.N.

893 BVerfGE 130, 76 (115); v. Mangoldt/Klein/Starck – Jachmann, Art. 33 IV Rn 27; Maunz/Dürig – Badura, Art. 33 Rn. 48.

894 BVerfGE 130, 76 (117).

Befugnisse ergibt,[895] sind diese nicht gleichzusetzen. Anderenfalls wäre für Ausnahmen vom Regelvorrang im Bereich hoheitlicher Befugnisse quasi kein Raum.

Letztendlich ist zu berücksichtigen, dass die Gesetzgebung zu Recht als vornehmste Aufgabe des Parlaments gilt.[896] Hervorzuheben ist in diesem Zusammenhang auch die politische Steuerungsfunktion der Gesetzgebung sowie die Bedeutung der Gesetzgebung für die Verwirklichung des Gemeinwohls und der rechtlichen Integrität des Staates. Nirgends sonst ist der Zweck des Funktionsvorbehaltes folglich mehr gefragt als im Bereich der Gesetzgebung. Ferner kommt nicht erst dem Gesetz als solchem, sondern bereits der Gesetzesvorlage – auf der das spätere Gesetzt zwangsläufig basiert und dieses daher prägt – eine hohe Grundrechtsrelevanz zu.

Vor dem Gesagten ist das vollständige Erarbeiten eines Gesetzentwurfs durch Private auch als Ausnahme vom Regelvorrang nicht zu rechtfertigen. Zwar wird der Staat bei Beauftragung zur Erarbeitung eines Gesetzentwurfes bestimmte Vorgaben machen, jedoch handeln die Privaten sodann ohne weitere staatliche Kontrolle. Das Verbleiben der Letztentscheidungsbefugnis des Parlaments mag dieses Defizit aufgrund des sog. Ankereffektes nicht auszugleichen.

c) Ergebnis

Hinsichtlich des Gesetzgebungsoutsourcings an Private wie z. B. Rechtsanwälte liegt daher ein Verstoß gegen den Funktionsvorbehalt des Art. 33 IV GG vor.[897]

Etwas anderes gilt jedoch bei einer Erarbeitung eines Gesetzesentwurfes durch Beliehene oder Notare. „Bei der Beleihung beauftragt und ermächtigt der Staat durch Gesetz oder aufgrund gesetzlicher Ermächtigung natürliche oder juristische Personen des Privatrechts („Beliehene") dazu, selbständig – aber unter staatlicher Aufsicht – und im eigenen Namen bestimmte Aufgaben der öffentlich-rechtlichen Verwaltung mit hoheitlichen Befugnissen wahrzunehmen."[898] Die Rechtstellung des Notars unterscheidet sich hiervon insoweit, als der Notar keine Aufgaben der Exekutive, sondern der Rechtspflege übernimmt.[899]

---

895 Auf die Konnexität wird auch hingewiesen in: v. Mangoldt/Klein/Starck – Jachmann, Art. 33 Rn. 37 sowie Dreier – Brosius-Gersdorf, Art. 33 Rn. 166.

896 Vgl. nur: https://www.bundestag.de/parlament/aufgaben/rechtsgrundlagen/go_erl/gescho10/244674 (abgerufen am 8. September 2017).

897 So im Ergebnis auch Leven, S. 124.

898 Maunz/Dürig – Ibler, Art. 86 Rn. 75.

899 Preuß, § 5, S. 117 f. § 1 BNotO definiert den Notar als unabhängigen Träger eines öffentlichen Amtes.

Hervorzuheben ist in beiden Fällen die Unterwerfung unter staatliche Aufsicht und Disziplinargewalt, wie sie sich für das Notaramt aus §§ 92 ff. BNotO ergibt. Die staatliche Aufsicht erhöht die institutionelle Absicherung qualifizierter und gesetzestreuer Aufgabenwahrnehmung. Funktionsfähigkeit und rechtliche Integrität des Staates lassen sich durch die staatliche Aufsicht ausreichend schützen, was eine Ausnahme vom Regelvorbehalt des Art. 33 IV GG ermöglicht.

IX. Vergleich: Religionsgesellschaften und Interessenvermittlung

Die beiden großen christlichen Kirchen gehören trotz Mitgliederrückgangs zu den größten gesellschaftlichen Gruppen in der Bundesrepublik Deutschland und als solche zu den einflussreichsten Akteuren in der bundesdeutschen Politik.[900] Auch andere Religionsgesellschaften gewinnen an Einfluss auf das politische Geschehen.[901]

So erklärt sich, dass in der Literatur immer wieder diskutiert wird, ob es sich bei Religionsgesellschaften um klassische Interessenverbände handelt.[902] Ein Aspekt dieser Diskussion ist der Sonderstatus der Religionsgesellschaften im deutschen Verfassungsrecht.[903] Dieser verfassungsrechtliche Gesichtspunkt soll nachfolgend hinsichtlich etwaiger Auswirkungen auf die politische Durchsetzung eigener Interessen untersucht werden. Zugleich wird erarbeitet, inwieweit sich weltliche und kirchliche Interessenvermittlung voneinander unterscheiden.

Bevor dafür Varianten der Interessenvermittlung am Beispiel der christlichen Kirchen dargelegt werden, wird zunächst ein Überblick über die verfassungs-

---

900 Willems, in: von Winter/Willems, S. 316 f.

901 Zum Begriff der Religionsgesellschaft vgl. Badura, in: HSKR, § 6, S. 225 ff. Danach betont der Begriff der Religionsgesellschaft die Weltlichkeit und die religiösweltanschauliche Neutralität des Staates. Das BVerfG subsumiert unter den Begriff der Religionsgemeinschaft Vereinigungen, deren Zweck die Pflege oder Förderung eines religiösen oder weltanschaulichen Bekenntnisses ist, vgl. BVerfGE 105, 279 (293). Die Gesetzesbegründung zu § 1631d BGB nennt explizit auch religiöse, insbesondere jüdische und islamische Erwägungen, die zur Einführung der Regelung geführt haben, vgl. BT-Drs. 17/11295, S. 6 f. Vgl. hierzu auch: Liebl, S. 242.

902 Vgl. nur Horn, in: HStR III, § 41 Rn. 10 (ablehnend); Abromeit, in: Abromeit/Wewer, S. 244 ff (ablehnend).; Könemann/Meuth/Frantz, S. 61, m.w.N.; Willems, in: von Winter/Willems, S. 318 ff., m.w.N. Da diese Diskussion jedoch eher theoretischer Natur erscheint, soll an dieser Stelle keine nähere Erörterung erfolgen.

903 Vgl. nur Horn, in: HStR III, § 41 Rn. 10; Könemann/Meuth/Frantz, S. 61 f.; Willems, in: von Winter/Willems, S. 320.

rechtliche Verankerung von Religionsgesellschaften gegeben und damit zugleich eine Abgrenzung zu den Handlungsbedingungen sonstiger Interessenverbände vorgenommen:

1. Religionsgesellschaften im GG

„Im Bewußtsein seiner Verantwortung vor Gott und den Menschen, von dem Willen beseelt, als gleichberechtigtes Glied in einem vereinten Europa dem Frieden der Welt zu dienen, hat sich das Deutsche Volk kraft seiner verfassungsgebenden Gewalt dieses Grundgesetz gegeben."

Dieses Bekenntnis zu Gott in der Präambel des GG ist auch vor dem Hintergrund des moralischen Vakuums, das der NS-Staat hinterließ, zu sehen. Es betont die Endlichkeit und Fehlbarkeit eines Staates einschließlich seiner demokratischen Verfassungsordnung.[904] Obwohl die Verantwortungsformel ein Bezug zu dem „Gott des christlichen Glaubens" herstellt,[905] folgt aus ihr keine weltanschauliche Festlegung der Bundesrepublik.[906] Vielmehr sichert das GG durch die Glaubens- und Weltanschauungsfreiheit des Art. 4 GG sowie den staatskirchenrechtlichen Regelungen des Art. 140 GG i.V.m. Art. 136 ff. WRV die weltanschauliche Neutralität des Staates.[907]

a) Trennung von Staat und Kirche nach dem GG

Das Staatskirchenrecht[908] des Grundgesetztes bildet dabei die juristische Grundlage für die religionspolitische Ausgestaltung des Verhältnisses zwischen Staat und Religionsgemeinschaften.[909] Ausgangspunkt und wesentliches Element der Neutralität des Staates und seiner Rechtsordnung[910] ist dabei das Verbot einer

904 Dreier - Dreier, Präambel, Rn. 35, m.w.N.
905 Dreier - Dreier, Präambel, Rn. 34, m.w.N.
906 Schmidt-Bleibtreu/Hofmann - Hopfauf, Präambel Rn. 30; Dreier - Dreier, (2013) Präambel, Rn. 39, m.w.N.
907 Dreier - Dreier, Präambel, Rn. 39.
908 „Staatskirchenrecht ist das Recht des durch die Verfassung und die Gesetze des Staates und durch Vereinbarungen geordneten Verhältnisse des Staates zu den Kirchen, Religionsgesellschaften und den Weltanschauungsgemeinschaften." Vgl. Badura, in: HSKR, § 6, S. 212, m.w.N.
909 Könemann/Meuth/Frantz, S. 34.
910 Dreier - Morlok, Art. 137 GG, Rn. 16. Auch aus der Glaubens-, Gewissens- und Bekenntnisfreiheit gem. Art. 4 I, II GG sowie dem Verbot der Benachteiligung oder Bevorzugung aufgrund religiöser Gründe gem. Art. 3 III und Art. 33 III GG folgt die religiös-weltanschauliche Neutralität des Staates, vgl. Uhle, S. 59.

Staatskirche gem. Art. 140 GG i.V.m. Art. 137 I WRV, woraus die prinzipielle Trennung von Staat und Kirche abgeleitet wird. Durch das Trennungsgebot aus Art. 140 GG i.V.m. Art. 137 I WRV sowie dem Körperschaftsstatus gem. Art. 140 GG i.V.m. Art. 137 V WRV wird den Religionsgemeinschaften eine verfassungsrechtlich hervorgehobene Position eingeräumt. Das sog. Selbstbestimmungsrecht aus Art. 140 GG i.V.m. Art. 137 III WRV, das jeden staatlichen Eingriff in Lehre, Ordnung oder kirchliche Betätigung im Bereich der eigenen Angelegenheiten der Religionsgesellschaften ausschließt, stärkt diese Position.

Als eigene Angelegenheiten gelten insbesondere Lehre und Kultus, aber beispielsweise auch karitative Tätigkeiten, das kirchliche Dienst- und Arbeitsrecht oder die Erziehung und Ausbildung der Geistlichen, einschließlich des Rechts, die dafür erforderlichen Ausbildungsstätten – auch mit Hochschulcharakter – zu errichten und zu unterhalten.[911]

Aufgrund der aus dem Trennungsgebot folgenden Neutralitätspflicht ist es staatlichen Organisationen nicht gestattet, religiöse Aufgaben wahrzunehmen; religiösen Organisationen ist wiederum die Wahrnehmung von Staatsaufgaben nicht gestattet.[912] Dem Staat kommt danach die weltliche Aufgabe zu, die ihm aufgegebene demokratische Willensbildung rechtlich zu ordnen und durchzusetzen.[913] Die Aufgaben der Religionsgesellschaften sind ebenso wie ihre Handlungsmittel geistlicher Natur.[914] In der Eigenständigkeit ihrer Aufgaben findet der besondere Status der Religionsgesellschaften zugleich seinen Grund als auch seine Grenze.[915]

Die jeweiligen Aufgaben befinden sich jedoch – auch aufgrund der gesteigerten Sozialverantwortung des Staates – weitestgehend in den gleichen Themenfeldern, wie beispielsweise die Betätigung des Staates einerseits als auch der Kirchen andererseits in den Sachgebieten von Erziehung und Krankenpflege zeigt. Auch betreffen sie nicht verschiedene Personenkreise, so dass die beschriebene

---

911 von Campenhausen/de Wall, § 13, S. 104 ff.; Winter, S. 171. Für die Subsumtion unter den Begriff der eigenen Angelegenheiten ist es mithin unerheblich, ob sich um Angelegenheiten nur geistlicher Natur handelt, oder ob diese Folgen oder Auswirkungen im weltlich-rechtlichen, „staatsbürgerlichen“ Bereich zeigen, vgl. von Campenhausen/de Wall, § 13, S. 104; Winter, S. 171. Das Selbstbestimmungsrecht ist daher auch die Abkehr an die Vorstellung eines „Totalen Staates“, vgl. Winter, S. 168.

912 Dreier – Morlok, Art. 137 GG, Rn. 18; de Wall/Muckel, § 13 Rn 3. Weder aus der Neutralitätspflicht noch aus der Religionsfreiheit folgt jedoch, dass der einzelne Bürger keine religiösen Ansichten „in das freie Spiel des demokratischen Gemeinwesens“ einbringen könnte bzw. dürfte, vgl. Hesse, ZevKR 11 (1964/1965), 337 (359 f.).

913 Von Campenhausen/de Wall, § 13, S. 90.

914 Von Campenhausen/de Wall, § 13, S. 91.

915 Hesse, ZevKR 11 (1964/1965), 337 (360).

verfassungsrechtliche Ausgestaltung nicht von einem strikten Gegenüber von den Kirchen als Gemeinschaft der Gläubigen und dem Staat als politischen Gemeinwesen ausgeht.[916] Vielmehr ist das GG auf eine enge und vertrauensvolle Zusammenarbeit zwischen Staat und Religionsgesellschaften ausgelegt.[917] Insbesondere in ihrem gemeinnützigen Schaffen „ist die Kirche eine parallel zum Staat wirkende Institution."[918] Die vorgesehene Kooperation drückt sich beispielsweise in Art. 7 III GG aus, wonach Religionsunterricht an staatlichen Schulen als ordentliches Lehrfach anerkannt wird. Daneben zeigen die Zulässigkeit theologischer Fakultäten an staatlichen Hochschulen sowie die Mitwirkungsrechte bei Personalangelegenheiten an diesen staatlich theologischen Fakultäten die breit angelegte Kooperation zwischen Staat und Kirche.[919]

b) Religionsgemeinschaften als Körperschaften des öffentlichen Rechts

Darüber hinaus wird vielen Religionsgemeinschafften gem. Art. 140 GG i.V.m. Art. 137 V WRV der Status als Körperschaft des öffentlichen Rechts zuerkannt. Der Körperschaftsstatus fügt die Kirchen in die Verfassungsordnung des GG ein und spiegelt die gemeinwohlverpflichtende Verantwortlichkeit der Religionsgemeinschaften wieder.[920] Zugleich werden den Religionsgesellschaften bestimmte Befugnisse und Rechte, sog. Korporationsrechte, übertragen. Auf diese Weise werden den betroffenen Religionsgemeinschaften dem öffentlichen Recht eigentümliche, d.h. mit öffentlich-rechtlicher Wirkung versehene Gestaltungsmöglichkeiten eröffnet.[921] Solche und andere Privilegien erleichtern es der Re-

---

916 Hesse, ZevKR 11 (1964/1965), 337 (347 f.); von Campenhausen/de Wall, § 13, S. 93. Zur gesteigerten Sozialverantwortung des Staates vgl. auch Becker, § 1, S. 2, m.w.N.

917 Turowski, in: HSKR, § 46, S. 197. So formuliert der evangelische Kirchenvertrag von Mecklenburg-Vorpommern (1994), „daß die Trennung von Staat und Kirche gleichermaßen Distanz und Kooperation gebietet".

918 Kirchhof, in: HSKR, § 22, S. 655.

919 Vgl. hierzu: Küchler, S. 61 ff. sowie S. 86 ff.

920 Kirchhof, in: HSKR, § 22, S. 664 f.

921 Kirchhof, in: HSKR, § 22, S. 655; Unruh, § 9, Rn. 277 f. mit Hinweis darauf, dass die Religionsgemeinschaften auch als Körperschaften des öffentlichen Rechts nicht der Sphäre des Staates zuzurechnen sind. Von Campenhausen/de Wall, § 17, S. 131. Zu den einzelnen Korporationsrechten vgl. von Campenhausen/de Wall, § 31. Insoweit wird auch von einem Privilegienbündel gesprochen, vgl. nur Kreß/Gerhardt, ZRP 2013, 123 ff. Jedoch ist darauf hinzuweisen, dass es sich nicht um Vorrechte im eigentlichen Sinne handelt, da die Religionsgemeinschaften die Vergünstigungen mit anderen Körperschaften des Verwaltungsrechts teilen, vgl. von Campenhausen/de Wall, § 31, S. 267.

ligionsgemeinschaft, ihre Organisation und ihr Wirken nach den Grundsätzen ihres religiösen Selbstverständnisses zu gestalten und die hierfür erforderlichen Ressourcen, etwa in Form finanzieller Mittel durch Kirchensteuereinzug gem. Art. 137 VI WRV i.V.m. Art. 140 GG, zu erlangen.[922] Diese Rahmenbedingungen haben insbesondere die beiden großen christlichen Kirchen in den 1950er Jahren genutzt, um in Gesellschaft und Politik hohe Bedeutung und normierenden Einfluss zu gewinnen.[923] Auch für die Interessenvermittlung gegenüber dem Staat offenbart die rechtliche Sonderstellung der Religionsgesellschaften zusätzliches Einflusspotenzial,[924] wie die folgenden Darstellungen zeigen.

2. Interessenvermittlung am Beispiel der christlichen Kirchen

Die Vermittlungsprozesse der Kirchen gegenüber dem Parlament erfolgen über verschiedene Akteure, die nicht zuletzt die interne Akteursvielfalt innerhalb der christlichen Kirchen widerspiegeln.[925] Auf vielfältige Weise nehmen die Laien die zentrale Rolle für die Vertretung kirchlicher Interessen ein, wohingegen der Weltklerus bzw. die Geistlichen primär die Grundsätze für das Handeln gegenüber der Politik aufstellen bzw. weiterentwickeln sollen.[926]

Obgleich sich die CDU zunehmend von ihren katholischen, wertkonservativen Wurzeln entfernt, stellt die Partei nach wie vor einen Akteur christlicher, insbesondere katholischer Interessenvertretung dar.[927] Wesentliche Einflusschancen

922 BVerfGE 102, 370 (371 f.); dort wird festgehalten, dass der Gesetzgeber mit dem Körperschaftsstatus für Religionsgemeinschaften eine Vielzahl von Einzelbegünstigungen („Privilegienbündel") verbunden hat. Vgl. weiter: Könemann/Meuth/Frantz, S. 33 f. Für die beiden großen christlichen Kirchen beträgt der Anteil der Kirchensteuer an den kirchlichen Haushalten bis zu 90 % und ist daher von existenzieller Bedeutung, vgl. Unruh, Rn. 316.

923 Könemann/Meuth/Frantz, S. 21.

924 Könemann/Meuth/Frantz, S. 61.

925 Könemann/Meuth/Frantz, S. 33.

926 Keppeler, S. 234 f., 241. Das Klerikerstandesrecht CIC/1983 legt verbindlich fest, dass eine aktive Mitarbeit in politischen Parteien sowie die Übernahme öffentlicher Ämter grundsätzlich nicht zulässig ist (Can. 285 § 3; 287 § 2). Evangelischen Amtsträgern ist eine politische Betätigung zwar nicht untersagt, sie sind jedoch zu Zurückhaltung angehalten und werden bei Bewerbung um oder Ausübung eines politischen Amtes von ihren Dienstverpflichtungen beurlaubt, vgl. Schulze Pellengahr, S. 190 f.

927 Preidel, S. 84 und 92 m.w.N. Durch die Fraktionsdisziplin können sich entsprechende Loyalitätspflichten für den Abgeordneten ergeben, wonach christlich geprägte Ansichten der Partei/Fraktion zu berücksichtigen sind. Zur Fraktionspflicht siehe B.III.2.

resultieren über die Grenzen der CDU/CSU hinaus aber auch daraus, dass nach wie vor ein Großteil der politischen Entscheidungsträger Mitglied einer der beiden christlichen Kirchen ist. So sind in der 18. Legislaturperiode 32,2 % der Abgeordneten Mitglied der evangelischen und 32,5 % Mitglied der katholischen Kirche.[928] 53 % aller (partei-)politisch Engagierten in der Bundesrepublik Deutschland haben eine mittlere oder starke Kirchenbindung.[929] Dementsprechend spiegelt sich die christliche Prägung auch immer wieder in parlamentarischen Debatten wider und dient zur Begründung vertretener Positionen. So führt beispielsweise Karl Schiewerling (CDU) anlässlich einer Plenarsitzung zur Neuregelung der Sterbehilfe am 6. November 2015 aus: „Befürworter der Sterbehilfe beziehen sich oft auf Art. 1 I unseres Grundgesetzes: „Die Würde des Menschen ist unantastbar. Sie zu achten und zu schützen ist Verpflichtung aller staatlichen Gewalt." Scheinbar ist ein Sterben mit Würde nicht möglich, wenn der Weg hin zum Tod ein schwieriger ist. Auch ich beziehe mich bei der Diskussion auf diesen Artikel. Dabei prägt mich aber vor allem mein Menschenbild. Als gläubiger Christ glaube ich fest daran, dass das Leben ein Geschenk Gottes ist. Über Beginn und Ende dieses Geschenks können wir nicht frei verfügen. Diese Sichtweise gilt dabei nicht exklusiv für Christen. Unsere gesamte Verfassung spiegelt ein zutiefst christliches Menschenbild wider."[930]

In der gleichen Sitzung führt auch Marian Wendt (CDU) aus: „Ein freiwilliges Ausscheiden aus dem Leben darf keine Alternative zur Therapie und eine Freitodbegleitung darf nicht zu einem üblichen medizinischen Leistungsangebot werden. Eine Selbsttötung kann keine Reaktion auf schwierige Lebenssituationen werden. Nicht für den Tod, sondern für das Leben werde ich heute votieren, und das aus tiefster christlicher Überzeugung!"[931]

Armin Laschet (CDU) geht noch darüber hinaus und erklärt an anderer Stelle christliche Prinzipien zur umfassenden Richtlinie seiner politischen Entscheidungen, wenn er ausführt: „Für mich als katholischer Christ ist der Schutz menschlichen Lebens, auch des ungeborenen und des zu Ende gehenden, Ziel und Maßstab aller Politik."[932]

---

928 Eigene Berechnung auf Basis der Parlamentsstatistik unter https://www.bundestag.de/service/glossar/R/relig_statistik/247190 (abgerufen am 31. Juli 2015). Ca. 30,7 % der Abgeordneten machen keine Angaben über Ihre religiöse Zugehörigkeit.

929 Liedhegener, in: Liedhegener/Werkner, Religion zwischen Zivilgesellschaft und politischem System, S. 248. (Angaben auf Basis der Daten des Freiwilligensurveys 2004).

930 BT PlPr. 18/134, S. 101.

931 BT PlPr. 18/134, S. 104.

932 BT PlPr. 13/47, S. 177.

Christliche Abgeordnete sind danach eine direkte und nicht zu unterschätzende Quelle kirchlicher Einflussnahme auf die Politik im Allgemeinen und die parlamentarische Debatten im Besonderen. Dies zeigt sich beispielsweise auch am Abstimmungsverhalten der Abgeordneten zum Stammzellenimport, die frei von der Fraktionsdisziplin ausgeführt worden ist. Insbesondere katholische CDU/CSU Abgeordnete stimmten mit großer Mehrheit gegen die von der Deutschen Bischofskonferenz und der EKD abgelehnten völligen Freigabe des Stammzellenimports. Bereits im ersten Wahldurchgang wurde der von den Kirchen strikt verurteilte Antrag auf eine weitgehende Freigabe des Stammzellenimports abgelehnt. Wenngleich letztendlich gegen ein vollständiges Verbot des Stammzellenimports gestimmt wurde, zeigt sich doch bereits hier ein partieller Erfolg kirchlichen Einflusses.[933]

Die Verflechtung von Kirche und Politik zeigt sich auch in der Führungsebene des Zentralkomitees der deutschen Katholiken (ZdK). Eine Vielzahl der dortigen Amtsinhaber findet sich auch in der Führungsebene der CDU/CSU wieder.[934]

Zudem beinhaltet nicht nur das dritte und bisher letzte Grundsatzprogramm der CDU von 2007 eine klare Positionierung zum Verhältnis von Staat und Kirche. Dort heißt es: „Wir bekennen uns zur Eigenständigkeit und Unabhängigkeit der christlichen Kirchen und der anerkannten Religionsgemeinschaften. Wir sehen sie in der Mitverantwortung für das Gemeinwohl und bekennen uns daher zum bestehenden System der Erhebung von Kirchensteuern. Wir anerkennen ihre vorbildlichen Leistungen im praktischen Dienst am Nächsten. Die Freiheit der Kirchen und Religionsgemeinschaften, in die Gesellschaft hinein zu wirken, muss unantastbar bleiben." Weiter wird betont, dass sich die geistigen und politischen Grundlagen der CDU auch in der Sozialethik der christlichen Kirchen sowie im christlich und patriotisch motivierten Widerstand gegen den Nationalsozialismus finden.[935]

Vielmehr sind auch andere Parteien christlich geprägt. So wird auch im Grundsatzprogramm der SPD aus demselben Jahr die jüdisch-christliche Tradition als

933 Vgl. hierzu Liedhegener, S. 383 ff.

934 Liedhegener, in: Brocker/Behr/Hildebrandt, Religion, Staat, Politik, S. 251. Zuletzt nahm auch die Zahl der Repräsentanten anderer Parteien zu, vgl. Liedhegener, a. a. O. Das ZdK ist der Zusammenschluss von Vertretern der Diözesanräte und der katholischen Verbände sowie von Institutionen des Laienapostolates und weiteren Persönlichkeiten aus Kirche und Gesellschaft. Es nimmt eine Schlüsselstellung für die politische Willensbildung im deutschen Katholizismus ein, vgl. Liedhegener, S. 267.

935 Das Grundsatzprogramm der CDU „Freiheit und Sicherheit" aus 2007 ist abgerufen unter: https://www.cdu.de/system/tdf/media/dokumente/071203-beschluss-grundsatzprogramm-6-navigierbar_1.pdf?file=1&type=field_collection_item&id=1918 (4. Juli 2016).

Wurzel der Sozialdemokratie genannt.[936] Auch heute unterhält die SPD einen „Arbeitskreis der Christinnen und Christen in der SPD". Aber auch in Parteien, in denen eine christliche Prägung nicht gegeben ist, – wie dies beispielsweise bei FDP und Grünen der Fall ist – finden christliche Anliegen zunehmend Gehör.[937]

Darüber hinaus gibt es eine Vielzahl von christlichen Laienorganisationen und Verbänden. Auf katholischer Seite finden diese unter der Arbeitsgemeinschaft der katholischen Organisationen Deutschlands (AGKOD), die wiederum in das ZdK eingegliedert ist, eine organisatorische Repräsentanz.[938] Die AGKOD zählt nach eigenen Angaben rund 125 Mitglieder, darunter beispielsweise der Deutsche Caritasverband e. V. als Zusammenschluss aller Caritasverbände oder der Bundesverband der katholischen Arbeitnehmerbewegung.[939]

Die Handlungsinstrumente dieser kirchlichen Laienakteure zeigen keine nennenswerten Besonderheiten gegenüber der Lobbytätigkeiten nicht-kirchlicher Akteure.[940] In der Folge findet sich z. B. der Deutsche Caritasverband auch in der Lobbyliste des Deutschen Bundestages wieder.

Neben der klassischen Einflussnahme auf die Politik über Laienorganisationen und Verbände eröffnet darüber hinaus die verfassungsrechtliche Sonderstellung der christlichen Kirchen u. a. folgende weitere Einflussmöglichkeiten:

a) Das Katholische Büro und der Bevollmächtigte des Rates der EKD

Dem Katholischen Büro in Berlin kommt hinsichtlich der Zusammenarbeit zwischen Staat und katholischer Kirche auf Bundesebene eine zentrale Rolle zu.[941]

---

936 Das Grundsatzprogramm der SPD 2007 ist abgerufen unter: https://www3.spd.de/linkableblob/1778/data/hamburger_programm.pdf (4. Juli 2016). Bis in die 50er Jahre des 20. Jahrhunderts waren Christen in der Sozialdemokratie gleichwohl „Einzelgänger"; erst dann bildete sich ein "protestantischer Zirkel", der sich allmählich vergrößerte und bereits am Ende des Jahrzehnts fest in den Entscheidungsgremien der Partei verankert war, vgl. Glotz, in: Festschrift für Reichert, S. 68.

937 Reimers/Jüsten, in: Festschrift für Reichert, S. 226.

938 Willems, in: von Winter/Willems, S. 324. Eine Grafik der grundlegenden Organisationsstrukturen zur (politischen) Willensbildung im deutschen Katholizismus findet sich bei Liedhegener, S. 278. Auf evangelischer Seite ist die Organisationsneigung und der Organisationsgrad der Laien gering, vgl. Willems, a. a. O., S. 326.

939 Eine Mitgliederliste findet sich unter http://www.zdk.de/organisation/agkod/verbaende/1/ (abgerufen am 11. Juni.2015).

940 Keppeler, S. 99 f.; Willems, in: von Winter/Willems, S. 333.

941 Turowski, in: HSKR, § 46, S. 199 f., noch bezogen auf das Kath. Büro in Bonn, das seit 1949 bestand und zu Beginn der 1960er Jahre die offizielle Bezeichnung „Kommissariat der deutschen Bischöfe" bekam.

Auf evangelischer Seite nimmt diese Aufgabe der „Bevollmächtigte des Rates der EKD bei der Bundesrepublik Deutschland und der Europäischen Union" Prälat Dr. Martin Dutzmann wahr.[942] Das politische Gewicht beider Einrichtungen resultiert nicht zuletzt auch aus ihrer Zusammenarbeit.[943] Spätestens seit der Veröffentlichung des „gemeinsamen Wort[es] des Rates der EKD und der Deutschen Bischofskonferenz zur wirtschaftlichen und sozialen Lage in Deutschland" im Jahr 1997 geben die beiden Kirchen zu zentralen Fragen immer häufiger gemeinsame Stellungnahmen ab. Die „politische Ökumene" gleicht nicht nur die unterschiedlichen Zugangschancen zu den beiden großen Volksparteien aus, sie erhöht auch die Glaubwürdigkeit und die moralische Legitimation, die trotz Mitgliederrückgangs von einer kirchlichen Unterstützung ausgeht.[944] Das gemeinsame Wort repräsentiert zudem nach wie vor die Mehrheit der Bevölkerung und kann mithin nicht als Votum einer Minderheitenkirche zurückgewiesen werden. Beide Einrichtungen verfügen zur Erfüllung Ihrer Aufgaben über verschiedene Referenten, zumeist Juristen und Theologen.[945]

Nach Auskunft des Katholischen Büros unter Leitung von Prälat Dr. Jüsten werden die dortigen Referenten „im Auftrag der Deutschen Bischofskonferenz in politischen Fragen gegenüber den Organen des Bundes, den gemeinsamen Organen der Länder, den Landesvertretungen beim Bund, den Parteien und den auf Bundesebene agierenden gesellschaftlichen Kräften sowie im Zusammenhang damit auch gegenüber internationalen Stellen tätig."[946] Inhaltlich wird das katholische Büro in Berlin dabei in den traditionellen, kirchlich-gesellschaftlichen Aktionsfeldern aktiv. Hierzu gehören Fragen des Lebensschutzes, insbesondere hinsichtlich Abtreibung und Euthanasie, der Asyl- und Flüchtlingspolitik oder in der Familienpolitik. Auch der Einsatz für soziale Gerechtigkeit ist eine andauernde Aufgabe.[947]

---

942 Hierzu im Einzelnen; Kalinna, in: HSKR, § 45. Prälat Dr. Martin Dutzmann ist seit Oktober 2013 Bevollmächtigter des Rates der EKD.

943 Liedhegener, S. 280; Kalinna, in: HSKR, § 45, S. 192. Mit der „Gemeinsamen Konferenz Kirche und Entwicklung" (GKKE) wurde 1973 ein ökumenischer Arbeitsverbund zur Entwicklungspolitik gegründet, die u. a. einen jährlichen Bericht zur Rüstungsexportpolitik ausarbeitet.

944 Liedhegener, S. 320 mit Verweis darauf, dass der EKD traditionell enger mit der SPD vernetzt ist als das katholische Büro.

945 Willems, in: von Winter/Willems, S. 334; Kalinna, in: HSKR, § 45, S. 191.

946 http://www.kath-buero.de/ (abgerufen am 28. Juli 2015).

947 Turowski, in: HSKR, § 46, S. 206; Keppeler, S. 83; Liedhegener, S. 317 f. Willems verweist darauf, dass Kirchen im politischen Raum nicht allein „Interessen" vertreten, sondern auch gesellschaftspolitische Anliegen, vgl. ders. in: von Winter/Willems, S. 321.

Das Katholische Büro in Berlin ist institutionell sowohl der Deutschen Bischofskonferenz als gleichermaßen dem Verband der Diözesen Deutschlands untergeordnet, der gem. § 2 Satzung des Verbandes der Diözesen Deutschlands (SVDD) als Körperschaft des öffentlichen Rechts gilt, und als solche gem. § 3 SVDD die Aufgaben wahrnimmt, die ihm von der Deutschen Bischofskonferenz im rechtlichen und wirtschaftlichen Bereich übertragen sind. Obgleich das Katholische Büro weder staats- noch kirchenrechtlich verfasst ist, kann es daher als Beispiel für körperschaftlichen Lobbyismus herangezogen werden.[948]

Die Aufträge des Bevollmächtigten des Rates der EKD werden wie folgt zusammengefasst: „Ständige Fühlung mit den leitenden politischen Stellen der Bundesrepublik [...], mit besonderer Betonung der Aufgabe, den Rat der EKD über die politische Lage und die leitenden politischen Stellen der Bundesrepublik Deutschland über die grundsätzlichen Auffassungen und aktuellen Anliegen der EKD zu unterrichten."[949] Dabei ist aber auch ein pastoraler Auftrag zu erfüllen, wozu der „Mittler zwischen Kirche und Politik [...] der Beratung der Gewissen der Politiker fähig sein" muss und sich für die Wahrung der Menschenwürde, der sozialen Verantwortung und das Streben nach Gerechtigkeit einzusetzen hat.[950]

Für die Umsetzung des o. g. Auftrages/ der o. g. Aufgaben ergreifen sowohl das katholische Büro in Berlin als auch der Bevollmächtigte des Rates der EKD im Grundsatz die gleichen Maßnahmen wie andere Interessenorganisationen auch. Es werden insbesondere geplante oder bereits anstehende Gesetzgebungsverfahren, aber auch sonstige Vorhaben oder Planungen des Parlaments beobachtet, innerkirchliche Positionen festgelegt und diese gegenüber staatlichen Vertretern „in geeigneter Weise" vorgebracht.[951] Zu diesem Zweck werden nicht nur Kontakte

948 Keppeler, S. 77.

949 Kalinna, in: HSKR, § 45, S. 188. Dies wird auch in der „Umwelterklärung 2015 des Bevollmächtigten des Rates der EKD bei der Bundesrepublik Deutschland" – dort S. 4 – bestätigt, vgl. https://www.ekd.de/download/umwelterklaerung_2015_der_EKD_Berlin.pdf (abgerufen am 25. Juli.2016).

950 Kalinna, in: HSKR, § 45, S. 187 ff.; Reimers/Jüsten, in: Festschrift für Reichert, S. 229 f.

951 Turowski, in: HSKR, § 46, S. 206; Liedhegener, S. 319 f.; Keppeler, S. 84. http://www.kath-buero.de/ (abgerufen am 28. Juli 2015); Umwelterklärung 2015 des Bevollmächtigten des Rates der EKD bei der Bundesrepublik Deutschland", S. 4 (abgerufen am 25. Juli 2015 unter https://www.ekd.de/download/umwelterklaerung_2015_der_EKD_Berlin.pdf).

zu Abgeordneten, Ministern und Ministerialbeamten im Bundeskanzleramt, sondern auch zu Vertretern gesellschaftlicher und kirchlicher Verbände gepflegt.[952]

Gegenüber den Einflussnahmen anderer Interessenorganisationen ergeben sich danach nur insoweit Unterschiede, als dass ein Tätigwerden des Katholischen Büros die Kriterien der Sakramentalität und der Katholischen Soziallehre zu beachten hat.[953] Basis der katholischen Soziallehre ist das Naturgesetz, wonach der Mensch, seine Würde und Personenhaftigkeit sowie seine Menschenrechte im Zentrum jedes Handelns zu stehen haben.[954] Insoweit wird auch vom Personalitätsprinzip der katholischen Soziallehre gesprochen, welches von dem Solidaritätsprinzip ergänzt wird.[955] Aus dem Solidaritätsprinzip folgt, dass die politische Einflussnahme der Kirche dem Gemeinwohl verpflichtet ist.[956] Die Verpflichtung auf das Gemeinwohl wurde auch vom früheren Bevollmächtigten des Rates der EKD, Prälat Stephan Reimers hervorgehoben.[957] So wurde auch in dem gemeinsamen Wort des Rates der EKD und der Deutschen Bischofskonferenz zur wirtschaftlichen und sozialen Lage in Deutschland von 1997 betont, dass die Kirchen für Solidarität und Gerechtigkeit als entscheidende Maßstäbe einer zukunftsfähigen und nachhaltigen Wirtschafts- und Sozialpolitik eintreten.[958] Die Beschränkung der Handlungsmöglichkeiten und Themenfelder folgt mithin daraus, dass der Glaube und eine daraus folgende sittliche Überzeugung im Mittelpunkt des Agierens zu stehen haben.[959] Es sollen, auch

952 Liedhegener, S. 319; Willems, in: von Winter/Willems, S. 334. Gleiches gilt für den „Bevollmächtigte des Rates der EKD bei der Bundesrepublik Deutschland und der Europäischen Union", vgl. Willems, a. a. O.; Kalinna, in: HSKR, § 45, S. 189 ff. Die Kontakte beschränken sich nicht auf Abgeordnete der gleichen Konfession, vgl. Liedhegener, S. 320.

953 Keppeler, S. 84 f. Die Bindung an die Sakramentalität der Kirche bedeutet, dass sich politisches Handeln der Kirche am göttlichen Handeln zu orientieren hat, vgl. ders., S. 200.

954 Schlaich, in: HSKR, § 44, S. 149. „Der Rückgriff auf eine naturrechtliche Tradition erlaubt es der katholischen Kirche, die Kluft zwischen Kirche und Welt zu überspringen und in der Sprache des weltlichen Lebens „katholische Politik" zu machen." Vgl. Schlaich, a. a. O., m.w.N.

955 Keppeler, S. 202 ff.

956 Keppeler, S. 204. Im Sinne der christlichen Soziallehre wird das Gemeinwohl als Wesensmerkmal jener gesellschaftlichen Voraussetzung verstanden, die den Menschen die volle Entfaltung ihrer Werte ermöglichen, vgl. ders., S. 207.

957 Holzhauer, in: Leif/Speth, S. 261.

958 http://www.ekd.de/EKD-Texte/sozialwort_1997_hinfuehrung.html (abgerufen am 25. Juli 2015); Reimers/Jüsten, in: Festschrift für Reichert, S. 224.

959 Von Campenhausen/de Wall, § 13, S. 91.

im Bewusstsein der besonderen Rechtsstellung im Grundgesetz „Gemeinwohl und soziale Gerechtigkeit, Demokratie und Menschenrechte, Freiheit und Frieden gefördert werden.“[960] Hierin liegt zugleich die Abgrenzung zu anderen gesellschaftlichen Gruppen, die es der Kirche ermöglicht, das Bewusstsein und Verständnis für die Aufgaben der Kirche wachzuhalten.

Am Beispiel der wiederkehrenden Debatten um die Strafbarkeit des Schwangerschaftsabbruchs nach § 218 StGB zeigt sich, dass die Einflussversuche des katholischen Büros und anderer kirchlicher Akteure trotz oder wegen der aufgezeigten Verpflichtungen Wirkung zeigen; so konnte bis heute ein reines Fristenmodell verhindert werden.[961]

Auch die regelmäßig aufkommende Forderung nach Abschaffung der Kirchensteuer konnte stets abgewehrt werden. Im Rahmen der Steuerreform 1999 konnte die christliche Kirche zudem verhindern, dass sich die Senkung der Unternehmensbesteuerung auf die Höhe der Kirchensteuer auswirkte.[962] In diesem Zusammenhang ist die Frage aufzuwerfen, ob es sich tatsächlich noch um Interessenvertretung zur Gemeinwohlverwirklichung handelt oder vielmehr um Interessenvertretung zur Wahrung von kirchlichen Eigeninteressen. Wenngleich ein Eigeninteresse nicht abgestritten werden kann, ist jedoch insoweit zuzugeben, dass die Sicherung und Erhaltung der finanziellen Basis auch der Sicherung einer effektiven Wahrnehmung kirchlicher Aufgaben dient.[963]

b) Die Apostolische Nuntiatur in Berlin

Zu den Eigenarten des Staatskirchenrechts in der Bundesrepublik Deutschland gehört es, dass es nicht nur durch einseitige staatliche Rechtsetzung geregelt ist, sondern auch durch Verträge und sonstige Vereinbarungen mit Kirchen und Religionsgemeinschaften.[964] Zwar enthält das GG weder eine spezifische Ermächtigungsnorm noch einen ausdrücklichen Auftrag zum Abschluss von Staatskirchenverträgen, jedoch setzen Art. 140 GG i.V.m. Art 138 I WRV sowie Art. 123 II GG die grundsätzliche Möglichkeit und Zulässigkeit von Staatskirchenverträ-

960 Reimers/Jüsten, in: Festschrift für Reichert, S. 224.

961 Liedhegener, S. 379 ff. Zur Entstehungsgeschichte der heutigen Norm vgl. MüKo, vor §§ 218 ff. Rn. 1–10.

962 Liedhegener, S. 318 f.; Reimers/Jüsten, in: Festschrift für Reichert, S. 228.

963 Bocklet, in: Festschrift für Reichert, S. 236. Eine graphische Darstellung zur Verwendung der Steuereinnahmen findet sich unter https://www.evangelisch.de/inhalte/113540/08-11-2013/wofuer-gibt-die-kirche-die-kirchensteuer-aus (abgerufen am 01. September 2016).

964 Hollerbach, in: HSKR, § 7, S. 253 m.w.N.

gen voraus.[965] Bei Staatskirchenverträgen handelt es sich um echte, d. h. beide Parteien bindende Verträge, die auf katholischer Seite als Konkordate und auf evangelischer Seite als Evangelische Kirchenverträge bezeichnet werden.[966] Staatskirchenverträge regeln unter anderem folgende Materien: Schutz der Sonn- und Feiertage; das Verfahren bei der Berufung von Theologieprofessoren an staatlichen Katholisch-Theologischen Fakultäten und vergleichbaren Einrichtungen; Ausbildung von Religionslehrern und deren Anstellung im öffentlichen Dienst; Erteilung des Religionsunterrichts und die Regelung der übrigen damit im Zusammenhang stehenden Fragen einschließlich der Finanzierung; die Gründung freier Schulen in kirchlicher Trägerschaft und deren Finanzierung sowie Garantie des kirchlichen Eigentums.[967]

Das staatskirchenrechtliche Verhältnis der katholischen Kirche zur Bundesrepublik Deutschland wird maßgeblich durch das Reichskonkordat von 1933 bestimmt, dessen Fortgeltung das BVerfG[968] auch für die Zeit nach Inkrafttreten des GG bestätigt hat. Art. 3 des Reichskonkordats sichert dem Heiligen Stuhl als Völkerrechtssubjekt[969] einen Apostolischen Nuntius in Deutschland zu. Vergleichbar mit dem staatlichen Botschaftswesen verfügt der Heilige Stuhl damit über eine ständige Vertretung in der Bundesrepublik Deutschland.

Zu den Aufgaben der Apostolischen Nuntiatur gehören nach c. 365 § 2 Codex Iuris Canonici (CIC) unter anderem, (Vertrags-)Verhandlungen über Fragen, die die Beziehung zwischen Staat und Kirche regeln, zu führen.[970] Damit vertritt die Apostolische Nuntiatur nicht nur die Interessen des Heiligen Stuhls, sondern auch die Interessen der katholischen Kirche in Deutschland. In der Folge wird

965 Hollerbach, a. a. O., S. 266 f.

966 Hollerbach, a.a.O, S. 254, 272. Die zwischen den Staaten und dem Heiligen Stuhl geschlossenen Konkordate gelten als echte völkerrechtliche Verträge, vgl. Maunz/Dürig –Nettesheim, Art. 32 Rn. 35.

967 http://www.dbk.de/katholische-kirche/katholische-kirche-deutschland/aufbau-ktah-kirche/kirche-staat/konkordate-und-kirchenvertraege/ (abgerufen am 8. Juli 2016).

968 BVerfGE 6, 309.

969 Vgl. hierzu Maunz/Dürig – Nettesheim, Art. 32 Rn. 35. Anders als der Heilige Stuhl besitzen die Evangelischen Kirchen keine Völkerrechtssubjektivität, vgl. Maunz/Dürig – Nettesheim, a. a. O.

970 Auf evangelischer Seite ist der Bevollmächtigte des Rates der EKD für Vertragsverhandlungen mit der Bundesregierung zuständig, vgl. Kalinna, in: HSKR, § 45, S. 191. Als wichtiges Vertragswerk ist hier beispielsweise der „Vertrag der Evangelischen Kirche in Deutschland mit der Bundesrepublik Deutschland zur Regelung der evangelischen Militärseelsorge" zu nennen.

auch von diplomatischem Lobbyismus gesprochen.[971] Bereits diese Bezeichnung verdeutlicht, dass die verfassungsrechtlichen Rahmenbedingungen zusätzliche Einflussmöglichkeiten gegenüber privaten Gruppierungen eröffnen.

Für die Wahrnehmung dieser Aufgaben bedient sich die Apostolische Nuntiatur primär der Mittel des klassischen Lobbyismus, namentlich der Vorbringung und Vertretung eigener Interessen, Positionen und Informationen gegenüber staatlichen Akteuren.[972] Wie auch das katholische Büro Berlin ist die Apostolische Nuntiatur den Kriterien der Sakramentalität und den Prinzipien der Katholischen Soziallehre verpflichtet.[973]

c) *Öffentlich-rechtlicher und privater Rundfunk*

Der öffentlich-rechtliche Rundfunk ist eine wesentliche Säule der sog. Grundversorgung[974] und damit Medium der freien individuellen und öffentlichen Meinungsbildung. Gem. Art. 11 I RStV kommt den öffentlich-rechtlichen Rundfunkanstalten die Aufgabe zu, einen umfassenden Überblick über das internationale, europäische, nationale und regionale Geschehen in allen wesentlichen Lebensbereichen zu schaffen und dadurch die demokratischen, sozialen und kulturellen Bedürfnisse der Gesellschaft zu erfüllen. Die Verwirklichung der Grundversorgung setzt neben einer flächendeckenden Verbreitung danach einen umfassenden inhaltlichen Programmstandard sowie einen Binnenpluralismus voraus.[975] Ein pluralistisch besetztes Gremium z. B. in Form des Rundfunkrates dient zur Sicherung dieser Voraussetzungen.[976] Das Aufsichtsgremium umfasst alle gesellschaftlich relevanten Gruppen. Dazu zählen nicht nur Gewerkschaften, Parteien, Verbraucherschutzverbände und für die Rundfunkfreiheit bedeutsame Gruppen wie Journalistenverbände oder Vertreter von Filmförderanstalten, sondern insbesondere auch die Kirchen.[977] Von den genannten gesellschaftlichen Gruppen grenzt sich die Kirche dadurch ab, dass ihr das Selbstbestimmungsrecht

971 Keppeler, S. 71. Auch auf evangelischer Seite wird insoweit von einem „diplomatischen Dienst" gesprochen, vgl. Kalinna, in: HSKR, § 45, S. 188.

972 Keppeler, S. 75 f. Auch der Bevollmächtigte der EKD greift auf die genannten Mittel zurück. Sie reichen vom offiziellen Auftreten bei Bundestagsanhörungen bis hin zu informellen Gesprächen, vgl. Kalinna, in: HSKR, § 45, S. 190.

973 Keppeler, S. 76.

974 BVerfGE 73, 118 (157); zur Begrifflichkeit vgl. Rossen, S. 384 ff.

975 BVerfGE 74, 297 (326); 73, 118.

976 Epping/Hillgruber – Schemmer, Art. 5 GG Rn. 79 ff.

977 Fast alle Mediengesetze regeln die Einbeziehung von Gesandten der katholischen und evangelischen Kirchen sowie der jüdischen Kultusgemeinden vor, vgl. nur § 14 I

zwingend ermöglicht, eine eigenständige Auswahl ihrer Vertreter im Kontrollgremium vorzunehmen.[978]

Ein weiteres kirchliches Privileg besteht darin, dass ihnen neben der Beteiligung an den Kollegialorganen sowohl im öffentlich-rechtlichen als gem. § 42 I RStV auch im privaten Rundfunk sog. Drittsenderechte zugesprochen werden. Diese Rechte ermöglichen es den Kirchen, angemessene Sendezeiten im Rundfunk mit eigengestalteten und eigenverantwortlichen Beiträgen zu gestalten,[979] die in unmittelbarem Zusammenhang mit der Ausübung des jeweiligen Bekenntnisses bzw. mit dem Verkündungsauftrag stehen.[980] Dieser Zusammenhang besteht zunächst bei Verkündigungssendungen wie Gottesdiensten und Andachten, welche sich bereits „ihrem Wesen nach den Programmprinzipien medialer Sendungsformen [entziehen]. [...] Jede redaktionelle Gestaltung und Verantwortung würde hier einen Eingriff in die religionsgemeinschaftliche Verkündigung und damit in den innersten Bereich der Kirchenfreiheit bedeuten."[981] Auch bei Ausstrahlungen, die unmittelbar mit der Glaubensrichtung der Kirchen zu tun haben, wie dies bei Beiträgen zu theologischer Lehre, kirchlichem Leben und Fragen der öffentlichen Verantwortung der Kirchen der Fall ist, ist der Zusammenhang zum Verkündungsauftrag und damit ein Senderecht gegeben.[982] Damit wird den Kirchen ein besonderer, institutionell abgesicherter Zugang in die Öffentlichkeit gewährt. So soll der Sonderstellung der Kirchen als Körperschaften des öffentlichen Rechts Rechnung getragen werden.[983]

Nr. 1–3 StV Rundfunkanstalt BE/BB (abgedruckt: Berlin GVBl. Nr. 34 v o m 11.12.2 0 1 3, S .634).

978 Link, in: HSKR, § 48, 278. Die Entsendung geschieht zwar grundsätzlich in eigener Verantwortung der berechtigten Gruppen, allerdings sehen verschiedene Rundfunksatzungen hierfür Wahlen nach demokratischen Grundsätzen vor. Bereits dies gilt als Eingriff in das kirchliche Selbstbestimmungsrecht, vgl. Link, a. a. O., § 49, S. 301.

979 Link, in: HSKR, § 48, 274. Hierzu vertieft: Link., a. a. O. § 49 S. 304 ff. Unter bestimmten Voraussetzungen werden Drittsenderechte auch den Regierungen für politische Verlautbarungen und in Wahlkampfzeiten den Parteien zugesprochen, vgl. Link, a. a. O., § 48, S. 281. Angemessene Sendezeit meint zweckentsprechende Sendezeiten, die sich an den entsprechenden Gegebenheiten der jeweiligen religiösen Abläufe zu orientieren haben, vgl. Gersdorf/Paal – Cornils, § 42 RStV, Rn. 8.

980 Amtliche Begründung zum RStV 1991, § 24.

981 Link, in: HSKR, § 48, 275.

982 Link, in: HSKR, § 48, 275; Gersdorf/Paal – Cornils, § 42 RStV, Rn. 7.

983 Kleinstuber, in: Abromeit/Wewer, S. 286. In diesem Sinne auch: Könmann/Meuth/Frantz, S. 114. Auch Art. 4 II Nr. 3 Bayerisches Rundfunkgesetz stellt z. B. auf den Körperschaftsstatus ab. Es wird jedoch zunehmend angezweifelt, dass Drittsende-

Das Senderecht wird von den Kirchen entsprechend ihres Öffentlichkeitsauftrages[984] auch dazu genutzt, zu eigenen Themen Stellung zu beziehen und diese somit in die Öffentlichkeit und damit auch in die Politik zu tragen. Dies insbesondere dann, wenn die aktuellen gesellschaftspolitischen Themen in Zusammenhang mit kirchlichen Anlässen stehen[985] oder im Widerspruch zum Herrschaftsanspruch Jesu Christi stehen.[986] Der Öffentlichkeitsauftrag wird insbesondere auch in der Predigt erfüllt, der damit sowohl eine öffentliche, als auch politische Wirkung zukommt.[987]

So fand die wiederkehrende gesellschaftspolitische Debatte um die Zulässigkeit eines Schwangerschaftsabbruchs im Besonderen und Lebensschutz im Allgemeinen unter anderem Einzug in eine im Bayrischen Rundfunk ausgestrahlte Osteransprache, die wie folgt eingeleitet worden ist: „Wir haben diese Woche Ostern gefeiert, das Fest des Lebens. Gott ist ein Freund des Lebens."[988] Diese Ansprache geht zurück auf die ökumenische Stellungnahme des Katholischen Büros Berlin und der EDK[989] mit der gegenüber den politischen Entscheidungsträgern grundlegende Positionen im Bereich der christlichen Lebensschutzpolitik vermittelt werden sollten.

Trotz der zu beobachtenden Säkularisierungs- bzw. Entkirchlichungsprozesse finden die Stellungnahmen christlicher Akteure gleichbleibende Aufmerksam-

---

rechte nur den körperschaftlich organisierten Bekenntnisgemeinschaften zugestanden werden könne. Vgl. Renck, ZUM 2001, 104 (109).

984 Zum Öffentlichkeitsauftrag der Kirchen vgl. Schlaich, in: HSKR, § 44. Der Öffentlichkeitsauftrag der Kirche folgt aus dem Öffentlichkeitsanspruch des Evangeliums, der staatskirchenvertraglich anerkannt ist. Erstmals wurde der Öffentlichkeitsauftrag 1955 im sog. Loccumer Vertrag (Niedersächsischer Kirchenvertrag) verbrieft. Nach der Loccumer Formel äußern und betätigen sich die Kirchen im Bereich des Öffentlichen, der vornehmlich von den Verbänden, Parteien und Gruppen besetzt wird und in dem das für die Gemeinschaft Relevante verhandelt wird, vgl. Schlaich, a.a.O., S. 131 ff.

985 Könemann/Meuth/Frantz, S. 91 f.

986 Schlaich, in: HSKR, § 44, S. 133.

987 Schlaich, in: HSKR, § 44, S. 133, 145; auch im Religionsunterricht, in den Theologischen Fakultäten und der Mitwirkung in stattlichen Gremien wird den Kirchen Öffentlichkeit eingeräumt.

988 kna Dokumentation: Ansprache des Erzbischofs von München und Freising, Friedrich Kardinal Wetter, in der Sendung „Zum Sonntag" des Bayrischen Rundfunks am 06. April 1991. (Wortlaut), 08.04.1991.

989 Liedhegener, S. 280 f.

keit. Insgesamt werden kirchliche Voten in der Gesellschaft als ebenso berechtigt beurteilt wie die anderer Interessengemeinschaften.[990]

3. Ergebnis

Es zeigt sich, dass der Sonderstatus der Religionsgesellschaften diesen zusätzliche Wege eröffnet, die eigenen Interessen und Grundsätze gegenüber den politischen und gesellschaftlichen Akteuren zu artikulieren und darüber an der politischen Willensbildung mitzuwirken.[991] Insbesondere ist festzuhalten, dass das Trennungsgebot aus Art. 140 GG i.V.m. Art. 137 I WRV die Religionsgesellschaften nicht auf eine Betätigung in der institutionell kirchlichen Sphäre beschränkt, sondern gerade auch die Möglichkeit der Einwirkung auf den weltlichen Bereich garantiert ist.[992] Erst wenn die Religionsgesellschaft dabei ihren eigenständigen, geistlichen Auftrag übersteigt, kann sie sich auf ihren verfassungsrechtlichen Status nicht mehr berufen. Das Verhältnis von Staat und Religionsgesellschaft wäre dann beispielsweise mit dem Verhältnis von Staat und Verbänden vergleichbar.[993]

Aus dieser privilegierten Ausgangssituation kann dagegen nicht geschlussfolgert werden, dass die christlichen Kirchen auch in tatsächlicher Hinsicht gesteigerten Einfluss auf das politische Geschehen haben. Den Kirchen gelingt es letztendlich nicht, ihr im Vergleich zu weltlichen Interessenvertretern gesteigertes Einflusspotenzial auch in gesteigerten Einfluss auf politische Entscheidungen umzusetzen. Ein grundsätzlicher Unterschied zu der Interessenvertretung weltlicher Verbände besteht insofern nicht.[994]

Dies liegt unter anderem daran, dass den Kirchen im Wesentlichen die gleichen Einflussinstrumente wie sonstigen Interessenorganisationen zur Verfügung stehen.[995]

---

990 Könemann/Meuth/Frantz, S. 169 f.

991 Soweit sich der Einfluss auf die Politik durch die Mitwirkung des Bürgers realisiert, der seine christliche Verantwortung wahrnimmt und seine Vorstellungen in den politischen Prozess einfließen lässt, ist dies keine Frage des Sonderstatus der Religionsgesellschaften, sondern eine solche der demokratischen Rechte, vgl. Hesse, ZevKR 11 (1964/1965), 337 (359).

992 Von Campenhausen/de Wall, § 13, S. 96. Gesichert ist den Religionsgesellschaften demzufolge die Freiheit der Verkündigung und der erzieherischen, kulturellen und sozialen Arbeiten, vgl. von Campenhausen/de Wall, a. a. O. Hesse sieht im geistlichen Auftrag sogar eine Verantwortung für die Welt, vgl. ders. ZevKR 11 (1964/1965), 337 (352).

993 Hesse, ZevKR 11 (1964/1965), 337 (360 f.).

994 Willems, in: von Winter/Willems, S. 320.

995 Willems, in: von Winter/Willems, S. 333 f.; Turowski, in: HSKR, § 46, S. 206; Keppeler, S. 84.

So reichen die Arbeitsweisen ausweislich der „Umwelterklärung 2015 des Bevollmächtigten des Rates der EKD“ von der inhaltlichen Begleitung von Gesetzgebungsprozessen, über persönliche Gespräche und Kontakte mit Politikern und Beamten in den Ministerien und Dienststellen des Bundes und der EU, Fachkonferenzen und Vorträgen bis hin zu Gesprächsforen.[996] Demnach werden die politischen Instanzen regelmäßig über christliche Positionen sowie Beschlüsse des Rates der EKD oder Entschließungen und Kundgebungen der EKD-Synode bzw. der Deutschen Bischofskonferenz unterrichtet.[997] Gelegenheiten hierfür ergeben sich sowohl aufgrund staatlicher als gleichermaßen aufgrund kirchlicher Initiative. So laden die Kirchen beispielsweise regelmäßig zu sog. Parlamentarischen Abenden oder Jahresempfängen ein; im BMI wurde ein selbständiges Kirchenreferat eingerichtet.[998]

Zwar schafft das Selbstbestimmungsrecht der Kirchen aus Art. 140 GG i.V.m. Art. 137 III WRV diesen darüber hinaus die Möglichkeit, eigene Angelegenheiten unabhängig vom Staat, d.h. autonom zu regeln, wovon z.B. im Bereich des kirchlichen Dienst- und Arbeitsrechts verbreitet Gebrauch gemacht wird.[999] Davon umfasst ist auch eine Rechtsetzungs- und Rechtsprechungsbefugnis.[1000] Diese Befugnisse erlauben den Kirchen zwar, sich innerhalb der Schranken des für alle geltenden Gesetzes[1001] durch den Erlass eigener Regelungen und Rechtsprechung von staatlichen Bestimmungen abzugrenzen. Das ermöglicht den Kirchen wiederum, ihren Mitarbeitern die Beachtung ihrer Glaubenslehre aufzuerlegen und zwar unabhängig davon, ob sich der Mitarbeiter persönlich zum christlichen Glauben bekennt.[1002] Obgleich aus dem Selbstbestimmungsrecht auch die staatliche Pflicht auf Rücksichtnahme religiöser Sonderinteressen wächst,[1003] folgt aus ihm so aber in erster Linie ein Einflussinstrument auf die Gesellschaft bzw. kirchliche Mitarbeiter, nicht auf die Politik.

---

996 Vgl. S. 4 f. der Umwelterklärung 2015, am 25. Juli 2016 abgerufen unter https://www.ekd.de/download/umwelterklaerung_2015_der_EKD_Berlin.pdf. In diesem Sinne auch Reimers/Jüsten, in: Festschrift für Reichert, S. 225 f. Ausführlich zu den Einflussinstrumenten der Interessenvertreter vgl. B. IV.

997 Vgl. auch: Reimers/Jüsten, in: Festschrift für Reichert, S. 225.

998 Vgl. hierzu: Frerk, S. 81. ff. sowie S. 230 ff. sowie Liedhegener, S. 231 ff.

999 Vgl. hierzu: Belling, NZA 2006, 1132; Schaub/Koch, in: Schaub, Kirche.

1000 Von Campenhausen/de Wall, § 13, S. 101. Eine gewisse Autonomie bzw. Rechtsetzungsgewalt findet sich auch im Vereinsrecht, vgl. diess., § 13, S. 266.

1001 Für alle geltenden Gesetze i.S.v. Art. 137 III WRV sind allgemeine Gesetze, die sich nicht gegen Religionsgemeinschaften oder ihr Selbstbestimmungsrecht richten, vgl. de Wall/Muckel, S. 78.

1002 Belling, NZA 2006, 1132.

1003 Von Campenhausen/de Wall, § 13, S. 94, 99.

Im Gegensatz zu vielen erwerbswirtschaftlich orientierten Interessengruppen ist es den Kirchen zudem nicht oder zumindest nicht im gleichen Umfang möglich, zur Durchsetzung eigener Forderungen mit dem Entzug wichtiger systemrelevanter Leistungen wie z. B. der Verlagerung von Arbeitsplätzen in das Ausland zu drohen.[1004] Dies auch aus dem Grund, dass die kirchlichen Akteure nach der Kirchenlehre als „Lobbyisten der Barmherzigkeit"[1005] aufzutreten haben und auch aus diesem Verständnis heraus sozial-caritative Aufgaben im Inland wahrzunehmen haben. Kirchlicher und weltlicher Lobbyismus verkörpert mithin unterschiedliche Philosophien. Ausgangs- und Zielpunkt kirchlichen Lobbyismus ist der Glaube an Gott und eine daraus folgende sittliche Überzeugung, so dass jedes Tätigwerden die Kriterien der Sakramentalität sowie der christlichen Soziallehre und damit des Gemeinwohls zu beachten hat.[1006] Die kirchlichen Akteure sind demnach insoweit in ihren Handlungsmöglichkeiten gegenüber weltlichen Lobbyisten eingeschränkt; so ist z. B. auch das Streikrecht gegenüber kirchlichen Einrichtungen nur im begrenzten Umfang mit dem christlichen Auftrag zum Dienst am Nächsten und dem Leitbild einer kirchlichen Dienstgemeinschaft vereinbar.[1007] Weitere Einschränkungen sind auch dort zu finden, wo kirchliche Gehalte und Werte, die als unverhandelbar gelten, von einer möglichen Kompromissfindung im Rahmen der Interessenvertretung betroffen wären. Mangels eines politisch tauschfähigen Guts kommt den Kirchen insoweit keine ausreichende Verhandlungsposition zu.[1008]

Eine aussichtsreiche Verhandlungsposition und Durchsetzungsfähigkeit fehlt auch dort, wo aufgrund innerkirchlicher Pluralität und Heterogenität keine ein-

---

1004 Willems, in: von Winter/Willems, S. 327 f.

1005 So Hoburg, S. 107.

1006 Keppeler, S. 84 f., 167, 228; von Campenhausen/de Wall, § 13, S. 91. Allgemeiner: Könemann/Meuth/Frantz, S. 62. So betont die katholische Soziallehre immer wieder den Wert gerechter Gesellschaften, insbesondere die Notwendigkeit von menschenwürdigen Bedingungen für sozial Benachteiligte, vgl. beispielsweise die Sozialenzyklika Laborem Exercens von Papst Johannes Paul II.

1007 Vgl. hierzu §§ 2 und 3 „Kirchengesetz über die Grundsätze zur Regelung der Arbeitsverhältnisse der Mitarbeiter und Mitarbeiterinnen in der Evangelischen Kirche in Deutschland und ihrer Diakonie" (Arbeitsrechtsregelungsgrundsätzegesetz – ARGG-EKD) sowie im Grundsatz BAG, Urteil vom 20. November 2012, 1 AZR 611/11. Dies führt auch dazu, dass Arbeitskampfmaßnahmen kirchlicher Einrichtungen zur Durchsetzung eigener Interessen (z. B. Beteiligung des Staates an der Finanzierung kirchlicher Einrichtungen) gegenüber dem Staat nur eingeschränkt möglich sind.

1008 Könemann/Meuth/Frantz, S. 63. Einer Kompromissfindung steht auf katholischer Seite insbesondere auch der Absolutheits- und Universalitätsanspruch entgegen.

heitliche Position gefunden und vermittelt werden kann. So zeigt sich beispielsweise im Gesundheitswesen im Allgemeinen und bei Fragen zu Heilungs- und Behandlungsmethoden im Speziellen, welche zum Teil divergierenden Gesichtspunkte von den jeweiligen Beauftragten zu berücksichtigen sind. Diese reichen von der grundsätzlichen Frage der ethischen Erlaubtheit über die Berücksichtigung des einzelnen Leidenden und Kranken bis hin zu den Anliegen der Einrichtungen und ihrer Träger einerseits sowie der Krankenversicherungen und Beitragszahler andererseits.[1009] Aufgrund der synodalen Leitungsstruktur in der evangelischen Kirche ist insbesondere diese von den Folgen innerkirchlicher Pluralität betroffen.[1010] Aber auch die katholische Kirche ist hiervor nicht gefeit, wie die Konflikte um die Beteiligung an der Schwangerschaftskonfliktberatung oder die Behandlung von Vergewaltigungsopfern in katholischen Krankenhäusern zeigen. Oft werden hier Differenzen an den abweichenden Positionen von Bischofskonferenz und ZdK, also von geistlichen und weltlichen Repräsentanten, deutlich. Hinsichtlich des Antidiskriminierungsgesetztes könnten auch divergierende Positionen zwischen Caritasverband und Katholischem Büro beobachtet werden.[1011] Jedoch sind die Kirchen aufgrund der innerkirchlichen Pluralität in besonderem Maße um Ausgleich bemüht,[1012] so dass regelmäßig eine einheitliche Stellungnahme abgegeben werden kann. Gelingt es unter diesen Voraussetzungen, eine einheitliche Stellungnahme abzugeben, finden diese „gerade wegen ihres inhärenten Ausgleichs als Handlungsträgerin ihrer Interessen“ besondere Beachtung.[1013]

Zwar erscheint die Durchsetzungsfähigkeit der Kirchen – gemessen an der Mitgliederstärke, Finanzkraft und rechtlichen Privilegien – nach alledem limitiert. Das bedeutet jedoch nicht, dass die politischen Einflussnahmen der Kirchen ohne Erfolg bleiben würden.[1014] So gelingt es den Religionsgemein-

---

1009 Reimers/Jüsten, in: Festschrift für Reichert, S. 228 f.

1010 Willems, in: von Winter/Willems, S. 328 f. Anders als die katholische Kirche sieht sich die evangelische Kirche mit ihren dezentralen Strukturen nicht in der Rolle, verbindliche moralische Vorgaben aufzustellen, sondern betont im Sinne der individuellen Urteilsfindung den Diskurs über Werte und religiöse Interpretationen, vgl. Preidel, S. 91, m.w.N.
Dies bedeutet im Umkehrschluss, dass ein erfolgreicher innerkirchlicher Aushandlungsprozess die Durchsetzbarkeit der gefundenen Position erleichtert.

1011 Holzhauer, in: Leif/Speth, S. 262.

1012 Reimers/Jüsten, in: Festschrift für Reichert, S. 228.

1013 Reimers/Jüsten, in: Festschrift für Reichert, S. 229.

1014 Willems, in: von Winter/Willems, S. 327, 335 f.

schaften beispielsweise regelmäßig, sich bei Fragen, die mit ihrer Stellung als Körperschaft des öffentlichen Rechts in Zusammenhang stehen, durchzusetzen, wie das beispielsweise im Zusammenhang mit der Kirchensteuer immer wieder der Fall ist[1015]. Auch im Bereich der gesetzlichen Regelungen zum Lebensschutz fanden kirchliche Positionen spürbare Berücksichtigung.[1016] Insgesamt ist zu beobachten, dass die Kirchen unter CDU geführten Bundesregierungen auf geringere Vermittlungsprobleme treffen, als zu Zeiten SPD geführter Bundesregierungen.[1017]

Letztendlich ist das geistliche Wirken der Religionsgesellschaften aufgrund der verfassungsrechtlich gewährleisteten kirchlichen Unabhängigkeit und des Körperschaftsstatus für den Staat zwar von anderer Bedeutung als das Wirken weltlicher Verbände.[1018] Es betrifft einen anderen, nämlich geistlichen Aufgabenkreis. Jedoch beruht der Erfolg der Einflussversuche nicht auf der rechtlichen Sonderstellung der Religionsgemeinschaften, sondern in erster Linie darauf, inwieweit sich beim jeweiligen Adressaten argumentativ Gehör verschafft werden kann. Grundlage kirchlicher Einflussnahme ist mithin nicht der staatskirchenrechtliche Status. Dies würde auch bedeuten, dass „an die Stelle der Einflussnahme *im* demokratischen Gemeinwesen die Einflussnahme *auf* das demokratische Gemeinwesen" träte, was mit „der staatskirchenrechtlichen Ordnung des Grundgesetzes unvereinbar" wäre.[1019]

1015 Vgl. hierzu X. 2a) sowie Liedhegener, S. 318 f. Finanzielle Interessen kann die Kirche ggü. dem Staat mit Hinweis darauf wahren, dass sie auch öffentliche Aufgaben wahrnimmt, wodurch der Staat entlastet wird.

1016 Liedhegener, S. 439 f. Vgl. hierzu B.X.2a).

1017 Liedhegener, S. 322 f. So sah sich das katholische Büro nach dem Regierungswechsel von 1969 erstmals überwiegend mit Abgeordneten konfrontiert, die nur geringe Kenntnisse über die katholische Kirche/den katholischen Glauben besaßen, was Vermittlungsprobleme aufwarf. Nach dem Regierungswechsel von 1998 wurde der Zugang des katholischen Büros zum Bundeskanzleramt, der unter der Regierung Kohl institutionalisiert worden war, erschwert, vgl. Liedhegener, a.a.O. Auch dies spricht dafür, dass der kirchliche Einfluss nicht lediglich auf Ihre Stellung innerhalb des GG zurückzuführen ist.

1018 Hesse, ZevKR 11 (1964/1965), 337 (356); in diesem Sinne auch Horn, in: HStR III, § 41 Rn. 10. Die kirchliche Unabhängigkeit spricht danach ebenso wie der Körperschaftsstatus und die Handlungsgrundsätze kirchlichen Lobbyismus dafür, Kirchen nicht *als* klassische Interessenverbände zu kategorisieren. In diesem Sinne auch Horn, in: HStR III, a.a.O. Hiervon zu unterscheiden ist die Frage, ob Kirchen in Teilbereichen *wie* Interessenverbände handeln.

1019 Hesse, ZevKR 11 (1964/1965), 337 (360).

4. Ausblick

Zwar ist in der Öffentlichkeit und den (weltlichen) Medien trotz der fortschreitenden Säkularisierung in der Gesellschaft[1020] bislang keine abnehmende Aufmerksamkeit gegenüber religiösen Themen und Akteuren zu beobachten.[1021] Ereignisse wie der 11. September 2001 schafften im Gegenteil sogar ein besonderes Bewusstsein für die politischen bzw. weltlichen Auswirkungen von Religion, wodurch die kirchliche Präsenz als ähnlich selbstverständlich wahrgenommen wird, wie die anderer Interessenvertreter.[1022]

Gleichwohl verringert sich durch die Säkularisierung u. a. das Potenzial wahlpolitischer Mobilisierung, was insbesondere in der katholischen Kirche in besonderer Weise bestand.[1023] So betrug der Anteil der katholischen Unionswähler an allen Unionswählern bei der Bundestagswahl 1976 noch 64 %, bei der Bundestagswahl 2002 nur noch 44 %.[1024] Diese gesellschaftliche Entwicklung wird auch sich auch auf die Zusammensetzung künftiger Bundestage auswirken. Wenngleich der Anteil christlicher Abgeordneter noch immer bei ca. 60 % liegt, hat sich der Anteil an konfessionslosen und atheistischen Abgeordneten bereits von 1,2 % in der 13. Legislaturperiode auf aktuell 4,12 % erhöht.[1025]

Kirchlicher Lobbyismus steht in Zeiten gesellschaftlicher Säkularisierung demnach vor der Herausforderung, seinen legitimen Einfluss auf die politische Willensbildung sowie seine Position gegenüber weltlichen Interessenvertretern zu behaupten. Bei dieser Aufgabe wird sich die Kirche nicht mehr im gleichen Maße darauf verlassen können, dass ihre Interessen und Grundsätze durch „kirchliche Abgeordnete“ direkt in den politischen Diskurs eingebracht und durchgesetzt

---

1020 Hierzu vgl. nur Keppeler, S. 149 ff.

1021 Könemann/Meuth/Frantz, S. 169.

1022 Könemann/Meuth/Frantz, S. 169, 31. So bedeutet auch die „Auflösung des klassischen katholischen Milleus […] nicht [das] Ende des politischen bzw. sozialen Katholizismus“, vgl. Liedhegener, S. 441.

1023 Liedhegener, S. 286 ff., mit Verweis auf verschiedene bischöfliche Erklärungen anlässlich der Bundestagswahlen seit der Adenauer-Zeit. Ders. in: Brocker/Behr/Hildebrandt, Religion, Staat, Politik, S. 244.

1024 Liedhegener, S. 300 f.

1025 Keppeler, S. 163; sowie eigene Berechnung auf Basis der Parlamentsstatistik unter https://www.bundestag.de/service/glossar/R/relig__statistik/247190 (abgerufen am 23. Juli 2015). Ca. 30,7 % der Abgeordneten machen keine Angaben über ihre religiöse Zugehörigkeit.

werden.[1026] Die Sonderstellung nach dem Grundgesetz sowie der Umstand, dass die politische Bedeutung von Religion nicht abhängig von der Mitgliederzahl der Religionsgemeinschaften ist, wird für das Selbstverständnis des kirchlichen Lobbyismus und dessen Zugang zur Politik daher an Bedeutung gewinnen. Dies gilt insbesondere für den „diplomatischen Lobbyismus" durch die Apostolische Nuntiatur, da die Interessenvertretung zum Wesen diplomatischer Beziehungen gehört. Formen diplomatischer Interessenvertretung können daher nicht dem Anwendungsbereich eines die Interessenvertretung einschränkenden Gesetzes unterfallen.[1027] Gleiches gilt auch für „körperschaftlichen Lobbyismus" durch Kirchen und Religionsgemeinschaften, da der gem. Art. 137 V WRV verliehene öffentlich-rechtliche Körperschaftsstatus auch die Zusammenarbeit von Staat und Kirche ermöglichen und fördern soll[1028].

Aus der zunehmenden politischen Bedeutung von Religion bei gleichzeitiger Entkirchlichung folgt auch, dass das Werben um Mehrheiten außerhalb der eigenen Reihen, also im allgemeinen Wettbewerb der politischen Ideen, wichtiger werden wird. Es wird eine zunehmende Unterscheidung zwischen Religion als persönlichem Glauben und Religion allgemeinpolitischem Aspekt geben. So wird z. B. im Rahmen der Flüchtlingskrise in der Gesellschaft trotz Säkularisierung verbreitet mit der christlich-abendländischen Tradition argumentiert.

Das Zusammenspiel der kirchlichen Akteure untereinander aber auch mit Dritten bedarf jedenfalls einer fortwährenden Anpassung an die gesellschaftlichen und politischen Entwicklungen. Von Vorteil dabei kann in jedem Fall eine Besinnung auf die Besonderheiten kirchlichen Lobbyismus, namentlich die aus der kirchlichen Lehre folgende Gemeinwohlverpflichtung sowie die der innerkirchlichen Pluralität folgenden Ausgleichsfunktion sein. Dies auch deswegen, da beides dem Staat erleichtert, seiner grundrechtlichen Mitverantwortung für kooperative Absprachen im Sinne des Gemeinwohlprinzips des GG nachzukommen und sich kirchliche Akteure aus diesem Grund besonders als Kooperationspartner anbieten.

1026 Hinsichtlich der katholischen Kirche gilt dies auch vor dem Hintergrund, dass das Klerikerstandesrecht CIC/1983 verbindlich festlegt, dass eine aktive Mitarbeit in politischen Parteien sowie die Übernahme öffentlicher Ämter für Kleriker grundsätzlich nicht zulässig ist (Can. 285 § 3; 287 § 2).

1027 So stellt auch § 2 Nr. 5 des österreichischen LobbyG klar, dass die diplomatische Interessenvertretung nicht in den Anwendungsbereich des Gesetzes fällt. Gleiches gilt gem. § 1 III für Kirchen und Religionsgemeinschaften.

1028 Maunz/Dürig – Korioth, Art. 137 WRV, Rn. 69.

Eine Orientierung an den genannten Grundsätzen kirchlichen Lobbyismus kann danach auch für weltliche Interessenvertreter Einflusschancen festigen. Wo vor dem Bewusstsein einheitlicher Grundwerte gesellschaftlicher Pluralismus nicht lediglich zur Ausdifferenzierung, sondern auch als ausgleichendes Moment im Rahmen der Interessenvertretung genutzt und verstanden wird, tritt der Aspekt hervor, dass auch die Geltendmachung von Partikularinteressen zur Bildung des Gemeinwohls beitragen kann. Dabei zeigt der kirchliche Einfluss auf die Politik, dass sich eigene Interessen gleichwohl erfolgreich durchsetzen lassen. Damit sind die kirchlichen Grundsätze geeignet, den „bösen Schein" des Lobbyismus zu vermeiden. Unter diesem Gesichtspunkt kann demnach die Einführung eines Verhaltenskodex, der Interessenvertreter auf gesamtgesellschaftliche Grundsätze wie Gemeinwohl und Transparenz verpflichtet, nicht nur das zum Teil verlorene Vertrauen in das Parlament stärken, sondern auch Vorteile für die Interessenvertretung bieten. Zugleich käme es auch der in der neueren Literatur vertretenen Verpflichtung des Abgeordneten zur Vermeidung des „bösen Schein" bzw. gemeinwohlkonformen Mandatsausübung[1029] entgegen.

Insoweit ist dem eingangs erwähnten Alt-Präsidenten Roman Herzog bezüglich seines Appels an Interessengruppen, nicht entgegen des Gemeininteresses zu handeln, zuzustimmen: „Am Ende profitieren wir alle davon."[1030]

X. Systematisierung der Untersuchungsergebnisse und Folgerungen

Die vorangegangenen Untersuchungen verdeutlichen, dass die Regelungen des Grundgesetzes auf einseitig staatliche bzw. hoheitliche Handlungen ausgelegt sind. Spezifische Regelungen für kooperative Handlungsformen sieht das GG nicht vor. Auch werden die kooperativen Handlungsformen von den vorhandenen verfassungsrechtlichen Bestimmungen, denen insbesondere die Gesetzgebung im Interesse von Partizipation, Deliberation, Transparenz und Kontrolle unterworfen ist, nicht erfasst.[1031] Wenngleich die verfassungsrechtliche Sonderstellung der Religionsgemeinschaften Interessenvermittlung gegenüber dem Staat ermöglicht, werden auch keine Regelungen hinsichtlich religiöser Interessenvertretung getroffen.

1029 Vgl. hierzu Piechaczek, S. 167 ff. m.w.N., S. 171.

1030 http://www.spiegel.de/politik/deutschland/roman-herzog-die-ruck-rede-im-wortlaut-a-1129316.html (abgerufen am 24. März 2017).

1031 Grimm, in: Offe (Hrsg.), Demokratisierung der Demokratie, S. 193 (203).

Aus alldem kann aber nicht die Unzulässigkeit sämtlicher staatlich-gesellschaftlicher Kooperationen gefolgert werden. Vielmehr ist die Vertretung von Interessen gegenüber Legislative und Exekutive grundsätzlich verfassungsgemäß und gehört zu den Wesensmerkmalen eines demokratischen Staatswesens.[1032]

Auf den so erschließbaren Sachverstand ist der Staat zunehmend angewiesen. Interessenvertreter gleichen „nicht selten das bestehende Informationsgefälle zwischen Ministerialverwaltung einerseits und den Parlamentariern andererseits" aus.[1033]

Die grundgesetzlich vorgesehene Rechtstellung des Abgeordneten, namentlich der Grundsatz des freien Mandats, ermöglicht die Kooperationsformen in Ihrer heutigen Form. Indem das freie Mandat beispielsweise garantiert, dass die jeweilige Letztentscheidung auch bei kooperierendem Staatshandeln rein rechtlich beim Abgeordneten verbleibt, ermöglicht das GG derartige Handlungsformen und verursacht so zugleich ein Abweichen von den ursprünglich durch das GG vorgesehenen Handlungsformen.[1034]

Zur Eingrenzung kooperativer Praktiken und Schutz der verfassungsrechtlichen Zielwerte wird in erster Linie auf den ungeschriebenen Grundsatz der Verfassungsorgantreue zurückgegriffen, der nach hier vertretener Ansicht faktische Präjudizierungen des Parlaments verbietet. Das geschriebene Verfassungsrecht schränkt die dargestellten Formen kooperativer Gesetzgebung nur durch allgemeine Grundsätze wie Kompetenzregelungen, Gesetzgebungspflichten oder den Funktionsvorbehalt des Art. 33 IV GG ein. Generelle Aussagen über die Zulässigkeit kooperativer Handlungsformen und deren Ausgestaltung können hieraus jedoch gerade nicht gezogen werden.

Die beobachtete Entparlamentarisierung durch Entformalisierung erweist sich nach alledem auch als Folge eines politischen Stils, der die verfassungsrechtlichen Grenzen bis aufs äußerste ausreizt. Der sich in der sinkenden Wahlbeteiligung ausdrückende Vertrauensverlust der Bevölkerung resultiert nicht zuletzt aus diesem politischen Stil[1035] und beeinträchtigt die Funktion des Parlaments als zentrale, demokratisch legitimierte Entscheidungsinstanz.[1036]

1032 BT-Drs 17/6442, S. 1; Schmedes, ZParl 2009, 543 (545); Janz/Latotzky, NWVBl. 2007, 385 (392).

1033 Schmedes, ZParl 2009, 543 (544) mit Verweis auf Papier.

1034 Ähnlich: Anderl, S. 266.

1035 Lag die Wahlbeteiligung bei den Bundestagswahlen 1972 noch bei 91,1 %, so waren es bei der Wahl 2013 lediglich bei 71,5 %.

1036 Piechaczek, S. 32 ff.

Können die dargestellten Ursachen für kooperatives Staatshandeln nicht ohne weiteres beseitigt werden, scheidet ein Verzicht auf diese Handlungsformen als Lösung des Problems aus.[1037] Ein Verzicht auf sämtliche Formen staatlich-gesellschaftlicher Zusammenarbeit wäre auch angesichts der herausgearbeiteten Vorteile des Korporatismus nicht zweckmäßig. Insbesondere in einer repräsentativen Demokratie dient die Artikulation privater Interessen auch der inhaltlichen Rückkoppelung zwischen Volk und Staat, was wiederum Voraussetzung für eine wirksame Gemeinwohlbildung ist. Ein Verzicht/Verbot von Korporation würde auch erhebliche Abgrenzungsprobleme zwischen grundgesetzlich geschützter Artikulation eigener Positionen und bereits unzulässiger Einflussnahme staatlicher Entscheidungsträger nach sich ziehen.[1038]

Aus der verfassungsrechtlich vorgesehenen zentralen Rolle des Parlaments für den demokratischen Verfassungsstaat und die Gemeinwohlbildung müssen daher bestimmte Anforderungen an die kooperative Vorbereitung von Gesetzesvorhaben gestellt werden. Ziel muss die *Schaffung rechtlicher Regelungen* sein, die zuvörderst die institutionelle Unabhängigkeit des Staates und die Gemeinwohlverträglichkeit kooperativer Handlungsformen gewährleisten[1039] sowie Einflussambitionen offenlegen,[1040] ohne jedoch die Vorteile kooperativer Handlungsformen zu sehr zu beschränken. Auch darf das eigentliche parlamentarische Verfahren nicht weiter geschwächt werden.

Stellen kooperative Handlungsformen auch eine Reaktion auf die als nicht sachgerecht empfundenen formalisierten Entscheidungsverfahren dar, birgt jede Formalisierung die Gefahr, alternative informale Kooperationsformen hervorzubringen.[1041] Auch eine Ausweitung der an den Kooperationen Beteiligten, insbesondere durch die Einbeziehung aller betroffener Gesellschaftsgruppen oder des Parlaments bzw. eines repräsentativen Teils des Parlaments, sind daher keine geeigneten Mittel, die Bedenken gegen kooperative Handlungsformen wirksam und dauerhaft zu beseitigen.[1042] Zwar ließe sich so die Gefahr der Privilegierung

1037 In diesem Sinne auch Grimm, in: Offe (Hrsg.), Demokratisierung der Demokratie, S. 193 (204); ders. in: FS Badura 2004, S. 159; ausführlicher: Anderl, S. 272 ff. m.w.N.

1038 So auch Anderl, S. 274.

1039 So auch: Herdegen, in: VVDStRL 62 (2003), 7 (18); Brohm, DÖV 1992, 1025 ff.; Dederer, § 12, S. 299); Grimm, in: FS Badura 2004, S. 159; Anderl, S. 276, der von einem zu schaffenden Regierungskooperationsrecht spricht.

1040 In diesem Sinne auch Janz/Latotzky, NVWBl. 2007, 385 (392).

1041 Mehde, AöR 127 (2002), 655 (679 f.).

1042 Hierzu ausführlich: Anderl, S. 280 ff. sowie Mehde, AöR 127 (2002), 1145 (681 f.). A. A.: Pasemann/Baufeld, ZRP 2002, 119 (123), die bei regelmäßiger Beteiligung

von Partikularinteressen verringern, jedoch könnte durch einen umfangreicheren außerparlamentarischen Interessensausgleich die Schaffung sog. Nebenparlamente bewirkt werden, was das Parlament erst Recht in eine Ratifikationslage drängen würde.[1043] Zudem würde sich insbesondere im Hinblick auf nichtorganisierte Interessen das Problem der Bestimmung der Betroffenheit und damit der Zugangsberechtigung stellen.[1044]

1. Voraussetzungen für kooperatives Regierungshandeln

Es bedarf daher vielmehr einer effektiven und transparenten Ankoppelung der Kooperationsformen an das bestehende formale parlamentarische Verfahren sowie einer Aufwertung des diskursiven Elements desselben[1045], um abweichende Auffassungen oder Interessen im Sinne des Gemeinwohls wirksam geltend machen zu können. Dazu ist es notwendig, den Einfluss von Partikularinteressen auf die gemeinwohlverpflichtete Gesetzesregelung sowie etwaige daraus resultierende Interessenkollisionen der staatlichen Beteiligten aufzuzeigen. Zwar wurden aus diesem Grund die Verhaltensregeln für abgeordnete der Anlage 1 zur GO-BT fortlaufend verschärft,[1046] jedoch stellen sie nur partiell Transparenz her, da sie sich auf die Offenlegung von Nebentätigkeiten und -einkünften sowie Spenden beschränken und damit anderweitige Einflussmöglichkeiten nicht berücksichtigen. Auch die GGO enthält derzeit keine angemessene Regelung für die Einbeziehung privater in die Erstellung von Gesetzentwürfen.[1047] Lediglich die §§ 22 I Nr. 4, 47 III sowie 51 Nr. 4 GGO enthalten Regelungen zur Beteiligung von Verbänden. Danach haben Kabinettsvorlagen der Bundesregierung das Ergebnis einer Verbandsbeteiligung zu enthalten.

Der Staat muss mithin auf die Pluralisierung der Einflussmöglichkeiten gegenüber dem Abgeordneten reagieren. Die bisherigen Regelungen reichen nicht aus, dass Vertrauensverhältnis des Wählers zum Abgeordneten einerseits und die Gemeinwohlverpflichtung des Abgeordneten andererseits wirksam zu schützen. Ziel muss es weiterhin sein, mögliche Interessenkonflikte des Abgeordneten umfassend aufzuzeigen und daraus resultierende Nachteile für das Gemeinwohl zu

---

des Parlaments an Konsensgesprächen eine Festlegung des Gesetzesinhalts für zulässig erachten, sofern dieser inhaltlich nicht zu beanstanden ist und ein Gesetz ohne Kooperation erhebliche Probleme bewirken könnte.

1043 Herdegen, in: VVDStRL 62 (2003), 7 (18); Mehde, AöR 127 (2002), 655 (681).

1044 Anderl, S. 293.

1045 In diesem Sinne auch Ruffert, DVBl. 2002, 1145 (1154) sowie Kloepfer, ZG 2010, 346 (352).

1046 Hierzu B.II.2 f.).

1047 Maunz/Dürig – Kersten, Art. 76 Rn. 41, bezogen auf das Gesetzgebungsoutsourcing.

vermeiden. Dazu ist eine Distanz zwischen Entscheidungsträgern und Adressaten zu wahren, um nicht zuletzt das Vertrauen der Bürger in das Parlament zu stärken.

a) *Transparenz und Gemeinwohl*

Mit Blick auf die Kontroll- und Öffentlichkeitsfunktion des Parlaments ist für die Ankoppelung an das parlamentarische Verfahren zunächst besonders entscheidend, dass das Parlament durch die Exekutive über die Aufnahme kooperativer Handlungen oder Zusammentreffen einerseits und die daran beteiligten Akteure mit Angabe ihrer Auftragsgeber und finanziellen Rahmenbedingungen andererseits in Kenntnis gesetzt wird.[1048] Dies ist zunächst Voraussetzung für eine rechtzeitige und eigenständige Sachverhaltserschließung durch das Parlament. Dementsprechend ist die Inkenntnissetzung des Parlaments auch Voraussetzung dafür, dass sich das Parlament bis zur parlamentarischen Letztentscheidung dasjenige Wissen zur jeweiligen Thematik aneignen kann, welches es bedarf, um die kooperative Lösung gezielt auf die dort enthaltenen Interessen und die Vereinbarkeit mit dem Gemeinwohl und staatlichen Regelungszielen kontrollieren zu können sowie die Handlungsherrschaft des Staates zu sichern. Bei normvertretenen Absprachen kann anderenfalls nicht sichergestellt werden, dass das Parlament von der Regelungsmaterie überhaupt Kenntnis erlangt und z. B. beurteilen kann, ob legislative Schritte tatsächlich entbehrlich sind. Unterlässt die Exekutive entsprechende Information des Parlamentes, wird dessen Aufgabenwahrnehmung insbesondere im Hinblick auf die parlamentarische Kontroll- und Öffentlichkeitsfunktion beeinträchtigt, was einen justiziablen Verstoß gegen den Grundsatz der Verfassungsorgantreue darstellt[1049]. Daraus folgt danach ein verfassungsrechtlicher Anspruch des Parlaments, über Kooperationen der Exekutive und der daran Beteiligten informiert zu werden.[1050]

1048 In diesem Sinne auch Becker, § 5, S. 286; Brohm, in: HStR II, § 36 Rn. 47 sowie Kloepfer, NJW 2011, 131 (132). Auch der BRH sprach sich bereits für die Einführung von Transparenzregelungen aus, vgl. Bericht an den Haushaltsausschuss des Deutschen Bundestages nach § 88 II BHO zum Einsatz externer Berater bei Normsetzungsverfahren, 2011, S. 409. Obgleich das Zitierrecht aus Art. 43 GG auch die Befugnis umfasst, Auskunft und Planungen der Regierung und ihrer Fachbürokratie zu verlangen (BVerfGE 13, 123 [125]), ist es nicht ausreichend, das Parlament zuverlässig über die Aufnahme von kooperativem Regierungshandeln zu informieren, da das Parlament anderenfalls auf Verdacht vom Zitierrecht Gebrauch machen müsste.

1049 Becker, § 5, S. 286; Risse, in: Kloepfer, S. 120.

1050 Becker, § 5, S. 286; Woiki, S. 124. Damit geht jedoch nicht die Pflicht zur öffentlichen Beratung einher, vgl. hierzu: Brohm, in: HStR II, § 36, Rn. 52.

Aber auch für den wesentlichen Verlauf der außerparlamentarischen Konsensbildung ist die Forderung nach größtmöglicher Transparenz zu stellen,[1051] um das tatsächliche Wirken der vertretenen Interessen für Parlament und Volk erkennbar zu machen. Hierfür ist bereits die Offenlegung konkreter Zwischenergebnisse sowie des Endergebnisses der Kooperation ausreichend. Die Gremientätigkeit als solche muss hingegen nicht öffentlich stattfinden.[1052] Dem Gemeinwohl widerstrebende oder ungleiche Interessenberücksichtigungen können anhand konkreter (Zwischen-)Ergebnisse bereits frühzeitig und gezielt in Parlament und Öffentlichkeit thematisiert und angegriffen werden.[1053] So kann auf Änderungen der gefundenen Ergebnisse und Beachtung bislang nicht berücksichtigter Interessen hingewirkt und die parlamentarische Kontrollaufgabe besser wahrgenommen werden, ohne dabei die „Vorzüge von Informalität" zu zerstören[1054]. Die Herstellung von Transparenz ist somit Voraussetzung für die Vereinbarkeit kooperativer Handlungsformen mit dem Grundsatz der Verfassungsorgantreue und eines gemeinwohlverträglichen Interessenausgleichs.

b) Trennung von Ministeramt und Abgeordnetenmandat

Das parlamentarische Verfahren ließe sich weiter durch eine Trennung von Ministeramt und Abgeordnetenmandat stärken, da sich so eine Distanz zwischen staatlichen Kooperationspartnern – in der Regel aus den Reihen der Exekutive – und den parlamentarischen Entscheidungsträgern wahren ließe.[1055] Zwar lässt sich die weit verbreitete Auffassung, das Regierungsamt sei Teil des mit dem Mandat verbundenen öffentlichen Amtes eines Abgeordneten[1056] mit dem Streben nach einer möglichst effektiven Zusammenarbeit zwischen Regierung und Parlament rechtfertigen. Auch die Kreationsfunktion des Parlaments[1057] bzw. das par-

1051 Mehde, AöR 127 (2002), 655 (681); Schuppert, Sonderheft ZG 2003, S. 46 f.; Trute, in: Schuppert (Hrsg.), Jenseits von Privatisierung und „schlankem" Staat, S. 13 (37); Gusy, ZUR 2001, 1 (5).

1052 Anderl, S. 294. Schoch, in: HStR III, § 37 Rn. 140 unterscheidet insoweit zwischen Transparenz i.S.v. Durchsichtigkeit und Öffentlichkeit i.S.v. simultanem Informationszugang in „Echtzeit".

1053 Mehde, AöR 127 (2002), 655 (681).

1054 Schoch, in: HStR III, § 37 Rn. 140.

1055 Die Frage, ob eine Unvereinbarkeit von Regierungsamt und Abgeordnetenmandat bereits aus dem Grundsatz der Gewaltenteilung folgt, soll hier nicht vertieft thematisiert werden. Vgl. hierzu: v. Münch NJW 1998, 34 ff.

1056 Vgl. nur BT-Drs. 15/5672, S. 4.

1057 Vgl. hierzu I. 2.

lamentarische Regierungssystem sprechen vordergründig für diese Auffassung. Aus dem Verweis auf das parlamentarische Regierungssystem lässt sich jedoch lediglich schließen, dass die Regierung vom Vertrauen des Parlaments abhängig ist und warum die Regierungsmitglieder i. d. R. aus dem Parlament stammen, nicht jedoch, warum sie im Parlament bleiben, wenn sie ein Regierungsamt übernommen haben.[1058] So bindet auch das Grundgesetz ein Regierungsamt nicht an die Parlamentsmitgliedschaft.[1059]

Obgleich der Grundsatz der Gewaltenteilung Verschränkungen zwischen den Gewalten zulässt,[1060] stellt sich vor der Entscheidung des BVerfG[1061], wonach das parlamentarische Regierungssystem grundlegend durch die Kontrollfunktion des Parlaments geprägt wird, vielmehr die Frage, ob eine Trennung von Regierungsamt und Abgeordnetenmandat nicht notwendig ist. Wer in der Exekutive tätig ist, kann diese nicht zugleich effektiv kontrollieren.[1062] Dies gilt auch vor dem Hintergrund der Richtlinienkompetenz des Bundeskanzlers. Wer als Regierungsmitglied der Richtlinienkompetenz unterliegt, ist in der für die Regierungskontrolle notwendigen Ausübung des freien Mandats erheblich behindert.[1063] Faktische Bindungen kooperativen Regierungshandelns potenzieren sich dadurch. Zudem führt die Personenidentität dazu, dass Bindungen direkt in die jeweilige Regierungsfraktion getragen werden, was die Kontrollfunktion des Parlaments weiter schwächt. Weiterhin führt die Doppelfunktion auch zu einer Doppelbelastung, die angesichts der zu bewältigenden Aufgaben von Regierungsmitgliedern einerseits wie Abgeordneten andererseits als nicht umsetzbar erscheint.[1064] Es gehört

---

1058 So zutreffend Meyer, in: Schneider/Zeh (Hrsg.), § 4 Fn. 63 sowie Epping, DÖV 1999, 529 (534), m.w.N.

1059 v. Münch, NJW 1998, 34; v. Mangoldt/Klein/Starck – Epping, Art. 66, Rn 18. Entgegen anderslautender Auffassungen kann die Ministerkompatibilität auch nicht aus Art. 53a I 2 GG gefolgert werden, vgl. nur Epping, DÖV 1999, 529 (536).

1060 Vgl. nur Meyer, in: Schneider/Zeh (Hrsg.), § 4 Rn. 27; v. Münch, NJW 1998, 34 (35).

1061 BVerfGE 67, 100 (130).

1062 So auch Stern, Staatsrecht I, S. 360 mit Verweis auf Art. 137 I GG. Meyer, in: Schneider/Zeh (Hrsg.), § 4 Rn. 34.

1063 So auch v. Münch, NJW 1998, 34 (35). Aber auch der Blick auf weitere Einzelkompetenzen des Bundestages verdeutlicht, dass dem Grundgesetzt „eine Inkompatibilität der Funktionen sehr viel näher liegt als die Doppelfunktion." Vgl. Meyer, in: Schneider/Zeh (Hrsg.), § 4 Rn. 33. In diesem Sinne auch Epping, DÖV 1999, 529 (534 f.).

1064 v. Münch, NJW 1998, 34 (35); Meyer, in: Schneider/Zeh (Hrsg.), § 4 Rn. 32 f., 36, der von „faktischer Inkompatibilität" spricht und darauf hinweist, dass Regierungs-

jedoch zu den parlamentarischen Pflichten eines Abgeordneten, an den Arbeiten des Parlaments teilzunehmen.[1065]

Das BVerfG hat bereits in seinem sog. Diäten-Urteil festgestellt, dass das Abgeordnetenmandat „den ganzen Menschen" verlangt.[1066] Diese Aussage wurde durch eine Vollerhebung aller Mitglieder des 11. Deutschen Bundestages (1987–1990) bestätigt, wonach der durchschnittliche Zeitaufwand eines Abgeordneten 77,9 Stunden pro Sitzungswoche und 78,1 Stunden in einer sitzungsfreien Woche beträgt.[1067] Auch das Regierungsamt verlangt „den ganzen Menschen". Die Doppelfunktion beeinträchtigt den Ministerabgeordneten danach bei der Wahrnehmung parlamentarischer Aufgaben. Neben der Kontrollfunktion betrifft dies in erster Linie auch die Gesetzgebungsfunktion.

Durch die Trennung von Ministeramt und Abgeordnetenmandat ließe sich demnach der parlamentarische Diskurs stärken, wodurch sich kooperative Praktiken besser kontrollieren und damit besser in das parlamentarische Verfahren einfügen ließen. Dem kann nicht entgegen gehalten werden, dass die politische Handlungs- und Durchsetzungsfunktion der Regierung wesentlich geschwächt würde,[1068] da der Dualismus von Regierung und der sie stützenden Parlamentsmehrheit durch eine Ministerinkompatibilität nicht aufgehoben werden würde.

c) *Wirtschaftliche Inkompatibilität*

Zwar wurde ausgeführt, dass die Art. 9 und 5 GG die Interessenartikulation durch gesellschaftliche Gruppen und damit auch durch Interessenverbände grundsätzlich schützen. Angesichts der Gemeinwohlverpflichtung des Abgeordneten und dem Grundsatz des freien Mandats aus Art. 38 I 2 GG drängt sich jedoch die Frage auf, inwieweit eine Personenidentität zwischen Abgeordneten und Interessenvertreter gewollt sein kann. Gemeint sind hiermit insbesondere sog. Verbandsabgeordnete, aber auch der Wechsel von scheidenden Abgeordneten in Bereiche der Wirtschaft, die seinem vorherigen Amtsbereich entsprechen. Diese rechtlich schwer zu beurteilenden „Grauzonen" des Lobbyismus tragen wesentlich zu

---

mitglieder an der in den Ausschüssen stattfindenden Parlamentsarbeit quasi nicht teilnehmen. So auch Epping, DÖV 1999, 529 (537).

1065 Badura, in: Schneider/Zeh, § 15 Rn. 44. Dieser Grundsatz spiegelt sich auch in der Mittelpunktregelung des § 44a I 1 AbgG wieder.

1066 BVerfGE 40, 296 (313). Die sog. Mittelpunktregelung des§ 44a I 1 AbgG normiert diese Feststellung.

1067 Nachzulesen im Datenhandbuch zur Geschichte des Deutschen Bundestages 1949–1999, S. 547 ff.

1068 So aber BK – Schenke, Art. 66 Rn. 58.

seinem schlechten Bild in der Öffentlichkeit bei, denn sie erwecken den Eindruck, dass Gemeinwohlinteresse könnte hinter entgegenstehende Privatinteressen des Abgeordneten zurückstehen.

Tatsächlich stellte der BRH in seinem Bericht über die Mitarbeit von Beschäftigten aus Verbänden und Unternehmen in den Bundesministerien[1069] ein erhöhtes Risiko von Interessenkonflikten und Abhängigkeiten bei Personenidentität bzw. Zusammenarbeit von Interessenvertretern und staatlichen Entscheidungsträgern fest. Der Befund des BRH beruht nicht zuletzt auf der Beurteilung, dass der Grund für die Beschäftigung externer Mitarbeiter häufig temporärer oder dauerhafter Personalmangel sei, wozu die Feststellung passt, „dass ein wechselseitiger Personalaustausch in der Praxis die seltene Ausnahme blieb" und „einseitige[ ] Einsätze in die Bundesverwaltung hinein" den Regelfall darstellten.[1070] Auch jede neben dem Mandat ausgeübte wirtschaftliche Tätigkeit ist grundsätzlich geeignet, einen Interessengegensatz zu begründen und die Entscheidung eines Abgeordneten zu beeinflussen, sofern davon seine eigene wirtschaftliche Situation bedingt ist.[1071] Dies gilt vor allem für solche Tätigkeiten, die sich erst nach Mandatserlangung entwickeln.[1072] Bezüglich nachamtlicher Tätigkeiten spricht der Korruptionsbekämpfungsbericht der Europäischen Kommission vom 03.02.2014 von dem potenziellen „Risiko, dass ehemalige Amtsträger Informationen, in deren Besitz sie aufgrund ihrer früheren Funktionen gelangt sind, weitergeben, die nicht weitergegeben werden sollten".[1073]

Obgleich bereits seit den 20er Jahren des vergangenen Jahrhunderts über die Einführung sog. wirtschaftlicher Inkompatibilitäten[1074] für Abgeordnete diskutiert

1069 Vgl. BRH, Bericht an den Haushaltsausschuss des Deutschen Bundestages nach § 88 II BHO über die Mitarbeit von Beschäftigten aus Verbänden und Unternehmen in obersten Bundesbehörden vom 25.03.2008, dort u. a. S. 5 f, 23.

1070 BRH, Bericht an den Haushaltsausschuss des Deutschen Bundestages nach § 88 II BHO über die Mitarbeit von Beschäftigten aus Verbänden und Unternehmen in obersten Bundesbehörden vom 13. Juni 2013, S. 5, 17 f. Der Befund deckt sich mit den Feststellungen im Bericht des BRH vom 25. März 2008, dort S. 19.

1071 Schuppisser, S. 11 f. In diesem Sinne auch Käßner, S. 212.

1072 Janz/Latotzky, NVWBl. 2007, 385 (391).

1073 A.a.O. S. 14.

1074 Der Begriff wurde erstmals von Carl Schmitt zur Bezeichnung solcher parlamentarischer Unvereinbarkeiten verwendet, die die Kumulation wirtschaftlicher Berufsstellungen mit dem Abgeordnetenmandat verbieten oder solche Personen von der Mitgliedschaft im Parlament ausschließen, die in bestimmten geschäftlichen Beziehungen zum Staate stehen, in: ders., Verfassungslehre, S. 191 und 225. Dieser lehnte die Einführung wirtschaftlicher Inkompatibilitäten ab.

wird,[1075] ist das Mandat nach dem GG grundsätzlich auch mit anderen, außerparlamentarischen Tätigkeiten vereinbar.[1076] Die Einführung wirtschaftlicher Inkompatibilitäten wird auch aus diesem Grund verbreitet abgelehnt,[1077] wenngleich auch die Bundesregierung erkannt hat, dass bereits der Anschein einer voreingenommenen Amtsführung das Vertrauen der Allgemeinheit in die Integrität der Amtsinhaber beeinträchtigen kann.[1078]

Zwar kann die Mobilität von Arbeitskräften zwischen dem öffentlichen und dem privaten Sektor im allgemeinen und die Verbindung mit organisierten Interessenorganisationen im Besonderen zur Erschließung externen Sachverstandes führen und so den Zugriff auf steuerungsrelevante Informationen ermöglichen. Im besten Fall wird auch die Interessenpluralität im Bundestag gestärkt. Vor dem Hintergrund der zuvor genannten Aspekte und der sich seit Entstehung des GG ausgeweiteten Kooperation zwischen Staat und Wirtschaft ist der Verzicht auf wirtschaftliche Inkompatibilitätsregelungen gleichwohl zu überdenken, zumal die Sachverstandserschließung auch auf anderem Wege möglich ist. Durch Inkompatibilitätsregelungen können potentielle Interessenkonflikte des Abgeordneten vermieden und der *freie* parlamentarische Diskurs gestärkt werden. Sie dienen damit dem Erhalt und der Stärkung der Unabhängigkeit von Parlament und Abgeordneten, wie sie durch Art. 38 I 2, 48 III 1 GG als verfahrensmäßige Voraussetzung von repräsentativer Entscheidungsbildung postuliert wird.[1079]

Gegen die Einführung wirtschaftlicher Inkompatibilitäten wird regelmäßig angeführt, sie verhinderten die Vereinbarkeit von Mandat und beruflicher Tätigkeit[1080] und erschwerten den beruflichen Wiedereinstieg nach Beendigung des – zeitlich befristeten – Mandats. So würden insbesondere beruflich privilegierte Spitzenkräfte sowie Selbstständige von einer Mandatsübernahme abgehalten werden, wodurch das Parlament angesichts der in §§ 6, 8 AbgG geregelten „Wiederverwendung" für Angehörige des öffentlichen Dienstes „verbeamte". Dies sei nicht nur verfassungspolitisch nicht gewollt, sondern könne auch gegen Art. 48 II GG verstoßen.[1081] Zwar verbietet das parlamentarische Repräsentationsprinzip den faktischen Ausschluss bestimmter Berufs- oder Bevölkerungsgruppen.[1082]

1075 Piechaczek, S. 37 ff. Zum Stand der heutigen Diskussion, vgl. Käßner, S. 210 ff.
1076 Vgl. B.IV.1.
1077 Piechaczek, S. 42 f., m.w.N.; Pohl, ZParl 1995, 385 (388) m.w.N.
1078 BT-Drs. 18/4630, S. 1.
1079 Schuppisser, S. 13, 87; von Arnim, Gemeinwohl, S. 397 m.w.N.
1080 Vgl. nur Piechaczek, S. 221,
1081 Käßner, S. 221 f., 227 f. m.w.N.; Klein, in: HStR III, §51, Rn. 37.
1082 Käßner, S. 222.

Angesichts des in § 18 I AbgG normierten Anspruchs des Abgeordneten, nach Ausscheiden aus dem Parlament für bis zu 18 Monate Übergangsgeld zu beziehen, erscheinen die genannten Argumente jedoch nicht durchschlagend.[1083]

Dies gilt auch vor dem Hintergrund, dass auch der freie Arbeitsmarkt in Zeiten der Globalisierung und der sich verbreitenden Praxis zeitlich befristeter Arbeitsverträge eine stetige berufliche Neuorientierung verlangen kann[1084]. Das Erfordernis einer beruflichen Neuorientierung des scheidenden Abgeordneten bei seinem beruflichen Wiedereinstieg kann danach ebenfalls nicht als Argument gegen die Einführung wirtschaftlicher Inkompatibilitäten herangezogen werden, zumal die hier befürworteten Inkompatibilitätsregelungen nicht jedwede berufliche Tätigkeit neben oder unmittelbar nach dem Mandat für mit diesem unvereinbar erklären, wie dies z. B. in Spanien der Fall ist.[1085] Vielmehr sollen lediglich solche interessengeleitete Tätigkeiten betroffen sein, deren Zielsetzung zumindest auch die Vermittlung eigener Interessen gegenüber dem Parlament ist, da bei diesen die Unabhängigkeit der parlamentarischen Willensbildung besonders gefährdet ist. Ein vollumfängliches Berufsverbot wäre auch unter dem Aspekt der so gekappten Verbindung des Abgeordneten zu den Fragestellungen der außerparlamentarischen Berufswelt und der dadurch eingeschränkten gesellschaftlichen Rückkoppelung nicht erstrebenswert.[1086]

d) *Mitwirkungsverbote*

Die mitunter geforderten Mitwirkungsverbote für mit Interessengruppen verbundene Abgeordnete, die wie Inkompatibilitätsregelungen Interessenkonflikte sowie die unlautere Beeinflussung der Abgeordneten verhindern sollen, sind nicht erstrebenswert. Zu Recht wird gegen sie der Einwand erhoben, sie schränkten nicht nur die Abgeordnetenrechte aus Art. 38 I 2 GG unverhältnismäßig ein, sondern gefährdeten damit auch die Funktionstüchtigkeit des Parlamentes.[1087]

1083 So bereits 1976 Conradi, ZParl 7, 113 (116). Auch in Bezug auf die Veröffentlichungspflichten gem. der §§ 1 ff. VerhR wurde das Argument der „Verbeamtung" hervorgebracht. Letztendlich hat sich jedoch herausgestellt, dass sich die Zusammensetzung des Bundestages nach Berufsgruppen seit der Einführung der Veröffentlichungspflichten im Jahr 2005 nicht wesentlich verändert hat, vgl. Malessa, S. 171 ff.

1084 So bereits 1976 Conradi, ZParl 7, 113 (116).

1085 Art. 157 II i.V.m. Art 159 IIIb des spanischen Wahlgesetzes. Hiernach sind neben dem Abgeordnetenamt nur literarische, künstlerische oder wissenschaftliche Tätigkeiten erlaubt.

1086 von Arnim, DÖV 2007, 897 (902).

1087 Vgl. nur Piechaczek, S. 224 ff.; Käßner, S. 243 ff. Hierzu auch Knebel-Pfuhl, S. 208 f.

Insbesondere werden durch den Ausschluss von Abgeordneten die Kräfteverhältnisse im Parlament verändert, wodurch auch die Fähigkeit des Parlaments zur Repräsentation eingeschränkt wird.[1088] Hierbei ist zu bedenken, dass ein Mitwirkungsverbot aufgrund der Beteiligung an kooperativer Gesetzgebung nicht nur einzelne Abgeordnete treffen würde, sondern in der Regel alle an der Regierung und/oder in den hinsichtlich der jeweiligen Regelungsmaterie zuständigen Ausschüssen tätigen Abgeordneten. Eine angemessene Repräsentation des Volkes kann jedoch nur durch das Parlament als Ganzes, d.h. durch die Gesamtheit seiner Mitglieder erfolgen.[1089]

Speziell bei knappen Mehrheitsverhältnissen kann sich aber bereits der Ausschluss einzelner Abgeordneter auf das Abstimmungsergebnis auswirken. Hinsichtlich einzelner Abgeordneten ist bereits aus diesem Grund der Einführung der vorgeschlagenen Inkompatibilitätsregelungen der Vorrang gegenüber Mitwirkungsverboten zu geben. Hierfür spricht auch, dass Mitwirkungsverbote anders als Inkompatibilitätsregelungen einen Verlust an Sachkompetenz des Parlaments nach sich ziehen können.[1090] Da Mitwirkungsverbote für einzelne Abgeordnete wie auch Inkompatibilitätsregelungen sowohl die gleiche Schutzrichtung als auch den gleichen Anknüpfungspunkt – interessengeleitete Tätigkeiten – haben, erscheinen Inkompatibilitätsregelungen bezüglich der Rechtsstellung des Abgeordneten als das mildere Mittel. Die zusätzliche Einführung von Mitwirkungsverboten ist daher als unverhältnismäßig abzulehnen.

e) Mehr direkte Demokratie?

Regelmäßig entfacht die Forderung nach mehr direkter Demokratie auf Bundesebene, um „die tatsächlichen oder vermeintlichen Defizite des repräsentativdemokratischen Systems zu lindern“[1091] und das Vertrauen in die demokratischen Institutionen durch frühzeitige, transparente Beteiligung auf Augenhöhe zu stärken.[1092]

Es stellt sich mithin die Frage, ob Elemente der direkten Demokratie auch dazu geeignet sind, die insbesondere unter dem Aspekt der demokratischen Gleichheit aufgezeigten Demokratiedefizite infolge der Kooperation mit ausgewählten Privaten auszugleichen.

1088 So auch Piechaczek, S. 225 ff.
1089 BVerfGE 118, 277 (324).
1090 Piechaczek, S. 225.
1091 Kühling, JuS 2009, 777 (777); Rux, S. 35 ff.
1092 Martini, DÖV 2015, 981 (981).

Auf den ersten Blick bietet sich eine Einbeziehung der Bevölkerung durch ein obligatorisches und bindendes Volksreferendum als ausgleichendes Moment an: Wo ein Gesetzentwurf unter unmittelbarer Mitwirkung Privater erarbeitet wird, hat die wahlberechtigte Bevölkerung in ihrer Gesamtheit über die Annahme oder Verwerfung des Entwurfes zu entscheiden. Der Gesetzesentwurf wäre der Bevölkerung von Amts wegen zur Abstimmung zuzuleiten. Das Votum wäre für das Parlament bindend. Da die Art. 76, 77 GG die Gesetzgebung auf die Bundesorgane beschränken, bedürfte die Einführung eines verbindlichen Referendums einer Verfassungsänderung.[1093]

Durch ein bindendes Referendum ließen sich die als „Ankereffekt" beschriebene Prägung der an der Kooperation mitwirkenden Abgeordneten und Fraktionen umgehen und der „böse Schein" der Vernachlässigung des Gemeinwohls vermeiden.

Zu beachten ist jedoch einerseits die hohe Organisationsfähigkeit von Partikularinteressen, die in dem Maße steigt, in dem das Interesse einer definierbaren Gesellschaftsgruppe einen Vorteil verspricht.[1094] Andererseits verkürzt die bloße Abstimmung über die Annahme oder Ablehnung eines Gesetzentwurfes im Rahmen eines Referendums die Wahlmöglichkeiten der Abstimmungsberechtigten auf ein bloßes „Ja" oder „Nein". Korrekturen zugunsten des Gemeinwohls sind nicht dabei nicht möglich. Es besteht mithin die reale Gefahr, dass diejenigen, die bereits aufgrund ihrer erhöhten Konflikt- und Organisationsfähigkeit die Mitwirkung an der Erarbeitung eines Gesetzentwurfes gelungen ist, es auch gelingt, ihre Anhängerschaft in erhöhtem Maße zur (zustimmenden) Teilnahme am jeweiligen Entscheid zu bewegen, wohingegen von der jeweiligen Entscheidung nicht unmittelbar tangierte Bevölkerungsgruppen der Abstimmung fernbleiben. Diese Gefahr verdeutlicht sich, wenn man sich die geringe Teilnahme an bisherigen Formen direkter Demokratie vergegenwärtigt.[1095] Anders als bei einer Letztentscheidung durch das Parlament wäre dann eine eins-zu-eins-Umsetzung der unter Mitwirkung der Privaten erarbeiteten Gesetzesvorlage zwangsläufig, wodurch sich die Intention des Referendums in das Gegenteil verkehren könnte.

1093 Parlamentarische Initiativen zur Einführung von allgemeinen Plebisziten wurden seit Gründung der Bundesrepublik Deutschland regelmäßig in den Bundestag eingebracht, ohne jedoch jeweils die notwendige verfassungsändernde Zweidrittelmehrheit zu erlangen, vgl. Hölscheidt/Menzenbach, DÖV 2009, 777 (779).

1094 Weber, 7.3.2.1, S. 217.

1095 Auch in der Schweiz, in der Volksinitiative und Volksentscheid zentrale Volksrechte darstellen, liegt die Wahlbeteiligung regelmäßig deutlich unter 50 %, vgl. Böhm, DÖV 2013, 1 (3 ff.).

Zwar bestünde die Möglichkeit, der Bevölkerung nach Vorbild der Schweizer Volksinitiative[1096] einen vom Parlament ohne Mitwirkung Privater erarbeiteten Gegenentwurf zur Abstimmung vorzulegen, jedoch ließe ein solches Vorgehen die herausgearbeiteten Ursachen ebenso unberücksichtigt wie die Vorteile kooperativen Staatshandelns.[1097] Zudem bliebe die Gefahr der „einseitigen Teilnahme" an dem Referendum bestehen. Trotz der grundsätzlichen Möglichkeit, den Einfluss von Partikularinteressen durch ein Volksreferendum zurückzudrängen, sprechen daher gewichtige Einwände gegen deren Einführung.

2. Rechtliche Umsetzung

Es stellt sich mithin die Frage der rechtlichen Umsetzung der vorgeschlagenen Regelungen, insbesondere nach der Ebene der Normierung. Nach Art. 20 III GG ist die Gesetzgebung an die verfassungsmäßige Ordnung, die vollziehende Gewalt und die Rechtsprechung an Gesetz und Recht gebunden.

Exkurs: LobbyG Österreich

Soweit eine einfachgesetzliche Umsetzung erforderlich ist, bietet sich ein vergleichender Blick auf das österreichische „Bundesgesetz zur Sicherung der Transparenz bei der Wahrnehmung politischer und wirtschaftlicher Interessen" – LobbyG an. Dieses ist am 1. Januar 2013 in Kraft getreten und stellt innerhalb der EU nicht nur eins der jüngsten, sondern auch eins der weitreichendsten und wirkungsvollsten Lobbygesetze dar,[1098] weswegen es auch bei der Erarbeitung von Regulierungsvorschlägen nicht außer Acht gelassen werden soll.

Nach § 1 I LobbyG regelt das Gesetz Verhaltens- und Registrierungspflichten bei Tätigkeiten, mit denen auf bestimmte Entscheidungsprozesse in der Gesetzgebung oder Vollziehung des Bundes [...] unmittelbar Einfluss genommen werden soll. Gem. § 1 III LobbyG ist das Gesetz u. a. auf politische Parteien und Kirchen nicht anzuwenden. § 2 LobbyG nennt weitere Tätigkeiten, die nicht unter den Anwendungsbereich des Gesetzes fallen.

1096 Vgl. Art. 139 V 3 BV. Hierzu Böhm, DÖV 2013, 1 (3 f.). In der Schweiz gibt es als Mittel der direkten Demokratie die Volksinitiative einerseits und ein Volksreferendum andererseits. Der hier gemachte Vorschlag beinhaltet Teilaspekte beider Varianten.

1097 Zu den Ursachen und Vorteilen, vgl. oben. Eine weitere Problematik der „Volksgesetzgebung" auf Bundesebene ist von der Ewigkeitsgarantie des Art. 79 III GG geschützte Mitwirkung der Länder an der Bundesgesetzgebung, vgl. hierzu Engelken, DÖV 2006, 550 ff. sowie Kühling, JuS 2009, 777 (778 ff.).

1098 Gerig/Ritz, EuZW 2014, 853 (856); Kopp, in: Hauschka/Moosmayer/Lösler, § 10 Rn. 32.

Das Gesetz unterscheidet gem. § 4 LobbyG zwischen Lobby-Tätigkeit und Interessenvertretung. Letzteres ist auf die Vertretung gemeinsamer Interessen der Mitglieder von Selbstverwaltungskörpern oder Interessenverbänden gerichtet, wohingegen die Lobby-Tätigkeit im Interesse eines Auftraggebers erfolgt. § 6 LobbyG nennt verschiedene Grundprinzipien, die sowohl bei der Interessenvertretung als auch bei der Lobbytätigkeit zu beachten sind. § 7 LobbyG verpflichtet zudem, sich einem Verhaltenskodex zu unterwerfen. Verstöße werden gem. §§ 13–15 LobbyG mit Geldstrafen oder Ausschlusstatbeständen streng sanktioniert. Zudem gelten Lobby-Verträge bei Verstößen gegen das LobbyG als zivilrechtlich unwirksam, wodurch auch ein Bereicherungsanspruch auf Rückzahlung einer etwaig gezahlten Vergütung entfällt.

Hinzu treten gem. § 8 LobbyG Tätigkeitsbeschränkungen für Inhaber bestimmter öffentlicher Funktionen. Danach darf ein „Funktionsträger" während der Dauer seiner Funktion in seinem Aufgabenbereich nicht als Lobbyist tätig werden.

Das LobbyG ist in der Folge dazu geeignet, Lobbying sowie Interessenvertretung i.S.d. des Gesetzes lauterer und transparenter zu machen. Allerdings unterfallen nicht sämtliche hier behandelten Kooperationsformen dem Anwendung des Gesetzes, worauf im nachfolgenden noch eingegangen wird.

a) *Transparenz und Gemeinwohl*

Adressat möglicher Transparenz- und Publizitätsregelungen wäre zunächst die Regierung, da diese auf staatlicher Seite als Kooperationspartner agiert. Danach wäre zwar eine einfachgesetzliche Regelung ausreichend. Zu denken wäre hier zunächst an eine Ergänzung des § 43 GGO dahingehend, dass jede Mitwirkung oder konkrete Einflussnahme privater Akteure an bzw. auf der/die Erstellung der Gesetzesvorlagen unter Nennung der Beteiligten nach Art, Umfang und Ergebnis in der Begründung zum jeweiligen Gesetzesentwurf in der Gesetzesbegründung dargelegt werden muss. Unter den Beteiligten wären auch diejenigen zu nennen, die die Maßnahmen der privaten Akteure maßgeblich finanzieren. Ergänzend wären in § 42 GGO in einem neu einzufügenden Absatz zum einen zu normieren, welche Kooperationsformen zulässig sind und welche privaten Akteure dabei statthaft sind. Nach der hier vertretenen Auffassung wäre daher beispielsweise zu normieren, dass Gesetzesoutsourcing lediglich insoweit zulässig ist, als eine Unterwerfung unter staatliche Aufsicht und Disziplinargewalt, wie das beispielsweise bei Notaren gegeben ist, vorliegt. Zum anderen wären Grundsätze für die Auswahl bzw. Beteiligung etwaiger Kooperationspartner dahingehend aufzustellen, dass die Auswahl der Privaten die gesellschaftliche Pluralität zu wahren und zu repräsentieren hat. Betroffene Interessen wären danach tendenziell vollständig zu erfassen. Dies ist insbesondere vor dem Hintergrund wachsender Ausdifferenzierung der Interessenvertretung relevant. Dem Bundestag ist zur Sicherung der Pluralität und Chancengleichheit der Privaten dazu ein ergänzendes Vorschlagsrecht zur Benennung eines zusätzlichen Akteurs zuzusprechen.

Jedoch ist zu beachten, dass eine Begründung der Gesetzesvorlage nach h.M. verfassungsrechtlich nicht gefordert ist und die entsprechenden Regelungen der GGO vielmehr eine bloße „verfassungspolitische Empfehlung" darstellen.[1099] Eine Verletzung der Vorschrift hätte demnach keine Auswirkung auf die Verfassungsgemäßheit der getroffenen Regelung[1100] und daher nur begrenzte Wirksamkeit. Zudem wird von der Begründungspflicht gem. §§ 42/43 GGO lediglich das Stadium der Initiative, nicht das der letztendlichen Entscheidung erfasst.

aa) Verfassungsrechtliche Normierung

Für eine (parallele) verfassungsrechtliche Normierung spricht neben den genannten Defiziten zudem die Intention, das Grundgesetz an die geänderten Rahmenbedingungen[1101] und dem daraus folgenden Normierungsbedarf anpassen zu wollen und die grundsätzliche Zulässigkeit kooperativen Regierungshandelns im GG zu verankern. Damit ließe sich auch die vereinzelt vertretene Auffassung, Art. 76 I GG reiche nicht als Kompetenzgrundlage für Kooperationen der Bundesregierung aus,[1102] entkräften. Eine solche Transparenz- und Publikationsregelung wäre in Abschnitt VII. des GG einzufügen. Zu denken wäre zunächst an eine dem Art. 80 GG entsprechende Ermächtigungsnorm, wonach der Bundestag die Bundesregierung per Gesetz zu kooperativer Normsetzung ermächtigen und dabei auch Inhalt, Zweck und Ausmaß – einschließlich der zu beteiligenden Privaten – festlegen könnte.[1103] Die danach notwendige parlamentarische Debatte würde mehr Transparenz und Öffentlichkeit schaffen. Andererseits würde sie auch den Beginn des Abspracheprozesses verzögern und das Parlament hätte sich bereits in diesem Stadium intensiv mit der jeweiligen Materie zu befassen. Etwaige Beschleunigungs- oder Entlastungseffekte wären damit bestenfalls minimiert.[1104]

1099 Maunz/Dürig – Kersten, Art. 76 Rn. 22; Hebeler, DÖV 2010, S. 754 (755).

1100 Hebeler, DÖV 2010, S. 754 (756).

1101 Hierzu IV. 3.

1102 So z. B. Michael, § 20, S. 659.

1103 In diesem Sinne auch Michael, § 11, S. 455.

1104 Aus diesem Grund sind auch die Vorschläge nach Verantwortungsbausteinen von Maunz/Dürig – Kersten, Art. 76 Rn. 41 abzulehnen, die darauf abzielen, dass immer auch ein Gesetzentwurf ohne Beteiligung Privater erstellt werden muss.

Sinnvoller erscheint vor diesem Hintergrund eine Regelung, die den vorgeschlagenen Ergänzungen zu § 43 GGO entspräche. Hinsichtlich der Gesetzesvorlage wäre eine entsprechende Regelung in Art. 76 GG einzufügen. Darauf aufbauend wäre zu normieren, dass dem Gesetzesbeschluss anzufügen ist, inwieweit sich die dargestellte Mitwirkung Privater an der Gesetzesinitiative im Gesetzesbeschluss wiederfindet und ob bzw. wie das staatliche Regelungsziel sowie das Gemeinwohl dabei ausreichende Berücksichtigung gefunden hat. Eine entsprechende Beurteilung setzt zwingend voraus, dass die Exekutive ausreichende Sachkenntnis zur Kontrolle der externen Zuarbeit und Berücksichtigung von Gegenargumenten vorhält und entspricht danach den Voraussetzungen an eine produktive Koppelung staatlichen und privaten Wissens.

Schwieriger gestaltet sich jedoch die Erstreckung der vorgeschlagenen Regelungen auf normabwendende Absprachen, da es für diese keinen verfassungsrechtlichen Anknüpfungspunkt gibt. Zwar könnte Kapitel 6 der GGO ohne weiteres auf normabwendende Absprachen erstreckt werden, jedoch bliebe das Problem der fehlenden Außenwirkung bestehen. Der kooperierende Staat trägt jedoch auch für normabwendende Absprachen eine grundrechtliche Mitverantwortung, aus der eine Schutzpflicht gegenüber den von der Absprache Betroffenen folgt.[1105]

bb) Kooperationsgesetz

Dies zeigt andererseits die Notwendigkeit der ergänzenden Schaffung eines verbindlichen Kooperationsgesetzes, das an alle Kooperationsformen die gleichen, soeben genannten Anforderungen bezüglich Transparenz und Gemeinwohlverpflichtung stellt und einen justiziablen Anspruch auf Einhaltung beinhaltet.

Gesetzesadressat wären insoweit Interessenvertreter und sonstige auf privater Seite an kooperativen Handlungen beteiligte Akteure. In Abgrenzung zum österreichischen LobbyG und im Hinblick auf den sog. Ankereffekt beispielsweise beim sog. Outsourcing von Gesetzesentwürfen wäre danach klarzustellen, dass auch Kooperationen auf Veranlassung des Staates die Anwendbarkeit des Kooperationsgesetzes begründen. Der Anwendungsbereich wäre insoweit umfassender als in Österreich zu gestalten. Soweit Religionsgemeinschaften in Ausübung ihrer verfassungsrechtlichen Sonderstellung eigene Interessen vertreten, wäre jedoch vergleichbar mit den österreichischen Regelungen die Anwendbarkeit eines Kooperationsgesetzes nicht zu eröffnen. Dies gilt insbesondere für den „diplomatischen Lobbyismus" durch die Apostolische Nuntiatur, da die Interessenvertretung zum Wesen diplomatischer Beziehungen gehört. Formen diplomatischer

---

1105 Michael, § 10, S. 385, 394 f.

Interessenvertretung können daher nicht dem Anwendungsbereich eines die Interessenvertretung einschränkenden Kooperationsgesetzes unterfallen.[1106] Gleiches gilt auch für „körperschaftlichen Lobbyismus“ durch Kirchen und Religionsgemeinschaften, da der gem. Art. 137 V WRV verliehene öffentlich-rechtliche Körperschaftsstatus auch die Zusammenarbeit von Staat und Kirche ermöglichen und fördern soll[1107].

Zum Zwecke der Nennung der mitwirkenden Privaten in der Gesetzesbegründung oder bei der normabwendenden Absprache wäre in Anlehnung an § 6 Nr. 1 des österreichischen LobbyG zu normieren, dass der private Akteur vor seinem Tätigwerden erstens seine Identität und zweitens seine spezifischen Anliegen darzulegen hat. Zwar besteht hinsichtlich der preiszugebenden Informationen ein Bezug zur Tätigkeit des Akteurs, Grundrechtsschutz ist jedoch gleichwohl nicht eröffnet, da den geforderten Informationen keine Bedeutung für den grundrechtlich geschützten Tätigkeitsbereich zukommt.[1108] Die geforderten Informationen haben allenfalls allgemeinpolitischen Charakter und dienen zudem nur der Umsetzbarkeit der vorgeschlagenen Informationsverpflichtungen der Bundesregierung.[1109]

Mit einer entsprechenden umfassenden Normierung von Transparenz- und Publizitätsregelungen würde auch die Diskussion um die Einführung eines verpflichtenden, sanktionsbewährten Lobbyregisters obsolet. Nach zutreffender Ansicht würde ein allgemeines Lobbyregister gegen Art. 9 III GG verstoßen, weil der freie Zugang von Koalitionen zum Parlament bzw. zur Regierung beeinträchtigt würde.[1110] Darüber hinaus ließe sich beispielsweise für Rechtsanwälte oder Ex-

---

1106 So stellt auch § 2 Nr. 5 des österreichischen LobbyG klar, dass die diplomatische Interessenvertretung nicht in den Anwendungsbereich des Gesetzes fällt. Gleiches gilt gem. § 1 III für Kirchen und Religionsgemeinschaften.

1107 Maunz/Dürig – Korioth, Art. 137 WRV, Rn 69.

1108 Vgl. hierzu BVerfGE 118, 168 (204); Dreier – Bauer, Art. 9 Rn. 66, wonach Art. 9 III GG nur ein spezifisch koalitionsmäßiges Betätigungsfeld und keine allgemeinpolitischen Stellungnahmen schützt. Zudem bedarf Art. 9 III GG der gesetzlichen Ausgestaltung und ist darüber hinaus zum Schutz von Gemeinwohlbelangen, denen ebenfalls ein verfassungsrechtlicher Rang zukommt, einschränkbar, vgl. BVerfGE 103, 293 (306); 100, 271 (283); 84, 212 (228).

1109 Eine Nichterfüllung der Informationsverpflichtung durch die Bundesregierung würde aufgrund der Kontrollfunktion des Bundestages einen Verstoß gegen den Grundsatz der Verfassungsorgantreue darstellen, vgl. IX. 1a)

1110 Vgl. nur Sodan, LKV 2012, 193 (200 ff.). Hierin läge ein maßgeblicher Unterschied zum österreichischen LobbyG, das eine Registrierungspflicht als zentrales Element ausdrücklich vorsieht. So regelt § 14 LobbyG als Sanktion die Streichung aus dem

pertengruppen eine Registrierungspflicht schwerlich umsetzen, da ihre schwerpunktmäßige Tätigkeit nicht die Interessenvertretung gegenüber der Regierung bzw. dem Parlament ist, sondern sie lediglich auf Geheiß der Regierung für diese tätig werden. Damit fehlt der Anknüpfungspunkt für eine Registrierungspflicht.

Wo die Beteiligung am konkreten Vorhaben ebenso wie das Ergebnis der Kooperation seitens der Bundesregierung anzuzeigen ist, lässt sich mithin auf die generelle Registrierung aller Interessenverbände verzichten. Es kann ohnehin nicht der Anspruch von Transparenzregeln sein, jedwede (allgemeine) Teilnahme am demokratischen Willensbildungsprozess zu dokumentieren, da diese in der Vereinigungs- und Meinungsfreiheit der Art. 9 und 5 GG angelegt ist[1111] und der Erkenntnisgewinn aus der reinen Wahrnehmung dieser Rechte gering ist. Schmedes weist daher zu Recht darauf hin, dass die Herausforderung einer wirksamen gesetzlichen Regelung des Verhältnisses von Interessenvertretern und Parlament darin besteht, keinen „bürokratischen Datenfriedhof zu erzeugen, der dem Transparenzgebot im Ergebnis auch nicht gerecht" wird.[1112]

Aus der grundrechtlichen Mitverantwortung des Staates für kooperative Absprachen folgt, dass auch die daran beteiligten Akteure in die staatliche Gemeinwohlverpflichtung miteinzubeziehen sind.[1113] Entsprechend wären in einem Kooperationsgesetz ferner die privaten Akteure zu verpflichten, sich vor Abgabe ihrer Stellungnahmen einem Verhaltenskodex zu unterwerfen, nach dem sie das Gemeinwohlprinzip des GG und darauf aufbauende Gemeinwohlbelange anerkennen und berücksichtigen.

Zwar ist der Gemeinwohlbegriff notwendig offen,[1114] jedoch können ihn mit Rückgriff auf die Rechtsprechung des BVerfG für den vorliegenden Zweck hinreichende Konturen verliehen werden. So hat das BVerfG verschiedene Gemeinwohlbelange wie beispielsweise Umwelt- oder Gesundheitsschutz,[1115] Sicherung

Lobbyregister, was faktisch einem Berufsverbot gleichkommt, vgl. Kopp, in: Hauschka/Moosmayer/Lösler, § 10 Rn. 36.

1111 Piechaczek, S. 22; Dederer, § 2, S. 84 f.

1112 Schmedes, ZParl 2009, 543 (547).

1113 So auch Michael, § 10, S. 321. Auch die Rechtsprechung des BAG verlangt den Koalitionen i.S.d. Art. 9 III GG eine Pflicht zur Rücksichtnahme auf das Gemeinwohl ab, vgl. Maunz/Dürig – Scholz, Art. 9 III, Rn. 274 f. Die Gemeinwohlverpflichtung von Religionsgemeinschaften folgt bereits aus deren Körperschaftsstatus, vgl. hierzu IX. 1b). Insoweit ist eine Ausweitung des Anwendungsbereiches eines Kooperationsgesetzes nicht erforderlich.

1114 Vgl. hierzu B.VIII. 3.

1115 BVerfGE 7, 377 (414).

der Wasserversorgung und Ernährung,[1116] Vermeidung von Arbeitslosigkeit[1117] oder Abwehr gesamtwirtschaftlicher Gefahren[1118] anerkannt und Gemeinwohlbelangen mithin verfassungsrechtlichen Rang zugesprochen.[1119]

Folglich wären diese und vergleichbare Gemeinschaftsinteressen zwingend zu berücksichtigen und darzulegen, ob und wie sich die vorgeschlagenen Regelungen auf diese allgemeinen Interessen auswirken. Dies setzt auch voraus, dass vorhandenes Wissen und Informationen unverfälscht und vollständig wiedergegeben werden. Zudem wäre von den Akteuren zu versichern, dass sie sich keiner unlauteren Mittel wie Interessentenzahlungen o. ä. bedienen und auch politische Entscheidungsträger nicht dazu veranlassen, beispielsweise gegen die Verhaltensregeln des AbgG oder der GO-BT zu verstoßen.[1120]

Verstöße hiergegen sollten derart sanktioniert sein, dass der jeweilige Interessenvertreter und der dahinterstehende Auftragsgeber für eine im Einzelfall zu bestimmende Zeitdauer nicht mehr in staatlich-private Kooperationen einbezogen werden bzw. aus laufenden Kooperationen ausgeschlossen werden. Zwar schützt Art. 9 III GG auch die freie Darstellung der Koalitionen gegenüber dem Staat,[1121] ein Anspruch auf Beteiligung an Kooperationsformen kann hieraus jedoch nicht hergeleitet werden, da den Koalitionen anderweitige Mittel zur Verfügung stehen, ihren Anliegen Ausdruck zu verleihen und an der freiheitlich-demokratischen Willensbildung mitzuwirken.

Die vorgeschlagene Sanktionierung, die keine Auswirkungen auf ein allgemeines Tätigwerden der ausgeschlossenen Akteure oder gar deren Existenz haben, sind vor diesem Hintergrund nicht zu beanstanden.[1122] Ergänzend wäre in Anlehnung an § 15 des österreichischen LobbyG zu normieren, dass private Ver-

1116 BVerfGE 8, 71 (80); 10, 89 (102).

1117 BVerfGE 21, 245 (251).

1118 BVerfGE 8, 275 (329). Schuppert beschreibt vor diesem Hintergrund die Verfassung im allgemeinen und Staatszielbestimmungen sowie Grundrechte im Besonderen als „Quelle von Gemeinwohlbelangen", vgl. ders., in: ders./Neidhardt, S. 19 (38 ff.).

1119 Vgl. nur BVerfGE 103, 293 (306); 100, 271 (283); 84, 212 (228).

1120 Vereinzelt bekennen sich Verbände auf freiwilliger Basis zur Einhaltung berufsethnischer Grundsätze, vgl. „Verhaltensindex für Lobbyisten", abgerufen (am 11. April 2017) unter http://www.markenverband.de/quicklinks_/compliance/VERHALTENSKODEX%20FUER%20INTERESSENVERTRETER.pdf. Hierzu auch Kopp, in: Hauschka/Moosmayer/Lösler, § 10 Rn. 37 ff.

1121 BVerfGE 28, 295 (305).

1122 Sofern gleichwohl ein Grundrechtseingriff angenommen werden sollte, wäre dieser Eingriff jedenfalls zum Schutz von Gemeinwohlbelangen, denen ebenfalls verfassungsrechtlicher Rang zukommt, gerechtfertigt, vgl. FN 1108.

träge, die einen Verstoß gegen den Verhaltenskodex beinhalten oder voraussetzen nichtig sind und ein etwaiges vertragliches Entgelt dem Staat verfällt.

cc) Verhaltensregeln

Komplettierend ist eine Ergänzung der Nr. 3 „Ausführungsbestimmungen des Präsidenten des Bundestages zu den Verhaltensregeln der Mitglieder des Deutschen Bundestages" im Einklang mit den vorgeschlagenen Regelungen dahingehend vorzunehmen, dass bezüglich etwaiger Nebentätigkeiten von Abgeordneten nicht nur die beauftragenden Unternehmen oder Organisationen, sondern auch die finanzierenden Unternehmen oder Organisationen zu benennen sind. Die bisherige Formulierung würde es beispielsweise erlauben, die Nennung des eigentlichen und finanzierenden Auftraggebers durch Zwischenschaltung von Vermittlungsagenturen, Stiftungen oder anderen gesellschaftsrechtlichen Konstruktionen zu vermeiden. Zudem wäre nicht nur die Art, sondern auch der Umfang der Tätigkeit anzugeben, da dies wiederum Rückschlüsse darauf zulässt, ob eine der Mittelpunkregelung entsprechende Wahrnehmung des Mandats möglich erscheint.

In § 8 V VerhR wäre darüber hinaus eine widerlegbare Vermutung dahingehend zu normieren, dass Nebeneinkünfte, die erst nach Aufnahme des Mandates begründet werden, keine angemessene Gegenleistung des Abgeordneten zugrunde liegt und damit unzulässig sind. Damit wäre zu begründen, welche ein Einkommen rechtfertigende Nebentätigkeit dem Nebeneinkommen zugrunde liegt, woraus sich wiederum ein etwaiger Interessenwiderspruch erkennen ließe.

b) Trennung von Abgeordnetenmandat und Ministeramt

Eine Regelung zur Inkompatibilität von Ministeramt und Abgeordnetenmandat bezöge sich unmittelbar auf die Exekutive, die nach Art. 20 III GG lediglich an die verfassungsmäßige Ordnung gebunden ist. Daher wäre die Inkompatibilität zwingend auf verfassungsrechtlicher Ebene zu normieren.[1123] Als Vorbild bieten sich hier Art. 108 I BremVerf oder Art. 39 HmbVerf an. Auch Art. 23 Constitution de la République française schreibt die Unvereinbarkeit von Regierungsamt und Parlamentsmitgliedschaft vor.

Den genannten Regelungen gemeinsam ist auch die Normierung eines sog. ruhenden Mandates. Danach ruht ein Abgeordnetenmandat während der Amtszeit als Regierungsmitglied und wird durch einen Dritten wahrgenom-

---

1123 Auch anderweitige Inkompatibilitäten zum Ministeramt sind im GG normiert, vgl. hierzu II.2.c).

men. Dies erscheint insbesondere dann problematisch, wenn das Regierungsamt während einer Legislaturperiode endet. Der dann mögliche Wiedereintritt des scheidenden Regierungsmitgliedes in das Parlament wäre verbunden mit einem nicht selbst gesteuerten Austritt des nachgerückten Abgeordneten. Hierin liegt ein Verstoß gegen die in Art. 38 I 1 GG verankerten Grundsätze der unmittelbaren und gleichen Wahl.[1124] Auch der Grundsatz des freien Mandates aus Art. 38 I 2 GG wird dadurch tangiert. Das freie Mandat schützt nicht nur die Ausübung des Mandates, sondern auch dessen Bestand.[1125] Dies gilt auch für den Grundsatz der gleichen Wahl.[1126] Der Grundsatz der Unmittelbarkeit der Wahl besagt, dass die Zusammensetzung des Parlaments nur der Wahlentscheidung des Bürgers, modifiziert durch die Entscheidungsfreiheit des Gewählten auf die Annahme oder weitere Ausübung seines Mandats zu verzichten, unterliegt.[1127] Durchbrechungen dieser Grundsätze sind nur durch verfassungsrechtliche Regelungen zulässig, die dann im Wege der praktischen Konkordanz in Ausgleich zu bringen sind.[1128] Eine solche verfassungsrechtliche Regelung wäre in Art. 66 GG zu verorten und dem Art. 55 I GG nachzuempfinden.[1129]

1124 Dreier – Morlock, Art. 38, Rn. 84; hierzu detailliert: Dress, Das ruhende Mandat, Abschnitt D und F; HessStGH, Urteil vom 7. Juli 1977, NJW 1977, 2065 (2066 ff.). Hier wird darauf hingewiesen, dass eine unwiderrufliche Ruhenserklärung eines zum Minister berufenen Abgeordneten verfassungskonform wäre. A.A. Seifert, Art. 38 Rn. 9, der bereits in der Festlegung von Inkompatibilitäten eine Durchbrechung der allgemeinen und gleichen Wählbarkeit sieht.
Das isolierte Ruhenlassen des Abgeordnetenmandats – d. h. ohne einen nachrückenden Abgeordneten – würde die Mehrheitsverhältnisse im Bundestag verändern und kommt daher nicht ohne weiteres in Betracht. Hierzu auch Epping, DÖV 1999, 529 (537), der daraus eine (faktische) Pflicht zum Mandatsverzicht ableitet.

1125 Hierzu detailliert: HessStGH, Urteil vom 7. Juli 1977, NJW 1977, 2065 (2070 f.); Dress, Das ruhende Mandat, Abschnitt E.

1126 BVerfGE 40, 296 (317).

1127 Dreier – Morlock, Art. 38 Rn. 80..

1128 Seifert, Art. 38 Rn. 9; Dreier – Morlock, Art. 38, Rn. 65. Dress vertritt hingegen die Auffassung, dass die Einführung des ruhenden Mandats gegen Art. 79 III GG verstoße, vgl. Das ruhende Mandat, S. 235.

1129 Zu dem Streit in der Literatur, ob bereits aus Art. 66 GG eine Inkompatibilität von Regierungsamt und Abgeordnetenmandat folgt, vgl. exemplarisch Dreier – Hermes, Art. 66 Rn. 8 sowie Epping, DÖV 1999, 529 (531 ff.). Ausschlaggebend für diesen Meinungsstreit ist das Verständnis des Verhältnisses von Art. 55 zu Art. 66 GG.

c) *Wirtschaftliche Inkompatibilitäten*

Adressat der vorgeschlagenen Inkompatibilitätsregelungen wären einerseits amtierende, andererseits ausgeschiedene Abgeordnete.

aa) *Grundrechtliche Vorgaben*

Gegen die Einführung wirtschaftlicher Inkompatibilitäten für Abgeordnete wird immer wieder eingeführt, sie verstoßen gegen Art. 48 II 1 GG, der die grundsätzliche „Vereinbarkeit sämtlicher beruflicher Tätigkeiten mit der Mandatsausübung" voraussetze.[1130] Dem ist jedoch entgegenzuhalten, dass Art. 48 II 1 GG nicht losgelöst von den Unabhängigkeitsvorschriften des Art. 38 I 2, Art. 48 III 1 GG ausgelegt werden kann. Der Zusammenhang mit den genannten Vorschriften ergibt, dass lediglich die Übernahme eines frei und repräsentativ ausgeübten Mandats sicher gestellt werden soll.[1131] Da Inkompatibilitätsregelungen der hier befürworteten Art die gleiche Schutzrichtung aufweisen, ist ein Verstoß gegen Art. 48 II 1 GG nicht gegeben.[1132] Obgleich von der Einführung wirtschaftlicher Inkompatibilitätsregelungen auch Verbände betroffen wären, ist auch kein Verstoß gegen die Vereinigungs- und Koalitionsfreiheit nach Art. 9 I, III GG gegeben; weder Existenz noch Mitwirkung am freiheitlich-demokratischen Willensbildungsprozess von Verbänden würde verhindert werden.[1133]

Unmittelbar betroffen wäre aber jedenfalls das passive Wahlrecht aus Art. 38 I 1 GG, das gem. Art. 137 I GG nur für Beamte, Angestellte des öffentlichen Dienstes, Berufssoldaten, freiwillige Soldaten auf Zeit und Richter eingeschränkt werden darf. Einschränkungen der Vereinbarkeit von Beruf und Mandat für weitere Berufsgruppen bedingen daher einer Regelung auf Verfassungsebene bzw. einer verfassungsrechtlichen Rechtfertigung.[1134]

1130 Vgl. nur Piechaczek, S. 220 sowie B.IX.1c).

1131 BK - von Arnim/Drysch, Art. 48 Rn. 48.

1132 BK - von Arnim/Drysch, Art. 48 Rn. 48 f.

1133 Vgl. hierzu im Einzelnen: Käßner, S. 220 f.

1134 So die ganz h.M., vgl. nur Käßner, S. 215 ff.; von Arnim, Gemeinwohl, S. 397; Stern Staatsrecht I, S. 317; Tsatos, in: Schneider/Zeh, § 23, Rn. 20 f., der auch die Einführung von Ineligibilitäten durch Grundgesetzänderung für möglich hielte. Die h.M. setzt voraus, dass nicht nur Ineligibilitäten, sondern auch die schwächeren Inkompatibilitäten, die die grundsätzliche Wählbarkeit nicht ausschließen, sondern den Gewählten zwingen, sich zwischen mehreren Tätigkeiten zu entscheiden, den Schutzbereich des passiven Wahlrechts tangieren, vgl. Käßner, S. 215.

Neben dem „erweiterten Gewaltenteilungsprinzip“[1135] können auch Erhalt und Stärkung der Unabhängigkeit von Parlament und Abgeordneten, wie sie durch Art. 38 I 2, 48 III 1 GG postuliert wird, als Rechtfertigung für einen Eingriff in Art. 38 I 1 GG herangezogen werden.[1136] Darüber hinaus lässt sich der Verfassung nach verbreiteter Auffassung ein rechtsstaatlich, demokratisch und grundrechtlich basiertes Distanzgebot entnehmen.[1137] Danach unterliegt die Ausübung jeder Form von öffentlicher Gewalt einem Distanzgebot, wonach staatliche Entscheidungen von eigenen Interessen zu trennen sind,[1138] was auch einer institutionellen Gemeinwohlsicherung dient.[1139] Die Einführung von Inkompatibilitätsregelungen erscheint auch unter diesem Aspekt als gerechtfertigt.

Hinsichtlich nachamtlicher Tätigkeitsbeschränkungen ist zudem zu berücksichtigen, dass diese nicht einem vollständigen, undifferenzierten Berufsverbot gleichkommen dürfen. Ein solches wäre mit Art. 12 I GG nicht vereinbar.[1140] Eine Einschränkung der Berufsfreiheit zum Schutz eines überragend wichtigen Gemeinschaftsgutes ist jedoch gerechtfertigt.[1141] Das Vertrauen der Allgemeinheit in die Integrität und Funktionsfähigkeit des Parlamentes, der die Inkompatibilitätsregelungen dienen sollen, erfüllen die genannten Vorgaben des BVerfG.[1142]

bb) Regelungsvorschläge

Als Vorbild einer Regelung zur Wählbarkeitsbeschränkung bietet sich der Art. 66 GG an, dessen Regelungsziel es ist, eine unbehinderte, uneigennützige und unbestechliche Amtsführung im Regierungsbereich zu gewährleisten[1143].

1135 Krause, DÖV 1974, 325 (334); Käßner, S. 216. Gemeint ist, dass wirtschaftliche und politische Herrschaftspositionen nicht identisch sein dürfen.

1136 Knebel-Pfuhl, S. 243; Käßner S. 216, die auch betont, dass Art. 9 I, III GG der Einführung von „Verbandsinkompatibilitäten“ nicht entgegenstünde, vgl. dies. S. 220 f., m.w.N.

1137 Bamberger, S. 109; Lang, Kapitel 5 und 6; Piechaczek, S. 130 ff.

1138 Piechaczek, S. 131 mit Verweis auf Lang.

1139 Trute, in: Schuppert (Hrsg.), Jenseits von Privatisierung und schlankem Staat, S. 13 (36).

1140 Vgl. nur Grzeszick/Limanowski, DÖV 2016, 313 (315), m.w.N. Wirtschaftliche Inkompatibilitäten für amtierende Abgeordnete schränken von vornherein nur eine weitere/zusätzliche berufliche Tätigkeit ein und stellen danach kein vollständiges Berufsverbot dar.

1141 BVerfGE 7, 377 (408).

1142 So im Hinblick auf die Bundesregierung auch: Grzeszick/Limanowski mit berechtigtem Hinweis darauf, dass eine genaue Qualifizierung der Eingriffsstufe in Art. 12 GG nicht eindeutig vorgenommen werden kann DÖV 2016, 313 (315 f. m.w.N).

1143 Dreier – Hermes, Art. 66, Rn. 5 m.w.N.

Art. 66 GG spricht jedoch eine generelle berufliche Inkompatibilität aus und geht damit über das hier befürwortete Regelungsziel hinaus. Statt entgegen der Regelung des § 44a AbgG jedweden Beruf für unvereinbar mit dem Abgeordnetenmandat zu erklären, sollten nur solche interessengeleiteten Tätigkeiten erfasst sein, deren Zielsetzung zumindest auch die Vermittlung eigener Interessen gegenüber dem Parlament ist und damit eine konkrete Verbindung zu der parlamentarischen Tätigkeit aufweisen. Das betrifft insbesondere Tätigkeiten in Interessenverbänden und solchen Unternehmen, die aufgrund ihrer wirtschaftlichen Bedeutung ihre Interessen direkt und nachdrücklich an staatliche Entscheidungsträger herantragen.

Angesichts der zuzugebenden Schwierigkeiten, die auszuschließenden beruflichen Tätigkeiten hinreichend genau und damit verfassungsgemäß zu beschreiben,[1144] erscheint insoweit auch eine Regelung nach Vorbild des Art. 25 Constitution de la République française vorstellbar. Danach sind die Einzelheiten wie die Definition unvereinbarer Tätigkeiten in einem „verfassungsausführendem Gesetz" zu regeln. Solche „Auslagerungen" sind auch dem GG bekannt.[1145] Hier ließe sich auch der Zustimmung verdienende Vorschlag normieren, wonach die Inkompatibilität solcher Tätigkeiten widerlegbar vermutet wird, die erst nach Übernahme des Mandats begonnen werden.[1146]

Obgleich sich das Amtsverhältnis des Berufsbeamten von dem des Abgeordneten maßgeblich dadurch unterscheidet, dass ersteres auf Lebenszeit angelegt ist, könnte zur Gestaltung eines verfassungsausführenden Gesetzes auf das BBG zurückgegriffen werden. Das BBG spricht in § 99 für Nebentätigkeiten während der Dienstzeit und in § 105 für Tätigkeiten nach Beendigung des Beamtenverhältnisses Genehmigungsvorbehalte aus und setzt dem „Drehtüreffekt" damit Grenzen. Die Genehmigungsvorbehalte des BBG umfassen im Grundsatz sowohl entgeltliche wie auch unentgeltliche Tätigkeiten. Beide Beschäftigungsarten sind ohne den konkreten Nachweis einer Pflichtverletzung bereits dann zu untersagen, wenn zu besorgen ist, dass dienstliche Interessen beeinträchtigt werden. § 105 BBG grenzt die Anzeigepflicht dahingehend ein, dass nur solche Tätigkeiten anzuzeigen sind, die mit der vorherigen dienstlichen Tätigkeit in Zusammenhang stehen.

1144 Vgl. nur Badura, in: Schneider/Zeh, § 15, Rn. 90; Knebel-Pfuhl, S. 243 f.

1145 Das GG verwendet die Formulierung: Das Nähere regelt ein Bundesgesetz. Vgl. z. B. Art. 48 III 3 GG.

1146 Der Vorschlag geht soweit ersichtlich zurück auf Käßner, vgl. diess, S. 220 und wird mit der Gefahr begründet, dass „diese Tätigkeiten ihm [dem Abgeordneten] im Hinblick auf sein Mandat und nur wegen seines Mandats zugetragen wurde oder in sonst in irgendeinem Zusammenhang zum Mandat steht."

Trotz der temporären Ausrichtung des Abgeordnetenstatus ist auch für Bundestagsabgeordnete eine dem § 105 BBG entsprechende Karenzzeit zu befürworten. Unabhängig von der Frage, ob ein Abgeordneter, der seine Amtsführung an nachamtlichen Tätigkeitsoptionen ausrichtet, die Gemeinwohlverpflichtung zwangsläufig missachtet,[1147] wird in jedem Fall der Anschein einer voreingenommenen Amtsführung erweckt. Bereits dieser „böse Schein" ist jedoch zu vermeiden, da er das Vertrauen der Allgemeinheit in die Integrität der Amtsinhaber beeinträchtigen kann. Aufgrund der umfassenden Befugnisse eines Abgeordneten, die nicht an vorherige berufliche Tätigkeiten gebunden sind, ist bereits aus diesem Grunde eine Begrenzung des Genehmigungsvorbehalts auf entsprechende Tätigkeitsbereiche oder -schwerpunkte nicht angebracht. Darüber hinaus ist zu bedenken, dass sich die hier in Rede stehenden nachamtlichen Tätigkeitsoptionen regelmäßig aufgrund der während der Amtszeit ausgeübten Tätigkeiten sowie erworbenen Kenntnisse und Einblicke ergeben werden und weniger aufgrund voramtlicher Tätigkeiten.

Obgleich der Bundestag dies dem Grunde nach erkannt hat, wurde die Einführung von Genehmigungsvorbehalten und Karenzzeiten im Parlament lediglich mit Bezug auf nachamtliche Tätigkeiten von Regierungsmitgliedern diskutiert[1148] und anschließend durch eine Änderung des BMinG normiert. Nach § 6a BMinG haben Mitglieder der Bundesregierung, die beabsichtigen, innerhalb der ersten 18 Monate nach ihrem Ausscheiden aus dem Amt eine Erwerbstätigkeit oder sonstige Beschäftigung außerhalb des öffentlichen Dienstes aufzunehmen, dies der Bundesregierung schriftlich anzuzeigen. Gem. § 6b BMinG kann die Bundesregierung die angezeigte Tätigkeit für die ersten 18 Monate nach dem Ausscheiden aus dem Amt ganz oder teilweise verbieten, soweit zu befürchten ist, dass durch die Beschäftigung öffentliche Interessen beeinträchtigt werden.

Zwar steht die Tätigkeit von Abgeordneten aufgrund von Art. 42 I GG stärker im Fokus der kontrollierenden Öffentlichkeit als die von Regierungsmitgliedern, für die das Öffentlichkeitsgebot nur in abgeschwächter Form gilt.[1149] Daraus folgt, dass die Kontrollmöglichkeit der Öffentlichkeit im Hinblick auf die Bundesregierung ebenfalls eingeschränkt ist.[1150] Dies rechtfertigt jedoch ebenso wenig, die Karenzzeiten auf Regierungsmitglieder zu beschränken wie der Umstand, dass ein Großteil der Gesetzesvorhaben von der Bundesregierung eingebracht werden. Vielmehr ist die Unvoreingenommenheit des Abgeordneten aufgrund seiner Kon-

1147 Bejahend, Bamberger, S. 80.

1148 BT-Drs. 18/4630, S. 1.

1149 Jarass/Pieroth – Pieroth, Art. 20, Rn. 20; Bamberger, S. 98.

1150 So auch Bamberger, S. 99.

troll- und Letztentscheidungsbefugnisse besonders schutzwürdig. Zudem verdient das Vertrauen der Bevölkerung in das Parlament zumindest den gleichen Schutz wie das in die Bundesregierung. Dies gilt insbesondere vor dem Hintergrund, dass die Bevölkerung lediglich zur Wahl des Bundestages, und nicht unmittelbar zur Wahl der Bundesregierung bemächtigt ist. Sofern ein Abgeordneter in einen Untersuchungsausschuss berufen wird, kommen ihm zusätzliche Befugnisse zur Regierungskontrolle zu. Auch solche zusätzlichen Rechte erfordern ein Vertrauen in die Integrität der Abgeordneten. Eine wirksame Kontrolle kann nur derjenige vornehmen, der seinerseits nicht den Interessenkonflikten unterliegt, die er bei der Regierung prüfen soll. Die Änderungen des BMinG haben danach keine ausreichende Steigerung der Kontrollmöglichkeiten kooperativer Praktiken zur Folge.

Die Dauer des nachamtlichen Genehmigungsvorbehaltes hätte sich an der Regelung des § 18 I AbgG zum Übergangsgeld und damit an der Dauer der Zugehörigkeit zum Bundestag zu bemessen. Darauf aufbauend wäre auch die Dauer der Karenzzeit dahingehend zu begrenzen, dass ihre Dauer nicht die Dauer der Zugehörigkeit zum Bundestag überschreiten darf. Darüber hinaus wäre die maximale Dauer einer Karenzzeit entsprechend § 6b BMinG auf 18 Monate zu begrenzen und die Zahlung eines Übergangsgeldes nach § 18 I AbgG entsprechend zu verlängern. Nur so ließe sich ein Widerspruch zu der zeitlichen Begrenzung des Abgeordnetenmandats und der Vorwurf der Unverhältnismäßigkeit einer Tätigkeitsbeschränkung vermeiden, ohne jedoch eine Wirkungslosigkeit der vorgeschlagenen Regelungen befürchten zu müssen.

Zudem könnte eine finanzielle Obergrenze für nebenberufliches Einkommen nach US-amerikanischen Vorbild[1151] normiert werden, um Anreize zu minimieren, sich bei der Amtsausübung von nachamtlichen, ggf. gemeinwohlwidrigen Tätigkeitsoptionen leiten zu lassen. Darüber hinaus gehende Einkünfte wären ebenso einzuziehen, wie Einkünfte aus nicht angezeigten oder nicht genehmigten Tätigkeiten. Das hiergegen vorgebrachte Argument, bereits die bloße Mitgliedschaft in einem Interessenverband könne eine ähnliche geistige Abhängigkeit hervorrufen, wie eine hoch dotierte nachamtliche Tätigkeit vermag insoweit nicht zu überzeugen. Mit der vorgeschlagenen Regelung soll nicht verhindert werden, dass ein Abgeordneter seine eigenen Überzeugungen in die parlamentarische Debatte einbringt, sondern vielmehr, dass der Abgeordnete seine Überzeugungen bzw. vertretenen Standpunkte erst aufgrund nachamtlicher Tätigkeitsoptionen bildet.

1151 Senate Rule 36; 5 U.S.C. app. § 501 (a).

Es bleibt festzuhalten, dass der Gesetzesentwurf der Bundesregierung ein richtiger Ansatz ist, jedoch aufgrund der Begrenzung auf Regierungsmitglieder und nachamtliche Tätigkeitsbeschränkungen ergänzungswürdig ist. Dies gilt auch bezüglich der gem. Gesetzentwurf beabsichtigten Gründung eines Entscheidungsgremiums zur Frage der Untersagung von Tätigkeiten. Zuzustimmen ist insbesondere dem Vorschlag einer Begründungs- und Veröffentlichungspflicht der getroffenen Entscheidungen sowie der Einberufung eines Gremiums zur Prüfung etwaiger Interessenkonflikte. Jedoch sollte das Gremium fraktionsübergreifend besetzt sein, um eine größtmögliche Neutralität der Entscheidung zu gewährleisten.

XI. Zusammenfassung

Die wesentlichen Untersuchungsergebnisse der Arbeit lassen sich anhand der eingangs aufgeworfenen Fragen wie folgt zusammenfassen bzw. beantworten:

1. Die Verpflichtung des Abgeordneten zum Handeln im ausschließlichen Interesse des Gemeinwohls beinhaltet kein Verbot des Kontaktes zu Interessenvertretern oder anderen privaten Akteuren.
   Dem liegt zugrunde, dass das Gemeinwohl an den im ganzen Volk vorhandenen Interessen auszurichten ist und nicht einseitig vom Staat hervorgebracht wird. Daher werden nicht nur dem einzelnen Bürger, sondern auch organisierten Interessenorganisationen Mitwirkungsmöglichkeiten an der politischen Willensbildung gewährt. Hervorzuheben sind in diesem Zusammenhang die Vereinigungs- und Meinungsfreiheit der Art. 9 und 5 GG. Setzt sich ein Abgeordneter mit den geäußerten bzw. an ihn herangetragenen Positionen auseinander oder macht sich diese gar zu Eigen, ist dies solange Teil der Gemeinwohlbildung, als sich der Abgeordnete dabei lediglich seinem Gewissen unterwirft. Mithin darf der Abgeordnete keine rechtlichen Bindungen gegenüber Privaten eingehen.
2. Das GG enthält kein absolutes Verbot kooperativer Zusammenarbeit zwischen Staat und Wirtschaft oder Interessenorganisationen. So verzichtet die Verfassung beispielsweise auf Vorgaben zur Gesetzesvorbereitung, weswegen den Initiativberechtigten bei der Erarbeitung von Gesetzesentwürfen weder ein Rückgriff auf die Ministerialbürokratie noch auf externen Sachverstand verwehrt ist. Der Regelvorbehalt des Art. 33 IV GG verbietet lediglich eine vollständige Auslagerung der Gesetzesvorbereitung an Private.
   Auch das Demokratiegebot steht nicht im Widerspruch zum kooperativen Staat. Bezugspunkt des Demokratiegebotes ist die konkrete Ausübung der

Staatsgewalt. Danach muss die Befugnis zur Letztentscheidung in jedem Fall beim Abgeordneten verbleiben. Das GG gewährleistet die freie Letztentscheidung des Abgeordneten durch den Grundsatz des freien Mandates aus Art. 38 I 2 GG.

3. Gem. dem Grundsatz der Verfassungsorgantreue dürfen Kooperationsergebnisse weder die parlamentarische Interessenvermittlung ersetzen noch die parlamentarischen Kontrollbefugnisse vereiteln. Zur effektiven und wirksamen Ausübung seiner Kontrollbefugnisse muss das Parlament zum einen Kenntnis von Regierungskooperationen und den daran beteiligten Akteuren haben, und sich zum anderen ein Mindestmaß an eigenem Sachverstand vorbehalten. Die Möglichkeit der Informationsgewinnung durch Private darf nicht zum Ausverkauf staatlicher Wissensressourcen führen. Nur unter diesen Voraussetzungen ist gewährleistet, dass der Gang der Gesellschaft vom Parlament im Sinne des Gemeinwohls bestimmt wird.
4 Die bestehenden Regelungen zum Schutz der freien Entscheidungsfindung des Abgeordneten bedürfen auch angesichts der Entwicklung vom rein normierenden und vollziehenden Staat zum kooperativen Staat der Ergänzung. Eine Trennung zwischen Regelungsadressaten und -trägern muss in jedem Fall gewährleistet sein. Diesem Ziel dient u. a. die Ausweitung von Inkompatibilitätsregelungen, wonach Tätigkeiten mit dem Ziel der Vermittlung eigener Interessen gegenüber dem Parlament als unvereinbar mit dem Abgeordnetenmandat erklärt werden und nachamtliche Tätigkeiten einem Genehmigungsvorbehalt unterliegen.
5. Transparenz ist nicht nur zur Wahrung der parlamentarischen Befugnisse, sondern auch zur Stärkung des Vertrauens der Bevölkerung zu ihren parlamentarischen Vertretern unerlässlich. Das Vertrauen der Bevölkerung in seine Repräsentanten und deren Integrität ist wiederum Voraussetzung für das Funktionieren einer parlamentarischen Demokratie.
   Die Umsetzung ergänzender Transparenzregelungen ist daher von besonderer Wichtigkeit.
6. Ein Verzicht auf Kooperation ist aus verschiedenen Gründen keine Lösungsalternative. Vor allem die zunehmende Komplexität und Verflechtung des Sozial- und Wirtschaftslebens spricht gegen einen Verzicht. Die Informationsgewinnung und -verarbeitung ist in der heutigen Gesellschaft eine der wesentlichen Herausforderungen für die Abgeordneten geworden, der auch durch Kooperation mit Privaten begegnet wird.
   Ein Verzicht/Verbot von Korporation würde darüber hinaus erhebliche Abgrenzungsprobleme zwischen grundgesetzlich geschützter Artikulation

eigener Positionen und bereits unzulässiger Einflussnahme staatlicher Entscheidungsträger nach sich ziehen. In einer repräsentativen Demokratie dient die Artikulation privater Interessen jedoch der inhaltlichen Rückkoppelung zwischen Volk und Staat, was wiederum Voraussetzung für eine wirksame Gemeinwohlbildung und damit unersetzbar ist.

7. Religionsgemeinschaften sind nach dem GG besonders geschützt. Die Statuszuweisung als öffentlich-rechtliche Körperschaft fügt die Religionsgemeinschaften in die freiheitsgestaltende Verfassungsordnung ein und anerkennt die Pflege von Gemeinschaftsinteressen durch Religionsgemeinschaften. Diese verfassungsrechtliche Sonderstellung eröffnet den Kirchen Einflussmöglichkeiten auf die Politik, die sonstigen gesellschaftlichen Gruppierungen nicht zugänglich sind. Zur Umsetzung dieser Einflussmöglichkeiten bedienen sich die kirchlichen Akteure der gleichen Maßnahmen wie weltliche Interessenvertreter. Der Erfolg kirchlicher Einflussversuche beruht danach im Wesentlichen nicht auf der verfassungsrechtlichen Sonderstellung, sondern wie bei weltlichen Interessenvertretern auf der argumentativen Vermittlung der eigenen Anliegen.

Literaturverzeichnis

Abmeier, Klaus: Die parlamentarischen Befugnisse des Abgeordneten des Deutschen Bundestages nach dem Grundgesetz, Berlin 1984

Abromeit, Heidrun: Sind die Kirchen Interessenverbände? in: Abromeit/Wewer, Die Kirchen und die Politik, Opladen 1989

Achterberg, Norbert: Das rahmengebundene Mandat, Berlin/New York 1975 (zitiert: Achterberg, das rahmendebundene Mandat)

ders.: Grundzüge des Parlamentsrechts, München 1971 (zitiert: Achterberg, Grundzüge)

ders.: Parlamentsrecht, Tübingen 1984 (zitiert: Achterberg, Parlamentsrecht)

Alemann, Ulrich von / **Eckert**, Florian: Lobbyismus als Schattenpolitik, APuZ 15–16/2006, 3–10

Altenhain, Karsten / **Haimerl**, Michael: Die gesetzliche Regelung der Verständigung im Strafverfahren – eine verweigerte Reform, JZ 2010, 327–337

Anderl, Thorsen: Gesetzgebung und kooperatives Regierungshandeln – Eine rechtsstaatliche und verfassungsrechtliche Untersuchung am Beispiel des 14. und 15. Deutschen Bundestages, Berlin 2006

Anschütz, Gerhard: Die Verfassung des Deutschen Reiches vom 11. August 1919, 14. Auflage, Berlin 1933

Appoldt, Friedrich Walter: Die öffentlichen Anhörungen („Hearings") des Deutschen Bundestages, Berlin 1971

Arndt, Claus: Fraktion und Abgeordneter, in: Schneider/Zeh, Parlamentsrecht und Parlamentspraxis, Berlin, New York 1989

Arnim, Hans Herbert von: Der gekaufte Abgeordnete – Nebeneinkünfte und Korruptionsproblematik, NVwZ 2006, 249–254

ders.: Die neue Parteifinanzierung, DVBl. 2002, 1065–1078

ders.: Entschädigung und Amtsausstattung, in: Schneider/Zeh, Parlamentsrecht und Parlamentspraxis, Berlin, New York 1989

ders.: Gemeinwohl und Gruppeninteressen, Frankfurt am Main, 1977 (zitiert: Gemeinwohl)

ders.: Herrschaft der Lobby? – Zur Notwendigkeit und zum Missbrauch des Einflusses der Wirtschaft auf die Politik, in: Ritter/Feldmann, Lobbying zwischen Eigeninteresse und Verantwortung, Baden-Baden 2005

ders.: Nebeneinkünfte von Bundestagsabgeordneten, DÖV 2007, 897–907

ders.: Wahl oder Auswahl – Die Parteien und nicht die Bürger bestimmen die Abgeordneten, ZRP 2004, 115–119

ders.: Wer kümmert sich um das Gemeinwohl?, ZRP 2002, 223–232

Badura, Peter: Das Staatskirchenrecht als Gegenstand des Verfassungsrechts – Die verfassungsrechtlichen Grundlagen des Staatskirchenrechts, in: Listl/Pirson (Hrsg.), Handbuch des Staatskirchenrechts der Bundesrepublik Deutschland, Band I, 2. Auflage, Berlin 1994

ders.: Die „Gemeinpflichtigkeit" des freien Mandats des Abgeordneten und der „Status der Öffentlichkeit des Abgeordneten", in: Hufen (Hrsg.), Verfassungen – Zwischen Recht und Politik, Festschrift für Hans-Peter Schneider, Baden-Baden 2008

ders.: Die Stellung des Abgeordneten nach dem Grundgesetz und den Abgeordnetengesetzen in Bund und Ländern, in: Schneider/Zeh, Parlamentsrecht und Parlamentspraxis, Berlin, New York 1989

ders.: Staatsrecht, 6. Auflage, München 2015

Bamberger, Matthias: Nachamtliche Tätigkeitsbeschränkungen für politische Amtsträger, Berlin 2014

Becker, Florian: Kooperative und konsensuale Strukturen in der Normsetzung, Tübingen 2005

Belling, Detlev W.: Kirchliches Arbeitsrecht und kirchliche Arbeitsgerichtsbarkeit, NZA 2006, 1132–1135

Bleckmann, Albert: Staatsrecht I – Staatsorganisationsrecht, München 1993

Böckenförde, Ernst-Wolfgang: Demokratie als Verfassungsprinzip, in: Isensee/Kirchhoff, Handbuch des Staatsrechts II, 3. Auflage, Heidelberg 2004

ders.: Grundrechtsgeltung gegenüber Trägern gesellschaftlicher Macht?, in: Posser/Wassermann (Hrsg.) Freiheit in der sozialen Demokratie, Karlsruhe 1975

ders.: Staat, Verfassung, Demokratie, Frankfurt am Main 1991

Bocklet, Paul: Gott im politischen Alltag zur Sprache bringen – Erfahrungen aus dem Katholischen Büro Bonn, in: Schmidt/Wedell (Hrsg.), Festschrift für Burkhardt Reichert – „Um der Freiheit Willen…" Kirche und Staat im 21. Jahrhundert, Freiburg 2002

Böhm, Monika: Atomrecht im Wandel – Von der staatlichen Förderung zum Ausstieg, in: Dolde (Hrsg.), Umweltrecht im Wandel, Berlin 2001

dies.: Die direkte Demokratie in der Schweiz – Ein Vorbild für Deutschland?, DÖV 2013, 1–7

Bohne, Eberhard: Der informale Rechtsstaat – Eine empirische Untersuchung zum Gesetzesvollzug unter besonderer Berücksichtigung des Immissionsschutzes, Berlin 1981

ders.: Informales Verwaltungshandeln als Instrument des Umweltschutzes, Verwaltungs-Archiv 75 (1984), 343–373

Braun, Werner / **Jantsch**, Monika / **Klante,** Elisabeth: Abgeordnetengesetz, Berlin, New York 2002

Brenner, Michael: Das Prinzip Parlamentarismus, in: Isensee/Kirchhof, Handbuch des Staatsrechts III, 3. Auflage, Heidelberg 2005

Breuer, Rüdiger: Verhandlungslösungen aus der Sicht des deutschen Umweltschutzrechtes, in: Hoffmann-Riem/Schmidt-Aßmann (Hrsg.), Koonfliktbewältigung durch Verhandlungen, Bd I, 1990, S. 231–252

Brohm, Winfried: Rechtsgrundsätze für normersetzende Absprachen. Zur Substitution von Rechtsverordnungen, Satzungen und Gesetzen durch kooperatives Verwaltungshandeln – , DÖV 1992, 1025–1035.

ders.: Sachverständige Beratung des Staates, in: Isensee/Kirchhof, Handbuch des Staatsrechts II, 2. Auflage, Heidelberg 1998

Burckhardt, Jacob: Weltgeschichtliche Betrachtungen, hrsg. von Rudolf Marx, Stuttgart 1978

Burghart, Axel: Die Pflicht zum guten Gesetz, Berlin 1996

Callies, Christian / **Ruffert**, Matthias: Das Verfassungsrecht der Europäischen Union mit Europäischer Grundrechtscharta, 4. Auflage, München 2011

Campenhausen, Axel Freiherr von / **de Wall**, Heinrich: Staatskirchenrecht, 4. Auflage, München 2006

Conradi, Peter: Parlamentarier in privilegienfeindlicher Demokratie, ZParl 7 (1976), 113–126

Dederer, Hans Georg: Korporative Staatsgewalt – Integration organisierter Interessen in die Ausübung von Staatsfunktionen, Tübingen 2004

Demmler, Wolfgang: Der Abgeordnete im Parlament der Fraktionen, Berlin 1994

Dempfle, Ulrich: Normvertretene Absprachen – Zugleich ein Beitrag zur Lehre vom Rechtsverhältnis, Pfaffenweiler 1994

di Fabio, Udo: Selbstverpflichtung der Wirtschaft – Grenzgänger zwischen Freiheit und Zwang, JZ 1997, 969–974

Dittberner, Jürgen: Freies Mandat und politische Geschlossenheit. Widerspruch oder Ergänzung zweier Prinzipien des Parlamentarismus?, ZParl 2003, 550–564

Dreier, Horst (Hrsg.): Grundgesetz Kommentar, Band I, 3. Auflage, München 2013

ders.: Grundgesetz Kommentar, Band II, 2. Auflage, München 2006 (zitiert: Dreier – Hrsg. (2006))

ders.: Grundgesetz Kommentar, Band II, 3. Auflage, München 2015

ders.: Grundgesetzt Kommentar, Band III, 2. Auflage, München 2008

Dress, Thomas: Das ruhende Mandat – Entstehung, Erscheinungsformen und verfassungsrechtliche Problematik eines Instituts des Parlamentsrechts, Hamburg 1985

Eichenberger, Kurt: Der Staat der Gegenwart, Frankfurt am Main 1980

ders.: Gesetzgebung im Rechtsstaat, VVDStRL 40 (1982), 8–36

Emde, Ernst Thomas: Die demokratische Legitimation der funktionalen Selbstverwaltung, Berlin 1991

Engelken, Klaas: Volksgesetzgebung auf Bundesebene und die unantastbare Ländermitwirkung nach Art. 79 III GG, DÖV 2006, 550–556

Epping, Volker: Die Trennung von Amt und Mandat – Die parlamentarische Grundposition von Bündnis90/Die Grünen und die Regierungsbeteiligung: Schlägt die Wirklichkeit den Anspruch? – DÖV 1999, 529–540

Epping, Volker / **Hillgruber**, Christian: BeckOK Grundgesetz, 32. Edition, München 2017

Ewer, Wolfgang: Der neuerliche Ausstieg aus der Kernenergie – verfassungskonform und entschädigungsfrei? NVwZ 2011, 1035–1040

ders.: Verwaltung und Verwaltungsrecht zwischen gesellschaftlicher Selbstregulierung und staatlicher Steuerung, VVDStRL 56 (1997), 235–277

Fassbender, Bardo: Wissen als Grundlage staatlichen Handelns, in: Isensee/Kirchhof, Handbuch des Staatsrechts IV, 3. Auflage, Heidelberg 2006

Fluck, Jürgen / **Schmitt**, Thomas: Selbstverpflichtungen und Umweltvereinbarungen – rechtlich gangbarer Königsweg deutscher und europäischer Umweltpolitik?, VerwArch 89 (1998), 220–263

Frerk, Carsten: Kirchenrepublik Deutschland, Aschaffenburg 2015

Friesenhahn, Ernst: Parlament und Regierung im modernen Staat, VVDStRL 16 (1958), 9–73

Fromme, Friedrich Karl: Der Demokratiebegriff des Grundgesetzesgebers, DÖV 1970, 518–526

ders.: Der Parlamentarier – ein freier Beruf? Zürich, Osnabrück 1978

Geiger, Andreas / **Santomauro**, Patrizio: Lobbying – Anwaltliches Beratungsfeld der Zukunft?, NJW 2003, 2878–2881

Gerig, Martin: Der rechtliche Rahmen für Lobbyisten, ZRP 2014, 247–249

Gerig, Martin / **Ritz**, Martin: Pläne für ein neues EU-Lobbyregister – kommt Zeit, kommt Rat, EuZW 2014, 853–858

Gersdorf, Hubertus / **Paal**, Boris: BeckOK Informations- und Medienrecht, 16. Edition, München 2017

Glotz, Peter: Die Kirchen, die Sozialdemokratie und der säkularisierte Staat in Deutschland, in: Schmidt/Wedell (Hrsg.), Festschrift für Burkhardt Reichert – „Um der Freiheit Willen …“ Kirche und Staat im 21. Jahrhundert, Freiburg 2002

Grande, Edgar: Verbände und Verbändeforschung in Deutschland, in: Bührer/Grande (Hrsg.), Unternehmerverbände und Staat in Deutschland, Baden-Baden 2000

Grimm, Dieter: Bedingungen demokratischer Rechtssetzung, in: Wingert/Günther, Die Öffentlichkeit der Vernunft und die Vernunft der Öffentlichkeit – Festschrift für Jürgen Habermas, Frankfurt am Main 2001

ders.: Die Verfassung im Prozess der Entstaatlichung, in: Brenner (Hrsg.), Der Staat des Grundgesetzes – Kontiunität und Wandel, Tübingen 2004

ders.: Der Wandel der Staatsaufgaben und die Zukunft der Verfassung, in: ders. (Hrsg.) Staatsaufgaben, Baden-Baden 1994

ders.: Lässt sich die Verhandlungsdemokratie konstitutionalisieren? in: Offe (Hrsg.), Demokratisierung der Demokratie, Frankfurt/a. M. 2003

ders.: Parlament und Parteien, in: Schneider/Zeh, Parlamentsrecht und Parlamentspraxis, Berlin, New York 1989

ders.: Ursprung und Wandel der Verfassung, in: Isensee/Kirchhof, Handbuch des Staatsrechts I, 3. Auflage, Heidelberg 2003

ders.: Verträge und Absprachen zwischen der Verwaltung und Privaten – Diskussionsbeitrag, in: VVDStRL 52 (1993), 324–326

Gröpl, Christoph: Staatsrecht I, Staatsgrundlagen und Staatsorganisation, 8. Auflage, München 2016

Grzeszick, Bernd / **Limanowski**, Michael: Nachamtliche Berufsverbote für Politiker – Karenzzeitregelungen im Spannungsfeld zwischen rechtlicher und politischer Verantwortlichkeit, DÖV 2016, 313–322

Gusy, Christoph: Kooperation als staatlicher Steuerungsmodus, ZUR 2001, 1–7

Häberle, Peter: Freiheit, Gleichheit und Öffentlichkeit des Abgeordnetenstatus, NJW 1976, 537–543

Hassel, Anke: Gewerkschaften, in: von Winter/Willems (Hrsg.), Interessenverbände in Deutschland, Wiesbaden 2007

Hatschek, Julius: Das Parlamentsrecht des Deutschen Reiches, Erster Teil, Berlin 1915

Haug, Volker: Funktionsvorbehalt und Berufsbeamtentum als Privatisierungsschranken, NVwZ 1999, 816–820.

Hebeler, Timo: Ist der Gesetzgeber verfassungsrechtlich verpflichtet, Gesetze zu begründen? – Grundsätzliche Überlegungen anlässlich des Bundesverfassungsgerichtsurteils zur Leistungsgestaltung im SGB II, DÖV 2010, 754–762

Helberg, Andreas: Normabwendende Selbstverpflichtungen als Instrument des Umweltrechts – Verfassungs- und verwaltungsrechtliche Voraussetzungen und Grenzen, Sinzheim 1999

Herdegen, Matthias: Informalisierung und Entparlamentasierung politischer Entscheidungen als Gefährdung der Verfassung?, VVDStRL 62 (2003), 7–36

Herzog, Roman: Allgemeine Staatslehre, Frankfurt a. M. 1971

Hesse, Konrad: Grundzüge des Verfassungsrechts der BundesrepublikDeutschland, 20. Auflage, Heidelberg 1999

ders.: Freie Kirche im demokratischen Gemeinwesen – Zur Gegenwartslage des Verhältnisses von Staat und Kirche in der Bundesrepuplik, Zeitschrift für evangelisches Kirchenrecht 11 (1964/1965), 337–362

Hill, Hermann: Einführung in die Gesetzgebungslehrer, Heidelberg 1982

ders.: Impulse zum Erlaß eines Gesetzes, DÖV 1981, 487–497

Hoburg, Ralf: Lobbyisten der Barmherzigkeit, Materialdienst des Konfessionskundlichen Instituts Bensheim 54 (2003), 107–111

Hofmann, Hans: Gesetzgebungsverfahren – Kaum nachvollziehbare Komplexität, Dtsch Ärztebl. 2005 (102), 1500–1502

Hoffmann-Riem, Wolfgang / **Schmidt-Aßmann**, Eberhard: Innovation und Flexibilität des Verwaltungshandelns, Baden-Baden 1994

Hollerbach, Alexander: Die vertraglichen Grundlagen des Staatskirchenrechts, in: Listl/Pirson (Hrsg.), Handbuch des Staatskirchenrechts der Bundesrepublik Deutschland, Band I, 2. Auflage, Berlin 1994

Hölscheidt, Sven / **Menzenbach**, Steffi: Referenden in Deutschland und Europa, DÖV 2009, 777–785

Holzhauer, Johanna: Lobbyismus der Kirchen in der Bundesrepublik, in: Leif/Späth (Hrsg.), Die fünfte Gewalt – Lobbyismus in Deutschland, Bonn 2006

Holzner, Thomas: Parlamentarische Informationsansprüche im Spannungsfeld zwischen demokratischer Kontrolle und Staatswohlinteressen, DÖV 2016, 668–674.

Horn, Hans-Detlef: Staat und Gesellschaft in der Verwaltung des Pluralismus, Die Verwaltung 1993, 546–573

ders.: Verbände, in: Isensee/Kirchhof (Hrsg.), Handbuch des Staatsrechts III, 3. Auflage, Heidelberg 2005

Huber, Ernst Rudolf: Deutsche Verfassungsgeschichte, Band III, 3. Auflage, Stuttgart 1988

Huber, Peter M.: Konsensvereinbarungen und Gesetzgebung, ZG 2002, 245–256

Humborg, Christian Ludwig: Spielregeln des Lobbying – Wo beginnt die Korruption? in: Ritter/Feldmann, Lobbying zwischen Eigeninteresse und Verantwortung, Baden Baden 2005

Isensee, Josef: Das Amt als Medium des Gemeinwohls in der freiheitlichen Demokratie, in: Schuppert/Neidhardt (Hrsg.), Gemeinwohl – Auf der Suche nach Substanz, Berlin 2002

ders.: Fraktionsdisziplin und Amtsgewissen: Verfassungsrechtliche Garantie der Freiheit des Mandats im politischen Prozess, in: Patzelt/Sebaldt/Krannenpohl (Hrsg.), Festschrift für Heinrich Oberreuter, Wiesbaden 2007

ders.: Gemeinwohl im Verfassungsstaat, in: Isensee/Kirchhof, Handbuch des Staatsrechts IV, 3. Auflage, Heidelberg 2006

ders.: Mehr Recht durch weniger Gesetze?, ZRP 1985, 139–145

Janz, Norbert / **Latotzky,** René: Transparenz und Mandat – Zur Entscheidung des BVerfG über die Offenlegungspflicht von Nebeneinkünften von Bundestagsabgeordneten, NWVBl. 2007, 385–393

ders. / Luckas, Stefan: Art. 67 Landesverfassung Brandenburg als verfassungsrechtlicher Anker für Funktionszulagen aus Fraktionsmitteln, LKV 2015, 261–264

Jarass, Hans / **Pieroth,** Bodo: Grundgesetz für die Bundesrepublik Deutschland – Kommentar, 14. Auflage, München 2016

Joecks, Wolfgang / **Miebach,** Klaus: Münchener Kommentar zum StGB, 2. Auflage, München 2012

Kahl, Wolfgang / **Waldhoff,** Christian / **Walter** (Hrsg.): Bonner Kommentar zum Grundgesetz, 183. Aktualisierung, Heidelberg, März 2017

Kaiser, Joseph H.: Industrielle Absprachen im öffentlichen Interesse, NJW 1971, 585–588

Kalagi, Sarah: Die Rolle von Anwaltskanzleien bei der Gesetzesvorbereitung in der Ministerialverwaltung: Ursachen und Problem am Beispiel der Finanzmarktstabilisierungsgesetze, ZParl 2014, 647–668

Kalinna, Hermann E.J.: Verbindungsstellen zwischen Staat und Kirchen im Bereich der evangelischen Kirche, in: Listl/Pirson (Hrsg.), Handbuch des Staatskirchenrechts der Bundesrepublik Deutschland, Band II, 2. Auflage, Berlin 1995

Kammin, Julian: Ende der Verbände, EuZW 2007, 453–454.

Käßner, Anne: Nebentätigkeiten und Nebeneinkünfte der Mitglieder des Deutschen Bundestages, Berlin 2009

Keppeler, Johannes: Kirchlicher Lobbyismus? Die Einflussnahme der katholischen Kirche auf den deutschen Staat seit 1949, Marburg 2007

Kepplinger, Hans Mathias: Politikvermittlung, Wiesbaden 2009

Kersten, Jens: Anonymität in der liberalen Demokratie, JuS 2017, 193–203

Kevenhörster, Paul / **Schönbohm**, Wulf: Zur Arbeits- und Zeitökonomie von Bundestagsabgeordneten, ZPArl 1973, 18–37

Kirchhof, Paul: Die Kirchen als Körperschaften des öffentlichen Rechts, in: Listl/Pirson (Hrsg.), Handbuch des Staatskirchenrechts der Bundesrepublik Deutschland, Band I, 2. Auflage, Berlin 1994

ders.: Mittel staatlichen Handelns, in: Isensee/Kirchhof (Hrsg.), Handbuch des Staatsrechts III, 2. Auflage, Heidelberg 1996

Kirschniok-Schmidt, Georg: Das Informationsrecht des Abgeordneten nach der brandenburgischen Landesverfassung, Frankfurt am Main, 2009

Klein, Eckart: Grundrechtliche Schutzpflichten des Staates, NJW 1989, 1633–1640

Klein, Hans H.: Mehr Schein als Sein? Gefährdungen der parlamentarischen Demokratie in der Mediengesellschaft, in: Pazeld/Sebaldt/Krannenpohl (Hrsg.), Festschrift für Heinrich Oberreuter, Wiesbaden 2007

ders.: Status des Abgeordneten, in: Isensee/Kirchhof (Hrsg.), Handbuch des Staatsrechts III, 3. Auflage, Heidelberg 2005

ders.: Stellung und Aufgaben des Bundestages, in: Isensee/Kirchhof (Hrsg.), Handbuch des Staatsrechts III, 3. Auflage, Heidelberg 2005

Kleinstuber, Hans J.: Die Medienpolitik der Kirchen, in: Abromeit/Wewer (Hrsg.), Die Kirchen und die Politik, Opladen 1989

Kloepfer, Michael: Gesetzgebung im Rechtsstaat, VVDStRL 40 (1982), 63–96.

ders.: Gesetzgebungsoutsourcing – Die Erstellung von Gesetzesentwürfen durch Rechtsanwälte, NJW 2011, 130–134

ders.: Möglichkeiten und Grenzen paktierter Gesetzgebung am Beispiel des Atomrechts, ZG 2010, 346–357

ders.: Öffentliche Meinung, Massenmedien, in: Isensee/Kirchhof, Handbuch des Staatsrechts III, 3. Auflage, Heidelberg 2005

Kloepfer, Michael/**Elsner**, Thomas: Selbstregulierung im Umwelt- und Technikrecht, DVBL 1996, 964–975

Knebel-Pfuhl, Christine: Mitwirkungsverbot wegen Befangenheit für Parlamentarier, Berlin 1978

Könemann, Judith / **Meuth**, Anna-Maria / **Frantz**, Christiane / **Schulte,** Max: Religiöse Interessenvertretung, Kirchen in der Öffentlichkeit – Christen in der Politik, Paderborn 2015

Kopp, Reinhold: Lobbying, in: Hauschka/Moosmayer/Lösler, Corporate Compliance, München 2016

Köpp, Tobias: Normvermeidende Absprachen zwischen Staat und Wirtschaft, Berlin 2001

Krebs, Walter: Kontrolle in staatlichen Entscheidungsprozessen, Heidelberg 1984

Kremer, Klemens: Der Abgeordnete zwischen Entscheidungsfreiheit und Parteidisziplin, München 1953

Kreß, Hartmut / **Gerhardt**, Rudolf: Das umstrittene Privilegienbündel der Kirchen – Das Recht von Kirchen auf korporative Selbstbestimmung rechtfertigt keine moralische Fremdbestimmung über andere, ZRP 2013, 123–125

Kriele, Martin: *Zwischenruf* Die Macht der Medien, ZRP 2012, 53–55

Kroll, Thorsten: Das Finanzmarktstabilisierungsgesetz – Ein Belastungstest für das Grundgesetz, in: Rensen/Brink, Linien der Rechtsprechung des Bundesverfassungsgerichts – erörtert von den wissenschaftlichen Mitarbeitern, Berlin 2009

Krüper, Julian: Lawfirm – legibus solutus? JZ 2010, 655–662

ders.: Das Recht auf Kooperation, ZG 2009, 338–354

Küchler, Katharina: Die Mitwirkungsrechte der evangelischen Kirche bei Personalangelegenheiten an staatlich theologischen Fakultäten und ihre Rechtsfolgen für die theologischen Hochschullehrer, Hamburg 2014

Kühling, Jürgen: Volksgesetzgebung und Grundgesetz – „Mehr direkte Demokratie wagen"?, JuS 2009, 777–783

Kuhnt, Dietmar: Energie und Umweltschutz in europäischer Perspektive, DVBl. 1996, 1082–1094

Lang, Heinrich: Gesetzgebung in eigener Sache, Tübingen 2007

Langenfeld, Christine: Die rechtlichen Rahmenbedingungen für einen Ausstieg aus der friedlichen Nutzung der Kernenergie, DÖV 2000, 929–941

Larenz, Karl: Methodenlehre der Rechtswissenschaft, 6. Auflage, Berlin u. a. 1991

Lautenbach, Sylvia / **Steger**, Ulrich / **Weihrauch**, Peter: Evaluierung freiwilliger Branchenvereinbarungen im Umweltrecht, Köln 1992

Leven, Julia: Gesetzgebungsoutsourcing – verfassungsrechtliche Probleme der Inanspruchnahme Privater zur Erstellung von Gesetzentwürfen, Frankfurt am Main 2013

Liebl, Anna Elisabeth: Parteien und Religionspolitik im Kooperationsmodell der Bundesrepublik Deutschland, München 2014

Liedhegener, Antonius: „Linkage" im Wandel. Parteien, Religion und Zivilgesellschaft in der Bundesrepublik Deutschland, in: ders./Werkner (Hrsg.), Religion zwischen Zivilgesellschaft und politischem System, Befunde – Positionen – Perspektiven, Wiesbaden 2011

ders.: Macht, Moral und Mehrheiten – Der politische Katholizismus in der Bundesrepublik Deutschland und den USA seit 1960, Baden-Baden 2006

ders.: Veränderte politische Optionen? Kirche und Katholizismus im politischen System der Bundesrepublik Deutschland seit 1989/90, in: Brocker/Behr/Hildebrandt (Hrsg.), Religion – Staat – Politik, Wiesbaden 2003

Link, Christoph: Der Anspruch der Kirchen auf Präsenz in den öffentlich-rechtlichen und privatrechtlichen Massenmedien des Rundfunks und des Fernsehens, in: Listl/Pirson (Hrsg.), Handbuch des Staatskirchenrechts der Bundesrepublik Deutschland, Band II, 2. Auflage, Berlin 1995

Lorz, Ralph Alexander: Interorganaspekt im Verfassungsrecht, Tübingen 2001

Lösche, Peter: Verbände und Lobbyismus in Deutschland, Stuttgart 2007

Lückhoff, Jürgen: Das „freie Mandat" des Abgeordnteten, in: APuZ 1989, B 5, 17–25

Magiera, Siegfried: Parlament und Staatsleitung in der Verfassungsordnung des Grundgesetzes, Berlin 1979

Maier, Hans: in: Hübner/Oberreuter/Reuter (Hrsg.), Der Bundestag von innen gesehen, München 1969

Malessa, Stephan: Beruf – Politik – Transparenz, Nebentätigkeiten-Regeln für Bundestagsabgeordnete im internationalen Vergleich, Wiesbaden 2012

Mandelarzt, Herbert: Rechtsfragen der Regierungsberatung, DÖV 2008, 261–268

Mangoldt, Hermann von / **Klein,** Friedrich / **Starck,** Christian (Hrsg.): Kommentar zum Grundgesetz, Band 2, 6.

Starck, Christian (Hrsg.): Auflage, München 2010

Maraz, Konstadinos: Lobbyismus in Deutschland, APuZ 2009, 33–38

Martini, Mario: Die Bürger-/Volksbefragung als Baustein der Demokratie, DÖV 2015, 981–992

Maunz, Theodor / **Dürig,** Günter (Hrsg.): Grundgesetz, Kommentar, München, 78. Ergänzungslieferung, München, Sept. 2016

Maurer, Hartmut: Allgemeines Verwaltungsrecht, 18. Auflage, München 2011

Mayntz, Renate: Interessenverbände und Gemeinwohl, in: dies. (Hrsg.), Verbände zwischen Mitgliederinteressen und Gemeinwohl, Gütersloh 1992

Mehde, Veith: Kooperatives Regierungshandeln – Verfassungslehre vor der Herausforderung konsensorientierter Politikmodelle, AöR 127 (2002), 655–683

Meyer, Hans: Die Stellung der Parlamente in der Verfassungsordnung des Grundgesetzes, in: Schneider/Zeh, Parlamentsrecht und Parlamentspraxis, Berlin, New York 1989

Meyers Lexikonredaktion (Hrsg.): Meyers großes Taschenlexikon in 26 Bänden, 9. Auflage, Mannheim 2003

Meßerschmidt, Klaus: Die Hartz-Kommission und das Verfassungsrecht – Zu den Grenzen der Gesetzesvorbereitung und Öffentlichkeitsarbeit durch Regierungsberater, ZG 2004, 330–354

Michael, Lothar: Rechtsetzende Gewalt im kooperierenden Verfassungsstaat – Normprägende und normersetzende Absprachen zwischen Staat und Wirtschaft, Berlin 2002

Morlock, Martin: Informalisierung und Entparlamentarisierung politischer Entscheidungen als Gefährdung der Verfassung, VVDStRL 62 (2003), 38–84

Morsey, Rudolf: Verfassungsschöpfung unter Besatzungsherrschaft, DÖV 1989, 471–482

Müggenborg, Hans-Jürgen: Formen des Kooperationsprinzips im Umweltrecht der Bundesrepublik Deutschland, NVwZ 1990, 909–917

Müller, Thorsten / **Oschmann**, Volker: Das Verdikt der Verfassungswidrigkeit – ein unzureichender Ersatz für Argumente im politischen Meinungsstreit, ZG 2004, 355–364

von Münch, Ingo: Minister und Abgeordneter in einer Person: die andauernde Verhöhnung der Gewaltenteilung, NJW 1998, 34–35

von Münch, Ingo / **Kunig**, Philip: Grundgesetz-Kommentar, Band 3, 3. Auflage, München 1996

Murswiek, Dietrich: Das sogenannte Kooperationsprinzip – ein Prinzip des Umweltschutzes? ZUR 2001, 7

Oebbecke, Janbernd: Die staatliche Mitwirkung an gesetzesabwendenden Vereinbarungen, DVBl. 1986, 793–799

Olsen, Mancur: Die Logik des kollektiven Handelns, 5. Auflage, Tübingen 2004

Pasemann, Birthe / **Baufeld**, Stefan: Verfassungsrecht und Gesetzgebung auf Grundlage von Konsensvereinbarungen, ZRP 2002, 119–123

Piechaczek, Oliver: Lobbyismus im Deutschen Bundestag, Tübingen 2014

Pieroth, Bodo / **Schlink**, Bernhard: Grundrechte, 29. Auflage, Heidelberg 2013

Pohl, Dirk: Drittzuwendungen an Bundestagsabgeordnete, ZParl 1995, 385–394

Preidel, Caroline: Ist der Katholizismus noch entscheidend? Eine Analyse des Abstimmungsverhaltens im Deutschen Bundestag zum Embryonenschutz, in: Liedhegener / Pickel (Hrsg.), Religionspolitik und Politik der Religinen in Deutschland, Wiesbaden 2016

Preuß, Nicola: Zivilrechtspflege durch externe Funktionsträger, Tübingen 2005

Puhl, Thomas: Entparlamentarisierung und Auslagerung staatlicher Entscheidungsverantwortung, in: Isensee/Kirchhof, Handbuch des Staatsrechts III, 3. Auflage, Heidelberg 2005

Reimers, Stephan / **Jüsten**, Karl: „Lobbying" für Gott und die Welt, in: Schmidt/Wedell (Hrsg.), Festschrift für Burkhardt Reichert – „Um der Freiheit Willen…" Kirche und Staat im 21. Jahrhundert, Freiburg 2002

Renck, Ludwig: Das gesetzliche Drittsendungsrecht der Bekenntnisgemeinschaften, ZUM 2001, 104–116

Rengeling, Hans-Werner: Die Ausführung von Gemeinschaftsrecht, insbesondere Umsetzung von Richtlinien, in: ders., Handbuch zum europäischen und deutschen Umweltrecht, Band I, München 2003

Risse, Horst: Verfassungsrechtliche und politische Grenzen des Gesetzgebungsoutsourcing, in: Kloepfer, Gesetzgebungsoutsourcing, Baden-Baden 2011, S. 109–122

Ritter, Ernst-Hasso: Das Recht als Steuerungsmedium im kooperativen Staat, in: Grimm, Wachsende Staatsaufgaben – sinkende Steuerungsfähigkeit des Rechts, Baden-Baden 1990, S. 69 ff.

ders.: Der kooperative Staat, AöR 104 (1979), 389–413

Röhring, Hans-Helmut / **Sontheimer**, Kurt: Handbuch des deutschen Parlamentarismus, München 1970

Roll, Hans-Achim: Verhaltensregeln, in: Schneider/Zeh, Parlamentsrecht und Parlamentspraxis, Berlin, New York 1989

ders.: Geschäftsordnung des Deutschen Bundestages, Kommentar, Baden-Baden 2001

Röper, Erich: Funktionszulagen versus Freiheit und Gleichheit der Abgeordneten, DÖV 2002, 655–661

Rossen, Helge: Freie Meinungsbildung durch den Rundfunk – Die Rundfunkfreiheit im Gewährleistungsgefüge des Art. 5 Abs. 1 GG, Baden-Baden 1988

Rossi, Matthias: Erscheinungsformen nichtstaatlicher Einflussnahme auf die staatliche Gesetzgebung, in: Kloepfer, Gesetzgebungsoutsourcing, Baden-Baden 2011

Ruffert, Matthias: Entformalisierung und Entparlamentarisierung politischer Entscheidungen als Gefährdung der Verfassung?, DVBl. 2002, 1145–1154

Rux, Johannes: Direkte Demokratie in Deutschland – Rechtsgrundlagen und Rechtswirklichkeit der unmittelbaren Demokratie in der Bundesrepublik Deutschland und ihren Ländern, Baden-Baden 2008

Sachs, Michael (Hrsg.): Grundgesetz Kommentar, 7. Auflage, München 2014

Sarcinelli, Ulrich: Demokratie unter Kommunikationsstress – Das parlamentarische Regierungssystem in der Mediengesellschaft, APuZ 43/2003, 39–46

Schäfer, Friedrich: Der Bundestag – Eine Darstellung seiner Aufgaben und seiner Arbeitsweise, 4. Auflage, Opladen 1982

Scharpf, Fritz W.: Die Handlungsfähigkeit des Staates am Ende des zwanzigsten Jahrhunderts, PVS 1991, 621–634

Schaub, Günter / **Koch**, Ulrich: Kirche, in: Schaub, Arbeitsrecht von A – Z, 19. Auflage, München 2014

Scheuing, Dieter H.: Selbstbindung der Verwaltung, VVDStRL 40 (1982), 153–186

Schendelen, Rinus von: Die Kunst des EU-Lobbyings – Erfolgreiche Public Affairs Management im Labyrinth Brüssels, Berlin 2012

Scheuner, Ulrich: Verantwortung und Kontrolle in der demokratischen Verfassungsordnung, in: Ritterspach/Geiger (Hrsg.), Festschrift für Gebhard Müller, Tübingen 1970

Schindler, Dietrich: Werdende Rechte, in: Festgabe für Fritz Fleiner, Tübingen 1927.

Schlauch, Rezzo: Regieren die Lobbys? – Interessenvertretung aus Politikersicht, in: Ritter/Feldmann, Lobbying zwischen Eigeninteresse und Verantwortung, Baden-Baden 2005

Schleich, Klaus: Der Öffentlichkeitsauftrag der Kirchen, in: Listl/Pirson (Hrsg.), Handbuch des Staatskirchenrechts der Bundesrepublik Deutschland, Band II, 2. Auflage, Berlin 1995

Schmedes, Hans-Jörg: Mehr Transparenz wagen? Zur Diskussion um ein gesetzliches Lobbyregister beim Deutschen Bundestag, ZParl 2009, 543–560

Schmidt-Aßmann, Eberhardt: Der Rechtsstaat, in: Isensee/Kirchhof (Hrsg.) Handbuch des Staatsrechts II, 3. Auflage, Heidelberg 2004

Schmidt-Bleibtreu, Bruno / **Hofmann**, Hans: GG Kommentar zum Grundgesetz, 13. Auflage, Köln 2013

Schmitt, Carl: Verfassungslehre, Berlin 1928

Schmitt Glaeser, Walter: Die Abhängigkeit der Politiker als Funktionsmangel der Demokratie, ZRP 2006, 10–15

ders.: Die grundrechtliche Freiheit des Bürgers zur Mitwirkung an der Willensbildung, in: Isensee/Kirchhof (Hrsg.), Handbuch des Staatsrechts III, 3. Auflage, Heidelberg 2005 sowie in: Isensee/Kirchhof (Hrsg.), Handbuch des Staatsrechts II, 2. Auflage, Heidelberg 1998

Schmidt-Preuß, Matthias: Verwaltung und Verwaltungsrecht zwischen gesellschaftlicher Selbstregulierung und staatlicher Steuerung, VVDStRL 56 (1997), 160–227

Schmitz, Holger / **Helleberg**, Max / Martini, Stefan: Kernenergieausstieg – Staat und Unternehmen zwischen Eingriffsgesetzen und konsensualen Lösungstechniken, NVwZ 2017, 1332–1338

Schneider, Hans: Der Niedergang des Gesetzgebungsverfahrens, in: Ritterspach/Geier (Hrsg.), Festschrift für Gebhard Müller, Tübingen 1970

ders.: Gesetzgebung, 3. Auflage, Heidelberg 2002

Schoch, Friedrich: Entformalisierung staatlichen Handelns, in: Isensee/Kirchoff (Hrsg.), Handbuch des Staatsrechts III, 3. Auflage, Heidelberg 2005

Schotten, Thomas: Die Auswirkungen des Europäischen Gemeinschaftsrechts auf den Zugang zum öffentlichen Dienst in der Bundesrepublik Deutschland, Köln 1994

Schreiber, Wolfgang: Handbuch des Wahlrechts zum Deutschen Bundestag – Kommentar zum Bundeswahlgesetz, 6. Auflage, Köln 1998

Schröder, Meinhard: Die Institutionalisierung des Nationalen Ethikrates: Ein bedenklicher Regierungsakt?, NJW 2001, 2144–2146

Schroeder, Wolfgang: Arbeitgeberverbände, in: von Winter/Willems (Hrsg.), Interessenverbände in Deutschland, Wiesbaden 2007

Schulze-Fielitz, Helmuth: Theorie und Praxis parlamentarischer Gesetzgebung, Berlin 1988 (zitiert: Schulze-Fielitz)

Schulze Pellengahr Freiherr von / Freusberg-Steinhorst, Christian: Das Verbot der politischen Betätigung für Geistliche nach katholischem Recht und evangelischem Kirchenrecht sowie im geltenden Staatskirchenrecht, Frankfurt am Main 2009

Schumann, Diana: Kollektive und individuelle Interessenvermittlung großer Unternehmen im europäischen Mehrebenensystem, in: Bandelow/Bleek (Hrsg.), Einzelinteressen und kollektives Handeln in modernen Demokratien, Wiesbaden 2007

Schuppert, Gunnar Folke: Das Gesetz als zentrales Steuerungsinstrument des Rechtsstaates, in: ders. (Hrsg.), Das Gesetz als zentrales Steuerungsinstrument des Rechtsstaates, Baden-Baden 1998

ders.: Diskussionsbeitrag, VVDStRL 56 (1997), S. 297.

ders.: Gemeinwohl, das, Oder: Über die Schwierigkeiten, dem Gemeinwohlbegriff Konturen zu verleihen, in: ders./Neidhardt (Hrsg.), Gemeinwohl – Auf der Suche nach Substanz, Berlin 2002

ders.: Gemeinwohldefinition im pluralistischen Verfassungsstaat, in GewArch 2004, 441–447

ders.: Gute Gesetzgebung – Bausteine einer kritischen Gesetzgebungslehre, ZG Sonderheft 2003

Schuppisser, Markus: Wirtschaftliche Inkompatibilitäten, Zürich 1976

Sebaldt, Martin: Parlamentarische Demokratie und gesellschaftliche Modernisierung: Der Deutsche Bundestag im Gefüge organisierter Interessen seit Mitte der siebziger Jahre, in: Oberreuter, Heinrich/Kranenpohl, Uwe/Sebaldt, Martin (Hrsg.), Der Deutsche Bundestag im Wandel, 2. Auflage, Wiesbaden 2002

Seifert, Karl-Heinz: Bundeswahlrecht Kommentar, 3. Auflage, München 1976

Siefken, Sven: Die Arbeit der sogenannten Hartz-Kommission und ihre Rolle im politischen Prozess, in: Falk/Rehfeld/Römmele/Thunert (Hrsg.), Handbuch der Politikberatung, Wiesbaden 2006

ders.: Expertengremien der Bundesregierung – Fakten, Fiktionen, Forschungsbedarf, ZParl 2003, 483–505

Sodan, Helge: Lobbyregister als Verfassungsproblem, LKV 2012, 193–202

Soppe, Martin: Parlamentarische Selbstentmachtung als faktische Wahlrechtsbeeinträchtigung, Berlin 2001

Stadler, Max: Gesetzgebungsoutsourcing – Bereicherung oder Armutszeugnis? in: Kloepfer, Gesetzgebungsoutsourcing, Baden-Baden 2011

Stefani, Winfried: Formen, Verfahren und Wirkung der parlamentarischen Kontrolle, in: Schneider/ Zeh (Hrsg.), Parlamentsrecht und Parlamentspraxis, Berlin, New York 1989

Steinberg, Rudolf: Parlament und organisierte Interessen, in: Schhneider/Zeh (Hrsg.), Parlamentsrecht und Parlamentspraxis, Berlin, New York 1989

Steinmeier, Frank Walter: Konsens und Führung, in: Müntefering/ Machnig (Hrsg.), Sicherheit im Wandel – Neue Solidarität im 21. Jahrhundert, Berlin 2001

Stern, Klaus: Das Staatsrecht der Bundesrepublik Deutschland, Band I, 2. Auflage, München 1984 (zitiert: Staatsrecht I) Band II, München 1980 (zitiert: Staatsrecht II)

ders.: Der Staat des Grundgesetzes, München 1992 (zitiert: Stern, Der Staat des GG)

Stoltenberg, Helmut: Arbeitsparlament mit Rekordergebnis (Statistik), Das Parlament 44/2009

Tatarin-Tarnheyden, Edgar: Die Rechtsstellung des Abgeordneten; ihre Rechte und Pflichten, in: Anschütz/Thoma (Hrsg.), Handbuch des Deutschen Staatsrechts, Band 1, Tübingen 1930

Teuber, Christian: Parlamentarische Informationsrechte, Berlin 2007

Trautmann, Helmut: Abgeordnetenstatus und Parteizugehörigkeit JZ 1970, 405–407

Treber, Jürgen: Grundlagen des Koalitionsrechts, in: Schaub, Arbeitsrechtshandbuch, 14. Auflage, München 2011

Trute, Hans-Heinrich: Verantwortungsteilung als Schlüsselbegriff eines sich verändernden Verhältnisses von öffentlichem und privatem Sektor, in: Schuppert (Hrsg.), Jenseits von Privatisierung und „schlankem" Staat, Baden-Baden 1999

Tsatsos, Dimitris: Unvereinbarkeit zwischen Bundestagsmandat und anderen Funktionen, in: Schneider/Zeh (Hrsg.), Parlamentsrecht und Parlamentspraxis, Berlin, New York 1989

Turowski, Leopold: Verbindungsstellen zwischen Staat und Kirchen im Bereich der katholischen Kirche, in: Listl/Pirson (Hrsg.), Handbuch des Staatskirchenrechts der Bundesrepublik Deutschland, Band II, 2. Auflage, Berlin 1995

Uhle, Arnd: Staat – Kirche – Kultur, Berlin 2004

Unger, Sebastian: Das Verfassungsprinzip der Demokratie – Normstruktur und Norminhalt des grundgesetzlichen Demokratieprinzips, Tübingen 2008

Unkelbach, Alexandra: Vorbereitung und Übernahme staatlicher Entscheidungen durch plural zusammengesetzte Gremien, Speyer 2001

Unruh, Peter: Religionsverfassungsrecht, 2. Auflage, Baden-Baden 2012

Veit, Sylvia: Bessere Gesetze durch Folgenabschätzung – Deutschland und Schweden im Vergleich, Wiesbaden 2010

Vonderbeck, Hans-Josef: Die Rechte eines Mitglieds des Deutschen Bundestages, ZParl 1983, 311–356

Voßkuhle, Andreas: Der Grundsatz der Verfassungsorgantreue und die Kritik am BVerfG, NJW 1997, 2216–2219

ders.: Sachverständige Beratung des Staates, in: Isensee/Kirchhof (Hrsg.), Handbuch des Staatsrechts III, 3. Auflage, Heidelberg 2005

ders.: Verfassung und Parlamentarismus, BayVBl. 2016, 289–300

Wägenbaur, Rolf: Zwölf Thesen zum Thema „Umweltvereinbarungen", EuZW 1997, 645–647

Waldhoff, Christian: Das missverstandene Mandat: Verfassungsrechtliche Maßstäbe zur Normierung der erweiterten Offenlegungspflichten der Abgeordneten des Deutschen Bundestages, ZParl 2006, 251–266

Wall, Heinrich de / **Muckel**, Stefan: Kirchenrecht, 5. Auflage, München 2017

Weber, Jürgen: Die Interessengruppen im politischen System der Bundesrepublik Deutschland, Stuttgart 1977

Weßels, Bernhard: Kommunikationspotenziale zwischen Bundestag und Gesellschaft, ZParl 1987 285–311

Willems, Ulrich: Kirchen, in: von Winter/ders. (Hrsg.), Interessenverbände in Deutschland, Wiesbaden 2007

Winter, Jörg: Staatskirchenrecht der Bundesrepublik Deutschland, 2. Auflage, Köln 2008

Winter, Thomas von: Entwicklung und Bedeutung interessengeleiteter Demokratie, in: Lejeune (Hrsg.), Interessengeleitete Gesetzgebung - Lobbyismus in der Demokratie, Baden-Baden 2015

ders.: Reichweite und Grenzen des Interessengruppeneinflusses auf politische Entscheidungen, IWP 2014, 177–184

Woiki, Simon: Gesetzgebungsoutsourcing unter dem Grundgesetz, Baden-Baden 2016

Wolff, Heinrich Amadeus: Der nachrichtendiesntliche Geheimnisschutz und die parlamentarische Kontrolle, JZ 2010, 173–180.

Zeh, Wolfgang: Gliederung und Organe des Bundestages, in: Isensee/Kirchhof (Hrsg.), Handbuch des Staatsrechts III, 3. Auflage, Heidelberg 2005

ders.: Parlamentarisches Verfahren, in: Isensee/Kirchhof (Hrsg.), Handbuch des Staatsrechts III, 3. Auflage, Heidelberg 2005

Zippelius, Reinhold / **Würtenberger**, Thomas: Deutsches Staatsrecht, 32. Auflage, München 2008

www.ingramcontent.com/pod-product-compliance
Ingram Content Group UK Ltd.
Pitfield, Milton Keynes, MK11 3LW, UK
UKHW021934290926
8980IPUK00016B/1624

9 783631 763377